Au bout de mes rêves

Souvenirs 1974-2004

Antoine

Au bout de mes rêves

Souvenirs 1974-2004

ARTHAUD

Note de l'éditeur
Les copyrights des chansons citées sont référencés en fin d'ouvrage p. 351

Arthaud, Paris, 2008
87, quai Panhard-et-Levassor
75647 Paris Cedex 13
Réalisation du hors-texte : Gwenaël Lecossec

ISBN : 978-2-7003-0161-8

1

France-Afrique-Brésil-Antilles-Tahiti sur *Om* (1974-1977)

Le lendemain de mon trentième anniversaire, tous travaux de chaudronnerie et de soudage terminés, la coque de mon bateau sortait de l'atelier, pour passer au sablage : un ouvrier habillé d'une vraie combinaison de cosmonaute, respirant à l'aide d'un tuyau et d'un compresseur, noyé dans un permanent nuage de poussière, passait des heures à chasser de l'acier toute trace de rouille, dans le vacarme insoutenable d'un véritable canon à sable : j'avais du mal à imaginer que mon futur bateau, clé de mes rêves, et qui m'apporterait tant de moments de paix et de douceur, puisse naître ainsi, dans le tintamarre de la forge, l'acier martelé, tordu par des presses, tranché par des scies hurlantes, soumis à mitraillage de silice... et comment ne pas admirer, comment ne pas éprouver de la reconnaissance pour le labeur de chacun de ces hommes, ouvriers, contremaîtres, métallos, soudeurs, qui avait contribué à l'élaboration de mon rêve léger...

Et soudain, comme dans un spectacle, « c'était à moi ». Le bateau tiré sur le terre-plein du chantier, j'allais pouvoir le peindre. J'avais choisi pour la coque un blanc immaculé, ressentant sans doute la nouvelle vie qui m'attendait comme une sorte de virginité ; le chantier m'a fait livrer de grands pots de peinture, et je me suis attaqué à l'immense surface que constituait cette coque de quatorze mètres... Et là, il s'est passé une drôle de chose. En étalant cette peinture blanche, je me suis mis à fredonner les premiers mots de la chanson de Bécaud : « Tu l'auras, ton bateau blanc »... Petit à petit, c'est devenu une scie, une ritournelle, une idée fixe, je me répétais sans cesse, au rythme de trente fois par minute : « Tu l'auras, ton bateau blanc », en remuant la peinture, en peignant : « Tu l'auras, ton bateau blanc... tu l'auras, ton bateau blanc... » Le soir, je n'en pouvais plus ; Jo Fricaud, le patron du chantier, m'avait emmené à Lyon faire une course, nous nous étions arrêtés boire un verre sur la route, et il avait allumé une cigarette avec un petit Cricket cylindrique vert pomme, assez répandu cette année-là... Tout à coup, encore obsédé par la phrase de Bécaud, j'ai demandé à Jo : « Tu crois que ton fournisseur de peinture pourrait me faire cette couleur-là ? » « Bien sûr. » Dès le lendemain je rendais à Jo ses pots de peinture blanche et peignais mon bateau en vert : j'étais débarrassé de cette obsession. Quand, quelques semaines plus tard, Lucien Salles, mon agent artistique et ami, a découvert le bateau à l'ancre sur la Saône, il a compris immédiatement, en voyant la couleur que j'avais choisie, que j'allais partir pour de bon, sortir du « show business »... Car dans le « métier » de la chanson, en France du moins, s'il y a une chose qui est censée porter malheur, qu'il ne faut jamais porter sur scène ni à la ville, c'est bien... la couleur verte. Une superstition plus puissante encore que celle des œillets – ces *garofani* qui terrorisaient mon manager italien, Gianpiero – , qui m'avait passé tout d'un coup, quelques années plus tôt, quand j'avais été invité à parrainer la Fête des Fleurs d'une ville de la Côte d'Azur où je chantais : devant une nuée de journalistes et photographes, on m'avait demandé de poser au centre d'une malle d'osier remplie à ras bords... de milliers d'œillets, fleurs dont la culture assurait la prospérité de la ville. Impossible, sous peine d'infliger un affront à mes hôtes, de me défiler : j'ai bravement enjambé le rebord de la malle, posé longuement pour les photographes au milieu des œillets... Gianpiero en aurait à coup sûr attrapé une crise cardiaque ! Et j'ai été à jamais débarrassé de la superstition des œillets... et de celle du vert.

Pendant six semaines, j'ai peint, menuisé, installé le matériel extrêmement sommaire dont j'avais prévu d'équiper le bateau, tandis que les ouvriers du chantier achevaient de poser capots et panneaux de pont, guindeau, winches : pour ceux-ci, j'avais choisi le modèle le plus basique, celui qu'on reconnaissait sur les photos illustrant les récits de voyage de mes illustres prédécesseurs, dans la collection « Mer », chez Arthaud. Lorsque, la veille de la mise à l'eau, arrivèrent l'architecte, Michel Joubert, et une poignée de ses amis – dont le récent champion olympique, le jeune Marc Pajot – qui avaient accepté de m'aider à tester le bateau pour ses premiers jours de navigation sur le Rhône et en Méditerranée, l'aménagement intérieur restait extrêmement spartiate : outre la plate-forme avant sur laquelle j'avais étalé un matelas la première fois que j'avais dormi à bord, la nuit de mes trente ans, marquée par une éclipse de lune, j'avais fixé les planchers, une vague table à cartes, de quoi poser un évier et un réchaud à pétrole. Joubert, constatant qu'il n'avait même pas un endroit où dormir, empoigna aussitôt scie sauteuse et rabot, et le soir même, il avait construit un lit à deux places à tribord de l'imposant puits de quille qui occupait le centre du bateau : c'est sur les conseils des *Damien* [1] que j'avais choisi ce système,

1. Jérôme Poncet et Gérard Janichon, à bord du petit sloop *Damien*, avaient réalisé un remarquable voyage océanique, et leurs livres m'avaient inspiré, comme ils avaient inspiré de nombreux navigateurs.

qui me permettrait de réduire à moins d'un mètre le tirant d'eau du bateau, en faisant pivoter, à l'aide d'un câble d'acier et d'un treuil de dépanneuse, un énorme appendice d'acier lesté de plus de quatre tonnes de plomb.

Enfin, le transporteur local vint charger la coque de mon voilier sur une remorque, on amarra sur le pont les deux longs mâts d'aluminium anodisés arrivés de Suisse quelques jours plus tôt, et le convoi, encadré de motards, prit la route de Lyon. Jo Fricaud ayant choisi de construire ses bateaux dans les monts du Lyonnais, chaque mise à l'eau était une aventure, il fallait suivre une route soigneusement reconnue à l'avance, démonter quelques panneaux de signalisation dans les virages un peu serrés... enfin, dans la nuit, le bateau atteignit le port Rambaud, à Lyon.

Au matin, alors qu'une grue soulevait la coque, Michel Joubert – qui, jusque-là, avait surtout dessiné des bateaux en bois ou en fibre de verre – ramassait un morceau de fer rouillé traînant sur le sol, s'approchait du bord du quai, le jetait dans le fleuve, et s'écriait : « Vous voyez bien que le fer ne flotte pas ! Comment voulez-vous que flottent dix-neuf tonnes de fer ? » Très spirituel ! Quelques minutes plus tard, la coque effleurait l'eau, descendait, descendait, descendait, semblait ne pas avoir été prévenue qu'il fallait flotter... Enfin, les câbles de levage étaient détendus, et la coque d'acier était devenue un bateau...

À l'occasion de ce baptême, j'avais souhaité inviter les différentes personnes qui m'avaient aidé à atteindre ce moment, les *Damien*, bien sûr, l'architecte, les divers fournisseurs, dont quelques-uns étaient devenus des amis, Jean-Claude Goiot, Albert Cœudevez, le constructeur des mâts, le spécialiste du gréement, le voilier, etc., sans oublier quelques amis du monde de la chanson, comme Lucien. Mais il n'était pas facile, pour une simple mise à l'eau, de rassembler toutes ces personnes, aux emplois du temps bien remplis. J'avais eu l'idée d'aller voir un autre ami, Paul Bocuse, déjà à l'époque un des plus grands restaurateurs français ; devant mes finances bougrement fragilisées par l'achat du bateau, il avait proposé de préparer une grande bouillabaisse à sa façon, et aucun de ceux que j'avais invités n'avait résisté à l'appel d'une invitation chez Bocuse ! Dès que les premiers essais de moteurs se furent montrés concluants, j'embarquai donc tout le monde sur *Om* – puisque maintenant le voilier avait un nom, une syllabe sanscrite appelant la paix et la sérénité. Nous avons remonté un instant le cours de la Saône, et nous nous sommes amarrés au ponton du célèbre restaurant, à Collonges-au-Mont-d'Or, où Bocuse nous attendait en grande tenue, m'offrant même une casquette de loup de mer marquée au nom de mon voilier... Un début sympathique pour le bateau d'un navigateur bien décidé à savourer les plaisirs de la vie !

Gourmand, j'essaie pourtant depuis quelques années de pratiquer un végétarisme aux idées larges. Il y a quelques mois, dans un petit restaurant des bords de Seine, non loin du Marais, j'ai reconnu une grande jeune femme blonde, Claude, l'ancienne femme de Nino Ferrer. Elle vit maintenant avec un jeune garçon prénommé Antoine, cuisinier dans un restaurant macrobiotique ; elle m'invite à découvrir son restaurant, et, liant conversation, j'apprends qu'Antoine et Claude rêvent de faire retraite un an quelque part à la campagne pour y vivre des produits de la nature, grâce aux excellents talents de cuisinier – strictement végétarien – d'Antoine. Je leur propose d'occuper en mon absence la ferme du Puy-de-Dôme. Alors que l'on met le bateau à l'eau, ils viennent de s'installer dans la deuxième maison de la propriété, qu'ils aménageront sommairement, et sont présents au baptême ; avec Gérard Janichon et sa compagne Jacqui, très respectueux de la nature, on se retrouve en pleine mouvance écologique : nous sommes au cœur des années 1970. Le petit Antoine, qui a d'excellentes relations avec les grands fournisseurs de produits d'alimentation saine, m'offre de mettre sur pied mon régime alimentaire et de demander des conditions spéciales aux fabricants... ce qui m'arrange aussi car mes finances, au moment d'approvisionner le bateau pour un long voyage, sont de plus en plus basses.

Les premières navigations d'*Om* se déroulent sur les eaux plutôt tranquilles du Rhône ; seule une partie du fleuve, un peu en amont d'Avignon, n'est pas encore totalement aménagée, les courants y sont forts et les fonds incertains. Principe de base de la navigation fluviale : toujours suivre l'extérieur des courbes du fleuve, où le courant, plus fort, creuse le lit plus profondément. Pour n'avoir pas respecté un instant cette loi, nous nous retrouvons échoués sur un banc de sable au milieu du fleuve, couchés par un violent courant. « C'est exactement à ça que sert la quille relevable ! », s'exclame Michel Joubert. On procède à chaud au premier relevage de cet appendice, puis à celui du gouvernail, et bientôt le bateau reprend sa route sans aucun mal, sous les applaudissements de l'équipage d'un voilier anglais qui passait par là.

À l'embouchure du Rhône, nous nous amarrons un jour ou deux au petit chantier naval du sympathique père Bayle, un Provençal sorti tout droit de Pagnol : pour décourager d'éventuels rôdeurs, il a peint sur sa façade : « Le fusil n'est pas rouillé, et il tire droit. » Sa vieille grue se fait un jeu de dresser les deux hauts mâts de ma goélette, les haubans trouvent exactement leur place, et bientôt, nous traversons le golfe de Fos et entamons notre croisière d'essais d'une semaine. L'humour et la vitalité de Michel Joubert sont à la hauteur de ses talents d'architecte, on travaille un peu à régler différents points du bateau, on s'amuse aussi beaucoup ; Michel tient absolument à montrer qu'il est capable, pendu par les mains au hauban qui les relie – ça s'appelle un *marocain*, allez savoir pourquoi –, de passer du sommet d'un mât à celui de l'autre. Marc Pajot file le parfait amour avec sa future épouse, et dès qu'ils ont une chance de pouvoir s'isoler à l'intérieur du bateau, qui manque vraiment d'intimité, hop, ils filent... en profiter. Je sympathise avec un talentueux photographe rochelais, mais il me tarde tout de même de me retrouver seul à mon bord ! Soucieux d'essayer tous les aspects de la navigation sur ce bateau que sa quille relevable rend, à cette époque, vraiment unique, Joubert l'emmène se poser, en Corse, dans la baie de Girolata, puis à Porquerolles, sur des plages, riant des cris d'avertissement des autres plaisanciers effrayés de voir un si gros voilier s'aventurer dans des endroits si peu profonds. En posant sans complexe la coque d'*Om*, dès ces premiers jours, sur les graviers rugueux d'une plage, Michel m'a totalement décontracté à ce sujet, me révélant les nombreux avantages de cette possibilité d'échouage qu'ignorent la plupart des autres voiliers : elle est facilitée, il est vrai, par la solidité de la coque d'acier.

Nous avons même poussé jusqu'à la baie de Saint-Tropez : lorsque la presse avait signalé la mise à l'eau de mon bateau, j'avais reçu un coup de téléphone de Brigitte Bardot : son compagnon de l'époque caressait un rêve de départ en bateau pour les mers lointaines, et elle souhaitait que j'en parle avec eux. Je lui avais téléphoné pour lui annoncer notre venue, et voilà comment, un beau matin de fin juillet, ébahis, mes équipiers de quelques jours virent venir à notre rencontre, merveilleusement belle, les seins nus, assise à l'avant d'un joli Chris-craft, Brigitte, pour nous guider parmi les hauts-fonds qui entourent le petit port de la légendaire Madrague.

Alors qu'après une dernière escale à Cassis nous rentrons sur Marseille, dans un soudain coup de vent de sud-est, un câble de la barre à roue casse, et j'apprécie la présence à bord de Marc Pajot, qui empoigne la barre franche de secours, et ne la lâche pas – un fameux travail –, jusqu'à ce que nous apparaisse sur les collines la statue de la Bonne Mère : traditionnellement, quand les marins phocéens l'aperçoivent, ils sont sauvés !

Mon équipage de mise au point me quitte, et me voilà au pied du mur, seul sur ce bateau trop grand, avec encore mille points à régler avant de pouvoir appareiller. La vénérable Société nautique de Marseille m'a fait l'honneur de m'accueillir à ses pontons du Vieux-Port, mais mon bateau en plein travaux y détonne à côté d'unités de grand luxe ou de voiliers de course comme *Hélisara* à Herbert von Karajan ou comme *Palinodie* à Gaston Deferre. Maire de Marseille, celui-ci a appris ma présence à un des pontons du club. Il vient me voir un après-midi au retour d'une régate, et, lui que je n'ai jamais rencontré, lui qui aurait pu devenir Premier ministre si François Mitterrand avait été élu, il m'adresse aussitôt la parole en ces termes : « Dites donc, il paraît que vous allez partir faire le tour du monde en solitaire ? Moi, je ne pourrais pas, il faut que je baise tous les jours ! » Un autre honorable membre de la Nautique, un célèbre avocat marseillais, voit d'un mauvais œil mon bateau fraîchement peint en vert amarré près du sien – d'autant que j'ai pour toutes défenses les pneus qui m'ont servi à protéger ma coque dans les écluses durant la descente du Rhône ! Il me fait des remarques si peu amènes que je nourris un instant le rêve de peindre nuitamment de mon vert pistache un côté de la coque impeccable de son magnifique voilier ! Deux jeunes Marseillais pleins de bonne volonté m'ont donné un coup de main pour isoler un peu l'intérieur du bateau en y fixant des lattes de pin, la femme de l'un d'eux coud les coussins de mon futur carré, je fais installer un compas, j'achète les derniers éléments manquants, septembre approche.

De temps en temps, tout de même, je laisse mon bateau pour aller « faire chanteur » : malgré les distances que je prends de plus en plus avec cette activité, on me propose encore de faire ici ou là quelques galas, même s'ils ne m'apportent guère de satisfactions artistiques (ce sont souvent des « baloches » sous des chapiteaux perdus au fond de la campagne, de ces galas que mon amie Lio qualifiera joliment de GDM, « galas de merde », destinés exclusivement à rapporter l'argent du quotidien !), je les accepte volontiers, me disant, lorsque la galère est trop pesante : « Aujourd'hui, je bosse pour m'acheter la trinquette » ou : « Ce soir je me paie mon ancre et soixante mètres de chaîne. » Mes spectacles étant désormais trop peu nombreux pour fournir assez de revenus à une équipe de musiciens, j'ai depuis longtemps libéré les miens, qui sont partis travailler avec d'autres vedettes de la chanson, et je me fais accompagner par des orchestres régionaux qui jouent aussi le rôle d'impresarii, dénichant les engagements. Un jour, je quitte le Vieux-Port pour aller chanter quelque part en Bourgogne ; dans le train, au wagon-restaurant, je lie conversation avec une jolie brune ; élégante femme d'affaires, elle travaille pour un couturier de la côte d'Azur et voyage beaucoup. Le déjeuner terminé, elle m'accompagne dans mon compartiment vide, et notre conversation est chaleureuse, de plus en plus centrée sur le sexe... Au bout de deux ou trois heures de tête-à-tête, je sais à peu près tout de sa sexualité, et elle de la mienne ... pourtant nous sommes restés assis sagement face à face sur deux banquettes opposées, ne faisant que parler... Alors que le train approche de Dijon, où je dois descendre, l'imagination enflammée par ses confidences extrêmement érotiques, je lui demande simplement de me montrer un instant, juste avant de nous séparer, comme point final à notre conversation si osée, sa poitrine et son sexe... Elle y consent volontiers (Ah, les années soixante-dix !), déboutonne et ouvre son corsage, et, debout devant moi dans le compartiment, relève sa jupe sous laquelle elle ne porte rien... Le train ralentit, entre en gare, alors que je serre dans mes bras quelques secondes les douceurs tentatrices, nues, du corps de ma belle inconnue, qui continue sur Paris... Les spectateurs de je ne sais quelle fête d'un village de Bourgogne ne sauront jamais comme je suis passé à deux doigts de leur poser un lapin, comme il m'a été dur de quitter les bras de la belle voyageuse pour aller le faire, ce foutu gala !

À propos de gala, quelques mois plus tôt, lorsque j'avais passé la commande des coûteux haubans qui constitueraient le gréement d'*Om*, le directeur de l'usine, également maire de son bourg, m'avait proposé un marché : il m'offrirait le gréement si je lui amenais une vedette de la chanson pour le gala annuel de sa commune ; j'en avais parlé à mon ami Daniel Guichard, qui m'avait aussitôt proposé de faire le gala gratuitement... merci Daniel, voilà comment j'ai navigué des années en bénéficiant de la sécurité d'un gréement de haute qualité, acquis grâce à l'interprète de *La Tendresse* et de *Mon vieux*.

Septembre s'avançait, et, toujours amarré aux pontons de la Nautique, il allait vraiment falloir que j'y aille ! Je n'avais aucune envie de rejoindre les rangs de la poignée d'impétrants navigateurs qui depuis des années promettaient de « larguer les amarres » vers les tropiques, et qui ne se décidaient pas à quitter l'abri du Vieux-Port. Et je me désolais en voyant la liste des choses encore à faire, des problèmes techniques encore à régler, tandis qu'approchait l'hiver. J'avais manqué pour larguer les amarres la date de mon anniversaire, puis celle, fatidique, de l'automne de mes trente ans ; je me fixai une fois pour toutes comme date limite le 1er octobre. Je continuais à travailler comme un fou pour essayer de rendre mon bateau un peu vivable. Parfois, découragé, j'allais me réconforter d'un chocolat dans un bistrot du quai de Rive-Neuve, en écoutant en boucle les Rubettes qui chantaient dans le juke-box *Sugar Baby Love*, et je repartais à la recherche de la pièce introuvable dont j'avais besoin.

Arriverai-je à vous décrire l'état de ce bateau quand je larguai enfin les amarres en ce début d'octobre 1974 ? L'information étant devenue ce qu'elle est, les gens imaginent des tas de trucs complètement à côté de la plaque : certains pensent que je suis parti sur un « yacht » luxueux (une vedette de la chanson, tu penses !) avec moteurs puissants, climatiseurs, moquettes épaisses et, pourquoi pas, équipage en uniforme... Tu parles, à l'instant de mon départ, si le pont d'*Om* est correctement gréé côté mâture, haubanage et voiles, l'intérieur du bateau n'est qu'un tunnel de quatorze mètres de long d'acier insuffisamment peint ; un vague plancher de contreplaqué permet de se déplacer jusqu'à l'avant, mais aucun meuble, aucune banquette n'ont été construits ; le moteur, un diesel de quatre-vingt, chevaux, trône au centre de la coque, complètement exposé aux regards... et le bruit qu'il fait est terrifiant. Le long des flancs nus de la coque, j'ai amarré, avec des sandows passés dans des trous percés dans les membrures, mes sacs à voiles et des cartons de matériel et de provisions ; pour dormir, par mer agitée, j'ai la couchette bricolée par Michel Joubert, et, pour aller aux toilettes, j'ai un seau. Seule la cuisine est à peu près équipée, d'un petit évier, d'un réchaud à pétrole qu'il faut mettre sous pression avec une pompe à main, et dont l'allumage avec préchauffage à l'alcool est toute une aventure ; j'ai aussi une minuscule glacière qui garde le froid quelques jours... si j'y mets un bloc de glace et rien d'autre, et au-dessus de la table à cartes trône la seule lampe électrique du voilier : j'ai relié directement à la batterie, par un fil volant, la jolie lampe de bronze que m'a offerte l'ami Jean Castel, un grand navigateur dont le voilier est sans aucun doute fichtrement plus élégamment fini que le mien ! À vrai dire, la seule option sensée serait de travailler encore trois mois à l'aménager, ce bateau, ou de le confier pour à peu près aussi longtemps à un chantier, ce dont je n'ai absolument plus les moyens. Alors ? Tout cela est bien sommaire, j'en conviens, mais, tant pis, je partirai comme ça, ce qui est en désordre se tassera en mer, et je bricolerai le reste dans quelques ports lointains !

Le 1er octobre, je dois encore faire compenser mon compas magnétique, une affaire qui prend la moitié de la journée, et d'autres détails me retiennent encore le lendemain ; enfin, à dix heures du soir, sous l'œil de l'excellent Gérard Borg, navigateur, écrivain nautique à l'humour extraordinaire – il a inventé le concept de *zigzagodromie* [1] –, je largue les amarres... Le vent me laisse tomber juste à la sortie du Vieux-Port, je dérive vers les rochers du Frioul, tente de démarrer le moteur, mais les essais de la journée ont mis ma maigre batterie à plat... Alors je laisse la brise finissante me ramener, piteusement, dans le Vieux-Port. Aux journalistes venus me voir cet après-midi, j'avais instamment demandé : « N'annoncez pas mon départ, on ne sait jamais ce qui pourrait encore me retenir ! » ; et bien sûr, ils ont titré en première page « Antoine est parti »... Quand le journal paraît, je suis de retour au ponton !

---

1. Pour aller d'un point à un autre du globe terrestre, la route qui apparaît droite sur une carte (dite loxodromique) est plus longue que la portion du grand cercle terrestre, dite orthodromique ; nos navigations à nous, plus fantaisistes, méritent bien le qualificatif de *zigzagodromiques*.

Om devra encore rester quelques jours à Marseille, d'autant que je dois quitter à nouveau le bateau pour aller faire une émission de télévision en Espagne (j'avais naïvement rêvé d'être déjà amarré dans le port de Barcelone ce jour-là), et pour récupérer en Auvergne les colis d'aliments de régime que les fournisseurs du petit Antoine ont bien voulu me donner à tester : les lettres très convaincantes qu'il leur a adressées ont fait merveille, et j'embarque un stock, qui me durera plusieurs années, d'aliments très sains mais sans beaucoup de goût !

Le 12 octobre, je pars pour de bon. Oh ! ma première traversée ne me mène pas très loin : au bout d'une nuit agitée, je découvre devant mon étrave ce que j'ai cru un instant être Port-Camargue, et qui se révèle être en réalité le cap d'Agde ; j'y fais escale pour me remettre de mes premières frayeurs, puis, les jours suivants, je contourne, par sauts de puce, le golfe du Lion. Je me méfie, à juste titre, de sa mauvaise réputation : à Port-Vendres, le météorologue m'annonce que j'ai intérêt à me dépêcher et à passer le fatidique cap Creus avant dix heures du matin ; après, la tramontane s'installera... Je contourne le cap au moteur, et vais m'abriter dans la baie de Port Lligat, où habite Salvador Dalí ; à peine ai-je fini de m'amarrer que le vent du nord débarque, monstrueusement fort ; j'ai porté deux amarres à terre, et je suis bien abrité dans ma petite anse, par un mètre vingt de fond, grâce à la quille relevable, tandis que, de l'autre côté de la presqu'île qui me protège, le vent du nord souffle en ouragan : la mer, au large du cap, est dantesque, là où je naviguais deux heures plus tôt en eau parfaitement calme !

J'avais prévenu Dalí de ma visite, et bientôt sa compagne, Gala, dignement installée dans un petit « pointu » qu'un marin catalan propulse aux avirons, vient m'annoncer que le maître m'attend pour déjeuner. Sympathiques retrouvailles, Dalí s'est un peu assagi depuis l'époque de notre tournage avec Jean-Christophe Averty et nos amusantes rencontres, à Paris, avec Amanda Lear[1]. Il pose pour une photo souvenir pour un des premiers articles que j'ai prévu d'écrire : conformément au projet édifié quelques années plus tôt, lorsque est née l'idée d'effectuer le tour du monde à la voile, j'espère gagner ma vie en faisant quelques galas par an au fil de mes escales, mais surtout en publiant dans un journal mon « carnet de voyages ». Je rêve en cela de suivre l'exemple d'illustrissimes prédécesseurs, comme R.L. Stevenson et Jack London, qui partirent naviguer sur le Pacifique ayant chacun en poche un contrat avec un grand quotidien américain ; pour moi, aucun des magazines que j'ai contactés ne m'a donné de réponse encourageante, sauf un hebdomadaire bon enfant, *Le Hérisson*, qui compte plus sur ses dessins

1. Voir volume 1, *Oh Yeah !*

humoristiques que sur ses informations, paisibles et respectueuses, pour atteindre sa clientèle populaire. Ils m'ont proposé de raconter chaque mois mes découvertes, mes rencontres, mes joies et mes frayeurs... En dehors de ce modeste contrat, mes perspectives de revenus sont proches de zéro ; le maigre cachet de la télévision espagnole m'a servi à payer un des fournisseurs de matériel nautique qui avait bien voulu me faire un léger crédit, quant aux droits d'auteur que la Sacem me versait chaque trimestre, ils se sont progressivement réduits à presque rien, et c'est, comme lorsque j'ai pris la route neuf ans plus tôt, en 1965, presque sans un sou en poche que je m'élance.

Jusqu'à la mi-novembre, je longe ainsi la côte espagnole, m'abritant chaque soir dans une baie ou un port, passant mes journées à la barre ; s'il y a bien un article qui me manque encore sérieusement, sur ce bateau, c'est le régulateur d'allure : version rudimentaire, entièrement mécanique, des pilotes électriques d'aujourd'hui, c'est un procédé encore utilisé couramment par de nombreux navigateurs au long cours pour maintenir le bateau sur sa route, sans avoir à barrer continuellement, en utilisant la direction du vent et l'énergie due à l'écoulement des filets d'eau lorsque le bateau avance ; j'ai bien demandé à ma banque de virer le montant de mon achat au fabricant anglais de l'Aries Vane Gear que j'ai commandé dans l'île de Wight, mais le virement s'est perdu quelque part en route... En fait, cette obligation de barrer qui me contraindra à faire le tour du golfe du Lion par sauts de puce m'évitera de me trouver au large lors du passage des violents coups de vent qui le bouleversent, terrifient des navigateurs débutants et font avorter parfois dès les premiers jours les plus brillants projets de voyage.

C'est donc en barrant sans cesse que je finis par atteindre Gibraltar, où je viens réchauffer ma solitude et attiser mon envie de traversées lointaines auprès d'amis navigateurs plus chevronnés que moi : France et Christian Guillain, auteurs du *Bonheur sur la mer,* repartent sur leur *Tonnant, sister ship* du *Joshua* de Bernard Moitessier. Yves Jonville, qui a déjà fait un tour du monde, regagne les Antilles ; un couple canado-américain, Lin et Larry, nous invitent tous à des cocktails chaleureux... dans le minuscule cockpit de leur voilier de six mètres cinquante ! Lorsque je leur parle de mon problème de pilote automatique, bloqué en Angleterre, l'un d'eux me suggère : « Va donc le chercher toi-même chez le fabricant, il y a des liaisons aériennes très bon marché entre Gibraltar et Londres »... J'ai suivi son conseil, et c'est comme ça que je me suis retrouvé traversant par force 10 (en ferry) les eaux tumultueuses du Solent pour aller prendre livraison, dans l'île de Wight, de l'objet ; le paiement étant enfin arrivé, je suis reparti en emportant sur mon dos cet imposant assemblage de tubes d'aluminium, d'engrenages pittoresques et de bouts de ficelle ; je l'ai charrié dans le métro londonien, chargé dans l'avion (en bagage à main, il occupait un siège entier à côté de moi), et l'ai rapporté à la marina de Gibraltar, où Larry m'a aidé à l'installer. Larry, très habile charpentier, gagnait facilement sa vie n'importe où dans le monde grâce à l'or qu'il avait dans les doigts ; il avait construit lui-même chacune des pièces de bois ou de métal de leur petit serrafyn. Quelques années plus tard, Lin et Larry Pardey, auteurs de nombreux récits de croisières et de livres pratiques devenus ouvrages de référence, seront pour les navigateurs anglophones de véritables gourous, un peu comme Bernard Moitessier pour les navigateurs français.

Enfin muni d'un pilote automatique, j'ai traversé le détroit de Gibraltar par une belle journée d'hiver, et je suis allé m'amarrer juste en face, à un corps-mort du yacht-club de Tanger, près du *Tonnant* de France et Christian ; nous avons été royalement reçus par les membres du club, qui nous ont proposé d'animer une de leurs soirées en chantant ; j'ai suggéré de le faire en compagnie de France et Christian, qui revenaient de Tahiti et connaissaient plusieurs chansons tahitiennes : c'est la première fois que je chantais *Hoe ana,* la chanson traditionnelle polynésienne dont j'enregistrerai plus tard une version humoristique, *La Motogodille.* La soirée nous permit de gagner un peu d'argent pour nos caisses de bord : après tout, peut-être que, sans tracas, je pourrais gagner ainsi ma vie autour du monde ?

De Tanger à Casablanca, j'entamai ma première traversée, perdant pour la première fois la Terre de vue pendant vingt-quatre heures : on m'avait conseillé de donner un large tour à la côte marocaine, dangereuse, peu visible, battue par une forte houle qui porte à terre, et qui a causé la perte de nombreux bateaux, incertains de leur position. Moi, j'avais bon espoir de connaître la mienne : je mettais en œuvre pour de vrai, c'était la première fois, les connaissances de navigation astronomiques que j'avais acquises... dans ma maison d'Auvergne, en visant le soleil au sextant et l'abaissant... sur l'horizon de la chaîne des puys. Et je ne m'en tirai pas si mal, car au terme d'une nuit à zigzaguer dans le brouillard, ayant fait au moins cent relevés d'étoiles, le petit jour me trouva à moins d'un demi-mille de la bouée d'entrée du port de Casablanca, noyée dans la brume. Tout au fond de l'immense port commercial, s'amarrer devant les bâtiments vermoulus du Club nautique, c'était comme voyager dans le temps. Un passeur en djellaba vous emmenait à terre en ramant debout, tourné vers l'avant. Je fis tout de suite une rencontre attachante, celle d'un couple de Français, Alex et Jacotte Aillet, qui vivaient au Maroc depuis très longtemps, et y importaient, avec de plus en plus de difficultés, les disques des chanteurs français. Ils m'adoptèrent comme leur fils, se dévouèrent tout au long de mon séjour, me pilotant dans cette grande ville un peu folle, à la recherche de tout ce qui pouvait me manquer.

Lors de ma visite précédente au Maroc, sur l'invitation du Palais royal, j'avais fait la connaissance du directeur du théâtre de Casablanca, qui m'avait dit : « Quand vous viendrez, appelez-moi, on organisera un gala pour vous dans mon théâtre. » Je lui rendis visite, et il se montra enthousiaste, me proposant de me faire accompagner par un groupe de jeunes musiciens marocains célèbre. Je découvris bientôt le revers de la médaille : pour réussir un gala de ce genre, pour que la salle soit pleine, il aurait fallu l'annoncer longtemps à l'avance, donc que je m'installe pour plusieurs semaines dans cette grande ville, ce qui ne me tentait pas, que je fasse de la « promotion », passe à la radio, à la télé, me mêle à des mondanités locales que je venais de fuir en France ! Pour couronner le tout, lorsque la date du spectacle arriva, le groupe de musiciens ne rentra de tournée qu'au dernier moment, consacra le dernier après-midi à répéter ses propres morceaux ; cela m'importait peu : puisque j'avais bien l'intention de me produire désormais seul avec ma guitare, eh bien, c'est ce que je ferais ce soir-là ; le groupe marocain jouerait en première partie, puis, à la demande expresse du directeur du théâtre, ils me rejoindraient sur scène pour improviser un « bœuf » à la fin du spectacle ; moi, après avoir entendu en répétition leur musique, sans doute excellente mais basée sur une culture arabe dépourvue de tout point commun avec notre musique américano-européenne, folk, blues ou pop, je me demandais ce que nous allions pouvoir jouer ensemble... Mais enfin, puisque le directeur insistait, nous pourrions au moins nous lancer dans le passe-partout du musicien improvisateur lorsque son répertoire et ses capacités d'improviser sont limités, un blues, en mi par exemple, de quoi donner à chaque musicien le temps de s'exprimer durant quelques chorus. Je chantai donc, sans aucun problème, toutes mes chansons en m'accompagnant seul à la guitare, puis, comme convenu avec eux et avec le directeur, je demandai aux jeunes musiciens, auxquels le public avait fait un joli succès en première partie, et qui s'étaient installés dans la salle pour mon tour de chant, de me rejoindre sur scène... ils refusèrent ! Je terminai seul mon récital, qui ne reste pas, vous vous en doutez, parmi les meilleurs souvenirs de ma carrière scénique !

Heureusement, les deux semaines qui avaient précédé ce gala m'avaient donné l'occasion de découvrir à nouveau ce pays magnifique et ses habitants chaleureux ; quelques mois avant mon départ en bateau, j'avais fait part de mon projet à André Trigano, qui m'avait à plusieurs reprises demandé d'assurer, dans des spots radio ou télé, la publicité de son entreprise de matériel de camping (« Le camping, c'est Trigano »), la plus grande de France à l'époque. Il avait suggéré à son frère Gilbert, créateur des Club Méditerranée, de me conférer le statut d'invité permanent dans chacun des Club Med que je rencontrerais au cours de mon voyage : j'y serais logé quelques jours, nourri, on m'aiderait à trouver mon ravitaillement, en échange de quoi je prendrais à l'occasion ma guitare. C'est ainsi que, laissant mon voilier sous bonne garde dans le port de Casablanca, je pris la route de Marrakech, d'Agadir, de Ouarzazate, redécouvrant la place Djema el Fna et les palmeraies, passant des moments inoubliables à regarder le ciel étoilé, aux portes du Sahara, et sympathisant, dans ces clubs qui, en 1974, avaient gardé une dimension humaine, presque familiale, avec ces étonnants employés que l'on appellait les G.O. (« Gentils Organisateurs » !), des jeunes gars et des jeunes filles très peu payés, travaillant beaucoup, beaucoup plus que les quarante heures par semaine réglementaires, mais fascinés par leur job hors norme, où ils partagaient le quotidien des clients, vivant une sorte de vie de milliardaire : en représentation du matin au soir, chacun devenait une sorte de star dans son rôle de chef de village, de moniteur, de cuisinier ou de disquaire. Beaucoup, s'étant engagés dans les troupes du Club Med pour un an, continuaient longtemps, pour un salaire ridicule, à se laisser attirer par ce scintillant miroir aux alouettes, incapables de se décider à reprendre chez eux un « vrai » boulot, une « vraie » vie, infiniment moins étincelante que la vie d'un G.O. au Club Med ! Pour moi, durant des années, ce fut toujours avec plaisir que, lorsque je rencontrais sur ma route un de ces clubs, je redevins pour quelques jours une sorte de G.O. stagiaire !

À Agadir, j'avais aussi retrouvé l'ami Michel Fugain, qui s'était embarqué dans une autre sorte de traversée, une aventure passionnante qui le verrait naviguer à vue durant plusieurs années sur un océan de chansons, de camaraderie et d'écueils, le Big Bazar.

Mon spectacle au théâtre de Casablanca à peine terminé, il était temps que je reprenne la mer ; Alex m'emmena au magnifique marché municipal, où je fis le plein de fruits et de légumes superbes et variés, que je consommerais souvent crus, puisque j'avais choisi d'être végétarien. Mon ami s'inquiétait : « Tu n'as pas assez d'eau douce à bord pour laver toutes ces crudités avant de les consommer, tu risques d'attraper toutes sortes de maladies. » C'était effectivement un des défauts du régime que j'avais choisi, et que je devais bientôt en partie abandonner, pour une toute autre raison. Je me revois cependant encore avec bonheur, en route vers ma prochaine escale, choisissant dans mes réserves les produits délicieux de la terre perdue de vue, ou écossant, enfin pratiquement nu au soleil, des petits pois tout frais pour mon déjeuner !

Cap au sud, j'atteignis bientôt le domaine des vents dont rêvent tous les navigateurs au long cours : les alizés, des brises généralement régulières et de force raisonnable, qui font le tour de la Terre d'est en ouest aux latitudes tropicales. La branche nord de ce vent favorable, dite « alizé portugais », bien présente au rendez-vous, me révéla que j'avais encore beaucoup à apprendre sur le maniement de mon bateau : curieusement, ce voilier faisait preuve d'une médiocre stabilité de route, et, alors que tout aurait dû être rose (ou plutôt bleu, la couleur du ciel et des vagues qui m'emportaient), je devais me battre sans cesse pour que le pilote automatique maintienne le bateau sur son cap : je l'avais baptisé Giscard, en référence au slogan que Valéry Giscard d'Estaing, qui venait d'être élu président de la République, avait choisi pour sa campagne électorale : « Giscard à la barre ». C'est seulement au bout de quelques années que je comprendrais que mon bateau souffrait d'une erreur de conception : il lui manquait en fait un mètre à l'arrière pour être équilibré. D'autres navigateurs qui devaient se faire construire le même bateau effectuèrent cette modification, allongeant leur coque, et le problème pour eux fut résolu. Moi, tout au long de mon voyage, je dus prendre des précautions, réduire la toile plus vite que prévu... ce qui me gênait peu, après tout, je n'étais pas en course !

J'avais prévu de continuer jusqu'à Dakar, mais la direction du vent m'a amené à passer en vue de la Grande-Canarie ; comme je viens de dépasser le port de Las Palmas, le vent tombe, et la météo annonce une dégradation du temps. Je décide de m'arrêter deux ou trois jours, mais je ne trouve qu'un grand port commercial sur les eaux duquel flottent huile et mazout : je n'y resterai pas longtemps ! Un navigateur français qui y est ancré me signale la création récente, au sud-ouest de l'île, d'un petit port moderne, presque une marina, Puerto Rico, où les ulysses[1] ont déjà pris l'habitude de s'amarrer pour se préparer à faire le grand saut : traverser l'Atlantique sur les ailes des alizés. Je décide de m'y rendre à mon tour.

À peine amarré dans ce nouveau port, je reçois une visite exceptionnelle : Jacques Brel, qui a décidé, à peu près au même moment que moi, de partir lui aussi à l'aventure sur un voilier, vient me saluer. Je l'invite à mon bord, et voilà que cet homme que je ne connaissais pas trente secondes plus tôt – j'avais eu seulement l'occasion de lui serrer la main une fois, lorsque j'avais assisté, quelques années plus tôt, à la première d'un film dans lequel il jouait – m'annonce sans en faire le moindre mystère qu'il vient de subir une grave opération au poumon, mais qu'il est déjà en train de se remettre, et que ça ne change rien à son projet de partir naviguer sur les mers lointaines : il va d'ailleurs dans quelques jours traverser l'Atlantique, avec sa fille et sa compagne, sur l'*Askoy*, le

1. C'est ainsi qu'on désigne parfois familièrement les gens qui font des voyages au long cours sur de petits bateaux, suivant les traces du héros d'Homère.

grand voilier qu'il a acheté en Belgique et qui est amarré à un ponton voisin.

Cette escale inattendue, dans ce port balayé par l'alizé frais mais éclatant de soleil, en ce jour de Noël, aurait dû laisser dans ma vie le souvenir d'une merveilleuse rencontre. Jacques Brel m'invita à passer la soirée de Noël avec eux, je fis la connaissance de sa fille, l'adorable France, et de sa compagne, Maddly, une danseuse et actrice antillaise qui avait, quelques années plus tôt, inspiré à Mireille Darc et Alain Delon un joli film, *Madly*, une histoire d'amour à trois : c'est au cours du tournage de *L'aventure c'est l'aventure* qu'elle avait rencontré Jacques Brel, et, quelques mois plus tard, elle s'était installée sur son bateau à la veille du grand départ.

La soirée fut merveilleuse, sur le bateau de Brel, puis sur les pontons, où je partis avec France boire quelques coupes de champagne avec les équipages des voiliers qui s'élanceraient quelques jours plus tard pour leur première grande traversée, plus de 2000 milles sans escale. Le lendemain, je retrouvai Jacques, France et Maddly sur l'*Askoy* ; Jacques, en pleine forme, me fit un grand numéro comique que je filmai et photographiai à loisir, avec l'accord de Jacques, qui blaguait mon côté journaliste, criant : « *Radar* était là », le slogan d'un magazine à sensations déjà disparu à l'époque. Nous déjeunâmes dans un restaurant, et, le cœur gonflé de joie par cette magnifique rencontre, je repris le large, mettant, moi, le cap vers la côte africaine. Quelques heures plus tard, je me traînais à quatre pattes sur le pont pour ne pas m'envoler dans les violentes rafales du vent qui ne cessait de monter, je mettais le voilier en fuite sous un tout petit bout de foc que je n'eus même pas la force de raidir durant trois jours, et je me battais contre toute une série d'avaries, mon compas de route arraché par une écoute lors d'un empannage fautif, les cordages du pilote automatique qui s'usaient, une de ses pièces métalliques brisée.

Au bout de deux ou trois jours de cette galère, il m'apparut nécessaire de trouver une escale où réparer, et je décidai de tenter ma chance dans le port mauritanien de Nouadhibou, autrefois connu sous le nom de Port-Étienne, légendaire escale de l'Aéropostale à l'époque où Mermoz reliait pour la première fois Paris à l'Amérique du Sud. Je découvris dans le brouillard de sable venu du Sahara la baie immense, fus accueilli par un capitaine de port mauritanien stupéfait de me trouver seul. « Mais qu'est-ce que tu fais si le diable vient te voir en mer ? », s'exclamait-il. Il me conseilla de m'abriter dans un étroit bassin échouant à marée basse, encombré des squelettes de bois de vieux navires de pêche, à deux pas de l'abattoir des chameaux. Je trouvai un soudeur pour réparer ma pièce cassée, et fus invité à partager les réveillons de nouvel an successifs de la poignée d'expatriés qui vivaient encore dans cet ancien avant-poste de l'empire français. Je fis même la connaissance, à la soirée dansante, d'une jolie jeune fille venue passer les vacances chez ses parents, et qui ne se montra pas opposée à l'idée d'adoucir quelques jours la solitude du marin éprouvé par une traversée difficile. Un après-midi, elle me rendit visite dans le bateau, et je l'invitai à tester le confort sommaire de mon grand lit, à l'avant du voilier, juste sous un grand panneau de pont entrouvert sur le bleu immaculé du ciel du désert. Alors que j'allais devenir tendre, retentit soudain, comme une explosion, une voix tonitruante, une tête noire et enturbannée s'encadra dans le capot ouvert un mètre au-dessus de nous : « Patron, cadeau la peinture ! » C'était un vieux pêcheur local à qui j'avais promis de donner un pot de peinture, et qui, monté sur le pont sans que je l'entende, nous avait surpris à un moment délicat !

Avant de reprendre le large, je chargeai un coopérant rentrant à Paris d'y rapporter les trois premiers articles que j'avais écrits en mer pour *Le Hérisson* : j'y exposais les raisons de mon départ, les péripéties de mes premières navigations, ainsi que mes escales, mes rencontres avec Dalí à Port Lligat, avec les navigateurs au long cours à Gibraltar, avec les amis du Big Bazar à Agadir ; et bien sûr, je ne voyais aucune raison de ne pas raconter brièvement, en deux paragraphes souriants, ma rencontre avec Jacques Brel, qui était venu de lui-même me trouver, au su de tous, dans un lieu public. Je ne disais évidemment pas un mot de sa santé : j'ai toujours été plus intéressé par les côtés heureux de la vie que par ses côtés sombres ; je dépeignais au contraire, sous l'aspect le plus optimiste, ces moments magiques, je saluais le projet de Jacques de partir traverser l'Atlantique. Je joignis à mes textes les deux ou trois rouleaux de photos noir et blanc non développées que j'avais prises au cours de ces diverses escales, dont celles à bord d'*Askoy*. Quelques semaines plus tard, l'hebdomadaire devait publier trois articles sympathiques, mettant dans le troisième l'accent sur ma rencontre avec Brel, mais ne soufflant, bien sûr, pas un mot de ses problèmes de santé. Pourtant, par un triste concours de malchance et de malveillances, cet article anodin devait donner naissance à une tenace, détestable et injuste accusation.

De nouveau en route vers le sud, je décidai à l'improviste de tenter une escale peu fréquentée, Saint-Louis, à l'embouchure du fleuve Sénégal, défendue par une « barre » changeante. Je parvins à convaincre des pêcheurs de me guider avec leur pirogue au travers de cette passe dépourvue de tout balisage, et je fus soudain frappé pour la première fois par la vision de l'Afrique tropicale, l'éclat des cocoteraies, le bleu intense du ciel. Invité à partager un *tieppu diem*, plat national à base de riz et de poisson, par un fonctionnaire du port accueillant, je compris alors que vouloir rester exclusivement végétarien signifiait refuser toute invitation, se priver de tout partage, puisque la communication, les rencontres, sur cette planète, passent bien souvent par la table. Puis je repris la route de Dakar.

Ces trois mois et demi de navigation m'avaient convaincu d'une chose : il aurait été insensé de continuer à naviguer avec un bateau aussi incommode, cette coque vide où je n'avais même pas un endroit confortable où m'asseoir, où le moindre coup de roulis m'envoyait valdinguer au travers d'espaces où je ne pouvais me retenir à rien ; il fallait que je trouve un moyen de remédier à cela. À Dakar, j'eus la chance de rencontrer un des dirigeants de l'arsenal de la Marine nationale, qui me proposa de venir m'abriter quelques jours dans leurs bassins, dont les personnels m'aidèrent volontiers à réaliser les travaux que j'entamai aussitôt, menuiserie, peinture, électricité... au bout de quinze jours, l'intérieur de mon bateau, encore spartiate, avait pourtant totalement changé d'allure, et je pouvais envisager de reprendre la mer de façon plus confortable et surtout plus sûre. J'avais aussi pu faire un ou deux modestes galas, dont l'un organisé par l'amicale des Corses, un autre au Club Med de Casamance, en duo avec un gars extraordinaire, Ali, ancien chef de chantier lors de la construction du Club Med d'Agadir, et vite devenu chef de village et brillant animateur.

J'aurais pu rester longtemps sur les flots de la Casamance, entre Ziguinchor et Carabane, comme le firent plus tard de nombreux navigateurs ; mais j'avais prévu de regagner la France six semaines plus tard, pour mettre un peu d'ordre dans tout ce que j'avais laissé en vrac derrière moi. Une mauvaise nouvelle m'était d'ailleurs parvenue à l'instant de quitter Dakar : un petit chèque avec lequel j'avais payé un pharmacien de Saint-Louis lui était revenu impayé : il n'avait pas fallu plus de trois mois à la banque dont j'étais pourtant le fidèle client depuis huit ans pour me laisser tomber et, sans nouvelle de moi durant quelques semaines, pour refuser sèchement de payer les trois ou quatre modestes chèques qui s'étaient présentés... Et j'étais soudain poursuivi pour émission de chèques sans provision ! Il faut dire que, suite à mes escales imprévues aux Canaries, en Mauritanie, et à Saint-Louis du Sénégal, j'étais arrivé plus tard que prévu à Dakar, que mes amis marocains, inquiets, avaient passé des coups de téléphone... Un journaliste local avait signalé qu'on était sans nouvelles de moi... et la presse française, prompte comme toujours à publier sans prendre la peine de vérifier (s'il faut démentir on démentira, ça fera une deuxième nouvelle !), avait gonflé l'événement, me déclarant sans ambages « perdu en mer »...

J'écrivis quelques lettres diplomatiques, histoire de faire patienter, et je m'élançai pour ma première un peu longue navigation, trois semaines pour contourner l'Afrique occidentale et gagner le port d'Abidjan, où j'espérais pouvoir laisser le bateau en sécurité dans un chantier naval. La traversée fut lente, l'alizé laissa rapidement la place aux calmes équatoriaux ; je progressais d'environ 50 milles par jour : quatre kilomètres à l'heure, la vitesse d'un homme marchant d'un pas nonchalant : eh oui, on peut faire le tour du monde d'un pas nonchalant, car on avance jour et nuit ! Je comptais sur une lampe à pétrole pour signaler ma présence aux navires que j'aurais pu rencontrer, et je dormais par quarts d'heure successifs lorsque, à l'approche d'un des grands ports de cette côte, je traversais une route de cargos. Ces longues journées tranquilles, sous un soleil parfois écrasant, seul en mer, suivi par un banc de daurades coryphènes aux reflets jaune et bleu qui s'étaient éprises de ma coque et la suivaient jour et nuit, me donnèrent le temps de rédiger, sur un vieil agenda inutilisé découvert dans un coin du bateau, un récit détaillé, un bilan des huit années que j'avais consacrées à la chanson ; ces centaines de pages, restées inédites, m'ont été précieuses, trente ans plus tard, servant en quelque sorte de relais à ma mémoire pour rédiger la première partie de mes souvenirs.

Tous mes retards accumulés m'avaient contraint à renoncer à gagner l'Afrique du Sud, le but que j'avais initialement fixé à cette première année de navigation. Je devais vite comprendre qu'il y a les projets que l'on fait, et ceux que les hasards des saisons, des climats, des rencontres, des avaries, des envies soudaines de s'attarder ici ou là vous amènent à réaliser. Somme toute, de Marseille à la Côte-d'Ivoire, ces six premiers mois de navigation avaient été bien remplis, j'avais vécu des moments de joie et de belles frayeurs, des jolies rencontres et des instants de découragement, je pouvais sans démériter laisser trois mois mon voilier à la garde d'un chantier de carénage de cargos de la lagune d'Abidjan. J'eus même la chance de gagner le prix de mon billet de retour en chantant deux soirs dans la salle des fêtes du légendaire hôtel Ivoire.

Ça m'a fait tout de même drôle, de refaire – ou de défaire – en moins de dix heures de vol la route qui m'avait demandé six mois d'efforts, six mois à me battre mille après mille contre les avaries, la fatigue, le temps changeant, mes propres faiblesses... Quelques heures plus tard, je me retrouvais dans un compartiment de l'Arverne, le train qui me ramenait à mon domicile du Puy-de-Dôme, et c'était un peu démoralisant, un peu comme si je n'étais jamais parti ! Mais tout au long de mon séjour métropolitain, que je consacrai à mieux m'organiser pour reprendre la mer le cœur plus libre, je ne me décourageai pas un instant : je savais que mon bateau m'attendait sagement, sous la garde des amis que je m'étais déjà faits à Abidjan, pour m'emmener bientôt vers de nouvelles escales.

Je dus commencer par me présenter, conformément à la loi alors en vigueur, à la gendarmerie du village pour m'expliquer sur les quelques chèques sans provision, quelques centaines de francs à peine, que j'avais émis. J'allais trouver la Sacem, dont les versements trimestriels, je l'ai dit, s'étaient étiolés : celui d'octobre avait été nul, celui de janvier trop faible pour rassurer mon frileux banquier, mais j'obtins de cette vénérable organisation qu'elle m'avance, sur d'hypothétiques futures rentrées, de quoi solder les petites dettes qui me restaient. Le bureau de Lucien me dégota quelques galas ici ou là, et je découvris qu'une compagnie de cargos embarquait volontiers, pour une somme très modique, des passagers à destination des ports de l'Afrique. Ma place réservée, la date de mon départ confirmée, je m'attaquai à un autre problème : RCA, la maison de disques avec laquelle j'avais signé deux ans plus tôt un nouveau contrat, m'avait adressé une lettre recommandée : puisque je naviguais sur les mers lointaines au lieu de me prêter à la promotion contractuelle de mes enregistrements, ils souhaitaient remettre en question mon contrat... Pour mon bonheur, le nouveau directeur de la maison, François Dacla, un véritable passionné de la chanson française – il le prouva par la suite, préférant tout au long de sa carrière la qualité des artistes et des enregistrements à la rentabilité immédiate – se montra compréhensif : le montant de l'avance annuelle que RCA devait me verser encore un an serait étalé sur trois ans. Il m'accordait ainsi une modeste rente, pas de quoi vivre, mais de quoi rassurer un peu ma banquière, sans que j'aie besoin de revenir tous les mois lui jouer, comme Romain Duris dans le film *Les Poupées russes*, un numéro de pipeau.

Les articles que j'avais, de Mauritanie, envoyés au *Hérisson*, avaient été publiés durant le mois de février, et j'avais reçu dès mon retour plusieurs appels de rédactions de journaux : la nouvelle que Jacques Brel était malade s'était répandue partout, et mon article, qui n'en soufflait pas un mot, n'y était absolument pour rien : Jacques Brel, lui-même, n'avait pas caché son opération, il avait choisi pour sa convalescence, avant de rejoindre son bateau aux Canaries, l'endroit le moins discret du monde pour lui, l'hôtel le plus en vue de Bruxelles où descendaient toutes les célébrités. Je répondis systématiquement à ces journalistes que, comme dans l'article du *Hérisson*, je voulais bien parler de ma joyeuse rencontre avec Brel aux Canaries, mais que je n'avais rien à dire sur sa santé. Un jour, Lucien m'annonça que Charley Marouani cherchait à me joindre. Les Marouani étaient une famille très active dans le show business, où ils étaient si nombreux à exercer les professions d'agent artistique, impresario ou producteur, qu'un ami du métier me disait que le soir, lorsqu'il avait du mal à trouver le sommeil, il lui suffisait de compter les Marouani pour s'endormir. Je n'avais pratiquement jamais travaillé avec aucun d'entre eux, et je m'interrogeais sur le motif de cet appel. « Bonjour Antoine, ici Charley Marouani, je suis l'agent artistique et l'ami de Jacques Brel, qui vous demande de ne pas parler de lui dans la presse. » Je lui expliquai qu'il m'avait semblé normal de raconter sous un jour positif notre rencontre : j'avais pensé qu'il serait heureux qu'on le présente comme plein de vie, partant réaliser son beau rêve de faire le tour du monde. « Le problème, ajouta Charley Marouani, c'est qu'il a quitté la Belgique en laissant sa femme, embarqué une autre femme avec lui, et il ne voudrait pas que cela se sache. » En effet, sur une des photos choisies par *Le Hérisson*, on entrevoyait Maddly aux côtés de la fille de Jacques. Je répétai à Charley que je me conformerais au vœu de Jacques et ne parlerais plus de notre rencontre, et je lui demandai de m'indiquer à quelle adresse ou numéro de téléphone je pourrais contacter Jacques. « Ne vous inquiétez pas, me répondit-il, je vais le voir aux Antilles la semaine prochaine, je lui transmettrai votre message, et tout le problème est effacé... »

Je ne manquai pas d'activités, durant ce séjour en France. La maison de disques m'avait demandé d'enregistrer un nouvel album, pour le publier l'année suivante, juste avant mon prochain retour, puisque ma présence en France était nécessaire pour sa promotion. Je passai donc à nouveau deux semaines à Toulouse pour enregistrer une douzaine de chansons avec l'aide des musiciens et techniciens du studio Condorcet. J'écrivis également quelques articles, puisque mon voyage commençait à intéresser aussi bien la presse nautique que *Paris Match*, qui m'avait enfin proposé de se faire de temps en temps l'écho de mon tour du monde, ou que certains quotidiens de province.

Et puis... je ne sais pas si je serais capable de raconter l'inoubliable climat dans lequel baignèrent, cette année-là et les deux ou trois suivantes, mes retours en France à l'époque du printemps... Il me faudrait la plume d'un Henry Miller, l'auteur de *Jours tranquilles à Clichy*, pour traduire la douceur magique, imprévisible, qui baignait ces journées de mai et de juin ; en Auvergne où j'avais retrouvé le calme des prairies, des collines, des forêts, mais surtout à Sèvres, où je logeais souvent chez mes amis Jean-Daniel et Francette. Décrire à des lecteurs du début du XXIe siècle, qui ne l'ont pas connue, l'inexplicable liberté qui nous avait touchés au cœur de ces années 1970 me semblerait une gageure. La maison de mes amis fut quelque temps une sorte de maison du bon Dieu ; comme dans la *Maison bleue* de la chanson de Maxime Le Forestier, on y entrait sans clefs, on y dormait, on en repartait ; nous nous étions retrouvés ainsi une petite poignée de garçons et de filles, quelques amis et leurs compagnes, quelques voyageurs de passage, qui vivions dans une liberté de nos corps qui, je le crains, nous paraîtrait inimaginable aujourd'hui. Nous étions souvent nus au soleil autour du petit bassin de quarante centimètres de profondeur qui avait été promu au grade de piscine au cours de ces chaudes journées ; nous étions libres de nos amitiés, de nos caresses et de nos amours ; si l'un ou l'une de nous ramenait un ami ou une amie, cette compagnie était parfois partagée ; aucun de nous, marié ou non, ne faisait mystère des aventures rencontrées dans la grande ville. Une de nos compagnes rentra un jour à la maison, joyeuse et satisfaite : cet après-midi-là, elle roulait dans sa petite décapotable sur le boulevard périphérique, savourant la chaleur du soleil sur ses épaules et sur ses jambes court vêtues, quand une autre petite voiture décapotée était arrivée à sa hauteur, conduite par un beau garçon souriant. Un bref encombrement avait amené les deux véhicules à rester un moment côte à côte, et, à l'instant où la circulation reprenait, le garçon avait dit à notre amie : « On sort porte d'Italie ? » « D'accord ! », avait-elle répondu du tac au tac. Notre amie avait suivi le cabriolet du garçon jusqu'au pied d'un immeuble de l'avenue d'Italie : agent immobilier, il allait y inspecter un appartement dont on lui avait confié les clefs ; il l'avait invitée à le suivre, et sans se connaître le moins du monde, ils avaient fait l'amour aussitôt, dans l'appartement désert... Notre amie semblait si ravie de l'épisode que la petite phrase : « On sort porte d'Italie ? » devait désormais devenir un vrai mot de passe.

Je n'essaierai pas de raconter plus avant les rencontres, les aventures, les amis de passage qui se mêlaient parfois à nous, un peu surpris de notre liberté, les filles qui dormaient parfois avec l'un ou l'autre d'entre nous : ce que je conserve de ces années, ce n'est pas la fierté d'avoir connu des succès féminins, mais celle d'avoir quelque temps dépassé ce tabou millénaire qui rend des millions de gens malheureux et prend les plaisirs des hommes et des femmes en otage de la reproduction et de la multiplication. Adoptant le contre-pied de la chape pesante que les enseignements religieux de notre enfance et les conventions de la société avaient déposés sur ces plaisirs pourtant simple et sains, quelques livres étaient là pour nous donner raison, quelques films aussi : nous ne cherchions pas, bien sûr, à suivre les héros des *Valseuses* lorsqu'ils piquaient des voitures ou faisaient un médiocre « casse », mais lorsque nous faisions l'amour, nous le faisions avec la même liberté dont les personnages faisaient preuve dans ce film : nos compagnes étaient belles et libres comme Miou-Miou, et nous étions beaux et libres comme le regretté Patrick Dewaere ou le tout jeune Gérard Depardieu.

Nos compagnes avaient des amants
Nous en étions contents pour elles
Et nous, nous leur étions fidèles
Souvent

Mes retours à Paris, durant ces premières années de mon voyage sont aussi l'occasion de fêtes plus traditionnelles, amicales et chaleureuses. Quelques années plus tôt, à l'occasion de la publication de mon album pour enfants, *Le Président sur la lune*, j'ai fait la connaissance d'une femme extraordinaire, écrivain et... châtelaine : veuve d'un propriétaire de vignobles du Vouvray mort dans un accident d'avion de tourisme, Martine vit dans le merveilleux petit château de Moncontour, sur les bords de Loire, et sa maison est ouverte à une poignée d'amis, d'artistes, musiciens ou chanteurs en route vers un gala dans le Sud-Ouest, peintre venu s'installer quelques mois dans une des grandes salles vides du château pour y préparer sa prochaine exposition, célébrités ou inconnus, tous égayés par la richesse de la conversation et les souvenirs pittoresques de la maîtresse des lieux. J'ai pris l'habitude de faire halte à Moncontour lorsque ma route m'amène à traverser la Touraine. Un jour de juin de cette année-là, Martine propose de fêter brillamment, à Paris, par un dîner chez Maxim's, son anniversaire et le mien, qui tombent à une date voisine ; se joindront à la fête une demi-douzaine d'amis et amies, dont Bertrand, le fils de Martine, qui deviendra bientôt, et pour très longtemps, un de mes meilleurs amis, et un copain commun, le jeune chanteur Philippe Lavil, accompagné de la jeune femme dont il est alors le chevalier servant : Caroline de Monaco. Le dîner est un instant de rêve, délicieux, plein d'humour, juste assez décadent, particulièrement à l'arrivée du violoniste tzigane qui fait le tour des tables !

Déjà à cette époque, Caroline était poursuivie de façon insupportable par les paparazzi, en raison de son appartenance à la trop célèbre cour de sa petite principauté d'opérette. Elle était contente de trouver auprès de nous un moment de calme au milieu de ce harcèlement, dont Philippe et nous tous cherchions à la protéger. Les photographes montant ce soir-là le siège devant la porte du restaurant, rue Royale, je demandai à la direction d'aider Caroline à traverser les cuisines et à sortir incognito par la porte de derrière, en compagnie de Philippe Lavil, ce qu'elle fit sans encombre tandis que nous donnions le change, nous attardant devant le restaurant, faisant croire aux paparazzi que Caroline allait sortir à son tour. Pour détourner l'attention, j'avisai un camion de boucher arrêté pour une livraison nocturne ; je m'adressai au chauffeur et lui demandai avec un clin d'œil s'il aurait la gentillesse de me déposer, avec la jeune femme blonde un peu trop guindée qui m'accompagnait ce soir-là, près de la place de l'Étoile, où nous devions retrouver Philippe et Caroline à L'Aventure, la boîte de nuit qu'animait la chanteuse Dani. C'est ainsi qu'à défaut de « scoop » sur leur cible préférée, des journaux publiaient le lendemain une photo de moi faisant de l'auto-stop et montant en compagnie d'une blonde dans un camion de boucher en plein Paris.

Les soirées chez Martine, à Moncontour, étaient toujours brillantes et décontractées : un soir, un animateur de radio vedette s'était mêlé de faire la cuisine, il avait préparé sur l'imposante cuisinière du château un grand hachis Parmentier dans lequel il avait éparpillé, sans nous prévenir... un cube de haschich... L'ambiance fut particulièrement chaleureuse ce soir-là : une cousine de la maîtresse de maison, une dame provinciale très sage, après avoir mangé sa part de la création culinaire nouvelle, illico baptisée Haschich cramentier, fit preuve d'une exubérance démesurée. Lors d'une autre de mes visites à Moncontour, une jeune femme était aussi présente, Julie. Également animatrice de radio, elle avait l'année précédente quitté Europe 1 pour partir vivre près d'un an à Tahiti, où elle avait participé à l'écriture d'un livre sur l'énergie religieuse et mentale des Polynésiens, le *mana*. Je connaissais Julie depuis longtemps, son aventure me semblait intéressante, nous avons lié ce soir-là, autour de la piscine, à l'heure du bain de minuit, une amitié sensuelle et tendre qui devait se prolonger à Paris, jusqu'à ce que je reparte vers la Côte-d'Ivoire et vers mon bateau, qui commençait à sérieusement me manquer. Julie vint souvent à Sèvres, partagea quelques dîners et sorties, et quand je repartis, il était pratiquement convenu qu'elle viendrait me rejoindre à bord de mon voilier quelque part en Afrique, pour y naviguer avec moi... Le temps en décida autrement, car elle trouva cet été-là une belle place à l'antenne de Radio-Monte-Carlo, animant une émission en compagnie d'un présentateur débutant nommé Julien Lepers, et y rencontra un nouveau succès dont elle ne put ou ne souhaita pas s'éloigner.

Le mois de juin s'achevait ; il était temps de faire mes bagages, d'aller acheter à Londres quelques objets nécessaires à la suite de mes navigations, cartes marines et instructions nautiques, des winches plus costauds que le modèle dépassé que j'avais choisi à l'origine, trop faible pour la taille du bateau et pour ma modeste musculature. Ayant rencontré quelques écueils dans ma cohabitation avec le moteur diesel de quatre-vingt chevaux qui hantait la coque de mon voilier, j'avais décidé de faire un stage de mécanique chez le fabricant, dans la région bordelaise, et je passai trois jours à démonter et remonter pompes, démarreur, injecteurs, soupapes et cylindres. Et puis, adieu les amis, bye bye jolie Julie, salut Caroline, les rencontres d'un soir, les fêtes dans la tranquille petite maison proche du parc de Saint-Cloud, les *Jours tranquilles à Sèvres*... Moi, je repars sur l'océan, sur un cargo, tout d'abord, le *Léonce Vieljeux,* qui m'emmène, dans une des deux ou trois cabines louées par la compagnie à des passagers souhaitant aller lentement au lieu de prendre l'avion. Cap sur les côtes d'Afrique, à 24 nœuds tout de même ! Les dauphins, ceux qui jouent souvent devant l'étrave de mon voilier marchant à 5 ou 6 nœuds, semblent s'amuser tout autant à 24 nœuds : ils parviennent même, sans avoir l'air de se fatiguer le moins du monde, à dépasser le cargo !

Me revoici à bord, et à pied d'œuvre : trois mois plus tôt, j'avais demandé au chantier d'Abidjan de démâter le bateau et d'extraire la quille relevable lestée de quatre tonnes deux de plomb pour révision... Avec le recul, je me demande pourquoi j'avais lancé des travaux aussi insensés alors que le bateau n'avait pas un an ! Il reste à remonter tout ça, plus la peinture de la coque, de l'intérieur, la réfection du sommaire circuit électrique, qui avait partiellement brûlé à Dakar, l'installation de nouveaux winches, épissures mixtes cordage-câble acier, et autres fantaisies : si, lors de mon arrivée, j'ai mené une vie un peu agitée, souvent invité par des gens qui venaient me voir sur le chantier, souvent parti à la conquête d'une jeune fille qui m'avait souri, cette fois-ci je me consacre exclusivement aux travaux d'entretien du bateau : j'ai trop hâte de repartir. Quand tout est à peu près remis en état, deux coopérants sympa me proposent de m'accompagner dans une petite sortie d'essai vers le large ; l'un d'eux, réputé costaud, baroudeur et tout et tout, est totalement paralysé par le mal de mer dès que nous sortons de la passe de Vridi et affrontons la mousson de sud-ouest, maintenant installée. Enfin je ramène mes équipiers, et je prends le large.

Pourquoi avais-je envie de faire escale à Lagos, au Nigeria ? Pour remonter le Niger ? Parce que Paul McCartney y avait enregistré un album que j'adore, *Band On The Run* ? Je n'étais plus qu'à une cinquantaine de milles du port quand j'ai entendu à la radio qu'à la suite d'un coup d'État les frontières du pays étaient fermées. J'ai changé de programme et me suis dirigé vers une île dont un de mes illustres prédécesseurs, Jacques Boone, disait le plus grand bien dans son livre *Viva Binga* : l'île du Prince. Pas de chance, l'île, ancienne possession portugaise, venait d'acquérir, quinze jours plus tôt, avec sa voisine São Tomé, son indépendance. Et l'arrivée inexplicable d'un gars tout seul sur un voilier, événement pratiquement inédit dans cette petite île, posait un problème insoluble à l'administration locale, qui me refusa l'escale. Mais la chance tourna : l'un des deux avions de la compagnie locale étant tombé en panne, on me demanda de ramener les deux seuls pilotes jusqu'à São Tome, et je fus autorisé en échange à débarquer, et royalement reçu ; quelques jours plus tard, le maire de l'île du Prince me suggérait de passer ma vie entière dans son île !

De São Tomé, une brève navigation me conduisit à Port-Gentil, au Gabon, juste en face, sur le continent. N'ayant pu remonter le Sénégal en raison d'un pont mobile bloqué, ni le Niger pour cause de coup d'État, je choisis de remonter le cours de l'Ogooué jusqu'à Lambaréné, pour retrouver le souvenir d'Albert Schweitzer. Là, je laissai le bateau sous la garde d'un copain de rencontre, et je pris la route du Cameroun.

J'avais un bon souvenir de mes virées en auto-stop à travers l'Europe, dix ans plus tôt, ou en Greyhound Bus aux États-Unis. À cette époque, de nombreux « routards » commençaient à sillonner les routes de tous les continents, à l'image de Philippe Gloaguen, qui avait publié son premier *Guide du routard*. J'étais tenté par ce genre d'aventures... mais je déchantai vite quand je comparai le confort, même spartiate, du voyage sur mon bateau à celui d'une randonnée en taxi-brousse à travers l'Afrique, entassés à quinze, vingt et plus dans une vieille Peugeot brinquebalante, qui ne partait qu'après avoir fait trente fois le tour de la ville de départ, draguant des clients dont l'écot permettrait au dernier moment d'acheter l'essence du voyage. En tant que voyageur étranger, j'avais droit à un bout de la banquette avant, que je ne partageais qu'avec six ou sept personnes ! Quelques dizaines de kilomètres plus loin, j'étais perclus de crampes et de rhumatismes, et je rêvais à la banquette sommaire de mon bateau ! Pour ce qui était de l'auto-stop en voiture privée, il ne fallait pas y compter, le trafic sur la route de Lambaréné à Yaoundé était pratiquement nul. Alors que j'attendais sur la place d'un petit village de brousse la venue d'un hypothétique transport, le simple d'esprit local, qui tournait en rond sur la place, déclamant en français de grands discours incompréhensibles, se mit tout d'un coup à me jeter des cailloux, jusqu'à ce que ses concitoyens l'emmènent.

J'ai dormi dans des « cases de passage », mangé du ragoût de serpent à la frontière camerounaise, fait une brève halte à Douala, où j'avais au départ prévu de faire escale en voilier : au yacht-club m'attendait du courrier, dont une lettre de ma copine Julie, et j'ai fini par atteindre Yaoundé, où je souhaitais revoir le cadre de mon enfance, la maison du plateau Bastos et celle dominant le lac : je les trouvai évidemment toutes petites, et manquant singulièrement d'entretien ! Pour me remettre des fatigues de ces quelques jours de savane, je m'installai une nuit dans l'hôtel confortable de la capitale, et le lendemain... c'est en avion que je regagnai le Gabon, où mon bateau m'avait sagement attendu sur les flots de l'Ogooué.

Après avoir bénéficié de l'aide spontanée de quelques coopérants et employés de l'industrie pétrolière locale, qui habitaient au bord de la belle plage de Port-Gentil où j'avais échoué *Om* pour le caréner, j'ai pris la route du Sud : à partir de cette latitude, vents et courants m'étaient contraires, il aurait fallu tirer des bords jusqu'au cap de Bonne-Espérance. *Ocean Passages for the World*, le traité de navigation de la marine britannique, devenu ma bible, conseillait plutôt de faire un grand détour par le large, ce qui m'amènerait à passer près de l'île de Sainte-Hélène. Et si j'allais voir à quoi elle ressemblait ? Je tirai donc pendant huit jours quelques bords médiocres vers le sud, puis quand je fus arrivé à la latitude préconisée par mon livre, je mis le cap au sud-ouest, recevant de plein fouet, au près bon plein, toute la force de l'alizé ; une semaine plus tard, je voyais apparaître sur l'océan désert cette île à l'aspect rébarbatif, avec ses côtes escarpées, torturées et arides, mais à l'intérieur de laquelle je découvris de magnifiques paysages verdoyants, des cottages anglais noyés dans la végétation, tel celui de Longwood, où Napoléon termina ses jours. Je tombai rapidement amoureux de cette île et de ses habitants : aujourd'hui encore, l'absence d'aérodrome les a tenus à l'écart du plus gros des nuisances qui sévissent dans le reste du monde.

Quelques jours plus tard, ayant repris des forces dans un petit cottage que l'on m'avait prêté, j'ai de nouveau remonté l'ancre... et repris ma route au sud-ouest : il était encore tôt pour franchir le cap de Bonne-Espérance, et le détour préconisé par mes livres me conduisait à passer près des côtes du Brésil... Et si j'allais voir à quoi ressemblait, vu de la mer, ce pays qui m'avait tant plu lorsque, dans une autre vie, j'étais allé y chanter au Maracañazinho, lors du festival de la chanson de Rio ?

Je me fis un peu secouer dans la traversée de l'Atlantique Sud, dus bricoler mon pilote automatique qui partait en morceaux. À l'approche du Cabo Frio, je quittai l'alizé pour traverser mon premier front froid, et dans la pluie et la brume, alors que, n'ayant pu faire le point depuis une journée, je doutais de ma position, le christ du Corcovado m'apparut soudain, éclairé au sommet de son pain de sucre, et je pénétrai heureux dans l'immense baie de Rio de Janeiro. J'eus la bonne surprise d'y trouver, à l'ancre, l'ami Patrick van God, un navigateur belge très chaleureux, auteur de deux livres sympathiques où il racontait ses navigations sur *Trismus*, ainsi que quelques vagabonds des mers du Sud, comme Oleg, professeur de physique atomique, qui vivait sur *Kotick*, son *Joshua*, dans la baie de Rio, gagnait le rivage en dinghy et partait pieds nus donner ses cours, très scientifiques, à l'Université.

À l'approche des côtes brésiliennes, j'avais très peu dormi durant les dernières nuits ; je m'écroulai très tôt, le premier soir, dès que j'eus jeté l'ancre et accompli les formalités d'usage. Soudain je fus réveillé par des coups frappés à la coque d'acier d'*Om* ; je sortis sur le pont : un homme élégant, moustachu, se présentait : « Bonjour, je suis français, je m'appelle Antoine, et le yacht-club m'a remis par erreur cette lettre, qui, je crois, vous est destinée. » Cette lettre devait marquer un des virages importants de ma vie : Jean-Michel Barrault, directeur de la collection de récits « Mer » éditée par Jacques Arthaud, était un homme dynamique : fervent navigateur, c'est lui qui avait poussé un vagabond des mers du Sud alors inconnu, Bernard Moitessier, à écrire les livres qui devaient inspirer tant de « grands départs ». Dans cette lettre, il ne me proposait rien moins que de publier dans cette prestigieuse collection mes souvenirs de voyage ... Coïncidence, durant les semaines précédentes, j'avais, au cours des longues journées en pleine mer, été pris d'une boulimie d'écrire, pour ce que je croyais être mon usage personnel, et j'avais déjà noirci plusieurs cahiers. Je lui répondis aussitôt que je serais heureux de le rencontrer lors de mon prochain retour en France, au printemps suivant, et que, vu le flot intarissable qui semblait vouloir sortir de ma plume, ce n'était pas un livre, mais plusieurs, qu'il faudrait prévoir !

J'étais jeune, j'aimais la joyeuse compagnie des navigateurs de rencontre, Rio de Janeiro était une belle ville pour faire la fête... qu'est-ce que j'ai fait la fête, durant mes six semaines d'escale ! La *caïpirinha*, la délicieuse et traîtresse boisson locale, à base de *cachaça*, de sucre et de citrons verts pressés avec leur peau, m'avait adressé, dès les premiers jours, un sérieux coup de semonce : le lendemain de mon arrivée, nous en avions déjà bu deux ou trois à bord du bateau d'Oleg quand nous avions gagné le très chic bar du Iate Clube do Rio, où nos dégaines de vagabonds surprenaient un peu les riches membres du club, pour qui le yachting consistait surtout à parader en blazer à la barre de leurs gros bateaux à moteur, ou à partir décimer les espadons et les marlins des eaux environnantes. Le temps de nous décider sur la suite de la soirée, nous avons savouré deux ou trois caïpirinhas de plus... La décision d'aller dîner en groupe dans une *churrasqueria* prise, je me levai pour aller aux toilettes, m'installai sur le siège... et y restai quatre ou cinq heures, soudain totalement assommé, malade à crever, la tête tournant en tout sens, incapable de me relever... À une heure du matin, je finis par sortir, titubant : les copains étaient partis depuis longtemps, croyant que je les avais laissés tomber ; je demandai au pilote de la *lancha*, l'embarcation de service du club, de me ramener à mon bord, où je m'écroulai... C'est ainsi que j'ai appris à me méfier de cette boisson sournoise, je la consommai dorénavant avec la plus grande retenue, et je remplaçai dans la recette le douteux alcool local, la cachaça, par de la vodka... Consommée avec modération, quel régal que cette boisson !

Mon escale à Rio de Janeiro, escale citadine entre toutes, fut donc consacrée à pas mal de célébrations ; mais aussi à de nombreux travaux sur le bateau, que ma croisière le long des côtes d'Afrique et ma traversée de l'Atlantique avaient fait souffrir. Giscard, le « régulateur d'allure » (c'est le nom technique de ce genre de pilote automatique mu par des forces mécaniques, celle de l'eau et du vent), nécessitait une sérieuse révision. Mon gouvernail relevable ne voulait plus ni monter ni descendre, il me fallut échouer le bateau dans la petite darse du Iate Clube pour, à l'aide de crics et de leviers, redresser son axe et le décoincer ; je devais chaque jour sillonner cette ville immense et bordélique à la recherche d'une pièce ou d'une autre. Le soir, une gentille camarade venait me chercher pour aller applaudir Gilberto Gil ou Caetano Veloso, qui étaient en quelques années devenus de grandes vedettes.

Lorsqu'il avait appris que je faisais escale à Rio, Bob Socquet, le responsable de l'artistique chez RCA Paris, m'avait signalé que la maison avait une filiale au Brésil, et m'avait demandé de prendre contact avec elle pour enregistrer un disque sur place avec des musiciens locaux : quelques années plus tard, Gainsbourg enregistrerait en Jamaïque, Lavilliers dans les Caraïbes ou en Amérique du Sud, mais la démarche, à l'époque, était peu courante. L'idée me plut tout de suite, et je fis la connaissance d'un directeur artistique brésilien extraordinaire, Zé Luis, un physique à mi-chemin entre Brassens et Louis Chedid, exubérant, chaleureux, qui prit en charge une bonne partie de mon escale *carioca* (c'est l'adjectif brésilien qui caractérise tout ce qui est de Rio). Il me fit rencontrer un arrangeur musical assez allumé, Laércio de Freitas, qui venait de connaître un beau succès avec une chanson folle où il racontait qu'on lui avait coupé le gaz. Les séances furent inoubliables, tout à fait brésiliennes, commençant avec trois heures de retard, quand tous les musiciens avaient fini par arriver, et s'interrompant chaque fois qu'un match de foot passait par un moment décisif sur le téléviseur proche de la cabine du studio. J'enregistrai quatre titres [1], que la maison envoya à Paris, et je repris ma vie urbaine, bricolages toute la journée et fêtes le soir, commençant généralement par un repas dans une *churrasqueria* : comment rester végétarien quand les copains vous emmènent dans ces restaurants sud-américains où, jusqu'à ce que vous n'en puissiez plus et leur demandiez d'arrêter, un ballet de serveurs virevolte autour de votre table, brandissant d'immenses brochettes d'où, à l'aide de grands couteaux coupants comme des rasoirs, ils font dégringoler dans votre

1. Parmi ces quatre titres, un succès brésilien qui m'avait emballé dès que je l'avais entendu, moi qui ai toujours été fan des bandes dessinées de Schulz, avec Snoopy, Linus et Charlie Brown : *Meu Amigo Charlie Brown*, de Benito de Paula. Je l'avais enregistré avec le bon espoir qu'il fasse un succès en France aussi... Pas de chance, lorsque la maison de disques reçut mes enregistrements, ils ne purent que constater que je m'étais fait griller sur le poteau, et qu'un groupe inconnu, belge ou hollandais, venait de le reprendre et d'en faire un tube ! Une autre jolie chanson de Benito de Paula devait cependant figurer au verso de mon prochain simple, *Alem de Tudo, Je veux t'attendre ici.*

assiette des tranches de bœuf, de porc, de veau, d'agneau ? Les soirées se terminaient souvent dans une des boîtes de la ville, clubs chic fréquentés par la « haute société » carioca, ou petites boîtes chaleureuses de Copacabana, où des jeunes filles, étudiantes, secrétaires, après un numéro de danse sommaire et très déshabillé, vous proposaient de finir la nuit avec vous en échange, mais pas forcément, d'un petit cadeau...

Je trouvai tout de même le temps d'effectuer quelques navigations locales, vers Buzios, un village de pêcheurs endormi qui ne s'animait que le week-end, et qui deviendrait en quelques années le Saint-Tropez brésilien, ou vers l'immense baie d'Angra, où, tout autour de la vaste Ilha Grande, on trouvait des dizaines de mouillages déserts, dans des eaux chaudes et poissonneuses. Avec l'aide de la gentille franco-brésilienne qui m'avait accompagné durant cette croisière, j'ai tiré le bateau au sec dans un petit chantier naval d'Angra, et consacré le week-end de Noël à en repeindre la coque : j'avais fixé mon départ de Rio, ville difficile à quitter, à la nuit du 31 décembre, pour admirer, en m'éloignant du rivage, les millions de bougies que les Brésiliens allument sur la plage cette nuit-là, en offrande à la déesse Iemanja, la *mae das aguas*, la « mère des eaux ».

J'avais mis le cap au sud-est, direction Cape Town, avec peut-être une escale dans une île mythique, la minuscule Tristan da Cunha, qui avait récemment inspiré un livre d'Hervé Bazin, *Les Bienheureux de la désolation*. Les premiers jours de la traversée furent parfaits : tournant autour d'un vaste anticyclone, les alizés de nord-est m'emmenèrent en douceur vers le large ; puis je quittai la zone bénie sur laquelle ils soufflent toute l'année, et m'approchai doucement de la région, moins heureuse, des vents d'ouest, où se succèdent en permanence dépressions et fronts froids. Je n'eus pas à souffrir de véritables coups de vent, mais je réalisai très vite que je n'aimais pas vraiment ça, ces vents tournants, la pluie, la crainte constante qu'une de ces dépressions se creuse exagérément... Je n'étais pas paralysé par la peur... simplement j'aurais mieux aimé être ailleurs...

Surtout, je m'interrogeais sérieusement sur l'itinéraire de la suite de mon voyage. Ces belles journées tranquilles au départ de Rio m'avaient enfin laissé le temps de me pencher longuement sur les cartes, les *pilot charts* (atlas de prévision des vents moyens dans toutes les régions du monde) et les traités de navigation. Deux ans plus tôt, lorsque je préparais mon grand départ, j'avais acheté trois magnifiques cartes marines couvrant la planète entière, et, conseillé par Gérard Janichon, de *Damien*, je m'étais tracé un itinéraire embrassant les trois océans ; Gérard m'avait dit : « Évite la route des alizés, où grouillent trop de bateaux, choisis des routes extraordinaires... » Alors j'avais tracé une route qui me conduirait à naviguer la plupart du temps au près, à faire d'immenses traversées océaniques sans halte possible, ou à parcourir à la mauvaise saison, ou sans avoir le temps d'y faire escale, telle région ou tel archipel qui me tentait pourtant. Maintenant, au pied du mur, en route vers le cap de Bonne-Espérance et l'océan Indien, je constatais que cet itinéraire était impossible à suivre. De plus, la nécessité de trouver un endroit sûr où laisser à nouveau le bateau dans trois mois m'interdisait de m'élancer dans l'océan Indien... J'étudiai tous les itinéraires possibles, et je continuai à supputer sans fin lorsque je fus à l'ancre pour une nuit devant Blacksand Beach, sur la côte est de Tristan da Cunha, où j'étais allé m'abriter des vents d'ouest d'une nouvelle dépression, et où je passai une journée à regarder des pingouins aux jumelles sans pouvoir débarquer. Le lendemain, je revins mouiller devant le petit village d'Edinburg, toujours aussi vainement, car la mer et le vent ne me permirent pas d'aller à terre. Je me contentai de détailler, aux jumelles encore, les petites maisons colorées de la poignée d'habitants qui avaient dû fuir leur île lointaine quelques années plus tôt lorsqu'une éruption volcanique avait menacé de détruire leur village, mais qui n'étaient pas arrivés à s'adapter à la vie moderne qu'on leur offrait en Angleterre : la plupart d'entre eux avaient préféré retourner à leur petite société utopique, communautaire et pastorale, malgré la menace bien présente du volcan au-dessus de leur tête : je voyais nettement dans les jumelles la coulée de lave qui menaçait d'engloutir le village.

Au bout de quelques heures d'attente, je décidai de relever l'ancre... et de remettre le cap vers le nord ; le froid, le mauvais temps avaient achevé de me convaincre que l'itinéraire tracé deux ans plus tôt n'avait aucun sens, que j'étais, moi, un navigateur de beau temps, d'alizé, que je n'avais aucun péché à expier, aucune raison de me faire souffrir, rien à démontrer à personne, et que la douceur de la navigation tropicale, que je n'avais encore qu'entrevue, était beaucoup plus conforme à mes goûts que les barouds masochistes des casseurs d'écoutes dans les quarantièmes rugissants... Soudain, en quelques heures, le programme devint logique : en repartant vers l'ouest, je trouverais tous les endroits que je voudrais pour y laisser le bateau, Salvador de Bahia, la Guyane ou l'une ou l'autre des îles des Antilles, je passerais l'année suivante dans l'océan Pacifique par le chemin le plus logique, le canal de Panamá... et c'est ainsi que le programme de mes cinq ou six ans de tour du monde se mit soudain en place, en douceur.

Il me fallut encore me battre deux ou trois jours au près dans le vent d'ouest, puis traverser l'anticyclone, pour pouvoir enfin déployer, vent arrière, les ailes de mon bateau et me laisser porter par l'alizé, qui serait dorénavant, et pour de longues années, mon compagnon fidèle, le moteur de mes déplacements, un allié sûr, rarement trop fort, à condition de le prendre dans le bon sens : avez-vous déjà, sur un voilier luttant au près contre un vent bien établi, croisé un autre voilier se laissant, lui, porter par le même vent ? Sur le bateau qui navigue vent arrière, l'équipage se prélasse au soleil, en maillot de bain ou tout nu, lisant, écoutant de la musique et buvant des boissons glacées... Sur l'autre, le voilier qui navigue au près, au même moment pourtant, l'équipage, en cirés, bottes et pull-overs se fait doucher par les vagues et s'accroche désespérément à ce qu'il peut, dans un univers penché à trente degrés... Bon d'accord, il y a aussi des galères quand on navigue au vent portant, le vent peut être trop fort, ou pas assez, il peut aussi virer et devenir contraire. Mais en choisissant ses routes mieux que je ne l'avais fait jusque-là, en préférant aussi les meilleures saisons, en ne partant que lorsque les prévisions, au moins immédiates, sont bonnes, en levant le pied quand les conditions se détériorent en mer (après tout, on n'est pas en course), on peut naviguer de façon sacrément plus agréable... C'est ce mode de navigation que je choisirais dorénavant !

Et c'est ainsi qu'au terme d'une traversée de quarante-deux jours qui m'avait conduit seulement à une brève escale, sans pouvoir débarquer, à Tristan da Cunha, je touchai à nouveau les côtes du Brésil, dans la baie de Salvador, la fameuse Bahia de Todos os Santos, la baie de Tous-les-Saints. J'y avais été attiré par la proximité du carnaval, et ma camarade carioca accepta de m'y rejoindre, pour danser et sauter comme des fous pendant ces trois jours de fête qui, jadis, au temps de l'esclavage, étaient, avec les dimanches, les seuls jours de l'année où les esclaves étaient dispensés de travail : d'où la joie de vivre explosive qui envahissait les rues des villes du Brésil, en particulier celles de Bahia, dont la spécialité était les *trios eletricos*, d'énormes camions bardés d'amplis du haut desquels les musiciens faisaient danser les foules surexcitées.

La fête terminée, nous avons savouré la paix des jolis mouillages déserts de la Bahia, Itaparica, l'Ilha do Frade, nous avons remonté une rivière pour acheter des mangues sur un marché de campagne, et puis j'ai laissé quelques jours mon bateau au petit yacht-club d'Aratu, au fond de la baie, pour aller enregistrer à Rio : les gens de RCA Paris, contents des quatre titres que je leur avais envoyés en décembre, me demandaient un album entier... Ravi de retrouver Zé Luis, Laércio de Freitas et les musiciens – surtout les choristes – brésiliens, je me suis installé huit jours aux frais de la maison de disques dans l'hôtel légendaire et suranné de Rio, le Copacabana Palace, qui semblait sorti d'un autre siècle, et j'ai écrit des textes français sur les musiques des récents succès brésiliens qui avaient accompagné mes navigations au large du

Brésil. Les séances furent magiques, et, au moment où nous terminions l'enregistrement de la base orchestre d'une très jolie ballade, *Moça*, une belle jeune femme brune est entrée dans le studio, une amie de ma copine... Elle s'appelait Marie-Clarisse, mais tout le monde l'appelait Maïs, et elle portait à merveille un aussi joli nom. Notre aventure fut brève, mais douce et intense, entre Ipanema et Copacabana, et c'est pour elle que j'ai écrit le texte de cette chanson, qui se concluait par :

Moça
Moi je maudis en douce
La folie qui me pousse
à partir sans toi...

Il faut dire que je n'étais pas encore prêt à abandonner une partie de ma belle solitude, que Maïs avait un jeune enfant... et que je ne me voyais pas, mais alors pas du tout, chargé de famille !

J'ai regagné mon bateau dans la baie de Salvador, savouré encore quelque temps la douceur de cette escale bénie, et j'ai bientôt repris la mer, contournant le coin nord-est de l'Amérique du Sud, faisant une dernière escale à Fortaleza, avant de me laisser emporter par le puissant courant, un vrai fleuve, qui longe la côte devant l'embouchure de l'Amazone.

À la vitesse d'un cheval au galop, je me rapprochais des Antilles, quand apparut une nuit le phare des îles du Salut, au large de la Guyane française. Je jetai l'ancre sous le vent de l'île Royale, non loin de la célèbre île du Diable où s'était illustré Papillon, et y découvris, au petit matin, un autre voilier... celui de Fabien Poncet, le frère de Jérôme, des *Damien*. Fabien avait repris mon contrat auprès du chantier naval qui devait initialement construire mon bateau... mais, quelques mois après mon départ, ce chantier faisait faillite, retardant gravement le nouveau départ des deux *Damien*... Fabien, lui, ne s'était pas laissé abattre, il avait fait construire la coque nue d'un bateau plus petit, sur le modèle du *Trismus* de Patrick van God, et moins de dix-huit mois après ce revers, il était déjà arrivé de l'autre côté de l'Atlantique. Fabien m'a guidé dans la passe d'entrée du fleuve Kourou, et, sur ce fleuve, à l'ombre des installations du centre spatial, j'ai vite déniché l'endroit idéal pour quitter une nouvelle fois mon bateau, le laisser à l'ancre trois mois afin d'aller honorer mes contrats en France.

Un chaleureux cafetier local, un Corse également prénommé Antoine, m'avait aussitôt pris en charge, m'avait emmené à Cayenne acheter mon billet d'avion, et m'avait présenté le directeur de la petite station locale de RFO, la voix radiophonique de la France dans ses départements et territoires d'outremer. Le directeur s'exclama : « Tiens, c'est drôle, j'ai reçu un message vous concernant ce matin même ! » À Paris, le directeur de France Inter, Pierre Wiehn, qui avait été témoin de l'impact de l'émission quotidienne que j'avais animée sur son antenne deux ans plus tôt, avait appris que je revenais passer le printemps en France, et me proposait d'assurer au mois de juin l'intérim de l'émission quotidienne de Patrice Blanc-Francard. Les salaires que la radio d'État payait à ses animateurs n'étaient pas très importants, mais l'idée de bien m'amuser à l'antenne, de programmer les chansons que j'aimais, me plut tout de suite, d'autant que l'émission devait se dérouler en plein air, en direct du jardin des Tuileries. Déjà conquis par la musique antillaise, la biguine, la cadence, le zouk bientôt – cette année venait de sortir le célèbre *Cé-cé-Célimène* qui ouvrit la porte à un déferlement de rythmes tropicaux –, je me munis d'un bon nombre de disques locaux et me promis d'en faire profiter les auditeurs [1]...

Les Jours tranquilles à Sèvres reprennent en douceur, comme si je n'étais jamais parti, comme si je n'avais pas été soupçonné d'être un espion de la CIA à l'île du Prince, comme si je n'avais pas remonté l'Ogooué jusqu'à Lambaréné, traversé l'Atlantique en solitaire, salué au passage la tombe de Napoléon sur le rocher de Sainte-Hélène, fait la fête à Rio et Salvador, effectué un demi-tour au large de Tristan da Cunha... Je constatais vite une amusante différence dans l'échelle du temps entre mes amis restés à Paris et moi naviguant au bout du monde : pris dans un train-train quotidien, ils avaient l'impression, au bout de neuf mois, que j'étais parti quelques semaines plus tôt à peine ; moi, j'avais fait tant de choses, rencontré tant de gens, vécu tant de joies et de frayeurs, que j'avais la sensation que ces mêmes neuf mois avaient duré trois ans !

Une des chansons enregistrées à Rio avait assez plu à la maison de disques pour qu'elle édite un « single » : *Marinheiro,* l'adaptation que j'avais faite d'une chanson traditionnelle des marins brésiliens, que Caetano Veloso chantait déjà au temps du festival de Rio, huit ans plus tôt. Et le service de Presse de RCA s'était défoncé. Mon calendrier fut

1. La chanson française, pourtant, se portait remarquablement bien, puisque Alain Souchon gagnait ses galons de vedette cette année avec *Bidon* et que Mort Shuman appellait avec succès *Papa Tango Charlie* ; le rock était en pleine forme, Johnny chantait *Gabrielle,* Eddy *C'est un rocker,* tandis que Dick Rivers rêvait de *Faire un pont* ; dans un autre genre, Dalida reprenait une vieille scie, *J'attendrai.* Un jeune Espagnol que son producteur m'avait présenté l'année précédente comme un poète, un chanteur à texte qui refusait la facilité, Julio Iglesias, créait le tube le plus romantique, le plus populaire du siècle, *Manuela.* Chez les Anglo-Saxons, le tube du moment, c'était la chanson d'Elton John et de Kiki Dee *Don't Go Breaking My Heart* (*I won't go breaking your heart*) tandis que Dylan faisait, comme il l'écrirait plus tard dans ses « chroniques », un « comeback » en « radioland » avec *Hurricane.*

vite rempli : émissions de radio, de télévision, une promotion musclée. Dans ce cadre, je fus amené à passer une journée sur l'antenne de Radio-Monte-Carlo ; j'étais descendu pour cela à Monaco... où j'avais retrouvé Julie : elle ne m'avait pas rejoint sur le bateau en Afrique, mais elle avait, toute l'année, entretenu la jolie histoire de tendresse que nous avions esquissée dix mois plus tôt... Toute l'équipe de RMC se moquait gentiment d'elle parce qu'elle arborait un badge portant ma photo, et programmait très souvent mes disques... Le jeune Jean-Pierre Foucault, qui animait une émission quotidienne, me demanda dans son interview si c'était vrai que j'étais fiancé avec Julie... Je lui répondis que ce mot-là ne faisait pas partie de mon vocabulaire, mais que je m'entendais très bien avec elle. Nous avons passé ensemble à Monaco quelques jours de douceur, nimbés de la merveilleuse chanson des Stones qui venait de sortir, *Angie*... Mais je n'étais décidément pas l'homme d'une seule femme, et, d'ailleurs, Julie s'accrochait ferme à sa carrière de gentille animatrice radiophonique, qui devait la ramener bientôt à l'antenne d'Europe 1... qu'elle n'a plus quittée depuis plus de trente ans... Elle est devenue l'une des « voix » les plus célèbres de la station, et son rire joyeux a accompagné les mots d'esprit de plusieurs générations d'humoristes comme Laurent Gerra. Elle a épousé un garçon formidable, a de grands enfants, et, récemment, durant des vacances en Polynésie, toute la famille est venue passer quelques heures sur mon catamaran dans un lagon turquoise... petite émotion en songeant à ce qui aurait pu être...

C'était l'été de la canicule, 1976. Je descendais chaque jour des hauteurs de Sèvres animer en direct durant une heure sur France Inter, en fin d'après-midi, ce qui devint très vite une célébration de la musique antillaise et sud-américaine ; Patrice Blanc-Francard programmait déjà ce genre de musique toute l'année, et j'avais enclenché la vitesse supérieure, invité tous les Antillais de Paris à venir danser la biguine aux Tuileries... Quelle ambiance, par cette chaleur quasi tropicale ! Le réalisateur de l'émission, Olivier Nanteau, qui deviendrait rapidement un de mes meilleurs copains, avait un humour extraordinaire, comme l'ami Gérard Borg, écrivain nautique qui se joignait parfois à nos fêtes, ou comme Jean-Pierre Lang, marin et auteur de chansons à succès ; nous finissions souvent la journée dans un restaurant brésilien qui venait de s'ouvrir à Paris, et, attisé par la caïpirinha, l'humour de cette poignée de drilles était ravageur. C'est un de ces soirs-là que Gérard Borg m'avait décerne le titre de « palpeur de melons à Cavaillon » parce que ma main s'égarait dans le décolleté tentateur d'une jolie blonde rencontrée aux Tuileries et qui s'était jointe à nous.

Dès mon arrivée à Paris, j'avais bien sûr rencontré Jean-Michel Barrault et Jacques Arthaud, qui, comme indiqué dans la lettre reçue à Rio, m'avaient proposé d'éditer mes impressions de voyage. Le contact fut tout de suite très chaleureux, et je leur expliquai que, vu l'abondance de ce que j'écrivais, si j'attendais cinq ans et la fin de mon tour du monde, j'aurais deux mille pages à publier... je leur proposai d'éditer non pas un, mais trois livres, comme l'avaient fait les *Damien* au cours de leur propre aventure. L'idée leur plut, et je me trouvai soudain à la tête d'un contrat qui m'assurait pour plusieurs années ce que Bernard Moitessier appelait sa « vitesse de libération », c'est-à-dire la somme d'argent minimale nécessaire pour ne rien devoir à personne. Une amie grande voyageuse, auteur de quelques récits de voyage, résumait assez bien la chose : « On n'a pas besoin d'avoir beaucoup d'argent pour vivre et faire nos voyages, un petit salaire de secrétaire nous suffit ; débrouillons-nous pour que nos livres et articles nous rapportent juste ce petit salaire, et tout sera pour le mieux dans le meilleur des mondes. » Cette belle aventurière m'avait invité à passer quelques jours avec elle dans la jolie petite maison qu'elle habitait au fond des bois, à une cinquantaine de kilomètres à l'est de Paris ; j'étais allé chez elle en train, elle m'avait accueilli en douceurs... Ç'aurait pu être le vrai « repos du guerrier »... seulement voilà, en fait de repos... la bougresse avait un appétit inextinguible, et mes modestes moyens furent vite débordés... Dès le lendemain matin, sur les genoux, je reprenais le train de Paris !

Un jour particulièrement caniculaire, alors que je sortais d'un rendez-vous chez l'éditeur, à Saint-Germain-des-Prés, et me dirigeais vers les Tuileries pour mon émission quotidienne, mon chemin me conduisit à passer au pied de l'École des beaux-arts, au bas de la rue de Seine. La chaleur torride avait incité quelques élèves à consacrer leur après-midi à balancer du haut du dernier étage de leur bâtisse des bombes à eau. Je l'avais fait plus d'une fois moi-même du haut de la maison des Centraliens, rue de Cîteaux, mais, ce jour-là, je ne me méfiai pas, et les artilleurs ne me manquèrent pas : marchant, la tête ailleurs, je reçus un tir parfaitement ajusté, un cube de papier de grande capacité, et me retrouvai en une seconde complètement trempé... et délicieusement rafraîchi ! Remerciant d'un signe les élèves rigolards pour leur bienfaisante climatisation, je poursuivis mon chemin... Moins de trois minutes plus tard, l'ensemble chemise et pantalon kaki, genre *battle-dress*, que j'avais acheté dans un surplus américain de Cayenne et que je portais en permanence ce printemps était déjà sec, ainsi que mon chapeau de paille.

Je ne sais plus si c'était au Brésil ou en Guyane, mais j'avais pris l'habitude de marcher pieds nus, et je traversais souvent Paris ainsi, ce qui allumait généralement un sourire sur le visage des gens que je croisais... sauf le jour où, du côté du rond-point des Champs-Élysées, un vieux schnock acariâtre, qui marchait derrière moi, m'insulta copieusement, scandalisé que l'on puisse arborer une tenue aussi débraillée dans cette ville qu'il semblait, lui, considérer comme sa propriété privée. Je renoncai vite à cette lubie, d'ailleurs, quand je découvris la variété des parasites virulents, chiques et autres, que l'on attrape par les pieds dans certains pays tropicaux.

Un soir, comme l'année précédente, avec l'ami Bertrand, nous étions allés dîner en compagnie de Caroline de Monaco, cette fois dans un restaurant de Ville-d'Avray. Une fois installés autour de la table et le repas commandé, nous avons réalisé que l'établissement se consacrait surtout aux repas de mariage ; j'étais assis à côté de Caroline, vêtue par hasard ce soir-là d'une robe blanche, longue, ornée de dentelles, comme il s'en portait dans ces années hippies, et qui pouvait fort bien passer pour une robe de mariée. Moi, j'étais comme toujours vêtu de mon ensemble kaki, chapeau de paille et pieds nus. Mais qu'importe, il nous vint soudain l'idée de faire croire à la direction de l'établissement... que Caroline et moi venions de nous marier, que personne n'était au courant, qu'ils étaient les premiers à le savoir, que les journaux n'en parleraient que le lendemain ! Nous avons signé le livre d'or comme de jeunes époux, et nous avons été toute la soirée l'objet d'égards exceptionnels de la part de la direction et du personnel... qui ont dû être bien déçus en découvrant le lendemain qu'on leur avait monté un (gentil) bateau ! Moi qui ai toute ma vie éprouvé une méfiance absolue pour le mariage, cette institution dépassée qui, désormais, dans plus de cinquante pour cent des cas, conduit à un échec, eh bien, la seule fois de ma vie où j'ai été marié, ç'aura été le temps d'un dîner, et avec Caroline de Monaco !

Je ne sais plus si c'était le même soir, mais je me rappelle avoir dansé avec Caroline, au club de Dani, L'Aventure, sur le merveilleux *I'm Not In Love* de Ten CC ; la fête terminée, la nuit bien avancée, je quittai la boîte seul, fatigué, satisfait de m'être bien amusé, content d'aller dormir dans la chambre que j'occupais à Sèvres. Soudain, avenue Victor-Hugo, dans la lumière de mes phares, surgit une créature hallucinante, tout droit sortie d'un rêve ou d'un film de Fellini : une « amazone » superbe, blonde, mince, des jambes interminables, une taille mince enveloppée d'un short panthère qui ne devait pas mesurer plus de dix centimètres de hauteur, et un petit haut du même tissu qui avait beaucoup de mal à retenir des formes plantureuses. Dans un réflexe, j'écrasai les freins de la voiture, je baissai la vitre, et j'écoutai la jeune personne qui, dévoilant un sourire éclatant, me dit d'une voix à damner un saint cette phrase inoubliable et d'une concision extraordinaire – et je vous jure que je n'invente rien : « Trente francs la pipe, cinquante francs l'amour. » Moi, vous me connaissez, l'amour est un grand sentiment qui m'a toujours fait peur : ce soir-là, j'ai économisé vingt francs.

Un soir, la maison de disques, pour fêter le bon accueil reçu par mon disque brésilien, organisa une petite réception dans le jardin de la maison de Sèvres. On rit, dansa, blagua, refit le monde, on se baigna dans la petite piscine, et je me trouvai bientôt... très proche d'une des attachées de presse de la maison, Josseline, charmante, douce, intelligente et réservée... Ce soir-là commença une liaison très riche et heureuse, qui dura de très longues années. Je retrouverais Josseline à chacun de mes retours, nous partagerions pas mal d'aventures, et sa passion pour la bonne cuisine.

Ma seconde halte parisienne touchait à sa fin : de quoi aurais-je pu me plaindre ? Tout me souriait : côté travail, l'émission de radio, le gentil succès de mon disque, un contrat d'édition qui m'ouvrait toute grande une nouvelle porte. Côté plaisirs, des amis talentueux à l'humour explosif qui garantissaient des repas et des soirées brillants. Côté cœur et côté corps, de douces et belles rencontres, des aventures tendres ou amusantes... Tout ça était trop beau, il allait bientôt être temps de regagner le bord de mon voilier qui m'attendait en Guyane, pour me faire secouer un peu sur les océans !

La canicule s'éternisait, la Transat voyait Alain Colas mener en solitaire, malgré son pied pratiquement arraché l'année précédente dans un accident de mouillage, son titanesque voilier de soixante-douze mètres jusqu'à Newport... où Éric Tabarly l'avait devancé de quelques heures. Nous, allongés sur des matelas pneumatiques au soleil, flottant sur l'eau bleue du petit bassin de la villa de Sèvres, nous tournions en rond en prétendant être *Pen Duick* ou *Club Méditerranée.*

Cette année encore, je passai vingt-quatre heures à Londres, pour y acheter les nouvelles cartes marines nécessitées par mon changement de route, et divers accessoires, dont un de ces moteurs hors-bord légendaires et préhistoriques, un Seagull : lors de mon départ, Michel Joubert, jamais le dernier à suggérer des approches originales, m'avait donné l'idée d'utiliser comme annexe un mini-catamaran, deux bananes de plastique orange couronnées d'un trampoline carré, et sur lequel je me propulsais en godillant en marche avant ; c'était pittoresque, amusant, mais pas très efficace ; un jour, à l'ancre devant Jamestown, dans l'île de Sainte-Hélène, j'avais montré à des amis qui m'avaient rendu visite à bord comment on fait un nœud de chaise, puis je les avais raccompagnés au rivage, j'étais rentré à bord, et... j'avais mal amarré mon petit catyak, qui s'était envolé, emporté par l'alizé : il a dû finir quelque part sur les côtes du Brésil. Pour la durée de mon escale dans ce pays, l'ami Antoine m'avait bien prêté un *caïco* de fabrication locale, mais il était temps de m'équiper un peu plus sérieusement : j'avais donc fait expédier par cargo en Guyane un *Tabur* robuste, et j'avais fait l'achat à Londres de ce petit moteur, dont les caprices me conduiraient quelques années plus tard à le faire figurer dans ma chanson *La Motogodille*. Je passai la journée à courir les magasins d'accastillage, alors beaucoup plus fournis à Londres qu'à Paris, et, quand vint le soir, je me mis en quête d'un hôtel où dormir... Impossible de trouver la moindre chambre, tout était archicomplet. Au quinzième hôtel appelé en vain, il me prit une idée : un collègue chanteur m'avait parlé des agences d'« escorte », alors très courantes à Londres, et auxquelles il avait parfois recours. J'appelai l'une d'elles, expliquai que je serais ravi que l'une de leurs recrues m'accompagne dans ma soirée londonienne, dans un bon restaurant, une boîte, pourquoi pas, mais que je cherchais aussi à me loger : une d'elles ne pourrait-elle pas m'accueillir chez elle pour la nuit ? La requête amusa la responsable de l'agence, et je passai ainsi une excellente soirée, sans avoir à loger à l'hôtel. C'était presque aussi naturel et romantique qu'au temps de mes vingt ans à Finborough Road[1] !

Je regagnai Paris, la voiture pleine à ras bord de cartes, cordages, moteur et autres accessoires nautiques, et nous nous retrouvâmes, notre poignée d'amis plus les humoristes Pierre et Marc Jolivet, pour un dernier dîner plein d'éclats de rire avant mon départ. Une jeune fille brune, très amusante, Corinne, s'était jointe à nous, et la soirée se termina joliment à Sèvres. Le matin, quand je quittai la maison, je passai faire une bise à la jolie brune qui prenait un bain dans la salle de bains, dont la porte, à Sèvres, restait toujours grande ouverte. La vue de la jolie chute de reins de la petite Corinne dans l'eau de la baignoire me donnerait bientôt envie de la revoir...

Quelques heures plus tard, l'avion se posait à Cayenne ; Antoine, le Corse, me ramenait à Kourou, et là, fini les fêtes, fini le show business, j'attaquai une période de six semaines de travaux à haute dose : le rythme, déjà, était bien pris : trois mois à Paris pour le boulot, un mois ou deux de travaux et préparatifs sur le bateau, et sept à huit mois de navigation, de traversées et d'escales ; à Kourou comme à Abidjan un an plus tôt, j'avais fait sortir le voilier de l'eau et je l'avais démâté. Une escouade de légionnaires m'a aidé à transporter mes mâts jusqu'au quai, j'ai remâté *Om*, et engagé un gars qui cherchait du travail pour menuiser avec moi, transformer enfin le carré du bateau en quelque chose de vivable. Après avoir caréné sur un plan incliné des bords du fleuve

1. C'est vers la même date, je crois, qu'un attentat dévasta le hall de l'hôtel même d'où j'avais passé mes coups de téléphone, blessant plusieurs personnes... dont Claude François qui eut un tympan crevé !

Kourou, je me suis isolé deux semaines aux îles du Salut, le temps de finir de corriger le manuscrit du premier livre que j'allais envoyer à l'éditeur.

Le courant m'a emporté à nouveau au large des côtes d'Amérique du Sud, vers les Antilles dont je savais peu de choses. J'ai fait une première escale sans grand intérêt dans l'île de Tobago, que peu de voiliers visitaient, et je me suis dirigé vers une région que mes *Instructions nautiques*, seul guide dont je disposais, décrivaient comme infestée de récifs à fleur d'eau, agitée de courants imprévisibles, bref fort dangereuse : j'avais presque l'impression de me pointer à l'entrée des récifs de la Grande Barrière de corail... Quelle ne fut pas ma surprise de découvrir que dans cette région qui m'inquiétait, les Grenadines, des centaines de bateaux de plaisance se baladaient paisiblement d'île en île, menés souvent par des gens venus d'Amérique ou d'Europe pour une semaine de vacances seulement, ou habités pour la vie par des navigateurs partis à l'aventure ; c'est ici que je fis la connaissance du petit monde des « globe-flotteurs [1] ». Solitaires, familles, bandes de copains, ils étaient nombreux à naviguer du nord au sud et du sud au nord au long de l'arc des Petites Antilles, en attendant, pour certains, de pousser jusqu'à l'océan Pacifique ; dans les mouillages les plus fréquentés, comme Bequia aux Grenadines, ou Fort-de-France en Martinique, ils étaient si nombreux que la baie devenait une vraie petite ville flottante, avec ses mondanités, ses conventions et ses problèmes de voisinage ; mais l'ensemble était chaleureux, et bienvenu pour moi qui avais, durant deux années, surtout jeté l'ancre dans des lieux où mon bateau était le seul à des centaines de milles à la ronde.

L'escale à Fort-de-France était l'occasion pour les globe-flotteurs de se ravitailler, de faire venir des amis de la métropole, de mettre, pour certains, leurs enfants à l'école pour un an. Pas d'Internet, pas de courrier express, ceux qui attendaient leur courrier à la poste restante de Fort-de-France devaient se soumettre au bon vouloir d'une postière particulièrement acariâtre : un copain, sur *Taravana*, ancienne chaloupe du *Queen Mary* qu'il avait convertie pour une somme dérisoire en un voilier fort sympathique, me disait : « Tu te rends compte, à Paris, les postières antillaises sont déjà coriaces... alors ici, on est à la source même ! » Moi, j'attendais, avec de plus en plus d'inquiétude, le premier versement d'une avance par les éditions Arthaud, somme qui devait me permettre de calmer un peu ma banquière pour ma troisième année de navigation...

1. Comment naissent les mots : pendant le tournage d'une émission de télévision à laquelle j'ai été invité, j'entends distinctement la présentatrice m'annoncer : « Antoine, qui est devenu un vrai globe-flotteur. » Le terme me plaît tout de suite, je vais la féliciter et lui demander l'autorisation d'utiliser ce néologisme... Elle me regarde interloquée... « Mais non, j'ai dit « globe-trotter » ! D'où était donc venu ce joli jeu de mot ? Je n'en saurai rien, en tout cas je l'ai adopté.

Jour après jour je me pointais à la poste, et la postière se montrait toujours aussi revêche, ne trouvait pas la lettre qui était si vitale pour moi... Moi, vous me connaissez, dans ces cas-là, plus une personne à qui je dois avoir recours fait la gueule, plus je fais assaut de gentillesse : « Comment ça va ce matin ? », et « Comme vous avez une jolie robe aujourd'hui ! »... S'il y a une chose que j'ai apprise dans la vie, c'est qu'il ne faut pas espérer convaincre les cons ou les méchants qu'ils sont cons et méchants : si on ne peut les contourner, autant leur laisser croire, ce dont ils sont de toutes façons persuadés, qu'ils sont les plus brillants de la terre, et on finit, avec deux tonnes de gentillesse, par les amadouer : après tout, ils ne sont sans doute pas vraiment méchants ni cons, juste enfermés dans des routines et des préjugés. Au bout de quinze jours, cette dame et moi étions devenus les meilleurs amis du monde, elle répondait à mes sourires, et finit par me souffler : « Je ne devwais pas vous le diwe, mais vous devwiez wegawder à la letwe G. » La lettre G ? Mon courrier avait pu m'être adressé à mon nom de famille, Muraccioli ; ou à mon prénom et nom d'artiste, Antoine ; peut-être à la lettre O, puisque mon bateau s'appelle *Om*... À la lettre Y ? non, je n'aime pas le mot « yacht ». Soudain tout s'éclaira : je donnais généralement comme adresse : *Antoine, goélette Om, Poste restante*... et ma lettre si importante était là depuis deux semaines, dans la case G, attendant un monsieur Antoine Goélette, un nom, après tout, aux consonances bien antillaises !

Sortant de la poste, je croise, sur la place de la Savane, Serge, propriétaire d'un grand catamaran rencontré aux Grenadines, qui revient d'un séjour à l'île Moustique, alors très à la mode auprès des milliardaires, des princesses et des stars : on y voit couramment des gens aussi différents que la princesse Margaret, sœur de la reine Elizabeth d'Angleterre, et Mick Jagger. Et, justement, celui-ci rentre demain en Angleterre : Serge m'invite à dîner à bord de son catamaran, m'affirmant que Jagger y sera, et qu'il lui a dit qu'il serait content de me revoir. Je me rappelle bien que dix ans plus tôt, lorsque j'avais chanté en première partie de leurs spectacles à Marseille et à Lyon, les Rolling Stones avaient été frappés de l'ampleur du succès que je rencontrais (c'était au moment de l'explosion des *Élucubrations*), alors que la plupart des artistes assez fous pour passer sur scène avant eux se ramassaient. Mais de là à imaginer que Mick s'en souvienne à ce point ! Je suis tout de même allé au dîner, craignant qu'il ne s'agisse d'une redoutable mondanité, d'un cocktail guindé où Mick Jagger ferait ou ne ferait pas une apparition de star... Eh bien non, nous étions en tout quatre autour de la table du carré du beau catamaran, Serge et son compagnon, Mick Jagger et moi, et nous avons parlé des îles, de la vie de tournée, et nous nous sommes remémoré les péripéties de notre courte tournée commune, la chaise qui avait volé et blessé Mick à l'arcade sourcilière, la panne de courant qui l'avait obligé à improviser pendant dix minutes avec le seul soutien de la batterie... La soirée à l'ancre devant les lumières de Fort-de-France fut un vrai enchantement. À la fin du repas, j'ai ramené Mick au rivage dans mon annexe, et nous sommes restés encore une heure ou deux à parler en tête à tête dans le bistrot du bord de mer, joliment nommé l'Abri côtier, alors le rendez-vous des navigateurs à l'ancre dans la baie des Flamands. L'endroit était désert à cette heure tardive, la grande ville était endormie, la lune se reflétait sur les palmes des cocotiers, quelle soirée, quelle rencontre ! Et le lendemain paraissait dans le quotidien local une interview que Mick avait donnée la veille, où il expliquait qu'il arrivait de Moustique, et qu'il avait retardé de vingt-quatre heures son départ pour dîner avec son copain Antoine !

Les vacances de Noël venues, j'avais invité Jean-Daniel et Francette à fuir l'hiver parisien et à passer quelques jours à bord d'*Om* : rencontrer tous ces équipages, séjourner dans tous ces mouillages plutôt mondains, finissait par me faire un peu regretter d'être seul à bord... Une jolie et tendre compagnie, pour quelques semaines, voilà exactement ce qu'il me fallait pour cette escale antillaise : je me remis à songer à la petite Corinne, qui m'avait séduit par sa jolie chute de reins, entrevue dans la baignoire de Sèvres, mais surtout... par son humour et par ses brillants jeux de mots, chose moins fréquente chez les filles que chez les garçons ! Je lui téléphonai, lui proposai de me rejoindre, et comme elle n'avait rien de bien intéressant à faire à Paris, elle s'est embarquée dans le même avion que mes amis, et soudain, nous étions quatre à bord d'*Om* !

La croisière fut sympathique, le moteur du voilier se désamorça alors que nous traversions un des « canaux » parfois fort agités qui séparent les îles des Petites Antilles, et nous avons passé une nuit à la dérive, guettant le retour du vent dont nous privaient les montagnes de l'île de Saint-Vincent. Nous avons sillonné les Grenadines, mangé des langoustes et des poissons, préparé pour le réveillon un *blaff* avec les oursins pêchés sous le bateau, dans l'île de Mayereau, en compagnie des amis de *Taravana*, et mes amis sont repartis vers les brumes parisiennes, tandis que Corinne naviguait encore avec moi une semaine ou deux. J'avais du plaisir à sa compagnie, elle était une agréable équipière, et j'avais depuis longtemps cette envie d'une tendre navigation à deux, une jolie fille pas très vêtue et des petits mouillages tranquilles... Mais je savais bien que ça ne serait pas pour très longtemps, que je repartirais bientôt seul. Séduite néanmoins par la vie des vagabonds des mers, Corinne, lorsque le temps fut venu pour moi de quitter cet archipel un peu trop peuplé à mon goût, décida de rester encore quelques mois aux Antilles, et s'embarqua sur un autre voilier, qui faisait du charter dans l'archipel.

J'avais déjà réalisé que dans mes navigations il y avait deux temps : celui des escales où, gagné peut-être par la torpeur tropicale – ou obligé d'attendre l'arrivée problématique d'une pièce détachée pour un moteur en panne –, on s'attarde plus qu'on ne le voudrait dans des mouillages parfois trop urbains. Et puis le temps de la navigation, où on « taille la route », négligeant forcément au passage des escales, des îles où, peut-être, une vie entière vous attendrait. Maintenant était revenu pour moi le temps de la navigation, et je délaissai Grenade, Trinidad, le nord de l'Amérique du Sud, pour ne faire qu'effleurer les îles Testigos et l'archipel des Roques au Venezuela, balayés par l'alizé et écrasés de soleil : après la végétation tropicale des Antilles, c'étaient des bouts de désert plantés de cactus. Plus loin je découvris une baie magnifique, Spanish Waters, dans l'île de Curaçao, alors peu visitée par les voiliers tour-du-mondistes, avant de m'élancer pour une des traversées les plus agitées de ma vie, celle qui, contournant la Colombie, me conduisait vers le canal de Panamá. Comme la plupart des bateaux empruntant cette route, je me trouvai bientôt chevauchant des vagues trop hautes pour moi, le vent devenu trop fort posant des problèmes au pauvre Giscard ; je dus passer deux nuits à la barre en me demandant ce que je foutais là : c'est sans doute, de toutes mes années de navigation, la seule fois où je me suis dit : « Quand j'arrive à l'escale, j'arrête la croisière ! »

Évidemment, à mon arrivée à Panamá, mes frayeurs étaient oubliées ; je me préparai aussitôt au franchissement du canal, et à m'aventurer, juste derrière cet isthme étroit qui me séparait encore d'elles, sur les eaux de l'océan Pacifique. Au Panamá Canal Yacht Club, à Cristóbal, m'attendait un télégramme : ma maison de disques me proposait, comme je l'avais fait au Brésil, d'aller enregistrer mon prochain disque à Mexico, où RCA avait une filiale. Je laissai *Om* à la bonne garde d'un couple d'amis suisses qui naviguaient sur un minuscule voilier de fibre de verre, *Tarawa*. Malheureusement, ni la musique ni les musiciens mexicains ne pouvaient rivaliser avec leurs homologues brésiliens, et l'enregistrement manqua singulièrement d'intérêt ; aucune chanson mexicaine ne m'avait accroché l'oreille, et je me contentai d'enregistrer deux chansons que j'avais écrites, dont celle intitulée *Globe-flotteur*. Du Mexique, je n'eus le temps de voir que sa capitale aux embouteillages homériques, aux autobus puants ; j'allai tout de même visiter le célèbre Musée national d'anthropologie, avant de reprendre l'avion pour Panamá.

La gestion du canal était encore entièrement sous le contrôle des Américains ; elle est depuis passée aux mains des Panaméens, et ça ne s'est pas amélioré, mais la bureaucratie américaine avait déjà compliqué bien l'affaire, le « transit » qui pourrait être si simple. Les règlements à respecter étaient sans fin, un pilote nous accompagnait, et le système, obligatoire, consistant à maintenir les voiliers au centre de chacune des vastes écluses à l'aide de quatre amarres, système parfaitement inutile, à la descente du moins, manqua causer la perte du fragile voilier de mes amis suisses. Je le remorquais pour le franchissement du canal car il était dépourvu de moteur, quand un des employés du canal, bayant aux corneilles au lieu de frapper au bon endroit l'amarre dont il avait la charge, nous laissa dériver en travers du bassin : les vingt tonnes d'*Om*, irrésistiblement poussées par les milliers de tonnes d'eau que le cargo qui nous suivait chassait dans l'écluse, passèrent à quelques centimètres d'écraser le petit voilier... Le pilote américain, sympathique et passionné – il avait tenu à barrer tout au long de la journée de transit – eut seul l'idée de l'unique manœuvre qui pouvait sauver le petit bateau, et nous en avons été quittes pour la peur. Bientôt, l'étrave d'*Om* goûta pour la première fois aux eaux de l'océan Pacifique, la mer du Sud des anciens découvreurs.

Contrairement aux Antilles, où les marées sont très faibles, des marées d'une grande amplitude allaient enfin me permettre, avant de m'élancer pour la grande traversée, d'échouer mon bateau sur une plage, de débarrasser la coque des coquillages qui y avaient poussé librement dans les eaux tièdes de la mer des Caraïbes... Hélas, dès que je fus au sec, un militaire local vint m'interdire d'exécuter le moindre travail sur la plage ; je dus attendre le retour de la marée haute et prendre le large tel quel, me disant que je pourrais certainement caréner aux Galapagos, que j'atteignis en une dizaine de jours de paisible navigation. Là, je me heurtai à une autre batterie de règlements, l'archipel tout entier étant devenu un parc national, le gouvernement équatorien entendait ne pas laisser les vagabonds des mers du Sud y séjourner tranquillement, comme l'avait fait quelques années plus tôt Bernard Moitessier. Le capitaine de la Marine, compatissant, accepta pourtant de me donner, ainsi qu'à un autre navigateur solitaire français, la permission exceptionnelle d'aller visiter quelques îles inhabitées, où nous avons eu le loisir d'admirer phoques, iguanes et tortues géantes ; mais la permission était de courte durée, et je fis l'impasse sur le nettoyage de la coque, qui, en plongée, ne m'avait pas paru trop sale, juste une couche de minuscules coquillages... Les nettoyer en plonger, il ne fallait pas y compter, le courant de Humboldt amène aux Galapagos des eaux très froides : c'est pour cela qu'on y trouve des phoques à la latitude de l'équateur !

Et je m'élançai pour la longue traversée, qui fut, du point de vue de la navigation, un vrai désastre... Même lorsque j'eus atteint la zone des vents favorables, mes parcours journaliers restèrent ridicules, s'amenuisant au fil des jours ; je finis par me mettre à l'eau pour regarder de près l'état de ma coque... chacun des petits coquillages était devenu une grosse et belle huître, et je trimballais avec moi une couche de trois centimètres de coquilles, un colossal plateau de fruits de mer qui faisait tomber ma vitesse à 2 nœuds et demi, rendait même le bateau dangereusement incontrôlable ; impossible de nettoyer la coque en plongée dans la houle du Pacifique, qui menaçait de me lacérer la peau : le jour où je m'y essayai tout de même, un requin vint immédiatement tourner autour de moi, et je remontai vite à bord. C'est ainsi qu'il me fallut trente-huit jours pour atteindre l'archipel des Gambier, au sud-est de la Polynésie française, une traversée qui aurait dû prendre trois semaines. Les derniers jours avaient été si décourageants, le bateau, rendu incapable de tenir son cap par les coquillages qui le freinaient, m'obligeant à rester jour et nuit à la barre, je manquai même rater l'archipel et devoir continuer vers l'ouest jusqu'à je ne sais où... Lorsque j'ai fini par m'amarrer au quai de Rikitea, dans l'île de Mangareva, je suis tombé à genoux sur l'herbe et j'ai embrassé la terre !

L'escale dans cet archipel, à l'existence duquel j'avais du mal à croire, tant il semblait sorti d'un rêve, fut brève, car la date de la publication de mon premier livre, *Globe-flotteur*, approchait. J'eus quand même le temps d'apprécier l'hospitalité des habitants de l'archipel – et celle de l'Armée française, car les Gambier étaient une sorte d'arrière-poste du centre d'essais nucléaires qui faisait ses facéties dans l'atoll de Mururoa, à mi-chemin entre les Gambier et Tahiti, ma prochaine escale. Un Mangarévien baraqué et habitué à plonger pour le travail des nacres perlières vint gratter les coquillages qui alourdissaient la coque : le travail l'occupera une journée entière. Enfin je repris le large, me jurant de revenir plus d'une fois dans cet archipel ignoré du reste du monde. Et dire que lorsque l'Armée française, obligée de quitter ses pas de tirs du Sahara, avait cherché un nouveau lieu où faire tonner ses pétards, il avait été question de le faire aux Gambier, rayant à jamais de la carte ce magnifique archipel !

Ma navigation vers Tahiti ne fut guère plus brillante, le vent ayant décidé, en cette fin d'avril 1977, de me faire faux bond. J'avais fini d'user tout mon fuel pour essayer de progresser vers ma destination, quand j'entendis Radio-Tahiti annoncer : « Le chanteur Antoine, qui navigue sur le Pacifique sur sa goélette *Oscar Mike* (*Om*, épelé dans l'alphabet radio), est attendu à Tahiti, car il doit être de retour en France le 1er mai pour le Salon du livre de Nice. »... C'était une façon pour Jacques Arthaud de me faire passer un message personnel... bien inutile, car je n'avais plus de fuel, et toujours pas de vent : c'est ainsi que je ratai la première émission de télévision organisée pour la sortie de mon premier livre par l'éditeur, et qu'Yves Mourousi m'attendit en vain, alors que je me traînais encore en direction de Tahiti.

Arrivé à Papeete, dès que je fus amarré au quai légendaire où Bernard Moitessier était parvenu à faire replanter de beaux arbres, je me fis un nombre impressionnant d'amis, dont un jeune journaliste local, Dominique Charnay – qui m'accueillit avec trois jolies vahinés chargées de couronnes de fleurs –, une poignée de vagabonds des mers du Sud, dessinateurs, bricoleurs, marins, et surtout Marc Darnois, légendaire navigateur qu'une jambe perdue durant la Seconde Guerre mondiale, où il s'était engagé dans le Bataillon du Pacifique, n'avait pas empêché de sillonner durant des années le Pacifique à bord de ses voiliers successifs. Marc partageait la vie d'une charmante jeune femme blonde, speakerine à la télévision tahitienne et professeur de lettres, qui prendrait indirectement dans ma vie une importance considérable.

Moins de vingt-quatre heures après mon arrivée au quai de Papeete, me voilà déjà dans l'avion pour Paris, où m'attendent trois mois d'une vie... plutôt folle... Si j'essayais de vous raconter en détail chaque instant de ces trois mois – et sincèrement, je n'ai rien à vous cacher – il faudrait un livre entier, et ce serait comme un roman de Houellebecq, mais en joli, positif, heureux et joyeux, sans les effroyables châtiments dont ce romancier misogyne et misanthrope punit ses personnages dès qu'ils semblent prendre un peu de plaisir... Je me contenterai de peindre juste quelques petits instants de ces semaines d'escale où, après des mois de solitude, je me jetais assez allègrement dans toutes sortes de réjouissances.

Le premier mois a été plutôt calme : *Globe-flotteur* est bien accueilli par la presse, même si Jacques Arthaud a de gros problèmes : suite à des erreurs de gestion, il a été obligé de céder sa maison d'édition, entièrement consacrée à l'aventure en mer et en montagne, à la grande maison Flammarion. Et celle-ci, malheureusement, n'a pas réalisé à quel point Jacques était le moteur de la collection « Mer », à une époque où l'aventure n'avait pas encore été popularisée par de grandes courses : Jacques serait bientôt évincé de la maison d'édition familiale, originellement créée à Grenoble. Mes prochains livres seraient édités par les éditions Arthaud, mais sans Jacques Arthaud, ce que j'ai toujours sincèrement regretté.

Côté disque, *Globe-flotteur* – la chanson – laisse indifférents les programmateurs[1]. Mon calendrier télé sera donc beaucoup moins chargé

1. Qui lui préfèrent – à raison sans doute – l'*Hygiaphone*, de Téléphone, le *Big Bisou* de Carlos, la *Lettre à France* de Michel Polnareff, *Rockollection*, de Laurent Voulzy. Le fils du compositeur de musique de films Maurice Jarre, Jean Michel, publie l'œuvre qui lui ouvrira la voie vers une reconnaissance planétaire, *Oxygène*, tandis qu'arrivent d'outre-Manche ou Atlantique *The Year Of The Cat* d'Al Stewart, *If You Leave Me Now* des Bee Gees et *How Deep Is Your Love ?* de Chicago (à moins que çà ne soit le contraire ?)

que l'année précédente, et j'ai le temps de retrouver mes copains parisiens, mon amie Josseline avec qui nous partageons des bons repas, des bons films (les bons restaurants et les cinémas font partie des choses qui me manquent lorsque je suis en mer) et des moments plus tendres... Elle me fera découvrir un soir un des premiers clubs que l'on qualifiera plus tard de « libertins » : l'expérience est amusante, sympathique, mais ce genre d'endroit à l'époque est encore très rare, et pas très légal.

Dès que je le peux, je m'évade vers la maison d'Auvergne, mais l'ambiance y est devenue moins agréable ; le petit Antoine et Claude, qui y avaient vécu une retraite végétarienne et mystique, se sont installés dans une autre maison de la région, où leur quête philosophique prendra des proportions à mon goût déraisonnables. J'ai invité les copains marseillais qui m'avaient donné un coup de main pour aménager sommairement le bateau lors de mon départ, trois ans plus tôt, à s'installer quelque temps dans les bâtiments de la ferme, et l'endroit est soudain plein des poules, des canards et des chèvres qu'ils y ont amenés, et d'une activité bruyante et désordonnée. L'un des Marseillais s'entend mal avec les agriculteurs locaux, en menacera même un avec un fusil... Alors je pars pour La Rochelle, retrouver l'ami Gérard Janichon, qui est fort désorienté : après l'extraordinaire tour du monde que lui et Jérôme ont réalisé sur *Damien*, il a tenté de réaliser son rêve : repartir sur les océans avec sa femme, Jacqui ; mais Jacqui s'est révélée sujette à un mal de mer terrifiant, incontrôlable : quelques jours après leur départ, elle était pratiquement dans le coma, et ils ont dû remettre le cap sur l'Europe ; son grand projet tombé à l'eau, il se prépare à partir naviguer seul, pourtant le cœur lui manque...

Arrive le mois de juin, et me revoilà sur l'antenne de France Inter, toujours en compagnie d'Olivier Nanteau. Cette fois-ci, quittant Paris, j'anime l'émission en direct d'une ville de province chaque semaine différente : durant un mois nous investirons Deauville, Saint-Malo, Dinard, La Baule, La Rochelle. Et quelle fête ! Chaque après-midi, il y a foule sur la place où nous avons installé notre petite caravane, quelques jolies filles viennent danser, et se joignent volontiers à nous pour aller dîner dans les bons restaurants de la région, et plus si affinités. Olivier ne se déplace jamais sans son exemplaire fortement usagé du guide Gault et Millau. Un des techniciens de la tournée, Fabien, collectionneur fou de vieilles tractions avant, se révèle un fameux drille, dès la première semaine : à Deauville, dans la piscine, où nous avons organisé pour l'émission une régate d'objets flottants non identifiés, celui que Fabien a construit consiste pour partie d'une poupée gonflable, et il

---

et bien sûr, s'il n'y avait qu'une chanson américaine à retenir pour cette décennie : *Hotel California*, des Eagles.

gagne la course parce qu'il a pris la sage précaution de partir avant les autres. On s'amuse tellement avec lui qu'il est de toutes nos virées, restaurants et boîtes de nuit.

Jacques Arthaud, pour la première semaine, m'avait prêté sa coquette petite maison perdue dans la campagne normande, si bien perdue d'ailleurs que je n'étais pas parvenu à la retrouver un soir où une jeune et jolie journaliste, venue de Paris faire un papier sur l'émission, avait accepté après un excellent dîner d'y passer la nuit en ma compagnie. À la radio, Alain Souchon chantait *Y'a d'la rumba dans l'air*. Je tournai et retournai pendant une heure sur les petites routes de campagne, en vain, et ma jolie et frêle compagne finit par être victime d'un violent mal au cœur ; je dus la ramener à l'hôtel où logeait le reste de l'équipe ; au temps pour moi et pour la douce nuit prévue dans la petite maison à colombages ! Quelques jours plus tard, la même maison fut le cadre d'une fête plus réussie, et totalement débridée, un couple d'amis nous ayant rejoints, plus Vahé Katcha, l'auteur de *Galia*, retrouvé par hasard à Deauville, et deux très jolies femmes... En y réfléchissant, ce fut sans doute la plus folle des nuits que je vécus à cette folle époque...

À Saint-Malo, nous avons surtout consacré notre séjour à filer, dès l'émission terminée, savourer la cuisine d'un fabuleux cuisinier de Dinan, Marmion. Nous finissions nos soirées dans une grande boîte de nuit accueillante et joyeuse. À La Baule, un soir, Fabien annonce qu'une de ses copines vient passer la soirée avec nous, et qu'elle est, disons, très chaude... Et nous voilà tous les trois grands couillons, Olivier, Fabien et moi, en train de rivaliser de charme auprès de la blonde, faisant les jolis cœurs, chacun espérant accueillir la belle dans son lit... Elle ne veut rien savoir, décline nos offres l'une après l'autre, parle d'aller se coucher... Soudain, l'un de nous trois, je ne dirai pas lequel par pure modestie, a une idée brillante : « C'est bête, tout de même, parce qu'on avait espéré te sauter tous les trois ensemble. » « Ah c'est ça ? Alors là, oui, d'accord ! », s'exclame-t-elle... Ah les années soixante-dix !

Lorsque j'avais appris que l'émission, cet été, aurait lieu dans des villes de France toutes dotées de ports de plaisance, j'avais songé un instant à faire cette tournée sur un bateau, logeant dans les marinas ; la chose s'était montrée trop complexe à organiser, mais j'essayais quand même de naviguer à la moindre occasion ; à Deauville, nous étions sortis sur la Manche à bord d'un petit *Évasion 32* appartenant à un commerçant local, histoire de se faire agiter un peu ; nous étions même venus au secours d'un voilier en perdition : son propriétaire l'avait acheté sur les bords de Seine, à Paris, avait descendu le fleuve, et, ayant atteint la mer, s'était jeté sur le premier obstacle sous-marin de sa route, la digue du Ratier. La semaine suivante, à La Baule, c'est sur un catamaran que j'avais été invité à m'embarquer, celui d'Yves Pajot, le frère de Marc. La jolie journaliste de Deauville était revenue tenter sa chance... mais cette fois-ci, ce furent les mouvements du bateau qui ne lui réussirent pas, sauf lorsque nous naviguâmes enfin dans le golfe du Morbihan et sur les eaux calmes de la belle rivière d'Auray.

Notre mois sur France Inter se termina à La Rochelle, où notre cantine presque quotidienne était le restaurant de Jacques Le Divellec, qui montera quelques années plus tard à Paris créer un des plus brillants restaurants de poisson de la capitale, fréquenté par les plus grands hommes politiques, et publier de beaux livres consacrés à la cuisine de la mer. Nos repas étaient toujours émaillés de grands éclats de rire, surtout lorsque des amis particulièrement spirituels, comme Gérard Borg ou Jean-Pierre Lang, de passage dans la région, se joignaient à nous. Je dois reconnaître que nous étions assez bruyants, ce qu'acceptaient généralement bien les autres clients des restaurants : il arrivait même parfois que les convives d'une table voisine nous disent en partant : « On s'est arrêtés de parler pour mieux vous écouter ! »... Un jour pourtant, un client s'offusqua, s'en prit à moi parce que j'étais le plus reconnaissable, critiqua notre comportement, et, donnant un coup bas, ajouta : « D'abord vous devriez la fermer, votre succès en ce moment n'est pas très brillant, qu'est-ce qu'on entend comme chanson de vous à la radio, hein ? » Nous étions en juin 1977, et toutes les radios commençaient à passer plusieurs fois par jour la chanson d'un nouveau venu que personne ne connaissait encore, Laurent Voulzy... Olivier répond du tac au tac, tandis que je prends l'air modeste : « Comment, vous ne connaissez pas la nouvelle chanson d'Antoine, elle fait comme ça : *On a tous dans l'cœur une petite fille oubliée...* » La voix de Laurent pouvait un peu passer pour la mienne, le type avait bien sûr entendu la chanson... Il est resté estomaqué, a fermé son clapet, et a dû avoir l'air fin, quelques jours plus tard, quand il a appris que ce n'était pas moi qui chantait *Rockollection* !

Ce mois de joyeuses festivités de collégiens s'acheva ; honnêtement, nous nous étions bien amusés, mais l'émission n'allait pas laisser beaucoup de traces dans les mémoires : comment dire quoi que ce soit d'intéressant, créer un climat, sur un podium en plein milieu d'une station balnéaire ? Si je devais animer, dans un an ou deux, une autre émission, faire rêver un peu les auditeurs, il faudrait que je trouve une atmosphère plus intime, et que je travaille beaucoup plus que durant le mois écoulé !

La tournée achevée, je fais un petit voyage... en Belgique, pour passer une journée en compagnie de l'ami Patrick van God, rencontré à Rio de Janeiro sur son *Trismus*... Depuis, son voilier a été coulé en Atlantique

Sud par une baleine, et lui et sa femme Wendy n'ont dû leur salut qu'à leur radeau de survie « dynamique » : contrairement aux seuls radeaux de sauvetage homologués, dits « statiques », sur lesquels on reste sur le lieu du naufrage en attendant que des sauveteurs viennent vous repêcher, le leur leur a permis de se rapprocher par leurs propres moyens des côtes brésiliennes et des zones où passent de nombreux navires. L'aventure ne l'a pas dégoûté de la navigation : Patrick parle de s'inscrire à une course transatlantique pour tout petits bateaux, la Mini-Transat... hélas, il le fera, et n'en reviendra pas.

Mon contrat d'enregistrement chez RCA se terminant cette année, Lucien a appelé Eddie Barclay, qui m'invite aussitôt à le rencontrer : un rendez-vous d'affaires chez Eddie Barclay, ça ne se passe pas comme dans les autres maisons de disques : cela consiste en une invitation à un de ses dîners, dans le bel appartement qu'il habite avenue Hoche. À sa table, il y a toujours des acteurs, des chanteurs, des célébrités en tout genre, liés par un point commun : l'esprit : les reparties fusent, et Eddie s'en délecte. Moi, autant le dire tout de suite, tout en appréciant et admirant Eddie, je ne me sens jamais très à l'aise dans ces festivités. J'ai, je le crains, l'esprit de l'escalier, qui consiste à ne trouver qu'en retard (lorsqu'on redescend l'escalier, ou le lendemain !) la repartie assassine : et je n'aime pas beaucoup l'agressivité. Je passe tout de même de bons moments à écouter Collaro, Carlos, à échanger des idées avec des artistes épris eux aussi de voyages, Georges Moustaki, Bernard Lavilliers, entre autres, puis, c'est généralement comme ça que ça se déroule, à un moment de la soirée, Eddie m'invite discrètement dans son bureau, et, en quelques phrases soigneusement notées par sa fidèle secrétaire, le contrat est mis sur pied : de 1977 à 1987, la maison Barclay publiera mes disques. J'en suis ravi, car Eddie a la réputation – méritée – d'être un vrai amateur de musique, aimant les artistes et s'intéressant à eux, plutôt qu'un margoulin visant surtout à faire du chiffre d'affaires comme la plupart des autres. Malheureusement, dans l'année qui suivra, Eddie vendra sa maison de disques à Philips, et je me retrouverai rapidement, lui parti, dans une maison de disques – presque – normale.

J'ai été invité à séjourner dans la villa d'Eddie près de Saint-Tropez, mais l'ambiance, pour une fois, y était plutôt calme. Je suis allé faire un ou deux galas, histoire de ne pas perdre la main, dont l'un en Corse. Dans le village natal de mon père, Vivario, toute la famille m'attendait, oncle, tante, cousins. De retour sur le continent, j'ai rendu visite à Pierre Vassiliu, un gars que j'aime bien, et qui mène à sa façon une vie en dehors du show business, n'y repointant le nez que de temps en temps ; il habite une jolie maison perdue dans la garrigue en Haute-Provence, et fait aussi de beaux voyages : il a, comme moi, été frappé par le Sénégal. Nous échangeons le salut wolof « *nangadef ? Mangui fi rek !* ».

J'ai repris la route de la Polynésie. Par hasard, ma copine Claudie, avec qui j'avais fait, entre autres, du ski à Méribel l'année de mon départ, prend l'avion en même temps que moi ; on prévoit de s'arrêter vingt-quatre heures à Los Angeles, où nous devons loger chez son amie, l'actrice Jacqueline Bisset... au lieu de cela, nous nous retrouvons sur les collines de Hollywood, dans l'extraordinaire villa louée par Richard Anthony, qui a connu un certain succès aux États-Unis avec sa version du *Concerto d'Aranjuez* et qui enregistre là-bas. Un petit tour à Los Angeles, pour acheter un appareil photo hors taxes, et surtout pour aller voir, au Chinese Theater, le film qui vient de sortir et qui fait sensation, le tout premier *Star Wars*, et me voilà un matin à l'aéroport de Papeete : pour payer sans doute moins cher l'escale de leurs avions à Los Angeles, les compagnies aériennes les font tous atterrir à Papeete à quatre ou cinq heures du matin, ce qui gâche toujours un peu la découverte, ou la redécouverte de la beauté de l'île tropicale baignée de senteurs de tiaré[1].

---

1. Que mes amis tahitiens me le pardonnent, je choisis d'écrire les mots tahitiens avec un accent aigu là où il me semble nécessaire pour éviter que ceux qui n'ont pas la chance de bien connaître la Polynésie ne confondent une tiare et une fleur de *tiaré*, ni ne lisent Wahin' quand il faut lire Hou-a-hi-né. Je vous fais confiance tout de même pour prononcer « Pa-pé-é-té » ce qui s'écrit Papeete, mais que seuls les matafs en goguette du temps de Mururoa (pardon, Moruroa !) appelaient « Papette » !

2

TAHITI-MICRONÉSIE-AUSTRALIE-OCÉAN INDIEN-MÉDITERRANÉE SUR *OM* (1977-1980)

Je vous ai dit que Michèle, professeur de français, belle et talentueuse animatrice et auteur d'émissions de radio et de télévision, qui vit depuis plus de quinze ans à Tahiti, prendrait dans ma vie une place importante... car sa fille, Titou, blonde, mignonne, vingt-deux ans, vient de rentrer des États-Unis, où elle était partie étudier le chinois et vivre une vie joyeuse et insouciante. Titou deviendra vite une parfaite compagnie pour ces journées qui, comme chaque année lorsque je retrouve mon bateau après trois mois d'abandon, s'annoncent laborieuses ; il faut encore une fois le mettre au sec, démonter le colossal axe de dérive qui me donne (sans raison) quelques inquiétudes, repeindre tout ça, remettre en état l'intérieur, envahi par la moisissure... À la cale de halage du port de Papeete, je m'attaque aux travaux. Non loin est amarré *Maylis*, le superbe voilier de bois que Marc Darnois a amené de France et sur lequel il a bourlingué dans le Pacifique ; hélas, *Maylis* est en bien mauvais état, et, durant des années, c'est Michèle qui, courageusement, essaiera d'assurer la survie du voilier de Marc, devenu son compagnon. Pauvre *Maylis*, il faut successivement remplacer de l'intérieur toutes ses membrures, complètement pourries, et ensuite, de l'extérieur, changer tous ses bordés, dévorés par les tarets ; les travaux que j'ai à faire sur *Om* sont peu de chose en comparaison ! D'ailleurs, lorsque mes travaux s'éternisent, ou que la chaleur sur le port de Papeete devient insoutenable, je pars avec Titou passer quelques jours chez un ami, un peintre de grand talent, François Ravello, installé depuis longtemps à Moorea, où sa peinture connaît et connaîtra toute sa vie un beau succès : il n'y a pas que des artistes maudits, comme Gauguin !

Le bateau enfin prêt à reprendre sa route, j'invite Titou à naviguer quelques semaines avec moi aux îles Sous-le-Vent, et j'ai la révélation de ces îles spectaculaires, couronnées de montagnes découpées, et cernées de barrières de récifs de corail comme je n'imaginais pas qu'il puisse en exister : en Europe, un récif, ce sont des rochers aux formes déchiquetées, surgissant de l'eau ici et là au milieu de l'écume ; en Polynésie, ce sont d'immenses surfaces presque parfaitement planes, entourées d'à-pics vertigineux : là où l'eau est profonde, elle prend des couleurs bleu sombre ; les faibles profondeurs revêtent tous les tons de turquoise, et les récifs eux-mêmes, multicolores, montrent d'étonnantes couleurs rosées quand la mer les découvre. Nous explorons ainsi Raiatea, Tahaa, Bora Bora, où l'eau du lagon est si cristalline que l'on voit sa couleur turquoise se refléter sous les ailes des oiseaux de mer, les goélettes blanches chères à Bernard Moitessier.

J'ai eu la chance de rencontrer Bernard à Papeete : Dominique Charnay, le jeune journaliste qui m'avait photographié à mon arrivée, nous avait invités tous les deux à déjeuner un dimanche dans son jardin ; j'ai retrouvé une ou deux fois Bernard à bord de son voilier ancré dans le lagon d'Arue. Je me souviens d'un après-midi passé à son bord ; le temps était superbe, le lagon calme ; tout près sur la plage, un Tahitien creusait une pirogue à l'ombre d'un grand *tamanu*... j'aimerais ne pas avoir à ajouter qu'il utilisait pour cela... une tronçonneuse, et que les hurlements de la machine ruinaient quelque peu l'ambiance sonore ! Ah, le progrès ! Nous nous étions promis, avec Bernard, de nous retrouver dans un endroit infiniment plus tranquille, l'atoll de Souvarov, où il faisait souvent escale, et que je comptais visiter sur ma route.

Car mon départ approchait. J'ai passé encore avec Titou quelques jours dans la partie occidentale, alors la mieux préservée, du lagon de Bora Bora ; quatre amis nous y rejoignent ; nous naviguons autour de Bora Bora, où un magnifique voilier de course venait de faire son entrée : le *Pen Duick* d'Éric Tabarly. Tabarly et son équipage s'offraient quelques jours de détente avant de rejoindre la ligne de départ d'une compétition transpacifique ; le côté sportif, baroudeur et briseur d'écoutes de Tabarly ne m'attirait pas outre mesure, mais j'eus la chance de le découvrir sous un jour très différent, simple et naturel, dansant joyeusement le tamuré au « Juillet », la fête nationale qui, là-bas, dure près d'un mois. Un jour, le tirant d'eau de *Pen Duick* ne lui permettant pas d'atteindre un des motus de l'est du lagon, où se déroulait une pêche au caillou, nous avons embarqué sur *Om* Éric et ses jeunes équipiers... et quel équipage ! Si je vous dis qu'on y trouvait quelques jeunes gens encore inconnus : Jean-Louis Étienne, Philippe Poupon, Titouan Lamazou, vous reconnaîtrez qu'Éric savait s'entourer ! Ce même jour, alors que nous regagnons de conserve le mouillage de Vaitape, sous le vent de l'île, je vois soudain *Pen Duick* affaler en catastrophe ses voiles, comme si Éric avait décelé l'approche d'un grain cataclysmique... non, il a juste découvert qu'une des ferrures qui retient le mât s'est fendue... ce jour-là, sous nos yeux, *Pen Duick* a été à deux doigts de démâter !

J'ai dit au revoir à Titou... mais je me doutais bien que je la retrouverais bientôt ; et j'ai pris le large. Quelques jours de tranquille navigation, dans un alizé peu convaincant, m'ont donné le temps de raviver quelques jolis souvenirs, de songer à ces amitiés nouvelles, avec Bernard Moitessier qui était peut-être encore à Souvarov, avec Éric Tabarly que j'aurais à plusieurs reprises l'occasion de rencontrer au cours des années qui suivirent, Éric toujours simple et discret, aucun rapport avec ce que me disait un jour un visiteur du Salon nautique, émettant un fameux « cuir » : « Tabarly ? Je trouve qu'il est un peu imberbe de sa personne » ! D'une façon générale, même si la compétition ne m'intéresse dans aucun domaine, à plus forte raison en matière de navigation, j'ai souvent entretenu des relations sympathiques avec des coureurs : ceux en tout cas qui, au milieu du tourbillon de leur chasse aux sponsors, de la conception et la construction de leurs bêtes de course et des compétitions proprement dites, conservent au fond du cœur le rêve d'une croisière paisible et tropicale, vent arrière, avec plein de ces petits mouillages que les compétitions leur font dédaigner. Loïck Peyron, Philippe Poupon, Titouan, autant d'amis que j'aimerais retrouver un jour dans une baie tranquille au bout du monde, comme cela a été le cas à Bora Bora avec Tabarly. Un seul coureur français célèbre me snobait : lors de mes séjours en France, je ne manquais pas, une ou deux fois, de rendre visite à l'ami Jean Castel, dans son vaisseau amiral à plusieurs ponts, son club de la rue Princesse. Marin lui-même, Jean recevait avec plaisir de nombreux navigateurs. Dès que j'arrivais, il commandait au barman deux verres d'Arquebuse : je devais être le seul client à partager avec lui un goût (modéré !) pour cette liqueur démodée dont le slogan « Le vulnéraire familial » nous amusait ; Jean me présentait souvent quelque marin en escale ; j'avais ainsi passé une bonne soirée avec Alain Gliksman, un des pionniers de la course au large. Un soir, Jean me présente un gars que je ne discerne pas immédiatement dans la pénombre du rez-de-chaussée du club. « Vous êtes entre marins, ce soir ! », dit-il ; candidement, je demande : « Ah bon, qui est-ce ? » C'était Olivier de Kersauson... Peut-être parce que je ne l'avais pas reconnu tout de suite, peut-être simplement parce que c'était sa forme d'esprit, le voici aussitôt qui m'agresse, me prend de très haut, m'explique qu'un bateau c'est fait pour qu'on lui fasse rendre les tripes. « Vous autres, les vagabonds, vous n'avez rien compris, vous êtes tous des campeurs, casse-toi, tu me fais chier ! »...

L'atoll de Souvarov est apparu à l'horizon, précis au rendez-vous : quand on n'est plus qu'à une dizaine de milles de ces terres basses sur l'eau, plantées de cocotiers qui mesurent tous une vingtaine de mètres de haut, il suffit de grimper un instant au mât pour voir les cimes des arbres s'élever, comme une espèce de peigne édenté sur l'horizon. À l'angle sud-est du lagon, non loin des motus aux oiseaux, était ancré un grand ketch, et, amarré à son flanc, ce que j'ai d'abord pris pour une annexe rouge... En m'approchant, je réalisai que le yacht était immense, plus de trente mètres de long, et que ce que j'avais pris pour un dinghy était... le ketch de Bernard Moitessier, *Joshua*. Le propriétaire allemand du grand ketch, *Sayonara Alpha*, avait offert à Bernard un lecteur de cassette et des haut-parleurs, et son équipage était en train de l'installer, avec la batterie qu'il offrait aussi à Bernard. Amoureux de tout ce qui est simple, ayant élevé le système D au niveau d'un véritable art, Bernard n'était pas pour autant opposé au progrès : c'est sur un ordinateur qu'il écrirait bientôt son formidable livre, *Tamata et l'Alliance*.

Ces trois jours passés avec Bernard à Souvarov, en véritable immersion, restent dans mes souvenirs comme une des rencontres les plus brillantes de ma vie. En quelques heures, il m'a fait une démonstration magistrale de sa capacité à vivre en autarcie, nous préparant un festin à partir des poissons, crabes, langoustes et cocos de l'îlot où il avait débarqué deux heures plus tôt les mains vides : il y avait laissé, depuis l'année précédente, une boîte d'allumettes dans un bocal étanche : tout le reste, il l'avait cueilli ou harponné à l'aide de son *patia*, qu'il maniait comme un vrai Polynésien ; en quelques marches sur le récif, il m'avait enseigné un grand nombre de principes, comme celui de ne jamais s'aventurer sur ces platiers peu profonds sans emporter un bâton, pour repousser les petits requins qui pourraient s'intéresser dangereusement à vos pieds.

Bernard, tel que je l'ai connu, était vraiment un homme libre : ayant toujours vécu de peu de chose, s'étant battu dans les pays où il faisait escale (ou en France quand il y était revenu après la perte de ses deux premiers bateaux pour s'en construire un nouveau) pour obtenir le minimum de revenus qu'il appelait sa « vitesse de libération », il avait choisi de ne pas s'encombrer de bagages inutiles ; ce n'était pas un ours, non, ses nombreux amis peuvent en témoigner, mais il faisait ce qu'il avait à faire sans se préoccuper de ce que les autres en pensaient. Il avait depuis peu une nouvelle compagne, Ileana, avec qui il avait eu un enfant, mais il ne naviguait pas avec elle, peut-être parce qu'elle avait le mal de mer ou n'aimait pas la navigation. Il partait passer de longs mois dans des atolls déserts comme Souvarov ou Caroline, parfois seul, parfois accompagné : « Moi, je ne m'emmerde pas, me disait-il, si j'ai envie d'emmener une fille qui me plaît, je ne perds pas mon temps, je le lui demande, et puis c'est tout. »

Au cours de nos randonnées dans l'atoll, un autre détail m'avait frappé : nous marchions tous deux sur un vaste platier, dans cinquante centimètres d'eau, et nous nous étions arrêtés un instant pour regarder un corail à la forme particulière ; nous discutions de choses et d'autres, quand je constatai que Bernard, pratiquement tourné vers moi, à un mètre cinquante, était en train d'uriner : avec ça non plus, il ne voulait pas se compliquer la vie, il avait envie de pisser, il pissait... Au temps où l'homme, comme les animaux, était nomade, cette fonction éminemment naturelle ne posait pas de problème : l'homme pissait là où il se trouvait. Devenant sédentaire, il dut prendre petit à petit des dispositions, aller uriner hors de son antre, et bientôt, dans un lieu consacré à ça. Quand il se mit à vivre en société, en groupes de plus en plus compacts, il fallut évidemment édicter des lois, des tabous, qui finirent par faire de cette fonction normale un truc à cacher, plein d'interdits : il est loin le temps du château de Versailles, où, dit-on, durant les réceptions, des domestiques passaient avec une sorte de broc, dans lequel les hommes urinaient sans interrompre leur conversation, aussi simplement que l'on fait usage d'un mouchoir, ou, en Chine, d'un crachoir ! Si, en Europe, les gamins, il y a une génération ou deux, jouaient encore facilement à « celui qui pisse le plus loin », si les hommes utilisent encore couramment des urinoirs collectifs où ils font ça à quelques dizaines de centimètres les uns des autres, cet acte, d'une façon générale, est devenu dans le monde entier une chose que l'on ne fait qu'en cachette, dans le secret de pièces closes et verrouillées... Vous ne verrez pratiquement jamais, par exemple, un Américain pisser dans la nature ; on m'a rapporté que l'islam, qui réglemente chaque instant de la vie de ceux qui s'y soumettent, enjoint à l'homme obligé de pisser dehors d'entourer son pénis de sa main en cornet pour dissimuler la chose ! La décontraction dont Bernard faisait preuve dans ce domaine – parmi d'autres – m'impressionnait beaucoup : il avait pris l'habitude d'avoir sur son bateau, dans son cockpit, un bocal ou un broc toujours à portée de la main : quoi de plus simple (en mer, on est pris d'envie d'uriner à toute heure !) que de s'en servir et de le vider par-dessus bord... Depuis ce jour-là, j'utilise le même système, tellement plus pratique que d'aller s'enfermer dans un réduit ballotté par les mouvements du bateau ou, pire encore, de pisser virilement par-dessus bord, au risque de prendre une vague dans la figure ou même de tomber à la mer dans un coup de roulis !

Après une journée bien remplie sur les motus du Sud-Est, une chasse aux crabes de cocotiers, et un après-midi passé à apprendre à grimper aux cocotiers à l'aide d'un paréo noué autour des pieds, nous avons levé les ancres de *Joshua* et d'*Om*, et nous sommes allés les rejeter sous le vent de l'île d'Anchorage, près de la passe ; Bernard avait encore pêché au passage une carangue, que nous avons dégustée en poisson cru, après avoir rendu visite au domicile de l'ermite de Souvarov : durant près de vingt ans avait vécu ici un homme seul, Tom Neale, qui avait choisi de s'y exiler. Il avait écrit un livre, *Robinson des mers du Sud,* et résisté à plusieurs cyclones. Il avait planté des cocotiers et d'autres plantes comestibles, vécu de la pêche et d'un sac de riz apporté de temps en temps par un navire de passage, et construit une jolie petite maison toute simple, avec un balcon où nous avons passé une heure ou deux à rêver. Le mois précédent, Tom Neale avait été emmené à la capitale des îles Cook : victime d'un cancer, il ne reverrait plus jamais son île ; Bernard et les navigateurs en escale veillaient à entretenir la maison, et l'endroit était si magique que je m'y serais bien installé quelque temps.

Nous sommes retournés à bord d'*Om*, que le vent virant au sud-est commençait à agiter, et nous avons dîné du poisson cru en parlant du monde, de la fausse route que faisaient la plupart des hommes ; Bernard s'intéressait à mes études : qu'avais-je appris de plus important à Centrale ? Ma réponse était simple : j'avais appris à apprendre, je savais désormais, dans bien des disciplines, d'un épais manuel tirer en quelques heures l'essentiel. Nous écoutions un peu de musique tahitienne, quand je tombai sur une cassette dont on m'avait fait cadeau, la nouvelle chanson de mes anciens musiciens, les Charlots, qui, après leur grand succès au cinéma, avaient, aventure un peu hardie, enregistré une chanson érotique complètement cinglée, où Gérard Rinaldi, de sa belle et chaude voix de crooner, chantait : « Ce matin, en me réveillant, quelle surprise en regardant... mes couilles... je bande... » J'avais trouvé la chanson très amusante, et il me vint l'idée de la faire écouter à Bernard, dans ce mouillage du bout du bout du bout du monde : « Écoute ça, tu vas voir, c'est génial ! »... Je revois Bernard le visage surpris mais indulgent, me demandant sans plaisanter une seconde : « Tu es sûr que le terme "génial" s'applique bien à cette chanson ? ».

Dans la nuit, le vent a continué à tourner au sud-est : c'était le célèbre *maraamu,* le vent froid qui peut monter jusqu'à 35 nœuds, et le mouillage de Souvarov est mauvais par ce vent-là : bien des voiliers en ont fait l'expérience, et ont été jetés sur les récifs, nombreux dans la baie. Je m'inquiétai de plus en plus, jusqu'au matin : la lueur du jour me révéla *Joshua,* à deux cents mètres de moi, bondissant comme un marsouin dans la houle qui nous parvenait de l'autre bout de l'atoll ; Bernard allait regagner l'angle sud-est, mieux abrité, tandis que j'allais reprendre le large ; n'ayant pas de dinghy, Bernard est venu à la nage me rendre une dernière visite. Il m'a aidé, en plongeant dans les vagues qui montaient de plus en plus et rappelaient violemment le bateau sur sa chaîne, à décoincer celle-ci, prise parmi les nombreuses roches qui tapissaient le fond. À l'instant où l'ancre allait lâcher, Bernard est remonté, a regardé le foc inter que j'allais envoyer dès que je serais sorti de la baie : « Dis donc, tu utilises des bien grandes voiles, par un vent pareil ! » : le vent approchait déjà les 30 nœuds. Avant de sauter à nouveau à l'eau, Bernard m'a serré très fort dans ses bras, m'embrassant... Au terme de ces trois journées magiques dans cet atoll perdu au milieu de millions de kilomètres carrés d'océan désert, ces trois jours de communion profonde avec cet homme qui s'était révélé beaucoup plus que le mythique *Vagabond des mers du Sud* de ses livres, un homme d'une dimension exceptionnelle, je ressentais une émotion comme je ne crois pas en avoir connu souvent dans ma vie ; et, moi, lorsqu'il m'arrivait d'en éprouver d'aussi puissantes, cela avait, jusque-là, toujours été en embrassant une femme que j'aimais... Alors, à cet instant-là, comme Bernard me serrait très fort et m'embrassait sur la joue, je ne suis pas sûr que, dans la violence de l'émotion, ma bouche n'aie pas cherché à trouver la sienne, comme dans un baiser d'amour...

Et puis l'instant s'est évanoui, comme éclate une bulle d'écume ; Bernard a sauté à l'eau, emportant dans un sac de plastique quelques livres que je lui avais donnés, et je l'ai vu nager, le sac de livres posé sur sa tête, vers *Joshua* qui bondissait de plus en plus haut dans la houle. J'ai alors réalisé qu'au cours de ces trois journées inoubliables, fasciné, je n'avais pas songé une seconde à sortir la petite caméra 8 mm avec laquelle j'aurais aimé fixer le souvenir de ces journées... Je l'ai attrapée rapidement, j'ai filmé quelques secondes Bernard qui s'éloignait déjà... et voilà pourquoi, de ces trois jours, ne me reste sur pellicule que cette image de la tête de Bernard, dépassant de l'eau, avec les livres posés en équilibre, nageant vers son bateau !

J'ai fini de déraper l'ancre, j'ai hissé la grand-voile, et j'ai mis le cap sur la passe : dix minutes plus tard j'étais de nouveau seul au large, surfant sur les crêtes du *maraamu*, pressé d'arriver à ma prochaine escale, Pago Pago, aux Samoa américaines... parce qui j'y ai pris rendez-vous avec Titou ! Eh oui, les journées de tranquille navigation, de Bora Bora à Souvarov, m'ont laissé le temps de comprendre que j'ai raté l'occasion de la faire, cette croisière à deux avec une jolie fille avec qui je m'entends bien, cette balade dont je rêve, d'une certaine façon, depuis longtemps ; et voilà qu'à mon arrivée à Souvarov, le riche propriétaire du grand ketch allemand m'a proposé, sans que je lui demande rien, d'utiliser son radio-téléphone, chose assez rare sur les bateaux voyageurs dans ces années-là : j'ai pris ça pour un signe du ciel, j'ai téléphoné à Titou, et je lui ai proposé, puisqu'elle devait dans quelques mois aller poursuivre à Taiwan les études de chinois qu'elle avait commencées à San Francisco, de me rejoindre aux Samoa, et de faire avec moi un bout de route, qui la rapprocherait de l'Asie, sa destination...

Et c'est ainsi que Titou a débarqué un soir à l'aéroport de Pago Pago, munie de deux lourdes valises (dame, tous ses livres de chinois !), et que je l'ai embarquée à bord d'*Om*, pour quelques mois de navigation sur le Pacifique. Lorsque nous avons quitté les Samoa, tout semblait rose ; un cyclone nommé Steve, s'agitant du côté de Wallis-et-Futuna, où j'avais songé un instant à aller, m'a aidé à faire un choix, ce qui est souvent la chose la plus difficile, parmi les destinations possibles : nous avons mis le cap sur un archipel peu connu, les îles Gilbert et Ellice (récemment rebaptisées Kiribati et Tuvalu) ; mais rapidement la situation s'est détériorée, le bon alizé a laissé la place à toutes sortes de vents contraires, tournants, avec grains parfois inquiétants ; nous avons lutté quelques jours, et à l'instant où nous approchions de l'un des atolls de cet archipel, Butaritari, alors que je songeais déjà à grimper au mât pour faire apparaître les cocotiers, le ciel soudain s'est entièrement couvert, la visibilité réduite à quelques centaines de mètres par la pluie : dans ces conditions, à cette époque, la seule solution prudente était de reprendre le large, de s'éloigner de cette zone densément peuplée de récifs à fleur d'eau, invisibles par ce temps ; peut-être dans ce livre vous apparais-je parfois un peu passéiste, regrettant l'heureuse simplicité de bien des choses de mon enfance ou de ma jeunesse, simplicité balayée par l'excès, la surabondance, la recherche omniprésente du profit... Il y a au contraire bien des domaines où je suis ravi du progrès : la navigation par satellite en est un ; ce jour-là, si le GPS avait existé, il nous aurait suffi de deux heures pour atteindre l'abri du lagon... au lieu de quoi, nous avons mis plus de trois semaines à oser nous approcher d'un autre atoll, après nous être tenus à l'écart de plusieurs autres, toujours parce que la détérioration du temps les rendait invisibles... Et c'est ainsi que ma première traversée avec Titou, qui aurait dû durer huit à dix jours... a pris plus d'un mois, agrémenté la dernière semaine par la présence proche d'un typhon, un vrai, baptisé Mary, qui hésitait, se renforçait à quelques centaines de milles de nous, nous forçant à nous écarter de sa route en attendant qu'il démarre, ravageant plusieurs atolls sur son passage.

Enfin, nous avons rétabli le contact avec la terre, dans l'archipel des Marshall, et quelques heures de moteur nous ont conduit jusqu'à la passe de Majuro. Cette première croisière avec Titou s'était parfaitement déroulée, elle s'était montrée une excellente compagnie, jamais atteinte par le mal de mer ni par la peur des éléments, toujours souriante, veillant allègrement à son tour, et prête à faire même par force 7 une cuisine simple et bienvenue ! Je me souviens qu'un jour, au près par 30 nœuds de vent, elle a commencé à préparer des harengs... moi qui, par ces temps-là, suis un peu sujet au mal de mer ! Ce jour-là les harengs n'avaient rien arrangé[1].

Nous avons visité l'une après l'autre des îles ignorées du reste du monde, Majuro et Jaluit, aux îles Marshall, dont on ne connaît, pour des raisons militaires – puisque c'est là que les Américains firent exploser leurs premières bombes atomiques – et vestimentaires, que l'atoll de Bikini. Puis deux îles hautes de l'archipel des Carolines, Kusaie (renommée Kosrae) et Ponape (devenue depuis Pohnpe). C'était un curieux voyage dans un autre océan Pacifique, bien différent de la Polynésie française, un domaine sous influence américaine, avec le puritanisme assorti : dans certaines îles, il fallait obtenir un « permis de consommer de l'alcool » pour pouvoir boire une simple bière. Partout la présence américaine était sensible, avec ses *Peace Corps*, sorte de volontaires venus aider les populations locales, les églises omniprésentes, les *Seabees*, un peu l'équivalent américain de la Légion, construisant ports, jetées et routes.... et aussi avec l'invraisemblable quantité de canettes de bière et de *soft drinks* qui jonchaient plages et bords de route.

À Ponape, un groupe de *Peace Corps* avait aidé la population locale à mettre sur pied un joli spectacle de danses traditionnelles donné au centre culturel pour les peu nombreux touristes : traditionnellement, dans cette île, les femmes et les jeunes filles allaient couramment les seins nus, même à l'école ou au collège ; il aurait été par contre très mal vu de dévoiler ses cuisses[2] !

Un petit atoll perdu au voisinage de l'équateur me faisait rêver, depuis qu'un Américain qui y avait fait escale m'avait décrit l'hospitalité de ses habitants : l'atoll de Kapingamarangi, minuscule, mais dont le nom, fort long, parvenait tout de même à figurer sur quelques cartes, parce que les environs, sur de très grandes distances, en sont déserts. Nous l'avons atteint après avoir encaissé quelques grains violents, où je craignais que Titou ne s'envole, appliquée qu'elle était à recueillir de l'eau douce au bout de la bôme du grand mât. Le temps est redevenu beau comme nous approchions des îles, qui – bravo au navigateur et à son sextant ! – sont apparues exactement à l'heure prévue. En serrant les fesses, nous nous sommes glissés entre les nombreux coraux à fleur d'eau qui bordaient une passe étroite, mal délimitée et balayée de courants, et soudain, ce fut la paix du lagon, l'excellent abri où nous pensions rester une

1. Mais où va-t-il donc chercher tout ça ?

2. Le spectacle était fort joli, mais je crains que, trente ans plus tard, des tendances américaines plus rétrogrades aient fait rhabiller les jolies danseuses et chanteuses des Carolines...

semaine ou deux... et où nous avons fini par nous attarder six semaines, tant l'accueil des Kapingas se montra à la hauteur ! Le jour même de notre arrivée, une fête se déroulait à terre, et tous les notables, embarqués sur une pirogue, étaient venus nous inviter ; des fêtes, il y en avait pratiquement tous les jours à Kapinga, à l'occasion d'une naissance, d'un premier anniversaire, d'un mariage, de la construction d'une maison ou de la plantation d'un champ de taro, tout pour les Kapingas était l'occasion de festoyer, de s'asseoir sans rien dire autour de montagnes de victuailles, et de manger à en éclater... les Kapingas étaient plutôt volumineux ; il faut dire que leurs îles étaient entourées d'une mer extrêmement poissonneuse : il suffisait à une pirogue de sortir quelques heures au large pour revenir chargée à couler de thons, bonites, tazars et wahoos ; jusqu'aux murènes, nombreuses dans les anfractuosités des récifs du lagon, qui étaient la gourmandise préférée des Kapingas : un jour de fête leur était consacré, un peu l'équivalent de la dinde de Noël.

Les habitants de Kapingamarangi avaient la particularité d'être polynésiens, alors qu'à plus de six mille kilomètres des îles Sous-le-Vent nous étions déjà bien loin de la Polynésie : sans doute quelques navigateurs égarés, emportés par le vent sur les pirogues qui avaient amené d'ouest en est leurs ancêtres depuis l'Asie du Sud-Est, étaient-ils, eux, retournés vers l'ouest, et avaient-ils donné ce caractère polynésien à quelques îles minuscules, perdues au centre d'un océan peuplé de Mélanésiens (en Nouvelle-Guinée, aux Vanuatu, aux Salomon) ou de Micronésiens (aux Carolines, aux Marshall, aux Mariannes). Plus joyeux, plus décontractés que les insulaires des ethnies voisines, les Polynésiens qui vivaient à Kapingamarangi dans un vrai paradis terrestre n'avaient pourtant pas échappé, quelques siècles plus tard, à l'influence des missionnaires, qui avaient fait reposer lourdement sur leur petit paradis le fardeau des religions : on ne badinait pas avec la religion chrétienne à Kapinga, et la liberté des corps et des sens dont jouissaient jadis les Polynésiens avait bien disparu : les jolies filles de Kapinga vivaient constamment protégées de plusieurs épaisseurs de robes et de culottes. Comme le disait Tim, l'unique étranger vivant dans l'île, venu avec les *Peace Corps* comme instituteur : « Cette partie-là du corps, pour elles, n'existe même pas ! » Il fallait voir les femmes de Kapinga se laver tout habillées dans la mer, glissant à peine une seconde, honteusement, la main sous leurs vêtements... Nous avions fait sensation le premier soir quand un des habitants du village nous avait invités à prendre une douche chez lui, dans un enclos cerné de palmes tressées, et que nous nous étions lavés nus, avant de comprendre que les gamins du village mataient entre les palmes : ils n'avaient jamais, mais jamais vu ça !

Il ne fallait pas badiner avec l'alcool non plus : sur l'atoll, on ne trouvait pas même une bière, et les Kapingas les plus communicatifs, ceux qui accueillaient les voiliers de passage (à peine un par an), ne perdaient pas une occasion de réclamer une goutte de whisky, que nous leur donnions avec modération, de peur d'encourir les foudres des sages du village...

Notre séjour à Kapinga, au total, fut une merveille, inoubliable, aucun aéroport dans l'atoll, seul un petit cargo, le *Kasehlelia*, livrait cinq ou six fois par an vivres et courrier ; nous attendions un courrier qui finalement n'était pas sur le bateau quand celui-ci arriva. Alors nous avons commencé à préparer notre départ, préparatifs interrompus par les visites des Kapingas, nous invitant chaque fois à une nouvelle fête, à une pêche à la langouste à pied sur le récif, de nuit, ou à une navigation sur leurs pirogues à voiles où, curieusement, on faisait passer à chaque virement de bord de l'avant à l'arrière le point d'amure de la voile triangulaire, la proue devant la poupe. Une équipe de Kapingas nous a aidés à nettoyer en plongée la coque d'*Om*, et, le jour même de la fête des murènes, nous avons salué nos amis les dodus Kapingas, et nous avons pris la route de la Nouvelle-Guinée.

La ville de Rabaul vivait à l'ombre d'un volcan très actif, qui avait déjà détruit la ville plusieurs fois, et qui la rasera à nouveau en 1994. Il n'était pas rare de ressentir jusque dans nos bateaux à l'ancre les secousses des tremblements de terre, et de nous réveiller au matin entourés de vastes nappes de pierre ponce flottant sur l'eau ! Rabaul étant sous influence australienne, on n'était pas admis au yacht-club, où les Australiens expatriés consommaient force bières, si on ne portait pas de chaussettes blanches montantes ! Nous sommes restés quelques semaines dans ce mouillage un peu urbain, attendant le billet d'avion pour Taiwan que la mère de Titou lui avait envoyé, et qui s'était égaré on ne savait où. J'attendais moi-même un virement d'argent qui mit trois ou quatre semaines à atteindre ce bout du monde ; voilà encore une chose qui a fait des progrès extraordinaires : la carte de crédit, l'argent en plastique, devenue pratiquement universelle.

Nous nous échappions de temps en temps de la baie de Rabaul pour aller jeter l'ancre dans un petit lagon de rêve, celui de Kerawara – équivalent, en bêche de mer, de *Clearwater* —... et que l'eau y était claire ! Je plongeais en compagnie d'amis navigateurs, remontant parfois une fine branche de corail noir, qui me suggéra une chanson : il allait être temps pour moi d'enregistrer le premier album du contrat que j'avais signé avec Eddie Barclay, pendant que Titou gagnerait en avion l'Asie du Sud-Est pour poursuivre ses études de chinois. L'un comme l'autre avions besoin de notre liberté ; j'avais besoin de ma solitude, chacun de nous avait d'autres vies, d'autres envies à vivre ; il était clair pourtant que Titou me rejoindrait bientôt, pour d'autres belles navigations à deux : notre vie commune en pointillé nous conduirait à parcourir ensemble, dans les dix années qui suivraient, quelques milliers de milles d'océan.

Lorsque j'ai quitté Rabaul, j'étais épuisé : j'avais été victime de la dengue, une maladie transmise par un moustique, qui vous donne une fièvre de cheval, des douleurs vives à toutes les articulations, et qui, au bout d'une quinzaine de jours, vous laisse sans forces pour plusieurs semaines : j'avais du mal à remonter l'ancre de mon trop grand bateau, à hisser ses voiles, mais il était temps d'y aller ; je me suis laissé pousser tout doucement par une mousson de nord-ouest finissante, et soudain, alors que j'allais contourner l'extrémité est de l'archipel de la Louisiade, qui prolonge la grande île de Nouvelle-Guinée, un colossal front, un massif de lourds nuages pétaradant d'éclairs, a dressé contre moi un vrai mur de vent et de vagues. Exténué par deux nuits de veille, j'ai tenté de contourner l'archipel, mais le ciel couvert me donnait les plus grands doutes sur ma position : n'étais-je pas en train de me diriger tout droit vers les immenses barrières de récifs à fleur d'eau, parfaitement invisibles par ce temps, qui entourent l'archipel ? Crevé, victime d'hallucinations, j'ai fini par écouter la voix de la sagesse, par renoncer à contourner le cap, et j'ai « laissé porter », fait route, vent arrière, jusqu'à une île habitée, Misima ; il serait bien temps, ensuite, de gagner la mer de Corail au travers de l'une des passes qui coupent l'archipel de la Louisiade.

À Misima, j'ai pu me reposer, et faire soigner mes doigts un peu écrasés par la chaîne de mouillage lors d'une fausse manœuvre ; puis je suis allé m'installer quelques jours dans le lagon de l'île montagneuse de Bagaman : quelques Papous timides m'y rendaient parfois visite, mais je restais seul la plupart du temps, terminant l'écriture de mon deuxième livre, et travaillant aux chansons que j'avais prévu d'enregistrer bientôt en Australie.

L'Australie, c'était une autre histoire ; après les îles tranquilles, de Souvarov à Majuro, de Ponape à Kapingamarangi, me voici, au terme d'une traversée sans histoire de la mer de Corail, dans une grande ville, en pleine société de consommation, avec des magasins, des ateliers, des bars et des voitures. Je me suis amarré au yacht-club de Cairns, où j'ai été bien reçu et tout de suite aidé dans un certain nombre de travaux d'entretien et de réparation par un jeune Américain, Jim, qui construisait lui-même son bateau d'acier. Le pays est en train de passer du système de mesures britanniques au système métrique, ça ne simplifie pas les choses quand on a besoin d'un boulon ou d'une pièce détachée.

L'Australien, quel que soit son âge, n'a qu'une hâte, dès la fin du travail, aller dans les bars, où il reste des heures debout à bavarder en buvant bière sur bière... La région au nord de Cairns est bénie : c'est la seule région tropicale du monde à bénéficier d'un régime politique vraiment stable, d'infrastructures modernes : des amis américains se sont installés dans les montagnes qui surplombent Cairns pour y cultiver des fruits exotiques. Ils disposent pour leur production, dans le même pays, donc sans problème douanier, d'une vaste clientèle qui habite un peu plus au sud, dans la région de Sydney, moins favorable à ces cultures. Je leur rends parfois visite dans leur ferme, où ils construisent eux aussi un voilier, qu'ils achemineront bientôt jusqu'à la mer au long des routes tortueuses.

Dès mon arrivée en Australie, je me suis renseigné sur les possibilités d'enregistrer ici... Mais encore une fois, je ne trouve pas les mêmes facilités, les mêmes talents bouillonnants et le même exotisme qu'au Brésil ! Alors il est vite convenu avec Eddie Barclay qu'au lieu de chercher un studio à Sydney, je rentrerai passer quinze jours en France.

J'ai laissé *Om* amarré entre deux *piles*, poteaux plantés dans la vase dans la rivière de Cairns, et je suis parti pour Paris, que j'avais quitté depuis près d'un an ; séjour très bref, dans une ville froide où je cours pour remplir mon programme : enregistrer une dizaine de chansons, et rendre le manuscrit de mon second livre ; les traitements de texte n'existaient pas encore, il fallait faire retaper par une secrétaire les centaines de pages de griffonnages que j'avais souvent du mal à relire moi-même. J'ai à peine pris le temps de revoir une poignée d'amis, de passer quelques moments, tendres et brûlants, avec mon amie Josseline, d'aller faire un tour dans ma ferme d'Auvergne, où la guerre est déclarée entre les copains marseillais à qui j'ai prêté un des bâtiments, le plus sommaire, et le locataire à qui j'ai loué la petite maison, la plus habitable : on m'avait conseillé de ne pas laisser la ferme inhabitée... j'ai essayé, mais de la prêter ou de la louer ne m'a apporté que des tracas !

Et déjà le séjour s'achevait : je ne rentrerais à Paris que l'hiver suivant : le rythme y serait plus tranquille, puisque livre et disque seraient prêts.

Sur la route de l'Australie, je fais escale à Hong Kong, où Titou s'est installée : finalement, partie pour Taiwan, elle se retrouvera à Hong Kong, puis à Tokyo, et n'ira pas beaucoup plus loin dans ses études de chinois ! Nous passons deux ou trois jours merveilleux dans une Hong Kong encore assez traditionnelle, où des centaines de pittoresques petits sampans naviguent encore dans le port, où se donnent en pleine rue des spectacles d'opéra chinois et où on construit des gratte-ciel impressionnants avec des échafaudages en bambou.

Puis je regagne Cairns ; je vais repeindre la coque d'*Om* à la cale de halage de Port Douglas, m'aventure quelques jours sur un fleuve où une sympathique petite communauté de hippies s'est établie, je fête seul le quatrième anniversaire de mon bateau et de mon voyage, échoué sur un banc de sable à l'embouchure du fleuve ; puis, poussé par un alizé costaud, je navigue, à l'intérieur de la Grande Barrière de corail, jusqu'à l'extrémité nord de l'Australie, m'arrêtant chaque jour dans une baie ou une île déserte, faisant de grandes promenades à terre. Vingt ans plus tard, lorsque je naviguerai à nouveau dans la région, j'apprendrai que ces promenades sur les rivages de cette région sont tout à fait déconseillées, car on y trouve beaucoup de crocodiles !

Je me sentais un peu seul, dans cette croisière australienne, il faut dire que, dans ce grand pays moderne et peuplé, j'avais plus souvent que dans le Pacifique l'image tentante de couples heureux de navigateurs, ou de copains chaleureux, et j'avais parfois l'impression qu'il manquait quelqu'un dans mon grand bateau vide... Mais j'avais choisi autrement... D'ailleurs les tentations, il faut parfois s'en méfier : je me rappelle qu'un après-midi, après une longue balade dans l'île Lizard, j'étais allé m'asseoir sur la plage, dans la baie où étaient ancrés *Om* et deux ou trois autres voiliers ; à trois cents mètres de moi, un couple batifolait sur le rivage, ils s'embrassaient, se roulaient dans le sable, s'aspergeaient, pratiquement nus, et je crevais d'envie, j'aurais à cet instant donné beaucoup pour être, moi, celui qui folâtrait avec la fille qui, de loin, me paraissait jolie, tentante... et voilà qu'un peu plus tard, le couple passe près de moi, et que je réalise que la fille qui, de loin, me faisait tant envie, est un vilain boudin dont j'avais remarqué la veille la laideur sur un bateau voisin, boutonneuse, la figure comme une aubergine, et de surcroît pas très maligne ni très sympa ... J'ai repris la mer seul... et tout joyeux[1] !

Une brève halte pour ravitaillement à Thursday Island, peu agréable port du fameux détroit de Torres, seul passage entre l'Australie et la Nouvelle-Guinée ; le vent s'étant calmé quelques heures, j'ai pu faire une dernière escale australienne, magique, à Booby Islet, îlot habité seulement par deux gardiens de phare et leurs familles, puis je me suis

1. Le saxophone romantique de Gerry Rafferty dans *Baker Street* accompagnait mes navigations, tandis que l'Australienne Olivia Newton-John criait à la face du monde et à John Travolta qu'il était *The One That I Want* (ouh ouh ouh !) ; Queen affirmait *We Are The Champions*, et le *Freak* se disait *chic*. Le reggae se portait à merveille, avec *Many Rivers To Cross*, par Jimmy Cliff (qui m'avait ravi lorsque je l'avais vu sur scène pour la première fois à Rio en 1968 ou 1969) et *By The Rivers Of Babylone*, par Boney M. ; Pendant ce temps-là, en France, ça *Planait* pour Plastic Bertrand ; Jane Birkin était une *Ex-fan des Sixties*, Higelin disait à sa copine : *Pars !* Chedid rétorquait *T'as beau pas être beau*, Clo Clo revoyait – c'était son dernier disque – son enfance à *Alexandrie (Alexandra)* tandis que Michel Sardou trouvait bien plus mignon de se faire traiter de con *En chantant*.

élancé vers l'ouest, sans trop bien savoir où j'allais. Lorsque j'avais quitté la Polynésie, l'Asie du Sud-Est me tentait : enfant, j'avais souvent rêvé devant des cartes des « îles de la Sonde », Java, Sumatra, Bornéo, Bali ; mais, plus je m'en rapprochais, plus les avis recueillis çà et là concordaient, ce n'était pas vraiment une région où naviguer paisiblement à la voile en solitaire : absence de vents, courants forts, eaux troubles dissimulant les obstacles naturels (récifs, troncs flottants entre deux eaux) ou artificiels, comme des véritables murailles de pieux plantés loin au large par les pêcheurs indonésiens ; sécurité douteuse dans certaines régions de l'archipel, dense trafic de grands voiliers traditionnels, dépourvus la nuit du moindre feu de signalisation ; et surtout, formalités pénibles et pointilleuses, nécessité d'obtenir à l'avance un permis de croisière impliquant au moins trois ou quatre autorités gouvernementales. J'avais donc pratiquement fait une croix sur l'Indonésie, quand, alors que je contournais l'île la plus au sud de l'archipel, une fleur d'hibiscus flottant sur l'océan m'a paru être un message... et je me suis dit que c'était tout de même trop bête de rater ainsi Bali, qui n'était qu'à quelques dizaines de milles de ma route ; j'ai mis le cap sur le détroit qui sépare cette île de sa voisine, Lombok, où j'ai jeté l'ancre en attendant une marée favorable. J'y ai tout de suite souffert d'un des défauts de l'Indonésie : l'archipel est si peuplé qu'on y est toujours entouré, sujet à la curiosité de gens qui arrivent à la nage ou en barque, et restent des heures autour de votre bateau à guetter par les hublots !

J'ai traversé le détroit, peuplé la nuit de centaines de pirogues de pêcheurs locaux sans le moindre éclairage ; j'ai lutté contre un courant violent pour entrer dans le port boueux de Benoa, et j'ai jeté l'ancre près d'un petit trimaran américain. Un peu inquiet d'arriver sans autorisation en Indonésie, j'ai expliqué à son skipper que je n'avais pas le permis de croisière, que j'allais voir les autorités pour essayer d'en obtenir un, je lui ai demandé à tout hasard d'appeler le consulat de France si je ne réapparaissais pas dans les vingt-quatre heures, et j'ai mis mon plus beau costume, réservé aux prises de contact avec douanes et immigration des pays les plus pointilleux dans ce domaine... l'Indonésie en faisait partie. J'ai fait un tel assaut de charme (vous me connaissez !) auprès des fonctionnaires qu'ils ont consenti à m'autoriser une escale de trois jours, à condition que j'aille à Djakarta tenter d'obtenir le fameux permis ; j'ai sauté dans un avion, rendu visite au consul de France, qui m'a adjoint l'employé indonésien de l'ambassade chargé de ces formalités, et en vingt-quatre heures, il avait bien fallu glisser ici ou là un petit cadeau, j'avais obtenu les quatre tampons ! J'ai à peine eu le temps de découvrir Djakarta et d'admirer dans le port les centaines de très grands voiliers traditionnels qui attendaient leur chargement, puis j'ai regagné Denpasar... et là, ma mission accomplie... eh bien, j'en ai soudain eu ras le bol de ces formalités, j'ai décidé qu'après ma visite à Bali, malgré mon permis de croisière, je reprendrais le large.

Ma première visite dans cette île hindouiste au cœur d'un immense archipel musulman m'a tout de suite séduit, et c'est toujours avec plaisir que je retournerai à Bali ; j'ai aimé le marché de Denpasar, les balades dans les montagnes de l'intérieur de l'île ; partout, des cérémonies, des temples ornés de fleurs multicolores. Il n'était pas rare de voir sur le bord des routes des jolies filles aux seins nus ; j'achetais des tranches de ce fruit pour lequel j'avais un vrai coup de foudre, celui du jacquier. Je dormais dans un temple d'eau ou dans un petit *losmen,* et je prenais des taxis locaux dont l'état des freins paraissait plus que douteux. Je me régalais pour trois sous de *masakan padang,* la délicieuse cuisine de Sumatra, puis je regagnais le port de Benoa, où j'avais sympathisé avec les jeunes Américains qui naviguaient sur *Misty,* le joli trimaran, de purs produits de l'Amérique heureuse et libérée des années 1970, de vrais hippies nautiques ; une gentille masseuse balinaise venait nous masser, nus, dans le cockpit du trimaran, et je découvris la musique d'un chanteur américain, inconnu en France, mais dont les chansons m'accompagneraient fidèlement au cours des décennies qui suivraient : Jimmy Buffett, à mi chemin entre country et rock, chantre de la mer, des plages et des bars exotiques, américain de Louisiane amoureux de tout de qui est français ; ses chansons devaient devenir un peu les hymnes des navigateurs américains, comme les chansons de Dylan ou comme *On est les rois* étaient un peu ceux des beatniks sur la route dans les années soixante.

J'ai ensuite remis le cap sur les immensités cahoteuses de l'océan Indien ; cet océan a une particularité physique : la houle de l'alizé y croise à angle droit la houle venue des tempêtes des hautes latitudes sud, créant des « morceaux carrés d'océan Indien » qui agitent désagréablement les bateaux et arrivent à bout des meilleurs systèmes de barre et pilotes automatiques. J'ai atteint l'île Christmas, territoire australien, presque entièrement consacrée à l'exploitation de phosphates, que des cargos venaient charger sous un gigantesque portique surplombant la mer. À Christmas aussi, on consommait force bières australiennes. J'y ai lié quelques amitiés, mais j'ai dû déguerpir dès le troisième jour, car le vent et la houle avaient tourné, rendant le mouillage intenable ; une semaine de mer de plus et voici un autre fameux coin de paradis : l'atoll des Cocos (Keeling), autre possession australienne, à l'intérieur duquel les voiliers vagabonds trouvaient, au mouillage de l'île Direction, déserte, proche de la passe d'entrée, un excellent abri où se remettre des houles croisées de l'océan Indien. *Misty* m'y avait rejoint, ainsi que quelques autres voiliers vagabonds, et l'escale heureuse se prolongeait, sur l'eau du lagon, si claire qu'une nuit – je vous le jure, je n'avais pas bu trop de bières ni de margaritas en écoutant les cassettes de Jimmy Buffett – j'ai pu voir l'ombre de mon bateau projetée sur le fond de sable blanc, non pas par le soleil ni par la lune, mais par une planète ! Chaque jour, nous plongions dans le lagon ou dans la fausse passe étroite qui s'ouvrait au bout de l'île, et nous savourions chaque seconde de cette escale bénie : les Australiens basés aux Cocos habitaient, eux, dans des bunkers climatisés au sud-ouest de l'atoll et abritaient soigneusement du soleil tropical leur peau d'Anglais, tandis que nous passions nos journées entières en plein air ; sur un îlot voisin vivaient les centaines de Malais anciennement sujets du « roi des Cocos », un Écossais venu créer ici, au siècle précédent, une grande plantation, pour laquelle il avait importé ces travailleurs, instaurant une vraie petite monarchie locale !

J'ai réalisé sans encombre une autre grande traversée sans escale possible : le premier archipel sur ma route, celui des Chagos, se trouvait au milieu de l'océan Indien. Encore un groupe d'îles à l'histoire hors norme : les Britanniques, qui avaient colonisé l'archipel, avaient récemment loué l'atoll de Diego Garcia à l'armée américaine pour y créer une vaste base militaire ; il avait fallu pour cela exiler à l'île Maurice les habitants de l'archipel, qui avaient dû abandonner leur village, leurs maisons, et avaient laissé écrites sur les murs des traces poignantes de leur détresse de devoir quitter leurs îles, si belles. Je pénétrai un matin dans la passe de Diego Garcia, reçus la visite du représentant britannique qui m'annonça que je n'étais autorisé à séjourner que trois jours dans l'atoll et seulement à un endroit précis, devant l'ancien village, dont les maisons paraissaient avoir été abandonnées la veille : il y avait encore de l'eau dans la douche de la maison de l'administrateur.

Le surlendemain, le *british rep* me livra les quelques vivres frais que le mess des militaires américains consentait à vendre aux bateaux de passage, et m'annonça que ceux-ci avaient, au contraire de Diego Garcia, le droit de séjourner longtemps dans une poignée d'atolls voisins, Salomon, Perros Banhos, Egmont. Je me suis promis d'y revenir bientôt, mais déjà il fallait que je songe à trouver un endroit sûr où laisser ma goélette le temps de retourner passer trois mois en France, en hiver cette fois-ci, à l'occasion de la sortie de mon premier album Barclay et de mon second livre.

Un lieu sûr ? Dans cette partie du monde ? J'hésitais entre Ceylan, Madagascar, le Kenya ; je décidai de tenter ma chance dans l'endroit dont je savais le moins de choses, les Maldives. Je franchis l'équateur, dus rester vissé à la barre en plein soleil de longues journées tandis que je naviguais au moteur dans les calmes qui baignaient l'archipel, et je finis par jeter l'ancre devant le village de Malé, sur l'un des immenses atolls qui constituent cet archipel : le mot « atoll » vient d'ailleurs du divehi, la langue des Maldives. Les formalités accomplies, je me mis en quête d'un endroit où laisser le bateau, ce qui ne semblait pas évident ; mais je tombai sur un groupe de Français, qui se révélèrent être G.O. d'un Club Méditerranée qui venait de s'installer dans une île voisine : le Club avait repris un petit établissement naturiste, le Club Nature, qui possédait un lagon très sûr, où *Om* pourrait sans problème rester à l'ancre, veillé par les G.O. ... Quelle chance j'avais ! En quelques heures, mon problème était réglé, mon bateau en sécurité à l'ancre dans ce village de rêve où l'on pouvait vivre nu au soleil ; intégrisme oblige, le Club deviendrait bientôt un club de vacances comme les autres, mais en ces heureuses années soixante-dix, ça ne surprenait personne de trouver aux Maldives un club naturiste !

Triste nouvelle, j'apprends par deux Français qui se sont installés aux Maldives sur un *donhi*, un voilier local, que Jacques Brel vient de mourir. Quel gâchis, un homme si brillant, et qui avait eu l'intelligence de prendre, comme moi, ses distances avec son métier ! Plus que jamais, je me jure d'essayer de savourer au maximum chaque seconde du temps qu'il me reste à vivre. Le Club Nature est un bon coin pour ça ; les G.O. sont chaleureux et sympathiques, je me lie d'amitié avec quelques G.M. venus de Marseille ; et une jolie brune sans complications me rejoint de temps en temps dans le bateau ou dans la hutte que le club a la gentillesse de me prêter. Un G.O. m'a donné son billet de retour, qui serait bientôt périmé, et je m'en sers pour regagner Paris... Eh oui, à cette époque d'avant le terrorisme, on pouvait prendre un avion avec un billet au nom de quelqu'un d'autre ! Le vol fait escale à Colombo, j'en profiterai pour y passer quelques jours, accompagné par la petite brune, y découvrant l'extraordinaire lumière qui baigne les rizières, l'artisanat, les sculptures de panneaux de bois inspirées du *Ramayana*, mais aussi la surpopulation, la ville de Colombo encombrée, des centaines de milliers de personnes affairées, des travailleurs s'agglutinant par centaines dans des trains de marchandises qu'ils ont pris au vol, en grappes humaines débordant des portes et jusque sur le toit, pour se rendre à leur travail dans la capitale. Ici comme à Djakarta, je ne peux m'empêcher de me demander à qui sert ce pullulement, quel Créateur souhaite réellement ces multitudes inhumaines : le destin de la Terre est-il de ressembler un jour à un champ de pommes de terre dévasté en une seule nuit par l'explosive multiplication de millions de doryphores ?

Mon vol pour Paris fait une courte escale à Zurich ; au petit matin, sous d'oppressants nuages gris, dans le bus de l'aéroport, je discerne soudain, distrait, sur l'horizon, un *motu*, un îlot bas sur l'eau comme ceux des Tuamotu ou des Maldives... un motu à Zurich ? Je sursaute, il s'agit juste d'un bosquet d'arbres qui, à l'horizon plat de l'aéroport, m'a fait rêver encore un instant des tropiques que j'ai quittés pour trois mois.

Comment, une fois encore, arriver à vous donner une idée de la complémentarité, pour moi, des deux vies que je mène ? Je viens de passer pratiquement quinze mois en navigation, privilégiant des endroits insensés, extraterrestres, comme Souvarov, Kapingamarangi ou les îles Cocos ; j'ai évité un typhon, affronté la dengue, sympathisé avec les Papous de Louisiade, pêché, vécu près de la nature, seul, ou, durant quelques mois, avec Titou. Et maintenant, je suis ravi d'être à Paris, d'y côtoyer des gens que l'on dit brillants (et qui le sont parfois), d'y goûter des plaisirs renouvelés, à de bonnes tables ou dans les bras d'amies fidèles... ou de nouvelles rencontrées. J'ai choisi une vie libre et naturelle, celle du vagabond des mers du Sud, mais je sais aussi que bien des plaisirs – et quelques peines – m'attendent dans la ville folle.

Côté vie artificielle et plaisirs, ça démarre fort. Jean-Daniel et Francette, pour fêter mon retour dans la maison de Sèvres, font sauter un bouchon de champagne et ouvrent une boîte de foie gras, à onze heures du matin ! Le soir, nous allons dîner avec l'ami Bertrand dans un merveilleux restaurant de Versailles, Les Trois Marches... mais le décalage horaire m'a mis sur les genoux ; toute la soirée, je lutte en vain contre le sommeil, je m'endors à table, il faut écourter le dîner ; de retour à Sèvres, je téléphone tout de même à Josseline, pour lui expliquer que je suis trop crevé pour lui rendre visite ce soir... mais elle me fait un tel assaut de charme, me décrit en si grand détail les douceurs et les ardeurs qui m'attendent si je viens jusqu'à chez elle... que me voilà tout d'un coup réveillé : je reprends la voiture que j'ai louée... et la nuit est inoubliable ! Avec Josseline, je partagerai beaucoup de bons moments dans les trois mois à venir, souvent pittoresques et amusants : un soir de la semaine suivante elle m'emmène au dîner d'anniversaire d'un copain couturier, le sympathique Michel Renoma ; l'ambiance est joyeuse chez Castel quand nous y arrivons, en particulier parce qu'une bonne partie de l'équipe de *Hara-Kiri* et de *Charlie Hebdo*, le professeur Choron en tête, fait partie des invités ; Choron, que je connais depuis longtemps, me félicite : « Putain, c'est bien toi qui as choisi la plus belle vie, c'est toi le plus intelligent, de partir sur la mer et dans les îles alors qu'on se fait tous chier ici ! » Les autres renchérissent... et puis voilà que, dans les trente minutes qui suivent, ils me voient recevoir sans fin les mêmes félicitations de dizaines de personnes, la clientèle moyenne, mondaine ou bourgeoise de l'établissement, qu'eux, hommes d'esprit de la rédaction de *Hara-Kiri*, ont tendance à mépriser... Ils ne peuvent pas avoir le même avis que tout le monde ! Alors, l'alcool coulant à flot, Choron, Topor changent petit à petit de ton : « La mer, c'est con », « Qu'est-ce que tu vas foutre dans les îles, ton truc c'est que des conneries »... Une heure plus tard ils sont presque aussi agressifs que Kersauson au même endroit deux ans plus tôt ! Moi, je feins de trouver ça très rigolo, mais je me dis qu'on ne sait jamais vraiment de quel côté, dans ce milieu, va vous être infligée la prochaine blessure ! La soirée, d'ailleurs, ne détruira aucunement ma longue amitié avec l'équipe de *Hara-Kiri*, qui me demandera la semaine suivante d'être – en compagnie de Josseline, sa jolie poitrine à l'air – la vedette de l'un des romans-photos complètement déjantés qui paraissaient dans le journal à l'époque, avec Renaud, Souchon, Gainsbourg ou Coluche.

Pour me défendre contre d'éventuelles blessures professionnelles, je me suis d'ailleurs construit une petite armure, un credo : par défaut, j'ai choisi de ne prendre pour acquis aucune des promesses, aucun des engagements souscrits par qui que ce soit, éditeur, producteur de radio ou de télévision : dans ce monde où les paroles s'envolent facilement, et où les contrats ne sont que des bouts de papier, je m'attends par principe à ce qu'ils ne soient pas respectés ; s'ils le sont, la surprise est belle, et j'en suis doublement ravi ! Cette année encore, tout est rose : mon deuxième livre, *Bord à bord*, sort bien comme prévu, sur la lancée du joli succès du premier ; quant à Barclay, qui a vendu son entreprise mais y garde pour quelques années une position honorifique, il m'a fait l'honneur de m'accueillir dans le petit cénacle des artistes qu'il a envie de publier, et a mis dans la balance tout le poids de sa maison de disques, une des seules où on aime vraiment les artistes : dès mon retour, tout le monde me sourit, et mon programme promotionnel est fort chargé.

Le plus prompt à m'accueillir dans la grande émission de télévision qu'il animait désormais est Michel Drucker. Il tournait chaque semaine dans les studios des Buttes-Chaumont avec un réalisateur sympathique, Rémy Grumbach. Le soir du tournage, après les répétitions, je me retrouvai à table avec Rémy dans le restaurant en face des studios, tandis que les techniciens fignolaient les derniers détails. Le restaurant avait reçu de superbes langoustines, et nous nous sommes attardés autour du plat, nous léchant les doigts, tandis que je racontais des histoires de voyage, d'îles et d'escales au réalisateur, très épris lui aussi de mer et de bateaux... Je lui racontais comment on « pêchait » les crevettes aux îles du Salut, en troquant une bouteille de rhum brésilien à bon marché contre un grand sac de grosses *camarones* auprès d'un bateau de pêche vénézuélien ; ou comment, certains soirs, les Kapingas ancraient leurs pirogues dans la passe étroite de leur lagon, et capturaient en jetant leur filet des centaines de poissons volants qui sortaient de l'atoll à l'instant précis du coucher du soleil... On était bien loin, partis sur la mer océane, on aurait cru entendre crier les mouettes et mugir les sirènes de brume sur les Buttes-Chaumont... Soudain, Rémy poussa un juron : « Nom de Dieu, l'émission ! »... Il en avait oublié une demi-heure la centaine de personnes qui l'attendaient, véritable capitaine de l'éphémère navire de haut bord qu'est une grande émission de télévision !

Quelques jours plus tard, je retrouvais Michel Drucker dans une émission de radio qu'il animait chaque jour sur RTL, je crois, et, dans les coulisses, il s'exclamait : « Moi aussi, je rêverais de partir comme tu le fais. Mais chaque année je suis obligé de travailler pour payer mes impôts de l'année précédente ! »... J'avais vécu au même rythme trop longtemps. Je regardai Michel, dont la carrière allait bondir de succès en triomphes, pour être certainement une de plus belles réussites de l'histoire de la télévision française... je le regardais, et je me disais qu'avant de partir, durant des années, j'avais présenté de plus en plus d'émissions de télévision, *Midi Magazine*, *Télé Dimanche*, et de radio sur Europe, sur RTL... que, si j'avais fait un choix de vie différent, je serais peut-être, avec de la chance, devenu moi aussi quelqu'un comme lui, un jeune homme aimé de tous, souvent présenté comme le « gendre idéal »... C'était un peu comme si Michel Drucker était en train de vivre pour moi une de ces innombrables existences parallèles auxquelles nous renonçons quand nous faisons un autre choix. Je lui en ai souvent parlé, et nous nous amusions de cette étrange parenté.

Mon ami Georges, maintenant journaliste à *Paris Match*, me demande de poser pour une photo... sur les bords du bassin des Tuileries, avec un petit voilier à la main ! Il n'est qu'un des nombreux journalistes qui s'intéressent à mon cas : avec des amis, nous nous étonnons de voir ces portes s'ouvrir devant moi plutôt facilement, alors que j'ai été absent du paysage audiovisuel depuis quinze mois ! « C'est parce que tu reviens de loin, plaisante Olivier Nanteau, alors tu arrives avec beaucoup d'énergie cinétique : forcément, les portes s'ouvrent ! » Je suis invité un soir à participer à l'émission de Philippe Bouvard, une sorte de magazine *people* avant l'invention du mot ; j'ai gardé un très chaleureux souvenir des nombreuses émissions *RTL Non Stop* où il m'a reçu lorsque je « faisais chanteur », et je suis déçu du tour mondain, fouineur et inutile de ces conversations... Je me demande un peu ce que je fous là. Et voilà que quelques jours plus tard, sous sa plume ou sous celle d'un des ses chroniqueurs, paraît dans *Paris Match* un articulet désagréable, où il explique que si je reviens fréquemment en France, « tournant autour de la Terre comme un satellite fou », c'est parce que je suis malheureux de ne « plus être une vedette » ; « N'est pas Gerbault ni Brel qui veut », ajoute-t-il, dans un article d'autant plus sot qu'il semble intelligent : dans les jours qui suivront, pas mal de gens me demanderont si c'est vrai que je suis si malheureux que ça ! Quelle bêtise ! Il y a sans doute, en cherchant bien, au fond de moi, 1 % qui aimerait encore être une superstar, avec les fortunes et les foules assorties... mais les 99 % restants apprécient tellement plus la vie que je mène aujourd'hui : authentique, puissante et colorée, elle réserve pourtant une place modérée au clinquant et à l'artificiel, que je viens de temps en temps retrouver à Paris, à l'occasion de mes activités artistiques.

D'ailleurs, je ne fais pas « des tours du monde », j'en suis à peine aux deux tiers de ma première circumnavigation ; non, j'ai tout simplement pris la mesure de notre petite planète : au temps de Gerbault ou de Gauguin, avant les transports aériens, partir à l'autre bout de la Terre était un acte presque irréversible, et un tour du monde en voilier un parcours linéaire : pas facile de laisser son bateau en route pour rentrer quelque temps à Paris (Gerbault l'a pourtant fait dès son arrivée à New York, avant de poursuivre son voyage vers la Polynésie) : aujourd'hui, tout est changé, les communications rendent de nouveaux rythmes possibles, pourquoi ne pas en profiter ? Ma vie là-bas, bien sûr, est fort différente de celle que je mène ici, à l'apogée, je crois, de ces brillantes, folles, années soixante-dix dont je suis désolé de vous rebattre les oreilles, mais dont j'espère pour mes enfants, et pour les vôtres, qu'ils en connaîtront d'aussi scintillantes, amusantes et, surtout, libres.

L'éditeur m'a enfermé un après-midi dans un bureau poussiéreux, aux murs couverts de livres du sol au plafond, lieu illustre où les auteurs se soumettent au rituel du service de presse, et dédicacent avec enthousiasme leur nouvel ouvrage à des gens qu'ils ne connaissent généralement pas. Ayant bien peiné à ce travail, je suis récompensé par l'apparition d'une journaliste venue m'interviewer pour un quotidien aujourd'hui disparu. Elle est mignonne, intelligente et vive, et le soleil qui parvient Dieu sait comment à entrer dans la pièce éclaire doucement les pointes de ses jolis petits seins, bien visibles au travers d'un léger corsage de voile ; l'interview se termine, nous parlons de musique, de danse, et je lui propose d'aller danser ensemble un de ces soirs ; quelques jours plus tard, elle nous rejoindra dans un restaurant où l'un des convives, le plantureux et brillant Carlos, la voyant apparaître vêtue d'une petite robe à larges rayures noires et blanches, s'écrie : « Tiens, un zèbre ! » Le surnom lui restera, et je passerai durant ce séjour quelques jolies soirées et quelques douces nuits dans les bras du zèbre.

Être admis dans la maison de disques de Barclay, je l'ai dit, c'est aussi être admis à sa table ; je n'ai pas une grande passion pour les dîners « show business », où chacun s'applique généralement à casser du sucre sur le dos des absents, mais chez Eddie, c'est autre chose, c'est l'esprit qui compte, celui des hommes, des femmes aussi, car Eddie a toujours merveilleusement bien su s'entourer. Et puis la cuisine est fabuleuse, toujours digne d'un restaurant trois étoiles. Cet hiver, bien souvent, mon téléphone résonne, c'est la fidèle secrétaire d'Eddie : « Monsieur Barclay aimerait bien vous avoir à dîner ce soir », avec le truculent Bernard Tapie, avec Bernard Lavilliers ou d'autres. Un soir, Eddie organise un dîner particulièrement brillant avec, entre autres, Gainsbourg et Eddy Mitchell : il prévoit de faire un grand numéro de charme, car il a aussi invité Coluche, qui envisage de changer de maison de disques : Eddie espère le séduire et le signer. Seulement voilà, j'ai accepté de longue date pour ce soir-là une invitation à dîner sortant de l'ordinaire : un couple d'amis de Josseline, issus du monde de la presse, s'est pris de passion pour la cuisine. Ils prévoient d'ouvrir bientôt un restaurant à Paris, et entre-temps, ils testent chez eux, pour quelques amis, leurs recettes, toutes très raffinées : impossible de les décevoir, j'accepte donc les deux invitations ; le premier dîner comportera quinze plats successifs (nous sommes quatre à table), entrées, viandes, poissons, desserts, arrosés de vins choisis. Tenant à peine sur mes pieds, je me lève, salue nos amis, et me pointe chez Barclay, où l'on va passer à table, pour un second repas aussi pantagruélique, commençant par la célèbre soupe VGE aux truffes en mini-soupière individuelle couronnée d'une croûte, et renfermant une grosse truffe entière, une recette créée par Bocuse pour Valéry Giscard d'Estaing... et le plus drôle, c'est que Coluche n'est pas venu !

On raconte qu'Eddie, qu'il soit à ce moment-là marié ou pas (j'ai du mal à suivre la succession de ses épouses), gagne chaque jour vers dix-sept heures une garçonnière secrète où il se fait dorloter par une créature... Moi, j'ai retrouvé par hasard la belle brune connue deux ans plus tôt à Deauville lors de notre tournée France Inter, et elle m'emmène découvrir un établissement, créé par une de ses amies, et qui vient de s'ouvrir dans le quartier des Halles, tout près de la Fontaine des Innocents. Le Miroir à Deux Faces, géré par l'amie, une belle et saine jeune femme blonde, est un salon de beauté luxueux tout à fait normal ; mais au sous-sol on découvre des cabines de massage moelleuses, et de gentilles jeunes femmes y prodiguent de vrais bons massages, bénéfiques aux muscles et articulations fatigués, mais qui dérivent ensuite sur un peu plus, si vous le désirez. Pour moi, il n'y a là aucun proxénétisme honteux, les employées sont là de leur plein gré, y fournissent dans le sourire, l'hygiène et la sécurité une prestation pas plus dégradante pour elles, à mon gré, que bien des prestations qu'hommes et femmes offrent dans d'autres métiers où ils s'aliènent pour gagner leur vie. Je retournerai deux ou trois fois retrouver un moment au Miroir à Deux Faces le sourire de la patronne et les mains expertes des jolies employées ;

quelques années plus tard, j'ai cherché l'endroit, mais il avait fermé, sans doute victime de chantages de la mafia ou simplement de lois stupides : il serait pourtant tellement simple de légaliser, pour la sortir des griffes des mafieux, cette activité toute naturelle, comme l'ont fait récemment la Nouvelle-Zélande ou l'Australie : j'approuve vivement leur volonté de changer l'état des choses, car j'ai la profonde conviction que la prohibition dans ce domaine, héritée de la volonté nataliste de millénaires de religions monothéistes, est la pire des solutions : pourquoi le plaisir physique serait-il interdit à ceux et celles qui n'ont pas assez d'argent, de pouvoir ou de charme pour s'attirer à vie une personne ? Il s'agit pour moi d'une fonction normale du corps humain, qu'hommes et femmes chercheront toujours à apaiser. Les traiter comme des criminels ? Sottise, autant traiter de criminels ceux qui vont au restaurant, au concert ou au cinéma (ils y vont bien pour satisfaire d'autres besoins). C'est cette prohibition qui est pour moi la cause essentielle de l'horrible condition actuelle des personnes, hommes ou femmes, ayant choisi de vivre de cette prestation naturelle. Ce contre quoi devraient lutter les gouvernements, c'est la coercition, le mensonge, la menace trop souvent utilisés pour asservir, là comme dans d'autres domaines, les femmes. La loi devrait au contraire encadrer, protéger les personnes qui ont fait ce choix de leur plein gré, personnes pour qui j'ai la plus vive admiration. Il m'est arrivé assez fréquemment au long de ma vie de m'intéresser à cette activité, souvent par curiosité (j'ai toujours souhaité comprendre comment en certains lieux, certains temps, certaines libertés existent qui sont absentes ailleurs), mais aussi, parce que, comme le chante « the Boxer » de Simon et Garfukel, « *I must admit I took some confort there* ». Je ne l'ai fait, bien sûr, que lorsque j'y ai trouvé des personnes respectées (et respectables), que nul ne violentait ni n'enfermait.

Annie. Qu'elle était belle, Annie, elle aurait pu être une vraie reine ; je l'avais rencontrée juste avant de partir en bateau, retrouvée de temps en temps, mais elle restait toujours incapable d'assumer l'immense plaisir que lui procurait la moindre caresse, elle se renfermait comme une bête blessée, et n'avait rien trouvé de mieux que de commencer une psychanalyse, qui lui coûtait le tiers de son salaire, et qui devait durer dix ans ! Très peu pour moi, alors nos relations resteront amicales ... Quel dommage, elle était si belle, si elle avait été entière, elle aurait été une vraie déesse. Plus simple, Marilyne : un soir je me retrouve chez Castel avec le clan Barclay, mais je les laisse bientôt partir sans moi vers je ne sais quelle autre fête. Seul, à nouveau, je remarque une blonde, près du bar, qui me sourit, je m'approche d'elle, entrouvre son corsage, admire sa poitrine, lui propose de passer la soirée ensemble... au moins, c'était clair et joli, et dix minutes plus tard nous étions chez elle !...

Un autre soir, une amie m'invite à découvrir, en compagnie d'un copain artiste et de sa femme, une boîte d'un type comme il n'en existait pas jusque-là à Paris, et dont on lui avait parlé : Cléopâtre, avenue d'Italie, est à première vue une boîte comme les autres – mais curieusement sise au premier étage d'un grand immeuble moderne –, où l'on danse, bavarde et festoie autour d'un buffet construit sur un thème chaque soir différent : ce soir-là, c'est ambiance fiesta espagnole, et des danseurs de flamenco s'agitent dans un des salons. Sur la piste de danse, quelques femmes sont un peu déshabillées, mais c'est dans les petits salons attenants que tout se passe ; l'ami artiste et sa femme sont venus en curieux, pour voir, mais mon amie, elle, compte bien goûter à l'ensemble des plaisirs qu'offre la soirée... bientôt elle cède aux charmes et aux assauts d'un homme, puis d'un autre, et, toutes barrières tombées, le plaisir qu'elle prend avec eux est un vrai bonheur à admirer. Nous autres, les hommes, machos que nous sommes, nous avons du mal à admettre que les femmes puissent avoir plus de plaisir que nous, des orgasmes plus nombreux, presque en nombre infini, quand les nôtres sont comptés. C'est, je crois, une des raisons pour lesquelles les religions les plus austères confèrent à la femme un statut inférieur, voulant faire d'elle la propriété de l'homme, allant jusqu'à lui interdire le plaisir, au besoin en usant de mutilations. Moi, dans un endroit comme celui-ci, j'admire la liberté des hommes et des femmes, je fais un peu l'amour avec l'une ou l'autre des jolies femmes qui me le proposent, mais j'ai plus encore de bonheur à admirer, ruisselante de plaisir, celle qui m'accompagne. Quelques jours plus tard, d'ailleurs, c'est une autre amie, mariée, à qui j'ai raconté la soirée, qui me demande de l'y conduire, un soir où son mari, directeur d'une galerie, reçoit un grand peintre ; nous nous esquivons au cours du repas, arrivons chez Cléopâtre... Mon amie, elle, ne s'intéresse pas une seconde au buffet ni à la piste de danse, et file droit vers les alcôves, où son joli et appétissant corps de trente ans trouve immédiatement preneurs... Quand je la reconduirai chez elle, deux heures plus tard, je ne crois pas avoir jamais vu une femme aussi profondément satisfaite ... Les amis du mari nous verront revenir, regagner la table où l'après-dîner s'éternise, sans se douter un instant de l'endroit d'où nous arrivons !

La promotion de mon album Barclay et du livre me conduit tour à tour à Nice, à Bruxelles ; j'ai demandé aux attachés de presse de privilégier les bons restaurants, et ces villes n'en manquent pas. À Lyon, j'assiste à l'inauguration de la Zigzagodromie, une librairie nautique créée par Jo Fricaud, le constructeur de mon bateau. Je suis invité au journal télévisé de FR 3 régional, où, je l'ai raconté plus longuement ailleurs, le programme de l'émission en direct ayant été chamboulé par l'actualité, à l'instant où il ne nous reste plus que quelques secondes d'antenne, le journaliste se tourne posément vers moi, et me demande : « Antoine, parlez-nous de la solitude. » Dans la voiture qui me ramène à la librairie pour une dédicace, je perçois une animosité, celle de Gérard Borg, ami de longue date, qui me voue soudain un noir ressentiment. Heureusement que j'ai eu vent de la querelle : j'avais, d'Australie, écrit sur une carte postale envoyée à un autre ami, rédacteur en chef de la revue nautique à laquelle Borg et moi collaborions, que je lui souhaitais de « naviguer souvent, pas comme Borg que j'avais retrouvé tirant des bords dans un bureau de deux mètres sur trois rue Jacob » (dans la maison d'édition où il créait une légendaire encyclopédie nautique, les *Nauticus*). Gérard était tombé sur la carte postale, avait mal pris ma phrase, d'où la gueule qu'il me faisait ce jour-là. Je me suis tourné vers lui. « Écoute, Gérard, il y a assez de connards avec qui on est fâchés pour ne pas l'être en plus avec les gens qu'on aime bien ! » Et la mésentente fut effacée.

La maison Barclay étant bien distribuée de l'autre côté des Alpes, voilà que l'Italie réapparaît dans ma vie de chanteur ; je suis d'abord invité à une émission de télévision à Milan ; j'en profite pour passer quelques jours avec Josseline à Venise. Nous prenons un wagon-lit, et mon chapeau de paille tressé sur une île du Pacifique s'envole du *vaporetto*, atterrissant sur l'eau du Grand Canal, glacée par cette journée d'hiver : des enfants patinent sur glace sur la place Saint-Marc, noyée de brouillard. Le chocolat au café Florian est le bienvenu, et, la saison de la truffe blanche battant son plein, la *grattatina* de ce délicieux condiment sur un risotto dans un petit restaurant proche de la Fenice est inoubliable. Quelques jours plus tard, je chante à nouveau – après une absence de neuf ans ! – au festival de San Remo. Le directeur des disques Ricordi, Lucio Salvini, un ami depuis le temps des *Pietre* et de la *Tramontana*, m'a apporté une chanson magnifique, un joli conte philosophique, *Nocciolino*, qui raconte les aventures d'un bonhomme parti, avec une fausse barbe et un chapeau de capitaine, découvrir les contrées lointaines, tandis que les autres n'ont droit, pour leurs vacances et par personne, qu'à un demi-litre d'océan ... Elle me semble écrite sur mesure, mais l'orchestrateur, au lieu d'en faire une chanson moderne et musclée, la traitera en gentillette ballade pour enfants ; d'ailleurs, à cette époque, le festival de San Remo n'est plus que l'ombre de lui-même, il ne reçoit plus d'artistes internationaux, le concours n'a même plus lieu dans le somptueux casino, mais dans un quelconque cinéma. La chanson ira en finale, sans plus. Pourtant, des années plus tard, j'ai reçu parfois l'écho des voyages candides et réussis de quelques vagabonds, partis en chantonnant *Nocciolino* lier amitié avec Polynésiens et Antillais.

Pendant le festival, une autre soirée ardente : je suis allé retrouver à Monte-Carlo une douce amie qui, depuis des années, venait souvent, lorsque je chantais dans sa région, passer des heures tendres avec moi ; je lui ai donné rendez-vous dans le magnifique appartement du bord de mer qu'habite une jeune femme que l'on vient de me présenter. Quand celle-ci rentrera chez elle, pour ce qui devait être une réunion amicale, elle nous trouve en pleine... émotion avec mon amie... Et soudain elle se joint à nous, la soirée sera torride... Eh ! Oh ! Ça commence à suffire, vous devez imaginer que je ne pensais qu'à ça ? Eh bien non, mais disons qu'à cette époque il ne semblait pas déraisonnable de faire, peut-être, une rencontre par semaine, soit, pour les trois mois que je passe en France, une dizaine de jolies aventures : ma vie en mer est très différente, généralement solitaire, et disons que, là, je me rattrape ! En tout cas, je n'ai jamais perçu celles qui m'ont un jour ou pour la vie ouvert leurs bras comme des conquêtes mais comme des partenaires. Et la reconnaissance que j'éprouve envers elles leur donne dans ce livre, où je ne cherche à vous cacher aucun aspect de ma vie, une place aussi naturelle que le récit de mes navigations ou de mes joies ou déceptions professionnelles.

J'ai rendu visite à l'ami Gérard, du *Damien*, mais après l'échec de son départ, sous l'influence de sa femme Jacqui, il délaisse un peu trop la mer avec laquelle il nous a fait tant rêver : installés dans le Périgord, ils ne parlent plus que cultures, confitures, tissage. Gérard m'a transmis l'invitation d'une association de randonneurs et d'explorateurs, la Guilde du Raid – dont le président d'honneur est, je crois, Paul-Émile Victor –, à faire partie du jury de leur festival du Film d'aventure, qui se déroule à La Plagne. Je m'installe dans un studio de cette station de sports d'hiver, entouré de la chaleur d'une poignée d'hommes admirables, l'alpiniste Roger Frison-Roche, le navigateur Jean-Yves Terlain, Haroun Tazieff... Tazieff, Frison-Roche, Paul-Émile Victor ont tous, cette année-là, le même âge, soixante-quatorze ans ; moi, j'en ai à peine la moitié, et, songeant à la vie passionnante et passionnée que chacun d'eux a menée, je me dis que si, pour moi, les trente-sept années à venir sont aussi passionnées que les leurs, aussi turbulentes que celles que j'ai déjà vécues, ça risque d'être formidable ! Seule fausse note de la semaine : à l'arrivée du car qui assure la navette entre la gare SNCF et la station, j'accueille Francette, qui vient passer quelques jours avec moi pendant que Jean-Daniel est en studio ; juste devant elle, voici que descend Olivier de Kersauson ; je me retrouve nez à nez avec lui, et, espérant qu'il a oublié son agressivité lors de notre première rencontre, je lui dis un gentil « Bonjour ». « Monsieur, me prend-il de très haut, je vous ai retiré mon bonjour il y a dix ans, ce n'est pas pour vous le rendre aujourd'hui ! »

Quant au festival proprement dit, il se révélera épuisant : en une semaine, tenu, en tant que juré, d'assister à la projection de tous les films en compétition, je devrai, entre autres, faire six fois l'ascension de l'Everest, à pied, à cheval, en deltaplane, et même en redescendre à ski avec un explorateur japonais, qui a engagé cent cinquante sherpas pour le hisser au sommet, et qui, à la descente, a tenu environ quarante-cinq secondes sur ses skis avant de dégringoler jusqu'en bas de la vallée dans un interminable « soleil » dont, chose incroyable, il est sorti vivant. Moi, à la trentième de ces aventures, je finis par m'endormir un peu, et Francette me pousse gentiment du coude, me disant que, pour un membre du jury d'un festival, s'endormir, ça peut aller, mais ronfler, ce n'est pas très chic.

Je reviendrai dans les Alpes quelques semaines plus tard pour un gala à l'Alpe-d'Huez, une station dont la taille a bien dû décupler depuis le temps de mes études à Grenoble. La boîte où se déroulait le spectacle était magnifique, l'accueil des gérants sans faille, il y avait même... oui, vous l'avez deviné, une jolie fille pas trop compliquée pour embellir ma soirée après le spectacle, et pour me reconduire au matin à Grenoble, d'où je prenais le train pour le Midi : un autre spectacle, sur la Côte cette fois-ci. Il faisait un temps exécrable, une vraie tempête sur Cannes ce soir-là, quand une amie de l'organisateur de mes spectacles dans le Midi me propose de me ramener à l'hôtel ; elle n'est pas opposée à une petite aventure... Elle est au volant sous les rafales de pluie qui balaient la Croisette, quand je pose doucement ma main sur sa... jambe... Putain, quel effet je leur fais, aux femmes (*lol*) : elle perd en une seconde le contrôle de sa voiture, quitte la route, passe par-dessus un haut séparateur de béton, termine contre une glissière et un réverbère, la voiture dans un état lamentable, châssis faussé, roues tordues, presque une perte totale... Dans le véhicule dévasté, sous la pluie battante, dans la nuit noire, attendant une accalmie pour partir à la recherche d'un éventuel taxi, l'atmosphère n'est plus vraiment aux caresses... et pourtant...

Je remonte à Paris où un jeune ami journaliste, François Jouffa, m'a invité à participer à une des premières émissions de télévision qui, bientôt, se pencheront, nombreuses, sur les années soixante, leur musique, leur nostalgie. C'est drôle d'y retrouver Françoise Hardy, Dick Rivers et bien d'autres, comme si plus de dix ans ne s'étaient pas écoulés. Une autre journaliste, Noëlle Duck, me demande d'enregistrer pour France Inter une série d'émissions où je raconterais mes voyages. L'idée me plaît, mais nous n'avons pas trouvé pas le temps, au cours de ces mois – j'en conviens, un peu frénétiques – d'enregistrer ; en plaisantant, je dis à Noëlle : « Il va falloir que tu viennes aux Maldives »... et le plus fort, c'est qu'elle a convaincu sa direction de lui payer le voyage, et que nous enregistrerons ses émissions au bord du lagon.

Tandis que j'étais à San Remo, avec Jean-Daniel venu diriger l'orchestre du festival, Francette, restée à Sèvres, voit passer à plusieurs reprises devant leur maison un jeune femme blonde vêtue d'une façon très... bariolée, qui finit par pousser le portail du jardin... Elle me cherche... C'est Titou, qui vient de débarquer à Paris, après avoir renoncé à étudier à Taiwan et passé quelques semaines à Tokyo où, pour gagner sa vie, elle a chanté dans des boîtes de nuit pour hommes d'affaire nippons les seules chansons qu'elle connaît, celles du folklore tahitien, en jurant au patron que c'étaient bien des chansons françaises. Elle a ainsi pu se payer un passage sur le Transsibérien, et c'est de Moscou qu'elle arrive !

Je lui présente Josseline dès mon retour du Midi, à l'occasion d'une soirée où nous allons tous les trois applaudir Alain Souchon à l'Olympia avant de dîner chez lui : deux semaines plus tôt, un soir vers neuf heures, Josseline m'avait téléphoné de l'appartement d'Alain, à Saint-Germain-des-Prés, d'où était diffusée en direct une émission de France Inter animée, je crois, par Claude Chebel. Alain m'invitait à les rejoindre pour l'émission. Je n'étais pas loin, j'ai accepté cette invitation tout à fait impromptue, et le moment sera assez magique, je chanterai la récente chanson de Souchon, que j'adore, *Allô maman bobo* (un ami m'avait envoyé la cassette de l'album en Nouvelle-Guinée), et Yves Simon, également présent, chantera une chanson de moi. C'est ce soir-là qu'Alain nous a invités à ce dîner chez lui, mais, en pleine période d'Olympia, la soirée est un peu décevante, vingt-cinq personnes à table, ça manque d'intimité !

Il est temps de mettre fin à cet entracte un peu trop citadin, vous en conviendrez, dans ma vraie vie, celle que je mène depuis bientôt cinq ans sur mon bateau. À l'occasion d'une dernière soirée avec Barclay, une jeune femme m'interpelle : « Eddie m'a dit que vous fréquentiez tous les bons restaurants, comment se fait-il que vous ne soyez jamais venu chez nous ? » Avec son frère, elle a créé un petit restaurant de poissons qui connaît déjà un grand succès, le Bernardin... J'accepte l'invitation, je m'y rendrai avec Josseline, et le repas est si parfait, l'hôte si talentueux, que nous l'accompagnons à la fin du service jusqu'aux halles de Rungis où il choisit, en un magnifique rituel, les plus beaux poissons, les meilleures coquilles Saint-Jacques. Plus tard, Gilbert et Maguy Le

Coze transféreront leur restaurant à New York, et leur succès deviendra planétaire[1].

Quelques heures à peine après cette visite à Rungis, enfin, je prends l'avion d'UTA qui m'emmène à Ceylan, appelée désormais Sri Lanka. Lors de mon escale, quelques mois plus tôt, j'avais sympathisé avec le directeur des douanes de l'aéroport de Colombo : il m'a invité à passer quelque jours dans sa famille, dans les montagnes couvertes de plantations de thé, à l'occasion d'un mariage ; je découvre les coutumes locales, les temples, et la *perahera*, la procession de la dent de Bouddha : des dizaines d'éléphants y défilent, décorés de guirlandes lumineuses alimentées en électricité... par des groupes électrogènes qu'ils remorquent ! Je pars ensuite retrouver mon bateau, qui m'a attendu dans le lagon de Farukolufushi, aux Maldives, veillé par les G.O. du Club, qui l'ont même utilisé comme dortoir quand le village était en « surbooking ». C'est avec plaisir que je m'installe à bord !

Mais les choses ne se calment pas tout de suite : pour remercier les G.O., je les invite tous à venir boire un verre sur *Om*, et tant qu'on y est, qu'ils amènent aussi les clients : nous sommes, un instant, près d'une centaine à bord. Et voici qu'arrive l'amie journaliste de France Inter, avec qui j'enregistre mes premiers récits de voyage ; elle est suivie par un autre visiteur, un jeune chanteur italien qui connaît en ce moment un succès extraordinaire dans son pays, où on le compare aux plus grands auteurs-compositeurs, et même à Dylan : Edoardo Bennato. Je l'ai rencontré à San Remo, où il m'a demandé d'adapter pour lui en français une dizaine de ses chansons, qu'il voudrait enregistrer pour les publier en France. L'affaire n'est pas simple, car ses textes sont d'une richesse inouïe, truffés d'images puissantes que je ne comprends pas toutes malgré ma connaissance de l'italien : pour guider mes traductions, nous sommes convenus qu'il viendrait lui aussi aux Maldives, et nous passons nos journées à l'ombre des cocotiers, penchés sur ses merveilleux textes. Malheureusement, dans les mois à venir, un succès excessif l'emportera dans son tourbillon, et il n'aura jamais le temps de « graver », comme disent les Italiens, nos adaptations : j'enregistrerai seul quelques-unes d'entre elles pour mon prochain album Barclay.

La vie nautique reprend, avec d'abord les longues journées de remise en état du bateau, du moteur, des voiles ; catastrophe, la peinture antifouling que j'ai passée sur la coque en Australie, et qui m'avait été donnée pour être dépourvue de cuivre, donc convenant à ma coque métallique... en était en vérité si chargée que, par électrolyse, mon hélice

1. Et pour longtemps : en 2007, le Bernardin obtient trois étoiles à Manhattan.

d'aluminium a été dévorée : lorsque j'essaie de gratter les coquillages qui s'y sont collés, ce sont des grands morceaux d'aluminium, devenu aussi friable que du chocolat, qui tombent ; l'électrolyse a aussi dévoré les anodes sacrificielles soudées à ma coque ; mon moteur me donne quelques soucis, mais le mécanicien du Club, un jeune Maldivien qui assure qu'il n'y a aucun danger à souder à l'arc électrique alors qu'il est à moitié couché dans l'eau de mer, me répare tout ça de ses doigts magiques ; et me voilà enfin prêt pour mes premières navigations dans cet archipel immense, encore peu touché, en 1979, par le tourisme. J'emmène le chef de village du Club, sa femme, et Josseline qui, en vacances en Inde, est venue passer une semaine à bord. Les lagons regorgent de poissons, les îlots sont déserts, l'eau est claire, le sable des plages est fin et le temps idéal ; le bonheur, quoi. Un jour, nous croisons un grand voilier construit à Taiwan, emportant une équipe de cinéastes qui réalise un documentaire sur les Maldives. L'un d'eux, Jacques Lainé, deviendra un ami et, plus tard, un précieux collaborateur ; réalisateur de nombreuses émissions pour Nicolas Hulot, il me donnera des conseils essentiels quand je m'intéresserai moi aussi à la réalisation : c'est une activité que je découvre avec intérêt pour la première fois ce jour-là : juché sur les barres de flèche du voilier, avec ma petite caméra super-8, Jacques filme *Om* toutes voiles dehors... ce sont, je crois, les seules images de mon premier voilier sous voiles que j'ai conservées de tout le voyage.

Le chef de village reparti, Josseline et moi, nous nous sommes attardés dans un lagon de l'atoll de Malé Nord, puis elle a regagné Paris, et Titou m'a rejoint ; nous nous sommes retrouvés tous deux seuls avec la mer et les merveilleuses îles des lagons des Maldives, aussi paisibles que nous l'avions été l'année précédente aux îles Carolines.

L'administration maldivienne m'avait muni d'une lettre manuscrite, en divehi, qui nous autorisait à visiter toutes les îles que nous rencontrerions sur notre route vers l'île de Gan, la plus au sud de l'archipel. Nous avons navigué ainsi, tranquilles, dans cette infinité de lagons, de récifs à fleur d'eau, sous un soleil bienfaisant ; nous nous frayions un chemin parmi les barrières de corail, les bancs de sable couverts d'une fine couche d'eau d'un bleu si vif qu'on en décelait le rayonnement dans l'air à une dizaine de milles, alors même qu'ils étaient encore cachés sous l'horizon. Nous pêchions à la ligne de traîne des poissons généralement bien trop gros pour deux, et donnions le surplus aux pêcheurs que nous rencontrions. Chaque soir, nous jetions l'ancre sous le vent d'un îlot, ou, mieux encore, nous nous glissions à marée haute dans une coupure de la barrière de corail protégeant le mini lagon, peu profond et turquoise, entourant une île de rêve. Pratiquement tout le transport maritime, aux Maldives, à cette époque, se faisait encore à l'aide de voiliers locaux, les donhis, et l'on voyait toujours à l'horizon quelques voiles ; des donhis jetaient souvent l'ancre près de nous, pour la nuit, et notre présence intriguait les marins, avec qui il était bien difficile de communiquer : parlant assez correctement anglais, espagnol, italien, portugais et un peu allemand, j'ai pris l'habitude de me faire comprendre dans la plupart des pays du monde ; ici, quelques Maldiviens, autour de Malé, parlaient bien un peu anglais, mais, dans cet archipel, un des seuls au monde à n'avoir pratiquement jamais été colonisé par une puissance étrangère, l'immense majorité des indigènes ne parlait que le divehi, une langue, dont – à part, donc, le mot *atolu*, qui a donné le mot atoll – je ne connaissais que quelques bases : *baravaru* : bon ; *sakarai* : mauvais, plus quelques mots utiles aux achats dans les rares villages : un œuf, ça se dit *kukulu bis* ; joli, non ?

Ainsi, naviguant d'atoll en atoll, nous progressions vers l'équateur. Nous faisions parfois halte dans un village, mais le plus souvent nous jetions l'ancre dans des lagons déserts, près de bancs de sable fin où Titou, vêtue seulement d'une fine couche de monoï, rendait au soleil le culte qu'elle lui vouait ; moi, je plongeais, nageais au milieu des bancs de carangues qui tourbillonnaient autour des récifs de corail. Un jour, sur un îlot, nous avons rencontré deux personnes, un jeune homme et un garçonnet d'environ quatorze ans, qui, d'après ce que je comprenais, était le propriétaire de l'îlot ; autant le garçon était adorable, un vrai Petit Prince, offrant à Titou la seule fleur qui avait poussé sur son minuscule îlot circulaire, autant son compagnon avait des façons louches, nous montrant la façon dont il fabriquait de l'alcool en laissant fermenter la sève du cocotier ou nous emmenant nous baigner... juste là où rôdait un requin. Le jour du départ, je leur tirai le portrait avec un appareil Polaroïd pour leur offrir les photos... Si le Petit Prince apparaissait souriant et paisible sur les clichés, le visage et les mains de l'autre y étaient remplacés par d'étranges lueurs vertes... sans doute, simplement, un défaut des pellicules... mais enfin, un peu inquiétant tout de même ! Nous sommes repartis sans trop insister.

Et nous avons fini par atteindre l'atoll d'Addu, le plus au sud ; un des îlots avait longtemps été loué par la Grande-Bretagne, qui y avait installé une base militaire ; les militaires repartis, il restait quelques signes de progrès, et un usage plus fréquent de l'anglais. Nous y avons attendu le bateau qui assurait le transport entre Gan et la capitale, et Titou, comme nous l'avions prévu, s'y est embarquée : elle y dormira trois nuits sur une natte, sur le pont, coincée entre de bruyantes familles maldiviennes, tandis que je reprendrai, moi, ma route solitaire au travers de l'océan Indien.

Je redoutais un peu cette traversée, au près contre la mousson puis contre l'alizé : ils restèrent modérés, et ce sont quelques jours de paisible navigation qui m'ont ramené à Diego Garcia où, malheureusement, le *british rep* n'avait plus très envie de se charger de faire du shopping, au supermarché de l'armée américaine, pour les voiliers de passage ; dommage, car les possibilités de ravitaillement aux Maldives avaient été très limitées, et qu'il ne me restait plus grand-chose dans les cales pour entreprendre la traversée suivante. Je passai tout de même une dizaine de jours seul dans le lagon de l'atoll Egmont : cherchant la solitude après ces mois agités, j'avais préféré éviter l'atoll de Solomon, qui était constamment occupé par une quinzaine de voiliers en escale prolongée qui y avaient créé une sorte de petite communauté flottante.

Et j'ai mis le cap à l'ouest, sur Madagascar. Les pénibles houles croisées de l'océan Indien se sont calmées un instant lorsque je me faufilais entre deux immenses bancs de corail peu profonds, faisant au sextant, une nuit de pleine lune, au moins cent relevés d'étoiles pour être sûr de ne pas me diriger vers les récifs ; aujourd'hui, cette façon de naviguer a été entièrement supplantée par le GPS, la navigation par satellite, beaucoup plus sûre et reposante... Je suis content d'avoir connu les deux époques, d'avoir ressenti des années la magie qu'il y avait à demander au soleil et aux étoiles sa position.

Trente-deux ans après l'avoir quittée, j'ai vu Madagascar se dresser à l'horizon. Je suis rentré sous voiles, de nuit, dans l'immense baie de Diego-Suarez, et j'ai jeté l'ancre au petit matin devant le port. C'était le début d'une autre escale inoubliable, dans ce pays à l'indépendance assez récente, avec quelques problèmes de paranoïa – le gouvernement faisait courir le bruit que des mercenaires sud-africains s'étaient juré d'envahir l'île –, mais quelle île merveilleuse, quels décors, quelles plantes étonnantes, quels animaux, et, surtout, quelles populations fascinantes !

Bonne surprise, on m'annonce la présence dans la baie de *Petit Frère*, le voilier de mon copain Maurice, avec qui nous avions dansé et sauté comme des fous derrière les *trios eletricos* du carnaval de Bahia, au Brésil. Il est ancré sous le vent de la belle plage de Ramena, un joli coin que se rappellent avec nostalgie les colons et militaires français qui ont dû, à l'indépendance, quitter Madagascar. Le frère de Maurice, médecin-chef à l'hôpital de Diego, y a loué une petite maison, et la quille relevable d'*Om* me permet de m'amarrer sur la plage, à moins de dix mètres des cocotiers qui me protègent parfaitement du *varatrazy*, le puissant alizé soufflant constamment ses 30 nœuds en cette saison. J'y resterai près de deux mois, savourant les douceurs de l'escale, vivant moitié à bord, moitié dans la maison – *Om* ne flotte que quelques heures à marée haute – et remettant en état le bateau pour la suite du voyage : il faut que je décape toute la peinture au cuivre qui a dévoré l'hélice et pourrait en faire autant de la coque d'acier. Ce n'est pas une mince affaire, j'y passerai des journées entières. Et puis Maurice, le roi des débrouillards, amène un jour sur la plage un groupe électrogène, et trouve enfin une solution définitive aux problèmes que me posait la fixation de Giscard, qui branlait et menaçait de filer au fond de l'océan au bout de quelques jours de traversée. Nous remplaçons aussi l'hélice... et je pars en pèlerinage au travers de la grande île de Madagascar, histoire de revoir Tamatave, ma ville natale, et la maison de mon enfance, que je ne reconnais évidemment pas, puisque je l'ai quittée à deux ans ! Elle a été transformée... en club de musculation ! À Tamatave, j'ai fait la connaissance d'un groupe de coopérants, et j'ai raconté ailleurs comment je me suis trouvé pour vingt-quatre heures dans les bras et la vie d'une jeune femme, séparée de son mari : soudain, c'était comme si j'avais une famille, des enfants, une maison avec des rideaux à carreaux rouges... Bon, vingt-quatre heures, ça va !

Je suis passé par Tananarive, la belle capitale aux superbes maisons de briques rouges, puis j'ai regagné Diego-Suarez dans la voiture d'un ami, un drôle d'oiseau : ayant commencé sa carrière comme marchand de cacahuètes, Farouh Jacques s'était en quelques années retrouvé à la tête d'un petit empire, dont les deux meilleurs hôtels de la ville. Levantin, chaleureux mais prompt à se mettre en colère, un peu truand sans doute, il nous avait adoptés et débarquait parfois à Ramena avec un grand panier de « zuitre ». Ce retour de Tananarive à Diego dans la vieille Peugeot qu'il ramenait de la capitale, sur des pistes défoncées, écrasant de-ci, de-là un chien endormi sur la route, reste pour moi un souvenir homérique ; un matin, nous crevons, et nous changeons la roue ; une heure plus tard, nouvelle crevaison, et plus de roue de secours ; Farouh Jacques avise une case en terre au bord de la route, demande de l'aide ; il n'y a pas de garage à des centaines de kilomètres à la ronde, mais le gars se fait fort de réparer la crevaison, en collant une rustine... avec de la sève de papayer ! Et, le plus fort, c'est que ça marche, et que ça nous a permis de regagner Diego sans encombre.

Jean-Daniel et Francette sont arrivés de Paris un matin avec leurs deux filles, pour passer quelques jours avec moi dans la petite maison de Ramena et naviguer ensuite sur la côte nord-ouest de Madagascar, jusqu'à Nosy Bé. Pas de chance, une des deux fillettes se casse un bras en jouant sur la plage, et, lorsque nous appareillons, la houle est si montagneuse, la mer si désordonnée et le vent si fort au passage du cap d'Ambre qu'aucun de mes quatre invités n'en mène bien large. Heureusement, sous le vent de la montagne d'Ambre, la mer est plate comme un lac, et quelques belles îles offrent des escales paisibles. À Nosy Bé, mes amis débarquent... j'aimais bien les avoir à bord, mais en mer j'aime encore mieux ma solitude : ça me fait toujours bizarre de trouver quelqu'un en travers de ma descente. Je regagne la plus jolie des îles effleurées durant notre croisière, Nosy Hara, et j'y jette l'ancre pour quelques jours, bientôt rejoint par Maurice, sur *Petit Frère* : ensemble, nous naviguerons jusqu'à l'île Glorieuse, une des « îles Éparses de l'océan Indien », possession française – mais revendiquée par Madagascar – où ne vivent qu'une poignée de militaires, une équipe de météorologistes et un gendarme. L'île est vraiment merveilleusement belle, avec ses grandes plages de sable blanc, et le minuscule cimetière où reposent ceux qui autrefois l'habitaient, sous le calme abri des grands arbres de fer [1], est si paisible que je me dis que, si un jour je dois quitter cette Terre, ça ne me déplairait pas d'être enterré dans ce cimetière de l'île Glorieuse : comme ça, même si ma mort n'était pas glorieuse, au moins ma sépulture le serait !

Un navire de la Marine nationale, le *Jules-Verne*, est venu jeter l'ancre près de nous à Glorieuse, et le pacha, compatissant, fournit à *Petit Frère* et à *Om* un peu de carburant et des vivres : se ravitailler à Madagascar n'était pas facile. Et *Petit Frère* reprend sa route vers l'est : je l'avais rencontré au Brésil, il était passé par le cap de Bonne-Espérance, moi par l'océan Pacifique, nos retrouvailles bouclaient une sorte de tour du monde ; nous nous retrouverons, beaucoup plus tard, en Nouvelle-Calédonie.

Moi, je mets le cap au nord-ouest, vers les Comores, tout d'abord ; puis je fais une brève escale à Mombasa, au Kenya, juste pour me ravitailler : je n'ai pas de temps à perdre, car la mousson va changer de sens d'ici peu, et le vent, encore favorable, deviendra contraire. Le courant, comme un tapis roulant, m'emporte à vive allure jusqu'à l'entrée du golfe d'Aden, et bientôt j'atteins Djibouti, d'où j'ai prévu de rentrer en France pour enregistrer le deuxième album de mon contrat chez Barclay : depuis plusieurs mois, échoué sur la plage de Ramena, à l'ancre devant Nosy Hara ou une des Comores, j'ai tenté de transcrire en chansons les émotions de ma croisière, de mes rencontres, les tribulations d'un « Cow-boy de l'océan Indien ».

À Djibouti... chose exceptionnelle, j'ai retrouvé, dans cette minuscule enclave française, un peu les mêmes fêtes qui étaient plutôt, ces dernières années, réservées à mes séjours parisiens ! Je ne sais pas ce qu'il y avait dans l'air, dans ce pays musulman où l'on pouvait tout de même encore un peu vivre avec des idées libres... Peut-être sentait-on venir l'intégrisme dévastateur qui faisait son apparition, ces années-là, dans

1. Un des noms du *casuarina*, *filao* ou *aito*.

l'Iran des ayatollahs. *Om* resta amarré au pied de l'étonnant bâtiment décrépi du club nautique de Djibouti, et lorsqu'au bout de quelques journées de travaux d'entretien, entrecoupés de soirées de fêtes citadines, je partais pour les îles Mucha, à quelques milles au large de la ville, c'était souvent en compagnie d'amis ou d'amies : je nous revois un matin, marchant, nus sur un long et magnifique banc de sable ; je revois une jeune femme corse, employée chez un commerçant de la ville, qui avait pris quelques jours de congé pour s'évader avec moi ; mais je revois aussi de beaux moments de solitude dans ce joli archipel où Henry de Monfreid avait tenté de lancer la culture des huîtres perlières.

Un soir, grande fiesta aux îles Mucha, les officiers mariniers d'un navire de la Marine nationale – bien représentée à Djibouti – ont invité les équipages de la douzaine de voiliers, de toutes nationalités, en escale, à un très joyeux pique-nique sur la plage, grillades, boissons incendiaires (la spécialité du moment : le café grégeois, obtenu en délayant du café soluble non pas dans de l'eau, mais dans du whisky bouillant !) et chansons endiablées. Plusieurs des marins ont eu l'occasion de séjourner à Madagascar, ils en gardent bien sûr une grande nostalgie, comme de leurs séjours en Polynésie ; avec quelques-uns d'entre eux, nous nous lançons dans une improvisation sur la chanson tahitienne des piroguiers, *O é Ana*, et quand la soirée se termine nous la chantons en cœur, sous la lune, en regagnant à regret nos bateaux à l'ancre : « T'as cassé la motogodille, maintenant t'as plus qu'à pagayer. » Cette nuit-là dormait à bord d'*Om* un couple ami rencontré quelques jours plus tôt, dans une soirée, où j'avais beaucoup dansé avec elle, la frôlant de près. Christine me plaisait, et son mari était très sympathique, pourquoi mentir, tromper ? Je lui avais dit que sa femme me tentait, il aimait partager des plaisirs avec elle, sans en exclure aucun. Ils sont venus passer le week-end aux îles, et tout s'est déroulé en douceur, dans le respect et pour la satisfaction de chacun : leur enfant confié pour la journée à des amis navigateurs, nous avons déjeuné à trois, bu un peu de vin, et le grand lit de l'avant du bateau, dans la chaleur tropicale, a été un doux cocon pour une rencontre heureuse. Bon sang, dire que les rapports entre les êtres pourraient être toujours aussi simples, aussi doux, aussi bons, pourquoi les gens se déchirent-ils pour d'inutiles histoires de jalousie et de mensonge ? C'est avec Christine et son mari qu'un autre jour nous partirons découvrir l'étonnant golfe portant le nom de Ghubbet el Kharab, un paysage extraterrestre creusé de baies sans fond.

Dès mon arrivée à Djibouti, j'avais été abordé par un homme exubérant, Pierrot ; radio-amateur, ma venue lui avait été annoncée par un autre radio-amateur passionné connu aux Comores, et il m'avait immédiatement pris en charge, offert sa maison, sa voiture, m'emmenant découvrir les sites spectaculaires de ce petit pays, comme le Grand Barra, ou rencontrer le président de la jeune république de Djibouti, qui avait commencé sa carrière... comme magasinier chez lui. Avec Pierrot, nous allions manger de délicieux *wot*, sortes de crêpes remplies de viandes en sauce, spécialité de l'Éthiopie voisine.

J'avais aussi fait la connaissance d'un jeune journaliste de la feuille de chou locale, Fred Hidalgo, passionné de chanson française. Il était curieux de savoir comment j'avais pris la phrase de la chanson récemment parue d'un jeune chanteur nommé Renaud :

Y'a eu Antoine avant moi
Y'a eu Dylan avant lui....
On les a récupérés
Oui mais moi on m'aura pas...

Je lui ai répondu que j'étais plutôt flatté de ces paroles, et j'ai ajouté : « Regarde-moi, est-ce que tu as l'impression que la société m'a vraiment récupéré ? » Fred me confiait qu'il voulait rentrer en France pour y créer un magazine consacré à la chanson : il le fera, et, vingt-cinq ans après, *Chorus* est un extraordinaire périodique qui donne une image authentique et passionnée de la vraie chanson française[1]. Des années plus tard, nous parlerons avec Fred de ses débuts dans le journalisme à Djibouti, où il avait entrepris dans la feuille locale un courageux combat contre l'infibulation, hideuse pratique traditionnelle dans laquelle on coud (dans quelles conditions d'hygiène !) le sexe de la femme pour que le mari, assuré de la virginité de son épouse, l'ouvre le soir du mariage d'un couteau rouillé ou d'un tesson de bouteille ... Parlant avec des étudiants de là-bas, nous tombons d'accord sur le caractère horrible de cette pratique... Par contre, ces jeunes gens apparemment aussi modernes que vous et moi approuvent l'excision du clitoris : « On ne peut tout de même pas laisser une femme vivre avec cet organe impur ! », affirment-ils...

Un jour, j'ai emmené *Om* à l'intérieur de l'abri du port de pêche : il s'y échouerait à chaque marée, et m'y attendrait, sous la garde des copains d'un voilier avec qui j'avais sympathisé, *Lula*, pendant que je rentrerais une quinzaine de jours en France pour enregistrer.

À Paris, en si peu de temps, je n'ai pas fait grand-chose d'autre que les séances, où j'ai enregistré les chansons écrites durant ma traversée de l'océan Indien ; elles parlaient de voyage, de la paix trouvée à bord au cours des traversées, mais essayaient aussi d'exprimer la nostalgie du

1. www.chorus-chanson.fr

terrien rêvant de ciel bleu, ou celle du marin-garou se transformant, les nuits de pleine lune, en flibustier des Caraïbes. Au dernier moment, il me manque une chanson pour compléter l'album, et j'ai eu l'idée saugrenue d'enregistrer l'adaptation fantaisiste que nous avions faite avec les marins de *La Charente*, dans le lagon de Mucha, la semaine précédente, sur la musique de la chanson traditionnelle des piroguiers. Il nous aurait fallu des musiciens tahitiens, mais nous n'en avions pas sous la main ; nous avons donc convoqué deux des meilleurs guitaristes français, Patrice Tison et Denys Lable, nous avons passé au ralenti le morceau original joué par une guitare et un ukulélé tahitiens pour qu'ils puissent décomposer le mouvement, et il a fallu plusieurs heures à ces virtuoses pour arriver à saisir parfaitement le dessin rythmique très particulier que les Tahitiens apprennent spontanément à jouer dès l'enfance ! Pour *Quel beau voyage*, qui termine l'album, Jean-Daniel avait eu l'idée de prolonger la chanson par une longue improvisation d'un autre virtuose, le saxophoniste Patrick Bourgoin. Un des plus brillants collaborateurs de la maison Barclay, le directeur du marketing, Alain Marouani (tiens, encore un), m'avait proposé de réaliser une superbe pochette en utilisant comme fond les cartes marines sur lesquelles je traçais mes routes, et des photos prises aux Maldives, à Madagascar ou en Polynésie : c'était la première fois qu'un ouvrage mettait en valeur mes photos ; j'avais proposé à Jean-Michel Barrault, chez Arthaud, de publier un album de photos, mais il n'y croyait pas trop... Il me faudra attendre encore près de dix ans pour publier mon premier album de ce genre !

Les séances rondement menées, j'ai tout de même pris le temps d'aller avec Josseline voir le spectacle de Johnny, et celui de Supertramp : rien de très spectaculaire sur scène, mais quelle musique ! Puis Titou est arrivée de Tahiti, les bras chargés comme toujours de bagages, mais aussi de cadeaux, paréos, colliers, petits paquets de fleurs de tiaré. Car je l'ai invitée, pour la troisième fois, à naviguer à bord d'*Om*, cette fois-ci pour la remontée de la mer Rouge. Encore un ou deux délicieux dîners avec notre petit clan d'amis, puis Titou et moi avons pris l'avion de Djibouti. À l'aéroport m'attendait la gentille jeune fille corse qui m'avait tenu une jolie compagnie les derniers jours, avant mon départ de Djibouti. Elle s'était renseignée sur la date de mon retour, elle s'était même fait conduire à *Om* par Jean, de *Lula*, avait procédé à un grand ménage, emporté des tonnes de linge à laver, et m'avait fait la surprise de m'attendre à l'aéroport... J'étais peiné pour elle, mais c'était avec Titou que je repartais vers la mer Rouge.

Les officiers mariniers des navires de la Marine nationale, le *Commandant Rivière*, le *Jules-Verne*, le *Doudart de Lagrée*, amarrés dans le port de Djibouti, quand ils m'ont vu accompagné de Titou nous ont derechef invités à nombre de sympathiques repas dans leurs mess. Je pense que c'est moins grave, maintenant, mais, à l'époque, qu'est-ce que ça picolait, sur les bateaux de la Marine nationale ! Impossible de résister aux invitations, aux verres servis et resservis, aux apéritifs, aux vins, aux liqueurs... Moi, je n'étais pas habitué à boire comme ça ; un jour nous sommes invités sur l'un des navires à un déjeuner particulièrement arrosé. Un marin avait entrepris Titou, lui demandant quand nous allions avoir des enfants. Nous lui avions répliqué que ce n'était pas au programme. Je revois la mine désespérée du gars disant : « Mais vous me démolissez, là, un enfant, c'est le complément de l'amour ! » À la fin du repas, je suis invité à prendre la parole ; excessivement ému par la sympathie ambiante (et surtout par les abondantes libations !), la langue un peu pâteuse, je me lance dans de grands remerciements : « Dorénavant, sur tous les océans, je dirai que les marins du *Doudart de Lagrée* sont des gars super, et que le *Doudart de Lagrée* ceci, et que le *Doudart de Lagrée* cela... » Je mets un moment à comprendre pourquoi la consternation, soudain, se peint sur les visages... nous sommes sur le *Commandant Rivière* !

J'ai emmené Titou aux îles Mucha, le temps de nettoyer la coque d'*Om*, de récolter des petits coquillages, délicieux avec l'ail et le persil achetés devant chez Sémiramis, le grand magasin de Djibouti ; et, juste au tournant de l'année 1980, nous avons hissé les voiles et mis le cap sur la Porte-des-Pleurs (quel nom !), le détroit de Bab El Mandeb. J'avais depuis pas mal de temps décidé de ramener *Om* en France pour le vendre, non pas pour poser sac à terre, mais parce que je m'étais rendu compte qu'il était beaucoup trop grand, que ses quelques vingt-cinq tonnes d'acier, ses deux mâts, ses dix voiles et ses kilomètres de cordage me donnaient beaucoup trop de travail. J'avais déjà demandé à Michel Joubert et à Meta de dessiner un bateau plus petit. Il me restait, pour rejoindre la Méditerranée, à affronter près de 700 milles de vents forts et contraires dans la partie nord de la mer Rouge.

Tant que les vents restaient favorables, nous avons effectué quelques jolies escales dans des îles désertes, des îles hautes comme les Hanish ou Djabal Zuqar, des îles basses comme Talla Talla Kebir, en compagnie de deux ou trois autres voiliers voyageurs, ou de barques de pêcheurs éthiopiens. Puis nous avons découvert, fantomatiques, les ruines de Suakin ; nous avons fait escale à Port-Soudan, dernier point de ravitaillement avant d'affronter les vents du nord. Somme toute, cette traversée qui m'inquiétait un peu, 40 nœuds de vent contraire n'étant pas mon genre de navigation préféré, ne m'a pas laissé un trop mauvais souvenir : nous faisions halte un soir sur deux dans l'un des nombreux *marsa* qui découpaient le rivage soudanais ; pas question, en revanche, de jeter l'ancre sur le rivage en face, côté Arabie Saoudite, où on ne badine pas avec les règlements, surtout s'il y a une femme à bord. Parfois, si aucune baie ne s'ouvrait sur la rive, nous jetions l'ancre au milieu de nulle part, à l'abri d'un récif à fleur d'eau du large, balayé par le vent venu du désert, sur un carré d'eau calme. À Hurghada, en Égypte, la lourdeur des formalités administratives obligatoires fut vite effacée par la chaleur de l'accueil du Club Méditerranée local. Avec un des G.O., nous allons visiter Louqsor, la vallée des Rois ; puis nous nous sommes préparés à la dernière ligne droite, le golfe de Suez : sans abri possible, vents forts et contraires presque permanents, zigzags entre les plates-formes pétrolières, ces 120 derniers milles avant le port de Suez étaient pour la plupart des bateaux un calvaire... Nous avons attendu une bonne météo... et eu une fameuse chance, car le vent est tombé juste comme nous appareillions, et, naviguant au moteur entre les puits de pétrole et les convois de cargos qui se déversaient à heure fixe du canal, nous réjouissant de ce calme si propice, nous avons atteint en moins de vingt-quatre heures l'entrée du canal. Encore quelques formalités, rondement menées par un agent qui se disait le Prince de la mer Rouge, et trois jours plus tard *Om* flottait sur les eaux de la Méditerranée.

Avant de quitter l'Égypte et les pontons délabrés du yacht-club de Port-Saïd, nous avons tout de même pris le temps de visiter Le Caire et les pyramides : encore un spectacle impressionnant, fascinant témoignage de la bêtise acharnée que tyrans et prêtres peuvent mettre à tuer des milliers d'hommes à la tâche de construire, pour leur gloire personnelle ou celle de dieux imaginés, des temples insensés et inutiles. L'ambiance, d'ailleurs, était rendue détestable par les hordes de vendeurs de souvenirs, d'« antiquités » fabriquées en série, qui se jetaient sur vous, vous cachant presque la vue du Sphinx. Au Club Med du Caire, on dansait sur la chanson toute neuve de Jean-Patrick Capdevielle, *Quand t'es dans le désert depuis trop longtemps*, tout à fait de circonstance pour marquer la fin de notre remontée de la mer Rouge.

Depuis Djibouti, nous naviguions parfois de conserve avec un autre voilier achevant un tour du monde, la *Licorne*, mené par quatre garçons sortis d'une école vétérinaire et qui, avant de se jeter dans l'infini tunnel de la vie professionnelle, s'étaient offert – quelle bonne idée ! – une année sabbatique, ramenant jusqu'en France un voilier de fer acheté, je crois, au Vanuatu. Ils étaient bloqués à Port-Saïd par une panne de leur moteur, et les autorités ne voulaient pas les laisser repartir sans un remorqueur, ni des formalités coûteuses en bakchichs. Un matin, nous avons quitté le ponton, la *Licorne* en remorque, sous le regard éberlué du garde, et puis nous leur avons largué l'amarre dès que nous avons dépassé la digue protégeant l'entrée du canal. Deux ou trois jours plus tard, dans un café de Rhodes, nous avons savouré notre premier ouzo ; Rhodes, Kos, Kalymnos, Amorgos, nous avons revisité quelques îles déjà appréciées lors de ma lointaine croisière manquée à bord de l'*Aicetan II* en 1971, et nous en avons découvert quelques autres. Le pélican Petro régnait toujours à Mykonos, où l'on attendait de pied ferme les premiers visiteurs. En ces belles journées de printemps, avant l'invasion touristique, que les îles étaient belles, leurs prairies couvertes de milliers de fleurs ébouriffées par le vent ! Quel bonheur de se promener dans les ruines de Delos encore désertes, ou dans les ruelles d'Hydra ! Dans l'île voisine, l'écrivain Michel Déon avait séjourné des années et écrit *Le Balcon de Spetsai*... Je n'oubliais pas que six ou sept ans plus tôt, avant de concrétiser mon projet de tour du monde en voilier, j'avais songé un instant, comme lui ou comme Donovan, à m'installer quelques années dans une de ces îles bénies... J'avais choisi le voyage en bateau... et je ne le regrettais aucunement.

Près d'Athènes, nous avons jeté l'ancre au pied d'une colline surmontée d'un temple, et nous sommes allés nous offrir dans la capitale un petit fantasme : tout au long des inconfortables journées de navigation au près en remontant la mer Rouge, trempés, glacés, bondissant dans la houle, nous rêvions de la chambre de l'hôtel de grand luxe d'Athènes où j'avais écrit ma chanson *Athènes sous la pluie*. Nous avons revu l'Acropole, les Caryatides, et bu du retsina au son des bouzoukis dans les ruelles de Plaka, puis j'ai accompagné Titou à l'aéroport : elle regagnait Tahiti, moi, j'avais encore besoin de solitude avant d'affronter le retour en France, la publication de mon disque et surtout la mise en chantier de mon prochain voilier, raison de mon retour en Europe.

Me glissant entre les falaises à pic qui bordent le canal de Corinthe, j'ai atteint les îles ioniennes ; il restait encore de la neige sur les sommets continentaux. Je me suis offert quelques escales paisibles en Céphalonie, puis j'ai mis le cap sur le sud de l'Italie, secoué et transi de froid pendant la traversée par une de ces dépressions qui balaient fréquemment la Méditerranée. Le long des côtes d'Italie, j'ai retrouvé les lieux où j'avais chanté au cours de mes tournées italiennes du temps des *Pietre* et de la *Tramontana*. J'ai tellement aimé l'escale dans le minuscule port romain, entièrement creusé dans le roc, de la petite île de Ventotene, que j'ai décidé d'y passer une dizaine de jours, pour écrire, rêver, savourer la beauté de l'île. J'ai rendu visite à mon ancien imprésario à Rome, puis j'ai effleuré l'île d'Elbe, et fait escale à Macinaggio, en Corse. Mon frère m'a rendu une visite rapide, et je me serais bien attardé deux ou trois jours dans l'île d'une partie de mon enfance, mais la météo soudain annonçait vingt-quatre heures de beau temps et de bon vent portant, chose assez rare en Méditerranée pour ne pas la laisser passer. J'ai fait halte à la marina de San Remo : hors festival, l'endroit était fort calme, et j'ai remis le cap sur la France.

Dire que j'ai été déçu par l'accueil que j'y ai reçu serait faux : à vrai dire, je ne m'attendais pas à une réception de star ou de champion revenant d'une périlleuse compétition : après tout, je venais bien de terminer un tour du monde, mais pas en course, et j'avais passablement brouillé la perception du public en interrompant ma circumnavigation par des retours annuels dans le monde des médias. Je n'attendais donc pas de ruée des journalistes, flashes, caméras de télévision, foules applaudissant du bord du quai... Mais ça me faisait bizarre d'être de retour après ces six ans, de me retrouver à nouveau dans un port de la Côte d'Azur comme si je n'en étais jamais parti. Le meilleur accueil, je le reçus sous deux formes très différentes. Ma route me conduisant à passer devant Saint-Tropez, je jetai l'ancre devant la villa d'Eddie Barclay, qui m'organisa aussitôt une journée de rêve, fête, déjeuner sur la terrasse de la magnifique villa qu'il s'était fait construire sur une pointe rocheuse, et sortie en ville le soir... il y eut même une gentille et jolie fille de la suite d'Eddie pour faire de ma première nuit de revenu sur terre un vrai « repos du guerrier ». Et puis, moins artificiel, plus authentique, la réception, un peu plus loin, d'un petit club nautique, dans la baie de Saint-Mandrier, d'où étaient partis pour le tour du monde de nombreux navigateurs, célèbres ou inconnus : on m'y accueillit simplement, comme l'un d'entre eux.

À Marseille, je retrouvai quelques jours les pontons de la Nautique – là, c'était vraiment comme si je n'étais jamais parti ! –, le temps de participer au tournage, sous la direction d'un sympathique réalisateur de la station de France 3 régionale, d'un divertissement basé sur les très amusants textes de l'ami Gérard Borg, joués entre autres par Philippe Clay, et sur mes chansons, tirées de mon premier album Barclay et de celui qui allait paraître.

Puis j'ai démâté *Om* chez le vieux père Bayle, à Port-Saint-Louis, et remonté le cours du Rhône. Sur le quai de la dernière écluse m'attendait Yannick Trancart, un garçon rencontré à Bora Bora, alors qu'il faisait partie de l'équipage d'Éric Tabarly sur *Pen Duick*. Aux îles Sous-le-Vent, il m'avait déclaré vouloir acheter mon bateau quand je le mettrais en vente, et il était là, sur le quai, prêt à tenir sa promesse ! Il allait passer un hiver entier à Tarare, à remettre *Om* en état, et il l'emmènerait faire un nouveau tour du monde, beaucoup plus agité que le mien, avec échouage sur un récif de mer Rouge, typhon en Asie du Sud-Est, tempêtes et chavirages entre le cap Horn et l'Antarctique... pas vraiment le même genre de navigation que celle que je clôturais ce jour-là, où je ramenais, sans avarie majeure, sans drame ni grande péripétie, jusqu'au chantier qui l'avait vu naître, le bateau qui avait été durant six ans mon fidèle compagnon.

3

Bienvenue dans les années quatre-vingt

Au long des derniers mois du voyage d'*Om*, j'avais eu à bord un petit compagnon, une invention toute récente qui allait déferler comme un raz-de-marée et changer la façon dont on écoutait la musique, un Walkman. À longueur de journée, j'écoutais *The Wall* de Pink Floyd, les albums de Jackson Browne ou ceux de Souchon ou de Capdevielle. Un disque me plaisait particulièrement, *Against The Wind*, de Bob Seger (aucun rapport avec le Pete Seeger de ma jeunesse, récemment repris par Bruce Springsteen) ; ce printemps 1980, Bob Seger était venu chanter à Paris, dans un espace curieux qui avait été installé sous une espèce de chapiteau, à la Villette, à une époque où Paris n'avait ni Zénith ni Bercy. Ce soir-là, j'ai bien failli à mes dépens apprendre que le temps avait passé, que certains privilèges que nous croyions acquis chancelaient : Josseline, étant attachée de presse, bénéficiait souvent d'invitations gratuites pour les plus grands concerts de rock, et m'en faisait profiter ; dans les années soixante et soixante-dix, quand un spectacle avait lieu, généralement à l'Olympia, les invités, connus ou non, avaient droit, de façon fort civile, à des places réservées, que personne n'aurait songé à leur contester. Bienvenue aux années quatre-vingt, quand Josseline et moi sommes arrivés ce soir-là à la Villette, la première partie avait déjà commencé, et depuis des heures le public avait envahi toutes les places, réservées ou non. Comme cela se pratiquait habituellement, nous avons demandé au bureau des invitations de nous conduire aux sièges que nous pensions candidement être les nôtres. Un grand Black rigolard et sympathique nous a dit : « Venez avec moi », nous a aidés à fendre la foule excitée par la prestation en cours d'une chanteuse dont je ne me rappelle plus le nom, et nous a amenés à un rang bondé, comme les autres, de spectateurs qui s'étaient infiltrés sans mal dans la zone en principe réservée aux invités, et étaient montés sur les fauteuils de bois pour arriver à voir quelque chose ; et là, avant que nous ayons le temps de nous rendre compte de rien, voilà le gentil Black qui avise deux gars debout sur des fauteuils, leur dit d'un ton sans discussion possible : « Vous descendez, ces places sont réservées ! », nous fait monter à la place... et repart aussitôt vers l'entrée du chapiteau, nous laissant aux prises avec deux types absolument furibards, qui attendaient sans doute depuis des heures, s'énervent, menacent de me casser la gueule... L'un d'eux commençait à m'empoigner quand, dans la foule qui nous pressait, deux autres personnes m'ont reconnu, sont intervenues auprès des gars pour qu'ils se calment, et l'affaire en est restée là ; à vrai dire, ce lieu de spectacle était si mal foutu que même debout sur les accoudoirs des fauteuils de bois, on ne finissait par apercevoir que le sommet de la tête de Bob Seger... Bientôt, pour les spectacles de rock, les organisateurs seraient obligés de créer à l'usage des invités une sorte de carré VIP, inaccessible, protégé parfois par des grilles, comme dans un stade lors des matchs de foot ! Allez, encore un petit couplet passéiste, ça faisait un moment : Oh ! combien je préférais une salle de taille raisonnable, comme l'Olympia, où j'ai vu les plus grands groupes de rock, les Stones, les Beatles, Dylan et bien d'autres, presque à portée de ma main, dans de bonnes conditions de confort et d'acoustique ; je n'ai vraiment aucune envie d'aller voir qui que ce soit dans un stade de cent mille places, où l'artiste apparaît de la taille d'une minuscule fourmi sous un écran de trente mètres : si c'est pour regarder un écran, autant acheter le DVD !

Côté professionnel, tout allait plutôt bien pour moi : mes livres chez Arthaud connaissaient un bon succès, et, sur l'album *Quel beau voyage*, que Barclay venait de publier, les médias avaient choisi de faire un tube de... la dixième plage du disque, celle que j'ai enregistrée pour m'amuser le dernier jour parce qu'il me manquait un titre, *La Motogodille* ! Ça faisait tout de même drôle de se retrouver après tant d'années dans le *Top Ten* d'Europe 1 avec cette joyeuse fantaisie née un soir de fête particulièrement corsée !

L'été approchait, et Pierre Wiehn, directeur de France Inter, m'avait convoqué : « Je vous propose d'animer une fois de plus une émission quotidienne, en remplacement, cette année, d'Ève Ruggieri, qui prend ses vacances, mais je voudrais que cette fois-ci, Olivier Nanteau et vous, vous preniez les choses plus au sérieux : que vous ne vous contentiez pas de passer des disques, de faire danser les Antillais de Paris ou les vacanciers des cités balnéaires ; non, je voudrais que vous racontiez, sous une forme aussi vivante que possible, vos voyages. » Et nous nous étions attelés avec Olivier à une tâche qui se révéla assez prenante ; je sélectionnais chaque jour des anecdotes sur un sujet différent, nous recevions des invités, tous concernés de près ou de loin par le voyage ; nous écrivions chaque jour, en alternance, une œuvre de fiction, *Les Aventures de John Duff*, monologue illustré de musique et de sons que nous faisions enregistrer par le comédien qui doublait la voix de John Wayne... Pendant six semaines, nous n'avons pas chômé ; et nos efforts ont porté leurs fruits, ces émissions eurent un succès remarquable ; le mois de juillet, cette année-là, fut particulièrement désastreux, et nombreux sont ceux qui venaient chercher un peu de soleil dans notre émission ; le courrier affluait par sacs entiers, j'avais demandé qu'on nous envoie des dessins d'îles et de bateaux pour égayer le studio un peu triste, nous en avons reçu assez pour redécorer toute la Maison de la Radio. Même la jeune Arlette Chabot qui chaque jour, au milieu de l'émission, énumérait les catastrophes dont sont tissés les bulletins d'information, était mise à contribution : je lui avais demandé de trouver spécialement pour ce bulletin, chaque jour, au moins une bonne nouvelle... Des années plus tard, on me parlait encore de ces émissions, et j'ai rencontré longtemps des gens partis naviguer autour du monde, et qui avaient construit ou aménagé leur bateau en les écoutant : c'était la première fois que je racontais vraiment mes voyages... il n'y avait encore que le son... Là aussi, il me faudrait attendre plus de dix ans pour les mettre en images !

Puis j'ai quitté Paris, et je me suis concentré sur une tâche unique, le construire, ce bateau dont je rêvais depuis plusieurs années, pour être prêt à repartir dès le printemps suivant. Pendant près d'un an, il n'y a plus eu beaucoup de place pour autre chose... même mes amies, mes compagnes en pointillé, je n'avais plus beaucoup de temps à leur consacrer, et moins encore le temps de tenter d'en séduire d'autres !

Quelques années plus tôt, j'avais reçu de Jo Fricaud une lettre qui m'avait intrigué : étais-je prêt, me demandait-il, à tester pour eux un nouveau mode de construction métallique révolutionnaire, qu'il venait de mettre au point avec l'architecte Michel Joubert ? Le Strongall ne consistait pas en un alliage nouveau, mais dans le choix d'utiliser l'alliage d'aluminium marine en épaisseurs beaucoup plus importantes que la normale, de l'ordre de dix millimètres au lieu de trois ou quatre ; en contrepartie, la simple géométrie des feuilles d'alliage permettait de se dispenser de tout renfort intérieur, du fouillis de « couples » et de « lisses » qui constituent l'armature, le squelette des bateaux construits sur le mode traditionnel : l'intérieur d'un bateau en Strongall serait entièrement lisse, aussi facile à entretenir que l'intérieur d'une Cocotte-Minute, alors que la coque d'acier d'*Om*, avec les innombrables fers plats qui la renforçaient, comportait des milliers de recoins qui étaient autant de nids à corrosion. Le procédé permettait également une grande économie de temps de construction, une solidité à toute épreuve en cas de choc – même si mon tour du monde sur *Om* avait été dépourvu de toute « fortune de mer », il m'était arrivé de heurter ici ou là un rocher, choc qui aurait pu poser des problèmes à une coque moins solide... J'avais donc donné mon accord sans réserve pour être un des « cobayes » qui tenteraient ce procédé... et je n'aurais jamais à m'en plaindre. Jo m'a aussitôt présenté l'homme qui avait pris en main cette branche du chantier, François Fèvre, qui deviendra vite un fidèle allié dans l'aventure qu'est la construction d'un bateau. Le chantier se trouvant à Tarare, dans la région lyonnaise, j'y ai passé des mois, logeant dans une petite chambre que François et Maryelle Fèvre mettaient à ma disposition, incorporé en quelque sorte à leur dynamique famille. Au chantier, je passais des journées entières à la table à dessin, dépoussiérant mes années de dessin industriel de l'École centrale, mettant au point en collaboration avec François chaque détail – souvent expérimental – de la construction.

Avant que l'hiver ne s'installe, je me suis tout de même offert une tranche de tropiques, et, en avion, j'ai rejoint Tahiti pour deux semaines. Notre programme prévoyait une courte croisière à bord de *Maylis*, qui allait naviguer à nouveau, au terme de longues années de travaux de remise en état : Michèle de Chazeaux, la mère de Titou, y avait consacré toutes ses économies et de longues journées, filant, dès la sortie du collège où elle enseignait, calfater, colmater, raboter ou... pomper, car la merveilleuse coque de construction traditionnelle en bois de ce voilier de vingt mètres prenait sérieusement l'eau. Un jour, nous avons largué les amarres du quai de Papeete, sous l'œil dubitatif de quelques marins, qui savaient bien que malgré tous les efforts de Michèle – Marc Darnois, en dépit de son brillant passé de navigations sur le Pacifique, n'avait plus vingt ans, et était très diminué par son infirmité – ce merveilleux voilier n'était plus dans sa prime jeunesse, et que remettre vraiment en état un bateau si grand aurait nécessité les moyens d'un milliardaire. Quelques heures à peine après notre départ en direction du nord, dans l'idée d'aller jusqu'à l'atoll de Tikehau, où Marc avait jadis perdu son bateau précédent, un autre magnifique voilier de collection – curieux pèlerinage ! –, nous nous heurtions à la forte houle de l'alizé, et la coque, jouant avec les mouvements chaotiques du bateau, se mit à prendre l'eau de manière inquiétante. Toutes les pompes récemment installées se trouvèrent rapidement colmatées, la seule qui fonctionnait encore était une antiquité actionnée à la main, qui se désamorçait toutes les trois minutes et nécessitait pour la réamorcer de verser de l'eau dans un tuyau en coude niché dans un recoin inaccessible du cockpit : on avait plutôt l'impression d'ajouter l'eau dans le bateau que d'en enlever. Je me croyais revenu à la désastreuse croisière grecque qui m'avait fait quelque temps renoncer à la navigation ! Il fallut vite se rendre à l'évidence, le bateau n'était pas prêt à faire de longues croisières : restait à ménager l'amour propre du capitaine, à lui expliquer qu'il valait mieux, dans l'immédiat, choisir une destination plus accessible, Moorea, vite atteinte au vent arrière, donc dans des mouvements beaucoup plus doux... ce fut une des dernières navigations de ce beau voilier qui, de longues années, et même après la mort de Marc, soumettrait Michèle à une vraie tyrannie, exigeant sans fin calfatages, colmatages et pompages, sous peine de couler un jour purement et simplement au fond du port de Papeete.

Pour compenser cette croisière avortée, nous sommes partis, Titou et moi, passer quelques jours à Rangiroa, aux Tuamotu, avec Jean-Pierre Marquant, un garçon qui s'était rendu célèbre en traversant à pied la vallée de la Mort, aux États-Unis, et qui allait faire le tour de l'immense atoll de Rangiroa, deux cent quarante kilomètres à pied sur le récif, l'eau montant souvent jusqu'à la taille, et la prochaine île du pourtour de l'atoll encore parfois cachée derrière l'horizon ; Jean-Pierre nous emmena découvrir ce qu'on appelle aux Tuamotu le « secteur », c'est-à-dire les îlots lointains de l'atoll, généralement inhabités, et bordés des spectaculaires coraux déchiquetés du platier corallien ; les quelques jours que nous avons passés sur un îlot désert avec notre guide, nous nourrissant pratiquement des productions de l'île et dormant à la belle étoile, dans des hamacs accrochés au cocotier – avec réveil en fanfare par le grain tropical du petit matin –, restent presque aussi brillants dans ma mémoire que les trois jours que j'avais passés avec Bernard Moitessier à Souvarov. De ces moments à Rangiroa demeure une superbe photo, que Jean-Pierre avait prise et que *Paris Match* publia sur une double page, de Titou et moi, elle nue, moi à peine plus habillé, mangeant des mangues et je ne sais quels fruits de mer accroupis au bord du lagon. Ce jour-là, une murène s'est approchée de nous, mais Jean-Pierre nous a dit de ne pas nous inquiéter : quelques minutes plus tard elle revenait, apprivoisée, manger les bouts de chair de poisson que nous lui tendions à la main.

Dans le lagon de Moorea, j'avais eu le plaisir de retrouver Bernard Moitessier, qui avait laissé quelque temps son *Joshua* aux États-Unis : il avait décidé d'aller se mesurer à cet univers si différent qu'était l'Amérique, pour lutter contre l'espèce de torpeur tropicale qui l'avait pris à Tahiti, qu'il n'avait plus souvent quittée depuis le jour où, renonçant à terminer, sans doute en vainqueur, la première course en solitaire autour du monde, il avait mis derechef le cap sur la Polynésie, « pour sauver mon âme », disait-il. À l'ancre dans la baie de Cook, nous avions comparé nos expériences dans le domaine de l'écriture (je finissais d'écrire mon troisième livre), et nous avions constaté que nous avions tous deux un projet similaire : un ouvrage pratique qui aborderait tous les sujets que doit maîtriser celui qui part vivre longtemps sur les océans : choix du bateau, manœuvre, mais aussi entretien, mécanique, outillage, navigation, alimentation, santé : le navigateur exerce sur son bateau des dizaines de métiers différents, et aucun livre n'existait encore abordant tous ces domaines. Pour moi, ce projet donnerait naissance trois ans plus tard à *Mettre les voiles* ; pour Bernard, le projet passerait au second plan, car il allait consacrer plus de dix années à l'écriture de son grand œuvre, *Tamata ou l'Alliance.* Ce n'est qu'après la parution de celui-ci – et le succès remarquable qu'il connut – que Bernard se pencha sur cet ouvrage pratique... mais la vie ne lui laissa pas le temps de l'achever, et le livre ne parut qu'à titre posthume[1].

Quelques semaines plus tard, c'est en compagnie de Jo Fricaud que je partis pour San Francisco rendre visite à Bernard, qui avait amarré *Joshua* dans un lieu fort pittoresque, le petit port de Sausalito, à de grands poteaux de bois toujours couronnés d'un pélican. Mais la conquête de l'Amérique, pour Bernard, ne s'avérait pas si aisée ; l'aventure de *La Longue Route* étant connue des Américains, il avait espéré trouver assez facilement à donner des conférences, au cours desquelles il projetterait le remarquable film qu'il avait réalisé pendant ce tour du monde initiatique. Mais l'Amérique ne lui ouvrait pas les bras si facilement. Pourtant, au pied du pont géant du Golden Gate, Bernard restait égal à lui-même, un véritable « clochard céleste », comme aurait dit Kerouac, et toujours un roi du système D : un ami lui avait bricolé deux haut-parleurs en bois reliés à un petit lecteur de cassette, et il partait en savates et avec ce bric-à-brac sous le bras donner ses conférences dans les yacht-clubs huppés et les grandes universités.

De retour à Tarare, il y eut, au début de l'année 1981, un instant magique : les cinq tôles d'acier mesurant la longueur du bateau une fois découpées conformément au plan de l'architecte, elles furent « pointées » en place sur une espèce de mannequin, de squelette, et, en quelques heures, tout à coup, le bateau était né ; il faudrait encore de longs mois pour qu'il devienne un vrai bateau, et des discussions passionnées avec François ponctuaient le choix de chaque option adoptée, souvent avec une grande originalité. Un ami des Fèvre, fabricant de peinture, nous avait suggéré, plutôt que d'utiliser les peintures chimiques, polyuréthanes, glycérophtaliques ou vinyliques habituelles, de peindre la coque du bateau à la peinture à l'eau : pas de produits toxiques, application d'une facilité étonnante, pas d'allergie, de gaz nocifs, de pollution, nettoyage des mains et des pinceaux à l'eau : je décidai de lui faire confiance, et mon deuxième voilier, *Voyage*, comme le troisième, a toujours été peint à la peinture acrylique à l'eau, pratiquement aussi brillante qu'une peinture chimique, et infiniment plus facile à mettre en

1. *Voile, mers lointaines, îles et lagons*, Arthaud, 1995.

œuvre... Il a fallu vingt-cinq ans aux fabricants de peinture pour bateaux pour commencer enfin à suivre notre exemple, infiniment plus économique, pratique et écologique.

De la même façon, Jo Fricaud, qui n'était plus directement concerné par la construction de mon bateau, puisqu'il avait prudemment chargé François Fèvre de tester pour lui ce nouveau matériau – quelques années plus tard seulement, quand le procédé aura fait ses preuves, Jo renoncera totalement à la construction classique en acier qui était celle de *Joshua* et d'*Om* –, m'appela dans son atelier : « Je voudrais te montrer un matériau que j'ai trouvé, des feuilles de PVC truffées de petites bulles à l'intérieur, mais aux deux faces parfaitement lisses ; on s'en sert surtout pour construire des intérieurs de camions frigorifiques et des panneaux publicitaires. Tu devrais utiliser ça pour aménager le cabinet de toilette de ton bateau. » L'idée m'a plu tout de suite. Ce jour-là, par hasard, passait me rendre visite à Tarare, Maurice, du *Petit Frère*, rencontré à Bahia, et retrouvé à Madagascar où, très habile bricoleur, il m'avait aidé à toutes sortes de travaux de remise en état. Il voit ce matériau (qui porte le nom barbare de Kömacel) et me conseille vivement de l'utiliser pour aménager tout mon bateau... Je n'ai pas hésité longtemps, j'ai suivi son conseil, construit tous mes aménagements avec ce matériau imputrescible, qui n'absorbe pas l'humidité, qui ne nécessite ni peinture ni ponçage ni entretien (combien de centaines d'heures de finition et de kilos de peinture économisés !) et qui, vingt-cinq ans plus tard, sur *Voyage* (aujourd'hui aux mains d'un autre capitaine) ou sur mon catamaran actuel, s'est comporté parfaitement, même pour les parties exposées toutes ces années au plein soleil des tropiques. Vingt-cinq ans plus tard, la quasi-totalité des bateaux construits par le chantier utilisent le même matériau pour tous leurs planchers, leurs cloisons et leur mobilier.

Nos recherches de solutions techniques simples et efficaces nous occupent toute la journée dans le bureau de François, et se prolongent souvent le soir, à table, dans la maison sur les collines, autour d'un plat de quenelles au gratin, dont Marielle détient le secret. Un soir, pourtant, je monte me coucher sans dîner : la télévision vient d'annoncer la mort de John Lennon, assassiné par un simple d'esprit au pied de son immeuble, à New York... Même si je ne suis pas fanatique des orientations prises par Lennon, de son union avec Yoko Ono, des utopies un peu désespérées qu'il chante, je suis un fan absolu de sa musique, et, tout récemment, le succès de son album *Double Fantasy* m'a emballé, combien de fois j'ai écouté *Woman* ou *Starting All Over* dans mon petit Walkman... Quant à *Imagine*, c'est sans doute la chanson la plus belle, la plus forte de toutes les années soixante-dix. Penser que ce monde puisse être assez bête et méchant pour causer la mort d'un type pareil ;

comment des armes meurtrières peuvent-elles être si facilement à la portée de demeurés qui prennent la réalité pour des films de violence (ou, aujourd'hui, des jeux vidéo) ?... Ce soir-là je suis monté m'enfermer dans ma chambre sous les combles et j'ai pleuré.

Je retournais parfois à Paris tout de même, pour un enregistrement, pour une émission, ou pour un spectacle ; un matin, le téléphone sonna dans la maison de Sèvres ; c'est Olivier Nanteau. Après avoir réalisé mon émission de l'été sur France Inter, il en a dirigé d'autres avec Pierre et Marc Jolivet, et il est maintenant le réalisateur de l'émission quotidienne de Thierry Le Luron, intitulée, il me semble, *Le Luron de Midi*. « Est-ce que tu as quelque chose à faire ce matin ? », me demande-t-il. « Non, pourquoi ? » « Je t'invite à l'émission de Le Luron, je voudrais te faire rencontrer quelqu'un qui te plaira. » Je gagne le lieu où l'émission allait se dérouler en direct, et Olivier m'y présente, toute petite et frêle, perdue au milieu des tonitruants humoristes qu'étaient Le Luron, Mabille, Desproges et consorts, la chanteuse de dix-sept ans qu'on entendait beaucoup sur les ondes, dans une amusante, gentillette et dynamique chanson qu'il fallait savoir prendre un peu au second degré, *Banana Split*. J'aimais bien la chanson, son rythme et son texte déjanté [1], mais je n'imaginais pas que j'éprouverais un coup de foudre pareil pour la chanteuse ! La petite, d'ailleurs, n'était pas joyeuse ; une des rubriques de l'émission un peu fourre-tout de Le Luron était une espèce de sketch radiophonique écrit sur mesure, au dernier moment, par un collaborateur oublié depuis, feuilleton intitulé non sans raison *Mission Imbécile* et joué par les invités, chanteurs, acteurs, artistes, qui découvraient sur le vif les répliques qu'on leur demandait de lire à l'antenne. L'auteur n'avait pas le temps de faire dans la finesse, il visait bas ; moi, il m'avait bricolé des répliques de vieux loup de mer sans grand intérêt, mais à la pauvre Lio il avait refilé des phrases de demeurée, basées sur les « Na na na na na... Banana Split » de sa chanson ; Lio n'avait pas envie de jouer le rôle d'une idiote ; elle l'a largement montré depuis par la fougue et l'intelligence de ses prises de position, Lio n'a jamais été quelqu'un à qui on peut faire faire n'importe quelle connerie qui ne lui plaît pas ; là, du haut de ses dix-sept, ans, elle n'en menait pas large. J'étais peut-être le seul à m'en rendre compte, mais elle était sur le point de péter les boulons, d'envoyer dinguer tout le truc, de quitter le plateau, de plaquer ces gros cons de machos qui la prenaient pour une dinde. Alors je me suis penché vers elle discrètement, et je lui ai proposé d'échanger nos

1. C'est vrai que le texte de *Banana Split* n'est pas aussi niais qu'il y paraît : même Gainsbourg, qui s'y connaissait pour faire chanter les mots, n'a pas souvent écrit des phrases qui roulent aussi bien que « C'est le dessert que sert l'abominable homme des neiges, à l'abominable enfant *teenage*, un amour de dessert ! ».

feuilles ; son texte de débile mental, c'est moi qui le lirais, et elle dirait mes répliques de loup de mer... Nous n'avons prévenu personne, et, en direct sur l'antenne, Le Luron et les autres m'ont entendu avec stupeur ânonner : « Na na na na... », pendant que Lio déclamait des « Capitaine, une voile à l'horizon », ou des « Matelots, nous allons essuyer un fameux coup de chien ! ». Cette petite aventure devait sceller entre Lio et moi une amitié de longue durée, toujours aussi vive et chaleureuse trente ans plus tard[1].

Un autre jour, je vais voir au Palais des congrès la première du spectacle de Julien Clerc. Soudain, remontant une allée de la salle de spectacles, un garçon aux cheveux blonds se précipite vers moi, enthousiaste : c'est Renaud, le chanteur de *Laisse béton*. « Antoine, j'ai lu tes livres, et j'ai craqué, je vais faire comme toi, je vais partir naviguer avec ma femme (il vient de se marier avec Dominique) et ma fille Lolita : d'ailleurs, si elle s'appelle Lolita, c'est en partie à cause de ta chanson[2]. On va partir l'an prochain, je me suis commandé un voilier ! » Renaud devait me confier par la suite qu'il était un peu inquiet de ma réaction à sa phrase à mon sujet dans *Société tu m'auras pas*. Je lui ai fait la même réponse que j'avais faite à Fred Hidalgo à Djibouti : « Regarde-moi, regarde comment je vis, est-ce que tu as vraiment l'impression que la société m'a récupéré ? » Son projet avait l'air bien avancé, et nous sommes tombés d'accord pour nous rencontrer un jour prochain afin de parler de ses futurs voyages.

C'est à peu près vers la même époque que je reçus un coup de téléphone de... Johnny ! Oui, Johnny Hallyday qui, lui aussi, voulait se faire construire un bateau et me demandait des conseils. Ses moyens financiers étant nettement supérieurs aux miens, et comme il n'envisageait pas, lui, de naviguer en solitaire, mais avec un équipage, je lui conseillai un bateau de dix-sept mètres que Michel Joubert venait de dessiner, et que le chantier allait construire suivant le même procédé que le mien, en aluminium épais. Je mis Johnny en contact avec Jo Fricaud, mais l'affaire n'alla pas plus loin : quand, des années plus tard, Johnny fit du bateau, ce fut à bord d'un énorme yacht à moteur, sans doute en location, un de ces engins que les anglophones appellent gentiment des Gin Palaces, à bord desquels on consacre effectivement plus de temps à boire des cocktails (ou de la bière !) et à jouer aux cartes avec l'équipage

1. 1980 n'était pas une mauvaise année non plus pour la chanson française, puisqu'à côté du *Banana Split* de Lio, Baschung chantait *Gaby, Oh Gaby*, France Gall *Il jouait du piano debout* (c'est peut-être un détail pour vous), et que Cabrel écrivait un des ses plus grands succès à *L'Encre de tes yeux*. Pour la bonne humeur, la troupe du Splendid avait créé *la Salsa du démon*. Quant au plus grand succès international, c'était sans aucun doute *Sailing*, de Christopher Cross.

2. *Lolita, Lolita,* parue chez Vogue au printemps 1967, sur l'album *Madame Laure Messenger, Claude, Jérémie et l'existence de Dieu.*

qu'aux épissures ou à la navigation astronomique. Pourtant j'aurais bien aimé faire découvrir à Johnny les joies de la voile ! Il devait plus tard aussi s'acheter une « cigarette », un de ces bateaux monstrueux qui engloutissent à l'heure la production d'un puits de pétrole de bonne taille, qui foncent à des vitesses déraisonnables et qui sont fort sujets à de graves accidents, comme celui qui devait coûter la vie au mari de mon amie Caroline de Monaco.

La construction du bateau avançait, coque, pont, roof. Le bateau étant un dériveur, nous avons choisi de réaliser le plafond du roof en un matériau plus léger que l'aluminium épais : un sandwich d'aluminium mince, mousse légère et tissu de fibre de verre. Le bateau posé à l'envers dans le chantier, je m'attaquai un matin à ce travail consistant à coller à l'Araldite plusieurs mètres carrés de mousse peu flexible ; et moi, les collages et masticages, ce n'est pas mon fort ; je ne peux pas ouvrir un tube de silicone sans m'en mettre plein les mains. Il avait fallu, pour obtenir en hiver une chaleur suffisante, couvrir le bateau d'une bâche sous laquelle je devais me glisser à quatre pattes, et disposer, au fur et à mesure du collage, des gueuses de plomb sur les parties collées, de peur de les voir soudain bondir comme un ressort quand je les croyais maîtrisées. Huit heures plus tard, j'étais couvert d'Araldite du bout des orteils jusqu'à la pointe des cheveux... et c'est ce moment que choisit un journaliste de *Thalassa*, Jean-Luc Hess, pour venir m'interviewer sur mes projets de second départ en bateau ! Je n'ai jamais vu le reportage tourné ce jour-là, mais ça devait être intéressant !

Parallèlement à la construction, je m'étais attaqué à l'écriture d'un nouveau livre : après mon tour du monde à bord d'*Om* raconté en trois livres, l'éditeur m'avait proposé de rédiger un ouvrage destiné à un public plus vaste que celui, essentiellement composé de navigateurs, de la collection « Mer » : un livre qui reprendrait un peu les thèmes et l'ambiance de l'émission de radio de l'été précédent. Il s'appellerait simplement *Cocotiers*. Il ne restait plus qu'à l'écrire, chose qui se révéla vite impossible dans l'ambiance de Tarare, où chaque seconde de la journée au chantier, chaque instant de la soirée dans la maison sur la colline étaient entièrement consacrés au bateau. Je décidai donc, pendant un mois, de prendre pension dans un petit hôtel moderne et quelconque de la banlieue de Lyon ; chaque soir, à la fin de la journée de travail, Jo Fricaud, qui habitait Lyon, m'y déposait, et là, aussi seul que si j'avais gagné une autre planète, je rédigeais mes quatre ou cinq pages.

Lors de mon court séjour à Tahiti, j'avais pris le temps d'enregistrer avec les musiciens de la troupe des Grands Ballets de Tahiti, dirigés par le regretté Gilles Hollande (le fils d'un des frères Hollande dont le film

Si Tahiti m'était conté avait été ma première révélation de la Polynésie, quand je l'avais vu avec mes parents, à l'âge de dix ans, en Haute-Savoie, dans une conférence « Connaissance du monde »), quelques chansons traditionnelles tahitiennes, ainsi qu'une version de *Je l'appelle Canelle* rythmée à la mode de là-bas. Ce printemps-là, je décidai d'enregistrer une version personnelle d'une chanson légendaire : elle avait été écrite au XIXe siècle par la reine de Hawaï, Liliuokalani, dernier monarque de cet archipel avant son annexion par les États-Unis. J'avais appliqué à ce grand classique, *Aloha Oé*, une phrase que m'avait soufflée une amie voyageuse : « Partir c'est mourir un peu, mais rester, c'est ne pas vivre du tout », et j'avais choisi d'y raconter, en parlant, la scène, coutumière autrefois dans certaines îles, où un vieil homme, sentant la fin de sa vie proche, partait, sous les adieux de sa famille et de ses amis, vers le large, pour y mourir seul sur sa pirogue. Bien que venant après le succès de *La Motogodille*, la chanson n'éveilla pas l'intérêt des programmateurs, qui disaient ne pas vouloir diffuser une chanson où, en dehors des refrains, je parlais surtout. Je dois reconnaître, réécoutant la chanson, que je n'avais pas encore trouvé le ton que j'emploierai dans mes films, et que je parlais nettement trop vite pour créer l'atmosphère de rêve que demandait la chanson : j'étais loin du ton confidentiel et détendu adopté par Joe Dassin dans *L'Été indien* [1].

Enfin, mon bateau sortit du chantier. Patrice, un garçon qui construisait son propre voilier d'acier sur les bords du Rhône, m'a donné un coup de main pour finir les aménagements du mien. J'avais peint la coque d'un beau vert pomme (ou grenouille, si vous préférez) parce que j'avais toujours trouvé le vert pistache d'*Om* un peu pâlot. Pendant six ans, j'avais dû expliquer si souvent le sens du nom de mon premier bateau, une syllabe sanscrite, un *mantra*, destiné à appeler la paix et la sérénité – quand mon interlocuteur n'était pas persuadé que j'étais sponsorisé par l'Olympique de Marseille ou par une marque de slips pour homme – que j'avais depuis longtemps décidé que mon second bateau aurait un nom tout simple, qui soit le même en plusieurs langues, et qui ne demande aucune explication ; j'avais songé un instant à *Imagine*, en hommage à John Lennon, et puis j'avais finalement opté pour le nom le plus simple, le plus universel et le plus parlant pour moi, *Voyage* [2] !

---

1. Sur le plan musical, je dois dire que je fus si préoccupé de la construction de mon bateau qu'à part l'album de John Lennon, avec *Woman*, le seul tube que je me rappelle de cette année-là, c'était le superbe *Betty Davis Eyes*, de Kim Carnes.

2. Malheureusement, si le mot *Voyage* existe et s'écrit de la même façon en anglais, il me fallut longtemps pour réaliser que dans cette langue il se prononce en une seule syllabe, quelque chose comme *Voïdj'*, et que les anglophones sont si pointilleux sur la place de l'accent tonique (que nous mettons un peu n'importe où en français) que toute tentative de prononcer autrement, *Voyèdje*, *Vouayâââge*, ou autre se traduisait par une incompréhension totale.

La plupart des options que nous avions choisies au cours de la construction, matériaux, méthodes de construction, Strongall, dériveur intégral, aménagements en PVC, salon de pont percé de nombreuses fenêtres permettant de vivre de plain-pied avec le monde extérieur, s'avéraient plutôt réussies, mais pas toutes : ainsi, lorsque, l'année précédente, j'avais demandé à Michel Joubert de dessiner le plan d'aménagement, je venais de voir dans une exposition nautique un grand voilier équipé d'un carré ovale (Non, il n'y a pas là de contresens, le carré, dans un bateau, c'est le coin salon !). J'avais été séduit, et Joubert avait dessiné un beau carré arrondi, très esthétique – l'exemple fut d'ailleurs suivi par de très nombreux monocoques et plus tard par un grand nombre de catamarans. Mais l'option à l'usage se révéla une belle sottise : si ces tables et ses canapés arrondis sont fort beaux et fort pratiques pour s'y tenir assis à six ou huit pour des repas prolongés, leur inconfort est total quand on essaie de s'y allonger, en particulier en mer, quand il s'agit de prendre des quarts, surtout dans un bateau à la gîte... Le corps humain, on n'y peut rien changer, tourne et se plie dans des plans à angle droit : imaginez un peu essayer de vous détendre dans un fauteuil dont le dossier, outre sa pente normale, aurait en plus été tourné de trente ou quarante-cinq degrés vers la gauche ou la droite. Plus tard, dans mon troisième bateau, j'ai résolument choisi un carré... carré, et j'ai souvent compati à l'inconfort de tous les équipiers se tordant en tous sens, entassant des coussins pour tenter en vain de se caler sur les banquettes aux belles courbes dessinées par les architectes modernes... et dont j'ai été un des initiateurs !

Un jour, *Voyage* a pris la route... Les bateaux qui sortaient du chantier étaient généralement mis à l'eau sur la voie navigable la plus proche, la Saône, un peu au nord de Lyon, et gagnaient ensuite la Méditerranée *via* le cours du Rhône et ses vastes écluses. Les dimensions réduites de *Voyage* le permettant, j'avais choisi un parcours tout différent : un camion, une nuit, fit passer à mon bateau, son mât bien amarré sur le pont, le col qui séparait Tarare de Roanne, et la mise à l'eau se fit sur un canal connecté au réseau des canaux du centre de la France, qui nous permettraient de rejoindre la Manche *via* la Bourgogne, la Marne, Paris et les boucles de la Seine. Je dis « nous » car Titou, comme cela avait été convenu de longue date, s'était de nouveau embarquée avec moi pour une longue navigation qui nous conduirait jusqu'au Brésil.

Lorsque *Voyage* avait flotté pour la première fois, je ne peux le nier, j'avais une frayeur : après six ans de navigation et de vie sur un grand bateau, *Om*, long de plus de quatorze mètres, large, haut sur l'eau, lourd, je m'étais en quelque sorte habitué à ses dimensions, à son échelle. Depuis près d'un an, je vivais en imagination sur *Voyage*, le découvrant sur la table à dessin, puis, au fur et à mesure de la construction, dans l'atelier, où un bateau semble toujours plus grand qu'il n'est vraiment. Et ce n'est qu'à l'instant où mon nouveau voilier flotta sur les eaux du canal, à Roanne, que je réalisai vraiment qu'en choisissant un bateau plus court d'un tiers qu'*Om* son volume serait à peine plus que le tiers du volume de celui-ci... et *Voyage*, un instant, m'apparut minuscule, et surtout très bas sur l'eau : dans l'eau douce du canal, d'une densité moindre que celle de l'eau de mer, il s'enfonçait de quelques centimètres de plus ; de surcroît ayant insuffisamment perçu la petite taille de *Voyage*, je l'avais au chantier chargé de beaucoup de choses pesantes, outils et matériaux pour terminer les aménagements, pièces de rechange, seaux de peintures et de produits divers : il faudrait, dans les semaines qui venaient, se livrer à une sérieuse chasse au poids pour que le voilier, quand il atteindrait l'océan, flotte à nouveau à peu près dans ses lignes... et même alors, vu ses modestes dimensions, je devrais m'habituer à voir l'eau défiler très près de mon cockpit : somme toute, *Om*, s'il s'était révélé bien trop grand pour moi, avait eu l'avantage de ses défauts : sa grande taille, son inertie avaient pardonné bien des erreurs au total novice que j'étais lors de mon premier départ, me donnant le temps de réagir, m'apportant une certaine protection, un peu comme dans l'abri d'une grosse et lourde voiture ; sur *Voyage*, j'avais plutôt l'impression de conduire un petit cabriolet décapotable, voire un scooter, qui pardonnait moins d'éventuelles erreurs de manœuvre ou d'éventuels retards à les effectuer.

Cette traversée des campagnes par les canaux et les fleuves, cette découverte de la France côté jardin fut vraiment merveilleuse. Je la raconte plus en détail dans mon livre *Voyage aux Amériques*, comme j'y raconte les quatre années de croisière vers le Brésil, puis vers le Québec, que nous avons eu le bonheur de réaliser. Je me contenterai donc, comme j'ai tenté de le faire pour mon premier voyage autour du monde à bord d'*Om*, de revisiter brièvement ces navigations heureuses, à l'ouverture des années quatre-vingt : moins folles, plus conventionnelles, pour moi en tout cas, que la décennie précédente... et pourtant je me suis efforcé de continuer à vivre en homme libre...

À Roanne, nous avons fêté plusieurs fois de suite la mise à l'eau du bateau à la table des frères Troisgros. Puis nous avons cheminé lentement le long des voies d'eau endormies, prenant soin de nous amarrer chaque soir dans un coin désert, loin des villes et des villages que nous traversions le jour, car le succès de ma chanson *La Motogodille* et ma participation à plusieurs émissions de télévision avaient redonné un coup de neuf à ma célébrité, parfois gênante quand les curieux viennent vous zyeuter comme une bête curieuse : au temps des *Élucubrations*, je vous l'ai raconté, ma célébrité avait explosé de façon si soudaine, avait pris des proportions si énormes, qu'elle en était vite devenue détestable, par la curiosité du public, mais surtout par le harcèlement imbécile de la presse la plus stupide ; même chose en Italie au temps de *Pietre* et de la *Tramontana*. Au temps de *Bonjour Salut*, de *Ratata*, des émissions de télévision avec Danielle Gilbert, ma notoriété avait pris un régime de croisière très acceptable, je n'avais plus aucun problème pour me balader dans les villes sans garde du corps, je pouvais dîner au restaurant sans retrouver des fans dans mon assiette. Lorsque je suis parti naviguer, n'apparaissant pratiquement plus à la télévision, je passais de plus en plus inaperçu, ce qui est en général plutôt souhaitable : la célébrité s'apparente à la séduction chez une femme : comme une jolie femme qui s'est habillée sexy, on aime bien que les gens vous admirent, se retournent sur vous dans la rue... mais on ne veut pas que cette admiration se transforme en harcèlement ; cette similitude est peut-être une des raisons pour lesquelles les mots « vedette », « star » ou « célébrité » sont des mots féminins : le vedettariat est un état éminemment féminin.

Pourtant la célébrité, je ne le nie pas, apporte un certain nombre d'avantages, de privilèges, dont j'use forcément parfois, en essayant de ne pas en abuser : dans un magasin, un bureau, une administration, être reconnu – comme quelqu'un de sympathique, pas comme lorsque le pompiste avait refusé de me servir au temps des *Élucubrations* ! – vous donne souvent un avantage inestimable : vous n'êtes pas simplement un numéro, un client parmi d'autres, mais un être humain, une personne qui existe vraiment ; dans la rue, on peut sourire aux gens, même aux femmes, sans passer pour un pervers. Revenant du Brésil ou de Guyane, un peu oublié du grand public, je passais inaperçu... sauf si je mettais un chapeau de paille : il se trouvait qu'au cours des quelques émissions auxquelles j'avais participé j'avais sur la tête un chapeau de paille acheté à Fortaleza ou à Cayenne : même si l'impact de la télévision était moins colossal et grotesque qu'aujourd'hui, l'effet était impressionnant : si j'avais besoin de passer inaperçu, par exemple pour traverser une foule, je gardais mon chapeau à la main et j'étais totalement anonyme. Si j'avais besoin d'une faveur pour moi ou pour des amis, par exemple le jour où l'un d'eux me demanda de l'aider à obtenir une ligne téléphonique (à cette époque, il fallait près de deux ans pour en obtenir une !), je me pointais au bureau concerné avec mon chapeau sur la tête, et, aussitôt reconnu, je bénéficiais parfois de petits avantages, mais surtout de ce privilège immense qu'est le sourire des gens.

La France était magnifique côté jardin, les villages, les bourgades historiques que nous traversions étaient l'occasion de jolies haltes, pour déjeuner, souvent dans de bons petits restaurants... et à quelques très grandes adresses, comme Saint-Père-sous-Vézelay. Le long des canaux, la France avait conservé l'aspect naturel qu'avaient encore les bords des routes il y a cinquante ans, avant d'être envahis par des millions d'hectares de bâtiments parallélépipédiques, construits au moindre coût et sans la moindre considération architecturale, au nom du profit immédiat, pour vendre au consommateur avide des salons en cuir, des grillades de bœuf ou des tapis, ces interminables zones commerciales, artisanales ou industrielles qui ont en peu de temps défiguré une bonne partie de la planète ; le long des canaux, au contraire, pratiquement rien ne s'était construit depuis un siècle, peu d'industries, aucune station-service ni supermarché, on se serait cru revenu cent ans en arrière. Nous avons attendu que rouvre le canal du Nivernais, fermé pour entretien, puis nous nous sommes dirigés, à la vitesse d'un homme qui marche d'un bon pas, vers la capitale.

Arrivés à Paris, où n'existait pas encore, je crois, l'agréable marina qui a été créée depuis dans le bassin de l'Arsenal, près de la Bastille, nous avons eu la chance de trouver à nous amarrer au quai d'un marchand de bateaux de plaisance, non loin de la tour Eiffel... Puis nous avons repris la route, et nous avons fait halte dans une bourgade toute fleurie de la banlieue ouest de Paris, et Josseline nous y a rejoints, comme elle le ferait à plusieurs reprises dans les mois à venir.

Lors de notre passage à Paris, nous avions également eu la visite à bord de Renaud et de sa femme Dominique, les yeux pleins d'envie de mers lointaines et de lagons bleus. Notre rencontre, hélas, était sans doute survenue trop tard : j'aurais conseillé à Renaud un tout autre bateau, car celui qu'il s'était commandé était le contraire de ce qu'il lui fallait : trop grand, doté d'un gréement aurique folklorique, beau à regarder, peut-être, mais trop compliqué et lourd pour qu'il puisse le manier seul. Comme Renaud, avec son orientation sociale, n'était pas du genre à engager un équipage salarié, skipper et marins, il dut faire appel à des copains... et quand il s'en installe une poignée dans cette cellule familiale qu'est un voilier voyageur, ça ne va jamais très loin : une tapée de clampins qui se pochetronnent, clopent et refont le monde, et arrive ce qui doit arriver, l'épouse quitte le bord, et le beau projet de grand départ sur les océans tourne en eau de boudin. La croisière de Renaud n'est pas allée bien loin, les copains ont emmené, sans Renaud je crois, sans Dominique ni Lolita, le bateau jusqu'aux Antilles, et le beau projet a été vite oublié. Pourtant, une nuit où il était de quart à la barre dans le golfe du Lion, par mer forte, en tapotant sur le roof, Renaud s'est mis à écrire dans sa tête : « C'est pas l'homme qui prend la mer »... Cette chanson, et les autres chansons de l'album *Morgane de toi*, ont fait littéralement exploser la carrière de Renaud, un succès gigantesque, des millions d'albums vendus... Eh oui, le destin de Renaud, c'était de devenir une énorme vedette de la chanson, pas un navigateur au long cours !

4

France-Brésil-Antilles sur *Voyage*

(1981-1983)

À Rouen, où nous avions fait halte pour le mâter, *Voyage* goûta à l'eau salée ; puis, pour la première fois de sa vie, aux alentours du pont de Tancarville, il fut ballotté par le sillage d'un cargo qui remontait le fleuve. Soudain, au large du Havre, nous avons retrouvé, après ces semaines de navigation entre deux berges de fleuve ou de canal, l'immense liberté d'avoir autour de soi trois cent soixante degrés d'horizon ; enfin nous étions libres de choisir un cap, de faire escale dans une île, un port, ou de continuer ; chaleur de l'amitié liée avec un importateur de bateaux d'Ouistreham, sortie en mer pour des essais à Cherbourg en compagnie de Michel Joubert, venu contrôler *in situ* le comportement en mer du bateau : contrairement à *Om*, qui était un quillard à quille relevable – les quatre tonnes de plomb qui constituaient son lest descendaient avec la quille – *Voyage* était un « dériveur intégral », dépourvu de toute quille, son lest résidant dans le fond de la coque, et la dérive que l'on pouvait faire monter ou descendre ne servant, elle, que de surface antidérive, s'opposant à la force du vent sur les voiles : *Voyage* était un des premiers dériveurs intégraux, une formule qui serait dans les années suivantes reprise par de nombreux chantiers français, et l'architecte voulait se rendre compte en vraie grandeur de l'exactitude de ses calculs ; il repartit satisfait, et moi rassuré, même quand, le bateau gîtant, la mer semblait vouloir monter à bord en empruntant le chemin du passavant, beaucoup moins haut sur l'eau, je l'ai dit, que sur mon bateau précédent.

Nous avons joui de notre premier mouillage désert dans le dédale des rochers des Minquiers, au large de Saint-Malo ; nous avons remonté un bout de Rance pour retourner dîner – avec Josseline, revenue passer avec nous un week-end – chez Marmion, à Dinan, puis nous avons contourné la Bretagne, où les raz de mauvaise réputation se montrèrent pour *Voyage* très indulgents. Audierne, l'île de Groix, le port de Lorient, puis l'île de Noirmoutier, l'île d'Yeu nous virent jeter l'ancre sur notre route vers La Rochelle, où de nombreux autres copains nous avaient donné rendez-vous : Gérard Janichon, qui allait enfin repartir, Michel Joubert, et quelques amis journalistes. Amarrés à l'un des pontons du port des Minimes lors du Grand Pavois, nous eûmes à bord un défilé continu de visites. Un journaliste de la revue *Les Cahiers du yachting*, qui devait bientôt devenir *Neptune Nautisme*, m'avait tout d'abord agressé au sujet de mon nouveau bateau ; à l'entendre, je m'étais fait rouler en choisissant le Strongall et un salon de pont qui donnait à *Voyage* une silhouette inhabituelle, mon bateau était moche et nul... Je l'invitai à venir voir comment était la vie à bord, et il nous trouva en grande conversation, amicale et chaleureuse, avec Gérard Janichon et quelques autres, dans le confortable carré, lumineux, ouvert sur le monde extérieur, et qui serait si agréable sous les tropiques. L'ambiance dut lui plaire, car il devint, à dater de ce moment, l'un de mes plus fidèles supporters, et sa revue m'ouvrit pour plusieurs années ses pages pour que j'y raconte aussi régulièrement que possible nos navigations.

Le mois d'octobre était déjà là quand je songeai à m'élancer vers le large ; mais, en cette saison, une succession de fronts et de dépressions risquaient de rendre désagréable, voire périlleuse, la sortie du golfe de Gascogne ; après avoir attendu en vain une bonne météo, je réalisai soudain que *Voyage* était parfaitement capable de... remonter la Gironde, d'embouquer le magnifique canal du Midi, qui vaut à lui seul un voyage, et de se retrouver quelques centaines d'écluses plus tard dans les eaux plus favorables de la Méditerranée, non sans quelques haltes gastronomiques de plus : ainsi, le moteur de *Voyage* a eu la bonne idée de tomber en panne juste en face du quai de Cadillac (tout un programme !) et nous avons passé les deux jours nécessaires à l'arrivée de pièces de rechange à visiter les châteaux environnants, Barsac-Sauternes et autres grands crus de Bordeaux. Nous nous sommes aussi attardés deux jours dans le paradis terrestre de Michel Guérard, à Eugénie-les-Bains, en compagnie de Josseline... et deux jours chez Michel Guérard avec deux personnes avec qui tu t'entends bien... je ne sais pas s'il existe grand-chose de plus agréable au nord du tropique du Cancer...

Enfin, nous avons atteint la Méditerranée, où, tout autour du golfe du Lion et au long des côtes catalanes et espagnoles, de nombreux abris s'ouvraient en cas de mauvais temps. Nous avons trouvé notre premier mouillage presque tropical, celui d'Espalmador, à Formentera, aux Baléares. Dans cette vaste baie entourée de belles dunes, déserte en cette saison, l'eau était pure comme le cristal et encore presque assez chaude en octobre pour s'y baigner. Nous avons eu la surprise d'y voir arriver notre vieil ami Georges, de *Paris Match*, avec qui j'avais fait mes premières armes sur le dériveur de Boulouris, et qui aurait fait partie du voyage si notre projet initial de départ à plusieurs n'avait pas capoté...

Il avait fini par partir lui aussi, mais sur le bateau d'un copain pas très facile à vivre, et leur voyage ne devait durer guère plus qu'une année sabbatique.

À Gibraltar, nous sommes allés donner des cacahuètes aux singes qui habitent les flancs du rocher, puis nous avons fait le plein de fruits et de légumes merveilleusement frais dans les ruelles de la médina de Tanger. À Casablanca, j'ai retrouvé Alex et Jacotte, qui avaient été témoins de mon premier départ vers la haute mer quand, sept ans plus tôt, sur *Om*, encore pas très sûr de moi, j'avais mis le cap sur Dakar. Nous avons longé les côtes du Maroc en faisant chaque jour escale dans un port différent, El Jadida (l'ancienne Mazagan, dont les superbes citernes souterraines de pierre témoignent du riche passé historique), Safi, Essaouira, où des files ininterrompues de camions chargeaient sur des cargos les caisses d'inoubliables clémentines du Maroc, Agadir, où Josseline nous a rejoints à nouveau, pour un petit pèlerinage à Marrakech et à Ouarzazate, qui m'avait tant séduit quand j'avais passé des nuits aux confins du désert à regarder au télescope les millions d'étoiles d'un ciel infiniment pur. Nous avons fêté Noël et la nouvelle année dans le port d'Agadir, non loin du Club Med, qui était alors le sympathique point de rendez-vous, en cette saison festive, d'un grand nombre de membres de la communauté israélite de France, dont beaucoup de commerçants du Sentier et de personnes du show business : parmi eux, un ami, encore un Maruani (sans le « o », celui-ci), Roger, que les mystères de la revente de la maison Barclay à Philips ou à Polygram avaient fait nommer directeur de la maison. C'est avec sa bénédiction que j'avais publié avant de reprendre le large sur *Voyage* un nouvel album, *Solitaire*, comportant plusieurs des chansons d'Edoardo Bennato que j'avais adaptées, et les enregistrements faits à Tahiti avec l'orchestre des Grands Ballets de Tahiti, *Vahine, Vahine, La Marine nationale* (adaptations personnelles des chansons traditionnelle tahitiennes *Hiro e* et *A tamau a*) et la version ukulélé de *Je l'appelle Canelle* ; Roger Maruani était un homme charmant, peut-être un peu trop gentil et trop respectueux des artistes pour faire longue vie dans le show business, qui devenait de plus en plus âpre avec l'arrivée des années quatre-vingt : il était surtout obsédé... par la pêche, et nous passions des journées entières au large d'Agadir en sa compagnie.

Nous avons quitté le continent, en direction des Canaries ; l'hiver nous poursuivait : nous rêvions d'eaux chaudes pour nous y baigner, mais il manquait encore quelques degrés à l'océan, autour de Lanzarote et de la Grande Canarie, pour pouvoir le faire. Nous nous sommes consolés en découvrant les paysages extraordinaires de la vallée de la Geria, les millions de murets semi-circulaires construits au fil des siècles par les hommes pour abriter du vent, dans ce paysage volcanique dépourvu du moindre arbre, de la moindre haie, les pieds de vigne qui produisent un vin réputé titrant près de dix-huit degrés ! À la Grande Canarie, nous avons encore une fois frémi à la vue des ravages du tourisme industriel – heureusement localisés à la région de Maspalomas –, et nous nous sommes réfugiés au sud-ouest de l'île, dans la région de Puerto Rico, de Pasito Blanco et de Puerto de Mogan, où de nombreux voiliers préparaient comme toujours leur traversée de l'Atlantique.

Nous avons ensuite pris la route du Sud, hésitant encore à mettre le cap sur Dakar, que je connaissais déjà, ou sur les îles du Cap-Vert, dont je ne savais pratiquement rien ; c'est l'attrait de la nouveauté – et l'arrivée décisive d'un bon vent d'est – qui nous fit choisir cet archipel, pauvre, aride, balayé par les vents chargés de sable venus du Sahara. Des escales heureuses, un peuple charmant, accueillant malgré son dénuement, et surtout une musique exceptionnelle, dont je me demandai vite comment il était possible qu'elle reste longtemps inconnue : lors de notre passage, Cesaria Evora, qui devait rendre célèbre les *mornas* des îles du Cap-Vert, n'était encore qu'une petite vagabonde aux pieds nus des quais de Mindelo, un port où, ayant jeté l'ancre pour quelques jours, nous sommes finalement restés plus de six semaines, apprenant à connaître dans tous leurs recoins la ville, son marché, les campagnes et les plages environnantes, les petits restaurants, et les boîtes où l'approche du carnaval échauffait l'atmosphère jusqu'à des degrés surprenants, et où nous dansions l'endiablée *coladeira* jusqu'à des heures avancées, en compagnie d'équipages de rencontre, dont celui de *Drift*, une fameuse bande de drilles plus préoccupés de l'état du stock de vins et de rhum de leur voilier que de celui de leurs voiles ou de leur pilote automatique. Une douzaine de voiliers environ partagaient le mouillage de Mindelo, une sorte de village flottant avec ses problèmes de voisinage, ses coups de foudre et ses bagarres, les péripéties coutumières d'un mouillage urbain dans une île presque tropicale... Eh oui, nous avions fini par distancer l'hiver et nous pouvions enfin nous baigner chaque jour autour du bateau.

L'archipel des îles du Cap-Vert, somme toute, nous avait séduits ; nous avions aimé Sal, l'île du Sel, aride et bordée d'une plage magnifique, que le tourisme commençait à peine à effleurer : que de bons moments nous avons passés à la terrasse de l'hôtel Morabeza en compagnie de la directrice de l'endroit, amie parisienne venue gérer ce petit établissement du bout du monde, à écouter des musiciens locaux chanter les derniers succès capverdiens ou les *mornas* traditionnelles ! Nous avions aimé la grandiose solitude des îles de Saõ Nicolau, et de Santa Lucia ; mais nous ne pouvions nous empêcher de penser au sombre destin d'un archipel comme celui-ci, désertique : on en exportait encore, il y a cinquante ans, des fruits et des légumes, puis l'extension irrésistible du Sahel, sur le continent africain proche, avait fait cesser toute pluie : il n'en était pas tombé une goutte sur l'île de Saõ Vicente depuis quinze ans ! L'archipel ne vivait plus que de l'aide internationale et des fonds envoyés par les centaines de milliers de Capverdiens émigrés, partis travailler en Hollande, en Allemagne ou aux États-Unis : qu'un conflit international, une paralysie des transports interdisent l'arrivée de ces aides, et les habitants de cet archipel où plus rien ne poussait n'auraient peut-être que peu de temps à vivre...

Nous étions si bien à Mindelo que nous avons eu du mal à nous décider à en partir ; la traversée de l'Atlantique, en direction de l'angle nord-est du Brésil, n'est qu'une simple formalité : l'alizé du nord-est nous emmena vers l'équateur, où le Pot au Noir, très étroit en cette saison, fut rapidement traversé au moteur ; et quand l'alizé de sud-est de l'Atlantique Sud nous accueillit, nous étions prudemment restés assez à l'est de la route directe pour ne pas avoir à le serrer de trop près. La seule chose qui nous préoccupait un peu était... la guerre des Malouines : quelques jours avant notre départ s'était déclaré cet épisode navrant et ridicule de l'actualité, et de grands blocs internationaux semblaient s'être formés, l'Europe appuyant l'Angleterre, les pays d'Amérique du Sud favorisant l'Argentine : les deux pays se disputaient un archipel battu par les vents qui débouchaient du cap Horn, les Malouines, ou Falkland. Et voilà que notre seul récepteur radio était tombé en panne : nous n'avions plus aucun contact avec le reste du monde. Si le conflit dégénérait, comment serions-nous, navigateurs européens, accueillis au Brésil ? Nos inquiétudes se révélèrent vaines quand, à l'approche du continent, je parvins à faire remarcher un poste de radio, qui nous confirma que le conflit avait gardé l'échelle d'une escarmouche locale... et qui nous replongea du même coup dans la tonitruante culture brésilienne, football et musique à toute heure.

Recife nous accueillit sous les précipitations torrentielles de la saison des pluies ; des torrents balayaient les allées du marché de la ville, où nous avons redécouvert avec bonheur les fruits merveilleux du Brésil, mangues, fruit du jacquier, *fruta de conde*, quelle richesse après le dénuement des îles du Cap-Vert ! La ville, sous la pluie, était pourtant chaleureuse, son rythme un peu trop endiablé pour de paisibles navigateurs comme nous, et nous avons vite continué notre route vers le sud, en direction de Bahia, ou de Salvador, dont j'avais gardé un si bon souvenir du temps du voyage d'*Om*. Je rêvais de naviguer à loisir en eau plate, à l'intérieur des barrières coralliennes qui bordent la côte brésilienne, mais j'avais compté sans les nombreux fleuves qui se jettent dans la mer, troublant suffisamment l'eau pour rendre bien des récifs invisibles ; nous nous sommes tout de même glissés dans quelques coupures de corail pour trouver des abris, dont un, inoubliable, sous le vent d'une petite île privée, habitée d'un gardien solitaire qui nous reçut gentiment, même si nous lui semblions un peu venir d'une autre planète.

Enfin la baie de Tous-les-Saints, la fameuse Bahia de San Salvador, s'ouvrit devant l'étrave de *Voyage*, pour une longue escale, but de notre détour vers l'Amérique du Sud ; j'ai retrouvé inchangé le mouillage désordonné du Mercado Modelo, au pied de la vieille ville hérissée d'églises, non loin du marché artisanal bouillonnant de couleurs. Ce n'était pas la saison du carnaval... mais celle du Mundial, que tous les Brésiliens étaient évidemment absolument certains de gagner, et la ville, le pays tout entier se préparaient à des fêtes tout aussi enjouées que celles que j'avais connues sept ans plus tôt, avec des *trios eletricos* et de la musique plein les rues... Mais voilà que l'équipe brésilienne fut assez rapidement éliminée de la compétition, à la consternation générale... On dut sans s'en être servi remiser les chars prêts à défiler, démonter les kiosques et les bars érigés partout, et renvoyer chez eux les musiciens... et les millions de Brésiliens désespérés de l'échec de leur équipe nationale ; la ville, soudain, était aussi triste et morne que le mercredi des Cendres, le lendemain du carnaval [1].

Nous avons surtout redécouvert les îles de la Bahia, et les fleuves qui s'y jettent, conduisant à des bourgades endormies (sauf les soirs de match) aux marchés regorgeant de fruits. Nous avons passé la fête de la Saint-Jean à Nazaré, où de grands feux étaient allumés partout, et où toutes les portes étaient ouvertes, les Brésiliens vous invitant à goûter à toutes sortes de friandises, un peu comme lors de la fête indienne de Divali, dans l'océan Indien. Nous nous sommes attardés des semaines entières dans notre coin de prédilection : les abords de l'île d'Itaparica. L'île elle-même avait été effleurée par le tourisme, et s'animait un peu trop à mon goût à chaque fin de semaine ; mais en s'aventurant à l'ouest, dans une vaste zone de hauts-fonds mal balisés, on atteignait quelques coins propices à la solitude, des îlots déserts sur les plage desquels nous échouions la coque de *Voyage* ; c'est là qu'aiguillonné par la vision d'un dériveur que son propriétaire avait décoré d'une élégante spirale peinte sur la coque, j'ai entrepris de peindre de part et d'autre de l'étrave de *Voyage* une frise comportant un arc-en-ciel, des petits nuages et un soleil

1. La musique brésilienne avait à faire face à une sérieuse concurrence, cette année-là, sur les ondes des radios locales, des succès internationaux gigantesques comme *Ebony and Ivory*, de Paul McCartney et Stevie Wonder, la musique des *Chariots Of Fire*, par Vangelis, *Abracadabra* du Steve Miller Band. Quant à la musique d'inspiration jamaïcaine, elle prenait un coup de jeune avec les gamins des Musical Youth et *Pass The Dutchie*.

radieux... un quart de siècle plus tard, l'actuel propriétaire de ce bateau a conservé ces dessins, repeignant soigneusement la coque autour d'eux, les agrémentant de quelques oiseaux de plus.

Il y avait aussi, tombant d'une falaise de la côte d'Itaparica, la fine cascade du Tororò, où les pêcheurs locaux allaient faire le plein d'eau potable ; une poignée de voiliers l'avaient découverte, et y jetaient l'ancre pour de grandes lessives et pour remplir les réservoirs. Comme aux îles Mucha, près de Djibouti, nous récoltions des coquillages dans le sable des bancs, certains comestibles, d'autres présentant une incroyable diversité de motifs et de couleurs, et dont Titou tirait des colliers ; des graines inconnues, d'un bleu improbable, poussaient au flanc de la falaise, sous le chaud soleil du Brésil.

Puis, le capitaine ayant à nouveau besoin de solitude, Titou a quitté le Brésil, passant par Paris où Josseline l'emmena participer à quelques fêtes gastronomiques chez des amis épris de bonne cuisine, comme le coureur automobile Henri Pescarolo ou Pierre Perret. Puis Titou partit pour Tahiti.

Quelques semaines plus tard, la vie de Josseline soudain changea du tout au tout, car elle trouva un amour exclusif, un jeune écrivain et journaliste qui l'avait charmée, avec lequel elle se mit à vivre à plein temps, et qui tint absolument à lui faire un enfant.

Moi, j'ai repris la route du Nord, en direction d'abord de Recife, avec quelques escales, dont une, parfaitement inoubliable, sur le cours du fleuve São Francisco do Norte, défendu par une barre dangereuse, mais entouré d'un paysage étincelant, immenses dunes de sable et boucles tranquilles sur lesquelles le transport des marchandises se faisait encore en pirogue à voile. Effleurer ainsi le cœur du Brésil, jusqu'à la petite ville de Penedo, c'est se trouver un instant plongé dans un de ces magnifiques, épais, livres de Jorge Amado, qui me tenaient si souvent compagnie dans ce séjour. Puis j'ai jeté l'ancre dans un des yacht-clubs de Recife, pour renouer avec les amitiés esquissées lors de notre arrivée, mais aussi, laissant le bateau sous la bonne garde d'un copain navigateur belge, Daniel Drion sur *Elaeis*, pour aller passer dix jours à Rio de Janeiro, et y enregistrer, comme lors de mon premier séjour, des versions françaises de quelques-unes des plus belles chansons brésiliennes qui passaient alors à la radio.

Pour mes travaux d'écriture, je m'étais isolé un mois dans l'estuaire d'un autre petit fleuve, en pleine campagne, au nord de la ville. J'y menai de front l'écriture des chansons et celle des premiers chapitres du livre dont nous avions parlé avec Bernard Moitessier, le livre pratique abordant toutes les disciplines qu'il faut un peu connaître pour naviguer au long cours. Je me concentrais si fort sur mon travail à l'intérieur du bateau, dont la coque crépitait furieusement des bruits étranges que provoquent les coquillages qui s'accrochent et se développent sur les coques métalliques, qu'un oiseau eut tout le loisir de construire son nid à l'intérieur de la bôme de *Voyage*. Je l'effrayais de temps en temps en sortant de mon antre, mais il revenait vite s'installer dans son abri d'aluminium.

J'eus tout de même quelques jours, pour interrompre ma solitude, la visite d'une jolie Brésilienne que j'avais rencontrée à l'Alliance française, où un ami français m'avait demandé de donner une conférence devant les personnes, de tous âges, Brésiliens ou étrangers, qui viennent apprendre le français dans ces associations. L'entracte était bienvenu dans mes denses travaux d'écriture. Elle se trouvait être la fille d'un très haut fonctionnaire de la Marine brésilienne, mais je ne pense pas qu'il faille voir de rapport entre cela et le fait qu'à mon retour à Recife je découvris que j'étais recherché par toutes les force de la Douane et de l'Immigration, car j'avais, en toute bonne foi, omis de faire avant de quitter le port une déclaration dont j'ignorais la nécessité. Les choses, heureusement, s'arrangèrent sans difficulté, et je pus prendre l'avion pour Rio, où les enregistrements furent l'occasion de bons moments musicaux dans les studios et de retrouvailles avec des amis restés sur place. Hélas, le succès de *La Motogodille* ne s'étant pas renouvelé, la maison de disques fit peu de cas de ces enregistrements, qui effleuraient pourtant tout l'éventail de la musique brésilienne du moment, de Milton Nascimento aux musiques plus traditionnelles du *Sertão* : c'est tout de même dommage que de si belles chansons, que je m'étais si assidûment appliqué à traduire, n'aient pas connu le succès, alors que la plus vite faite des couillonnades, *La Motogodille,* avait figuré dans les hit-parades ! Seule est restée de ces enregistrements la très jolie chanson de Marcos Sabina, *Reluz*, que j'avais adaptée sous le titre d'*Archipels*, et que j'ai choisie, des années plus tard, pour illustrer une séquence particulièrement romantique d'un de mes premiers films sur les îles.

C'est dans les archipels de mes rêves
Qui s'en vont en fumée quand le jour se lève
Que tu m'attendras quand reviendra la nuit
Cheveux de vanille et peau de cannelle
Des constellations inconnues étincellent
Au fond de tes yeux quand tu me souris

Quand je rejoignis *Voyage*, les eaux chaudes chargées de vie du fleuve sur lequel il flottait avaient couvert sa coque d'une incroyable couche de coquillages, son hélice même était transformée en une boule de fruits de mer impropre à toute propulsion. Un ami, appartenant au consulat de France à Recife, se dévoua pour m'aider à gratter la coque, et, après un dernier week-end sur mon fleuve, je larguai un matin les amarres, bye-bye Brésil !

Passé le cap São Roque, coin nord-est de l'Amérique du Sud, un courant favorable de 3 nœuds et plus emmène, comme sur un tapis roulant, les bateaux se dirigeant vers le nord-ouest ; parcourir le chemin inverse, aller des Antilles au Brésil en longeant cette côte relèverait de l'impossible. La traversée du Pot au Noir, à cette vitesse, a demandé moins d'une journée. J'ai été un peu secoué au large de l'embouchure de l'Amazone : pour la deuxième fois, je dédaignais ce fleuve, sur lequel les *Damien* avaient pourtant fait une si extraordinaire navigation : j'avais une envie irrépressible de retrouver des eaux claires, des lagons bleus, la seule chose, à vrai dire, qui fait défaut au Brésil ; et puis Titou m'attendrait dans quelques jours en Guadeloupe.

J'ai fait escale aux îles du Salut, j'y ai retrouvé plusieurs amis, dont le copain qui m'avait aidé à aménager *Om* sept ans plus tôt. Il dirigeait maintenant un restaurant établi dans les ruines du bagne, et un investisseur créait dans l'île Royale un petit hôtel, où les employés du Centre spatial de Kourou, tout proche, venaient passer leurs fins de semaine. J'ai cueilli des mangues en compagnie de l'équipage d'un autre voilier en escale, et j'ai vite repris ma route vers le nord-ouest, effectuant des parcours quotidiens de plus de 170 milles ; à l'approche des Petites Antilles, le ciel s'est couvert, la pluie est tombée sans discontinuer, me donnant quelques inquiétudes pour mon approche ; mais au moment opportun l'alizé a balayé les nuages, et c'est sous un soleil radieux que j'ai pénétré dans un minuscule lagon, celui de Petite-Terre, qui deviendrait un de mes refuges préférés au long des mois de séjour Caraïbe qui commençaient.

Sans m'en rendre compte, j'avais choisi de m'installer dans une des parties les plus agréables de la Guadeloupe. La marina de Saint-François était un petit bassin tranquille, au cœur d'installations touristiques modestement animées, loin de la bousculade de la capitale, Pointe-à-Pitre. Je m'y suis vite fait une poignée d'amis, habitants du lieu ou navigateurs en escale, comme Yves, un chaleureux skipper québécois qui polissait sans fin le magnifique voilier d'un gentil milliardaire de son pays. Des skippers de voiliers de charter, des vagabonds, des hommes et des femmes venus refaire leur vie dans ce coin béni des tropiques. L'ami Patrice, qui, au chantier de Tarare, m'avait aidé à aménager *Voyage*, est arrivé lui aussi, ayant enfin achevé le bateau d'acier qu'il construisait depuis tant d'années.

Je suis allé chercher Titou à l'aéroport, et nous avons rendu visite, dans la grande marina, beaucoup moins paisible, de Bas-du-Fort, aux portes de Pointe-à-Pitre, à quelques amis navigateurs qui venaient de courir la Route du Rhum. Alors que nous marchions le long d'un ponton, arriva en face de moi... Olivier de Kersauson... Allait-il continuer à m'agresser, comme lors de nos rencontres précédentes ? En dix secondes, je vis un changement se produire dans sa physionomie, j'avais presque la sensation de l'entendre penser : « Qu'est-ce que je fais, je continue ? Ou j'arrête mes conneries ? »... Arrivé devant moi, soudain, il m'a fait un grand sourire et m'a tendu une main amicale. C'était sa façon d'être, il avait décidé de mettre fin à cette guéguerre, et on n'en parlerait plus... Et moi, pourquoi lui aurais-je tenu rancœur de son attitude antérieure ? Depuis, nous sommes restés d'excellents amis. Ce jour-là, il me parlait de la course pas spécialement brillante qu'il venait de faire, quand il dévisagea soudain mon équipière : « Mais, tu es Titou, toi, la fille de Michèle de Chazeaux ! *Aue, Titoï te ure !* » Je découvris alors la passion d'Olivier pour les jurons tahitiens, qu'il avait appris lors d'un séjour en Polynésie, où il avait logé... chez Michèle et Titou ; il y avait même été victime d'une violente dengue : « Tu te rends compte, disait-il à Titou, j'ai failli crever sur ton canapé ! »

Très vite, Titou et moi sommes partis découvrir les jolis havres de paix qui s'offraient à nous, à quelques heures de navigation de la marina : le lagon de Petite-Terre, niché entre deux îles que n'habitaient que des iguanes, des chèvres et deux gardiens de phare qui faisaient régulièrement le tour de l'île, repérant les endroits où des tortues de mer, se hissant lourdement, de nuit, sur la plage, avaient enfoui leurs œufs. Ils déplaçaient en douceur, pour éviter que des maraudeurs ne puissent les déceler, la centaine d'œufs de chaque ponte vers des coins de plage non marqués par les traces, pareilles à celles laissées par un tracteur, des tortues reparties vers la mer en laissant leur future progéniture se débrouiller pour rejoindre le rivage. Les iguanes grimpaient aux hampes des aloès en fleur, et nous passions des journées tranquilles, souvent seuls, accueillant parfois des amis venus pour quelques jours sur leur bateau, franchissant la passe peu profonde qui devenait parfois dangereuse lorsqu'une forte houle du nord y brisait. Je revois Yves, le Québécois, entrer un jour où les brisants sont particulièrement inquiétants, utilisant toute la puissance de son puissant moteur : « Calice, s'écriait-il avec un accent pur sirop d'érable lorsqu'il nous eut rejoints au mouillage, mon moteur a cent-cinquante chevaux, et ils ont tous travaillé ! »

Le week-end, Petite-Terre perdait beaucoup de son calme, car les gros yachts à moteur venaient de Pointe-à-Pitre y faire la fête, puis la semaine ramenait la tranquillité, et nous reprenions nos balades dans l'île, nus au soleil, à la recherche parfois de bois flottés, façonnés par leur dérive sur la mer, qui jonchaient les plages au vent du minuscule archipel. Titou s'en servait pour réaliser les anses de jolis sacs à main en tissus multicolores qu'elle avait entrepris de confectionner, un passe-temps sympathique, peut-être pour elle, dans le futur, l'occasion de tirer quelques revenus de ses créations... Je ne me doutais pas que nous mettions là le doigt dans un engrenage qui nous coûterait plus tard bien des tracas et des nuits blanches.

Il y avait aussi Marie-Galante, avec ses chars à bœufs et son rhum incendiaire ; à l'ancre devant Saint-Louis, nous débarquions goûter de délicieux colombos, des caris et des bananes flambées au petit restaurant de la plage, ou nous allions visiter les antiques raffineries de l'île, en compagnie un jour d'Éric Tabarly et de sa charmante femme, une Antillaise, avec qui il flânait sur un voilier, loin de toute compétition, sur les eaux de l'archipel. Un peu plus loin, il y avait les Saintes, un peu trop touchées déjà par le tourisme, mais qui, dès seize heures, quand les navettes reliant la grande île au petit port de Terre-de-Haut étaient reparties, retrouvaient miraculeusement leur calme.

Mais d'autres îles nous attendaient au nord de la Guadeloupe ; nous avons donc pris notre courage à deux mains et sommes allés à la capitale nous ravitailler. Les marchés des villes de la Caraïbe sont de véritables spectacles à ne pas manquer, mais les villes elles-mêmes, écrasées de chaleur, trop développées, trop modernes, embouteillées et bruyantes, n'étaient pas à mon humble avis ce qui pouvait arriver de mieux à une île tropicale. Pourtant, c'est dans la rue la plus animée de Pointe-à-Pitre, la rue Frébault, chez un marchand de journaux, que j'ai rencontré soudain une nouvelle passion, qui ne m'a pas quitté depuis... Eh non, qu'est-ce que vous allez imaginer, ce n'était pas, dans ma vie, une femme de plus... Non, j'étais depuis longtemps fan des bandes dessinées révolutionnaires qui paraissaient à l'époque, comme *Jodelle*, *Barbarella*, ou celles de Bilal ou de Moebius. Ce matin-là, entré acheter une revue nautique, je tombai sur un magazine dont la couverture était, je crois, illustrée par Bilal. Je l'achetai, et quelques minutes plus tard, installé dans ce qui était devenu notre refuge passager lorsque nous affrontions la chaleur de Pointe-à-Pitre, le premier étage d'un bar climatisé et accueillant, appelé, il me semble, l'Enfer vert, une boisson glacée embuant mon verre, confortablement niché dans un fauteuil d'osier, j'ai allongé les jambes, et j'ai ouvert le magazine...

Et je n'ai rien compris à ce qui m'arrivait ; ce n'était pas du tout un magazine de bandes dessinées ; au lieu de dessins colorés, on n'y trouvait que d'interminables listes de chiffres, des formules cabalistiques incompréhensibles : renseignement pris, c'était un des premiers magazines d'informatique individuelle, une science encore à ses balbutiements ; et ces listes de mots étranges étaient les premiers programmes en langage scientifique, le basic, que je découvrais. J'étais soudain très énervé : ce magazine était en vente dans une petite librairie du bout du monde, il devait donc y avoir des gens qui comprenaient le langage qu'il parlait ; pour moi, c'était du chinois ! Pourtant, j'étais censé avoir fait des études poussées (à Centrale, cependant, une quinzaine d'années plus tôt, l'informatique était encore totalement absente de nos programmes). Piqué au vif, je me suis dit qu'il fallait que je comprenne, que je n'étais pas plus bête que l'acheteur moyen de cette revue ! Le hasard voulut que, trois jours plus tard, je sois rentré en France, pour l'enregistrement de mon prochain disque, et pour rendre à l'éditeur le manuscrit de *Mettre les voiles,* que je venais d'achever dans la tranquillité de Petite-Terre. De Paris, je fis un saut à Tarare pour y chercher quelques fournitures, et je découvris que François, le patron du chantier, s'était plongé avec un peu d'avance sur moi dans les joies de l'informatique individuelle : il possédait une petite machine révolutionnaire dotée d'une mémoire extrêmement puissante de... huit kilooctets, et même d'une minuscule imprimante quatre couleurs... J'achetai aussitôt la même, et c'est ainsi que pénétra sur le bateau... et dans ma vie, la première d'une longue série de machines qui m'apporteraient, au fil des années, bien sûr quelques tracas et des moments de dépit, mais, somme toute, une infinité de plaisirs, et, au fur et à mesure que cette science se développait, la merveilleuse et gratifiante possibilité de reprendre progressivement en main des pans entier de la création jadis réservés à de riches producteurs... Mais, pour l'instant, la chose n'était qu'à ses balbutiements, et c'est à un programme de navigation astronomique que je consacrerais de longues heures, au cours des semaines suivantes.

La saison des cyclones approchait, et j'avais choisi pour la passer en sécurité une île proche de la Guadeloupe, et qui comptait plusieurs abris anticycloniques : l'île anglaise d'Antigua, celle même où seize ans (et de nombreuses vies !) plus tôt, j'avais fait, pris d'un violent ras-le-bol au bout d'un an de show business, mon premier séjour dans une île des Caraïbes. Nous avons tiré le bateau au sec à la marina de Bas-du-Fort, le temps de repeindre la coque, puis nous avons repris la route, contournant la Basse-Terre par le sud, avec encore quelques escales en Guadeloupe, aux Saintes, puis sur la côte ouest : Renaud n'était pas parvenu jusqu'aux Antilles avec son bateau, mais le show-biz me poursuivait jusque sur ces rivages peu fréquentés par le tourisme : dans un village, annexe paisible du Club Med de Sainte-Anne, nous sommes tombés sur Carlos, venu pêcher bien sûr, et la soirée fut animée ! Plus loin, dans le joli mouillage de Deshaies, un des plus agréables de Guadeloupe à mon avis, c'est Robert Charlebois que nous avons retrouvé, dans la maison toute simple qu'il avait achetée sur les hauteurs de la baie, sur la route de la magnifique plage de Grande-Anse. De l'autre côté du village, bien visible, peinte en rose bonbon, sur la colline, la maison de Coluche. Il s'y était retiré, un peu pour panser les blessures qu'il avait récemment reçues en France, surtout lorsqu'il avait eu l'étrange idée de se présenter aux élections présidentielles. Il se livrait à deux passions (outre la consommation permanente d'herbes exotiques) : la fabrication de bottes en cuir – il s'était acheté tout un outillage spécialisé – et la remise en état d'un étonnant yacht à moteur qu'il venait d'acquérir, qu'il avait fait repeindre de couleurs pastel très voyantes, et sur lequel il prévoyait de parcourir les Caraïbes ; sur les mers, on voyait aussi le bateau de Jacques Higelin, un superbe yacht à moteur des années trente, dans un état déplorable. Jacques avait débarqué dans notre vie et sur *Voyage* le mois précédent à Saint-François, nous emportant dans un tourbillon de fêtes, de dîners, de chansons improvisées avec le talent unique qu'il possède : en voiture comme à table, il ne cessait pas une seconde de jouer avec les mots comme il le fait dans ses chansons.

À Deshaies, nous avons salué aussi la famille Racine, propriétaire du restaurant du bord de mer Le Mouillage, réputé pour ses *ouassous*. Lors d'un de nos passages, en décembre, dans la baie, dans le magasin attenant au restaurant, le père Racine m'avait abordé, m'avait demandé discrètement : « Avez-vous déjà votwe wom de Nowel ? » J'ai mis un instant à comprendre de quoi il s'agissait. J'ai répondu que non. Alors il m'a glissé dans les mains, en nous souhaitant de joyeuses fêtes, une bonne bouteille de l'excellent *wom agwicole* de Guadeloupe[1].

Nous avons mis ensuite le cap sur Antigua, où dans la merveilleuse baie d'English Harbour, où l'amiral Nelson avait jadis établi ses quartiers généraux, la fête battait son plein : les plus beaux yachts de charter comme les petits voiliers vagabonds se retrouvaient là pour la célèbre Semaine d'Antigua, alternant régates et célébrations ; mais ce n'étaient plus les fêtes, les rencontres qui m'intéressaient... comme quoi on évolue avec les ans ! Un jour, seulement, nous étions retombés sur un des joyeux fêtards que nous avions côtoyés lors du carnaval de Mindelo, au

1. Que mes lecteurs antillais ne s'offusquent pas si je mentionne leur accent, ce n'est pas pour m'en moquer, mais parce que je l'aime, comme j'aime l'accent québécois ou l'accent méridional : ce sont en fait des versions améliorées, beaucoup plus musicales, du français ! Je n'oublierai jamais une escale aux Saintes, au coucher du soleil : dans le village redevenu tout calme, je marchais dans les rues ; de maison en maison, j'entendais les radios, toutes réglées sur la station locale, RFO, diffuser l'interview d'un écrivain antillais, qui racontait ses souvenirs d'enfance ; il parlait des bonbons qu'il aimait alors, et il prononça soudain d'une voix chantante cette phrase inoubliable : « Moi, les bonbons que je pwéféwais, c'étaient ceux en fowme de fouèze. »

Cap-Vert, et il nous avait entraîné vingt-quatre heures dans la vie des *beautiful people* qui constituaient une partie de la faune des îles Caraïbes, grands restaurants chic et à la mode (dont la cuisine ne valait évidemment pas grand-chose), bars et boîtes, consommation permanente de cocaïne ; c'est sans doute la seule fois de ma vie que, par politesse envers mon hôte, j'ai essayé cette substance, que j'ai trouvée parfaitement inutile – ça m'a fait éternuer plus qu'autre chose ! Je n'ai bien sûr pas de solution miracle à proposer à quiconque en ce qui concerne cette drogue-là ou d'autres plus ou moins dures, mais j'ai la conviction que, comme lors de la prohibition de l'alcool au temps d'Al Capone et de Chicago, c'est l'interdiction qui entretient artificiellement cette immense demande, avec la vague de crimes consécutive, de la Colombie et du Triangle d'or d'Asie du Sud-Est aux banlieues d'Amérique et d'Europe : je crois que si ces substances-là étaient accessibles de façon contrôlée, quasi médicale, (comme est le cannabis dans les *coffee shops* des Pays-Bas), elles revêtiraient beaucoup moins d'attrait pour les pauvres couillons qui se laissent piéger par elles en bonne partie parce qu'ils pensent donner du piment à leur vie morne et sans satisfactions en enfreignant la loi. En tout cas, pour moi, quelle chance j'ai eu de passer à côté de ces choses-là, et comme je plains ceux qui, voulant se remémorer et raconter leurs souvenirs de ces années si magiques, n'ont en mémoire que leurs démêlés avec ces drogues qui vous donnent peut-être un instant l'impression d'être un surhomme, mais qui en réalité font immédiatement de vous un pauvre abruti.

Cette nuit-là, à Antigua, notre ami nous avait convaincus de laisser le bateau à l'ancre pour dormir dans la luxueuse villa qu'il avait louée. C'était la première fois depuis des années que je dormais dans une maison... et j'avais détesté ça, on crevait de chaleur – les maisons, contrairement aux bateaux, ne sont pas délicieusement rafraîchies par la moindre brise caressant le mouillage – et j'avais souffert toute la nuit de la plaie nocturne des campagnes tropicales : pour une raison que j'ignore, les gallinacés de ces régions-là méconnaissent totalement la louable habitude de leurs homologues européens de ne chanter qu'au lever du soleil, et braillent toute la nuit... Nous n'avions pas fermé l'œil, et nous avions vite, dès l'aube, regagné le bord de *Voyage* pour nous échapper vers les régions les plus paisibles de l'île.

Car j'avais repéré sur les cartes une région du lagon qui entoure l'île d'Antigua, dans sa partie nord-est, une zone infestée de récifs dont les publications nautiques disaient que la navigation y était dangereuse ; un tel avertissement ayant l'avantage d'écarter les hordes de bateaux de location qui peuplaient un peu trop la plupart des mouillages des Antilles, je trouvai dans ce lagon, parsemé de très jolis îlots déserts, exactement l'endroit qu'il nous fallait pour passer agréablement la saison des cyclones : de jolis mouillages en eau bleu turquoise, où nous étions seuls ou en compagnie d'un ou deux bateaux amis ; une petite marina toute simple, à quelques heures de navigation, pour y faire le plein d'eau et le ravitaillement, et des anses très protégées où aller nous abriter dans les palétuviers en cas d'alerte cyclonique. En fait d'alerte, il n'y en eut, cette année-là, qu'une seule, et nous n'avons eu qu'une seule fois à rejoindre l'abri. Le reste du temps, nous l'avons passé à découvrir les îlots, à entretenir le bateau, à partager de bons repas avec des amis de passage, comme un sympathique couple québécois qui avait donné à son bateau le nom mérité de *Cruising Gourmet* ; et puis, pour ma part, je pouvais m'adonner à mon nouveau passe-temps, écrire mon programme de navigation astronomique sur ordinateur : travaillant quelques heures par jour, m'interrompant souvent pour me baigner dans le lagon bleu ou pour une promenade dans l'île, j'avais, utilisant des formules presque cabalistiques, mis au point un programme qui indiquait, à toute heure, pour toute position géographique de l'observateur, la hauteur et la direction dans laquelle se trouvaient les cent étoiles les plus remarquables : lorsque la nuit tombait, je sortais sous la voûte étoilée et contrôlais l'exactitude de mon programme !

Parfois, nous quittions Antigua pour l'île toute proche de Barbuda, où nous avions trouvé, sans doute, ce qui reste pour moi le plus joli mouillage des Caraïbes, le lagon de Spanish Point, ourlé de plages de sable fin. À l'heure du repas, nous n'avions pas à aller bien loin pour dénicher, sous l'abri d'un corail multicolore, une langouste ou un poisson juste de la bonne taille. La côte est de Barbuda, battue par la houle, était jonchée d'épaves de navires, et on disait que des trésors y étaient certainement enfouis, mais à quoi bon les chercher, nous nous contentions de jouir de la beauté et de la tranquillité de l'île.

Nous sommes retournés à Antigua à temps pour le carnaval, curieusement fêté ici en août, et appelé *j'ouvet*, déformation des mots français « jour ouvert » : c'était, au temps de l'esclavage, la seule fois de l'année où l'on ouvrait les chaînes des esclaves noirs, leur unique jour de congé. Il en était resté une tradition flamboyante, des danses sans fin au travers de la ville, des défilés, un grand concours de calypso. J'eus cette année-là l'insigne honneur de serrer la main du Roi du calypso ! Quand la saison des cyclones s'acheva, nous avons repris la route du Nord-Ouest, faisant escale à Montserrat, colonie anglaise, avec sa petite capitale dominée par le volcan qui devait la ravager en 1995. L'île possédait des studios où les plus grands artistes mondiaux, de Paul McCartney à Elton John, avaient enregistré. Brèves escales, ensuite, dans deux autres îles paisibles, Nevis et Saint Kitts, anciennes colonies anglaises qui venaient d'acquérir leur indépendance. Seule Saint Kitts avait un magnifique mouillage, une baie cernée de cratères, et, dans sa partie sud, de vastes lacs salés qui avaient laissé un souvenir ému à Jacques Higelin lors de la croisière qu'il y avait faite sur son antique yacht à moteur.

Nous nous sommes ensuite frottés à un monde très différent de celui, paisible et retiré, qui me satisfaisait le plus. Les deux îles de Saint-Barth et de Saint-Martin, dépendances de la Guadeloupe, c'était vraiment une autre histoire. On disait – avec un peu d'exagération, bien sûr – que Saint-Barth était le Saint-Tropez des Caraïbes, et il y avait de ça, tant étaient nombreux les artistes – acteurs, couturiers, danseurs étoiles – qui s'y étaient établis ; des *beautiful people* sillonnaient les routes tortueuses de la petite île en minijeep, et les riches propriétaires de yachts de luxe faisaient la fortune des magasins hors taxes du port de Gustavia ; suite à des lois anciennes, remontant à l'époque où Saint-Barth avait été rachetée à la Suède, et où Saint-Martin avait été partagée équitablement entre la France et la Hollande, Saint-Barth et Saint-Martin avaient la réputation d'être des paradis fiscaux, et de nombreuses structures *off-shore* destinées à éviter de payer des impôts s'élaboraient dans ces îles, ou dans leur voisine Anguilla, qui comptait autant de banques que de cactus. Moi qui voyageais en permanence, ne résidais pratiquement plus en France, on me conseillait souvent de me domicilier dans un de ces lieux apparemment bénis... J'ai toujours refusé de le faire, préférant rester domicilié en France – où se trouve de toute façon le « centre de mes intérêts professionnels », la seule notion importante, en réalité, pour le fisc –, déposant régulièrement mes déclarations d'impôts dans le Puy-de-Dôme, me faisant aider des meilleurs conseillers pour tirer le meilleur parti de la législation... tous les amis que j'ai connus qui avaient, au contraire, choisi des montages exotiques, *off-shore*, se retrouvèrent vite dans le collimateur des services fiscaux, et les paradis fiscaux se transformèrent bientôt, pour beaucoup, en enfer...

Pourtant, il est vrai que, sur ce plan-là, Saint-Barth et surtout Saint-Martin baignaient dans une sorte de liberté sympathique : le gouvernement socialiste récemment arrivé au pouvoir avec l'élection de François Mitterrand venait de prendre une mesure de restriction de la liberté des changes d'une imbécillité rare, une mesure digne d'un pays du tiers-monde : un Français n'avait plus le droit d'emporter de France plus de deux mille francs par an ! Cette loi stupide – qui heureusement, fut rapidement abrogée – aurait pu me poser un problème dans mes voyages... s'il ne se trouvait à Saint-Martin, île partagée entre deux nations sans pourtant le moindre poste frontière, toutes les banques que tu voulais, et qui échangaient sans la moindre difficulté, et sans limite, dollars, francs ou florins.

Voulant redonner à Titou une forme d'indépendance, il m'avait semblé que sa passion nouvelle pour l'artisanat, ses brillantes créations, les sacs multicolores, les petites robes, les colliers qu'elle réalisait avec beaucoup d'imagination, et qui séduisaient tout le monde, pourraient être une solution, lui permettraient de voler de ses propres ailes. Dès notre arrivée à Saint-Barth, l'idée parut se confirmer, nous ne pouvions traverser une rue, entrer dans un magasin, sans que quelqu'un ne s'exclame : « Quel sac merveilleux, quelle jolie robe, quel ravissant collier ! » Et Titou se trouva immédiatement sollicitée par de nombreux clients et clientes ; un couple d'amis parisiens qui avaient créé dans l'île un florissant commerce de vêtement exotiques, enthousiasmés par les sacs de Titou, lui dirent un jour : « Il faut absolument que tu ailles les proposer aux grands magasins de mode, chic et hors taxes, du côté hollandais de Saint-Martin. » Ils étaient si convaincants que je suggérai à Titou de le faire... Mais elle ne se sentait pas d'affronter seule des discussions commerciales ; j'acceptai donc de l'accompagner, pensant lui mettre, je l'ai dit, un peu le pied à l'étrier, espérant que, petit à petit, elle se débrouillerait seule. Et nous voilà partis, vagabonds des mers en escale dans le monde du *duty free* et de l'argent coulant à flots, vers les magasins les plus chic de Philipsburg. Malheureusement ces boutiques de très grand luxe ne vendaient que des marques genre Gucci ou Dior, et les pittoresques sacs de la jolie vagabonde des mers du Sud ne les intéressaient pas ; nous trouverions meilleur accueil, nous assura-t-on, dans les magasins de mode du côté français, à Marigot ; sans trop réfléchir, j'y accompagnai Titou... et je réalisai vite que, là, ça n'avait plus aucun sens : si les gérants, français, des magasins, nous recevaient, s'intéressaient aux créations de Titou, c'était en grande partie parce que j'étais, moi, Antoine, quelqu'un de connu pour d'autres activités ; et moi, d'abord, je n'avais aucune envie de me convertir dans le commerce de la fripe. Et surtout, pour ce qui était de donner à Titou son indépendance financière, sa propre « vitesse de libération », c'était un échec complet ! L'affaire n'alla pas beaucoup plus loin, et nous ne cherchâmes pas plus longtemps à séduire les marchands, d'autant que des acheteuses individuelles enthousiasmées avaient dévalisé Titou de la totalité de sa production de sacs, et qu'un autre des copains du carnaval du Cap-Vert, qui venait de créer à New York un magasin de vêtements, séduit par les robes de Titou, lui avait commandé, lorsqu'elle passerait par New York, toutes celles qu'elle pourrait lui livrer !

Enfin nous avons avec un soupir de soulagement tourné le dos à cette vie trop agitée, au diable tout ce business, pour reprendre notre route libre et tranquille, cap à l'ouest de nouveau !

Nous n'avons fait qu'une brève escale aux îles Vierges britanniques, à Virgin Gorda, le temps d'entrevoir une des merveilles du monde, sur la plage des Baths, un empilement de rochers de granit aux formes irréelles, comme on peut en voir aussi dans l'île de La Digue, aux Seychelles, ou dans certains coins de Bretagne Nord. Nous avons dédaigné le reste des îles Vierges, déjà submergées, en cette semaine de Noël 1983, par des centaines de voiliers de charter : nous regrettions déjà nos mouillages déserts du nord d'Antigua et de Barbuda ! Nous aurions pu en trouver d'autres, aussi beaux, aussi paisibles, tout près d'ici, à Culebra et à Vieques, un petit groupe d'îles oublié, au large des côtes de Porto Rico : je ne le découvrirais que des années plus tard, car cette fois-ci, nous étions passés en mode « voyage », et, nous en étions conscients, nous négligions nombre de belles escales possibles : nous étions en mouvement, et si l'on s'arrête partout, ce qui est bien tentant, on risque de ne plus arriver nulle part !

Nous avons tout de même prévu de faire halte dans deux des seules nations des Antilles restées hispaniques, Porto Rico et la République dominicaine : dans les siècles qui suivirent la découverte de l'Amérique par Christophe Colomb, la mer des Caraïbes tout entière était devenue un vrai « lac espagnol », Madrid avait étendu son empire sur toute le pourtour de cette « Méditerranée d'Amérique » ; depuis, pirates, amiraux, flibustiers s'étaient affrontés, Drake, Morgan, l'Olonnois, Nelson, et le sort des grands pays d'Europe s'était souvent décidé dans de tonitruantes batailles navales livrées autour de ces petites îles des Caraïbes, dans la baie de San Juan, par exemple, où nous sommes entrés sous voiles, passant au pied de la redoutable forteresse, et allant découvrir la vieille ville pittoresque. Puis nous avons mis le cap sur Hispaniola, l'île suivante vers l'ouest : tout ce parcours, de Saint-Martin jusqu'à la Floride, se révélait pour nous très confortable, car nous allions dans le bon sens ; les rares voiliers qui le font en sens inverse ont tant à lutter contre l'alizé que ce parcours a été surnommé *the thorny path* (le chemin d'épines).

À Hispaniola, nous avons à peine effleuré la partie est, et fait, à Puerto Plata, une seule escale dans un pays qui nous tentait alors peu, la République dominicaine : les formalités, entre autres, y étaient fort pénibles et les mouillages peu nombreux. Ce qui nous attirait dans l'île, c'était sa partie ouest, Haïti : Dieu sait que nous en avions entendu, des horreurs sur Haïti : la pauvreté, la saleté, le danger, la corruption : peu de voiliers envisageaient jamais d'y faire escale ; et pourtant, les rares équipages qui avaient été assez hardis pour y faire halte nous avaient dit être tombés amoureux de ce pays, et ne plus vouloir le quitter.

Haïti, prise aux *conquistadores* espagnols par les boucaniers français, qui avaient investi la petite île de la Tortue, était au XVIIe siècle devenue française, et avait connu une prospérité coloniale extraordinaire : peu avant la Révolution française, Port-au-Prince et Cap-Français étaient de magnifiques villes, plus riches et prospères que Pointe-à-Pitre ou Saint-Pierre de la Martinique. Mais, comme dans toute la Caraïbe, cette richesse avait évidemment été rendue possible par l'infamie de l'esclavage, et grâce aux centaines de milliers d'Africains arrachés à leurs villages par des négriers, transportés comme du bétail au travers de l'Atlantique, et vendus à des fermiers qui les faisaient travailler à grand renfort de coups de fouet... Et ce qui devait arriver arriva : en 1789, il y avait en Haïti 20 000 colons blancs... et pas moins de 450 000 esclaves noirs, qui n'attendirent pas l'agitation des idées qui se produisit en Europe avec la Révolution française pour faire leur propre révolution, sanglante et désordonnée, donnant naissance à la première république noire indépendante du monde, la république d'Haïti... Depuis ce jour, ce pays d'Amérique entièrement aux mains d'Africains a été victime des mêmes horreurs qui agitent en permanence bien des nations d'Afrique, luttes tribales, corruption, chefs mégalomanes et guerres fratricides ; la ville de Cap-Français, rebaptisée Cap-Haïtien, fut entre autres le fief d'un roi autoproclamé d'Haïti, le roi Christophe, qui fit construire, au prix des efforts et de la vie de milliers de ses sujets, une folle et inutile citadelle sur un pic de l'intérieur des terres, et, dans la vallée, un palais d'un luxe inouï.

C'est au Cap-Haïtien que nous avions choisi de faire escale, et nous avons été frappés par le même coup de foudre que nos amis ; la région était superbe, de belles baies et de jolies plages, la ville pauvre mais spectaculaire, et la gentillesse des gens était remarquable, tant celle des Noirs, qui rêvaient de trouver un emploi auprès des rares bateaux de passage, que celle des Européens qui avaient choisi envers et contre tout de vivre en Haïti. Titou s'était liée d'amitié avec la famille d'une jeune femme née sur place d'un consul allemand, Ti Corn, qui avait enregistré plusieurs disques de jolies chansons traditionnelles haïtiennes et s'occupait activement d'une sorte d'école et coopérative tentant de fournir des petits revenus aux artisans de Cap-Haïtien : depuis quelques années, le régime de Duvalier, dictature appuyée sur de redoutables milices, les tontons macoute, avait si mauvaise réputation que pratiquement aucun touriste ne visitait plus Haïti et que les artisans et les peintres, au talent pourtant réputé dans le monde entier, ne trouvaient plus un client.

Et voilà que le démon des artisanats est venu à nouveau nous tirer par les pieds : dès qu'ils eurent aperçu les sacs et les colliers que Titou créait et réalisait, nos nouveaux amis lui suggérèrent d'avoir recours aux artisans de la coopérative, qui cherchaient désespérément du travail, pour fabriquer en grand nombre les jolis éléments de bois laqué dont elle faisait des colliers. Et pourquoi pas, si cela rendait également service ? C'est ainsi que je me suis retrouvé quelques jours face à une équipe de

Haïtiens équipés d'un matériel ancestral, leur faisant dessiner des milliers de fruits, fleurs ou autre symboles, qu'ils devaient ensuite découper... en fait, les pauvres gars étaient si mal outillés que l'ensemble fut une catastrophe, et qu'au lieu des milliers de jolies pièces prêtes à assembler qui avaient été promises, nous reçumes des blocs de contreplaqué informes découpés à l'aide de grossières scies à ruban et à peine dégrossis à la meule, éléments cloués les uns au autres pour la découpe, puis peints et empilés sans laisser à la peinture le temps de sécher... Avec un grand sourire indulgent, Titou a enfoui dans un sac les pièces grossières qui lui demanderaient plus tard beaucoup plus de travail de finition que si elle les avait découpées elle-même avec une scie électrique bien adaptée. Si j'ajoute qu'elle avait, entre-temps, fait réaliser par des petits tailleurs haïtiens quelques jolies robes du modèle qu'elle avait créé, pour les livrer quelques semaines plus tard, comme prévu, à l'ami new-yorkais, mais que l'ami... oublia purement et simplement de la payer, vous conviendrez que nous ne progressions pas bien vite dans mon projet de faire acquérir à Titou son indépendance financière !

Nous nous sommes glissés à la voile entre la côte nord d'Haïti et l'île de la Tortue, nous demandant comment une île si insignifiante, dépourvue du moindre abri, du moindre port, avait pu prendre, jadis, une telle importance dans l'histoire des Caraïbes. Nous avons contourné l'extrémité nord-ouest d'Haïti et mis le cap sur Port-au-Prince, au fond du vaste golfe qui découpe l'ouest d'Hispaniola. Nous redoutions un peu l'approche d'une ville si vaste, si animée, mais on nous avait signalé l'existence, une trentaine de kilomètres avant la ville, d'un minuscule havre de paix, Ibo Beach, une île privée possédant un hôtel que la crise présente du tourisme avait contraint à fermer, mais aussi une marina, un lieu hors de portée des tumultes qui agitaient Haïti, et où quelques vagabonds de passage amarraient leurs bateaux ; nous y avons trouvé une place pour *Voyage*, et nous nous sommes fondus quelques jours dans une petite communauté pittoresque : Jean-Louis, un Français arrivé sur un magnifique voilier, tombé amoureux de Ti Corn, et qui avait décidé de refaire sa vie en Haïti, prenant la direction d'un des meilleurs restaurants français de Pétionville, au-dessus de Port-au-Prince ; Mo, un navigateur américain qui trouvait son voilier d'acier trop court, et qui avait entrepris de le couper en deux pour ajouter quatre mètres au milieu ; des Québécois fuyant les rigueurs de l'hiver et séduits par Haïti, où l'on parlait français comme eux ; et un sympathique « musclé » d'origine méridionale qui arpentait les pontons toujours vêtu d'un slip moulant : il avait trouvé un emploi en Haïti, à la tête d'une usine de confection, dans la zone hors taxes qui fournissait du travail à quelques milliers de Haïtiens.

Nous étions bien, à Ibo Beach, et nous puisions des forces dans sa tranquillité, avant d'aller affronter la grande ville, vraiment folle, de Port-au-Prince, et son carnaval, qui se révéla plus frénétique, plus tonitruant encore que ceux du Brésil : la ville entière était remplie jusqu'à ses moindres recoins d'une foule humaine compacte, presque solidifiée, dans laquelle d'énormes chars éclatants de lumière se frayaient un chemin, submergés de musiciens et de danseurs. Curieusement la violence était assez rare, et lorsqu'une rixe était sur le point d'éclater, l'esprit du carnaval et la bonne humeur générale primaient. Lorsque la foule et la folie ambiante nous dépassaient, nous allions nous réfugier à l'Olofson, hôtel mythique, grande bâtisse coloniale de bois tarabiscoté entourée de vérandas et de canapés profonds, où Graham Greene avait situé une partie de l'action d'un de ses romans, et dont le livre d'or portait la dédicace : « Cet endroit, c'est de la magie », laissée par Mick Jagger. Titou, avec les nombreux amis et amies qu'elle avait trouvés en Haïti, était nettement plus attirée par ces fêtes continues que moi, mais nos différences de point de vue ne me gênaient pas trop, car approchait le moment où j'allais me retrouver seul à nouveau : j'avais prévu de la laisser à bord trois semaines, le temps de rentrer en France pour la publication d'un nouveau disque chez Barclay, et puis elle regagnerait Tahiti, tandis que je ferais le navigateur solitaire au travers des Bahamas et au long des côtes d'Amérique du Nord.

Le disque venait de sortir lorsque j'arrivai à Paris, et le service de presse m'avait fait inviter à un bon nombre d'émissions, dont celle de Jacques Martin, et surtout celle de Michel Drucker, séduit par une des chansons, pour une fois la plus jolie, la plus douce de l'album : au milieu d'adaptations de chansons brésiliennes, capverdiennes ou antillaises, j'avais écrit une chanson très personnelle, *Vivario*, où j'avais voulu dénoncer – sans animosité envers quiconque – la triste situation qui régnait alors dans l'île d'une bonne partie de mon enfance, la Corse ; j'y disais simplement que j'aurais aimé vivre à Vivario mais que, n'appréciant ni terroristes ni forces de l'ordre, j'avais choisi de vivre dans une autre île. Ce soir-là, Michel, qui aimait beaucoup la Corse, m'avait demandé de chanter cette chanson, qui n'était rien d'autre qu'un appel à la paix, à la réconciliation ; deux jours plus tard, je m'apprête à la chanter à nouveau dans la sympathique émission *RTL Non Stop*, qui elle aussi se montrait, grâce à sa programmatrice, Monique Lemarcis, d'une fidélité exceptionnelle, quand le producteur de l'émission m'annonce que la station vient de recevoir un coup de téléphone de menaces : si je chante *Vivario*, des terroristes parlent de faire sauter le studio où l'émission a lieu ! Et la station me laisse, à moi seul, le choix de chanter ou non cette chanson... La menace est sans doute une parole en l'air, juste un idiot qui cherche à faire peur... Mais s'il y avait une possibilité sur mille que la menace soit réelle ? L'émission a lieu en studio, plein de public, comment courir le risque, même infime, que des spectateurs soient blessés, ou pis... Moi, je n'avais pas l'intention de changer le monde, je ne prétendais pas régler le problème corse avec quatre couplets, je cherchais juste à dire ce que je pensais... alors je n'ai pas chanté ma jolie chanson... Dommage, c'était une belle ballade, comme j'aurais aimé qu'un jour l'une d'elles connaisse le succès.

Je profitais toujours de ces séjours parisiens pour faire le plein de rencontres amicales, de bons repas, de spectacles. Olivier Nanteau, de plus en plus passionné par la grande cuisine – il allait créer et animer longtemps une émission consacrée aux plus grands chefs français, et publier un livre sur eux – , m'emmenait découvrir des merveilles, dans la région de Grenoble, ou à Saulieu, chez Bernard Loiseau, qui commençait alors la fulgurante ascension qui ferait de lui un des plus célèbres chefs du monde... mais qui des années plus tard lui serait fatale. Côté spectacles, c'est vers cette année-là que j'allai applaudir *La Femme du boulanger*, avec Galabru... J'ai toujours été bon public pour films et pièces de théâtre, j'éclate de rire et pleure à chaudes larmes tour à tour, sans pouvoir me retenir... Qu'est-ce que j'ai pleuré et ri à la fois ce soir-là, quand Galabru salue le retour de la Pomponnette, et, à travers elle, pardonne à sa femme infidèle, la merveilleuse Valérie Mairesse... dont les seins entrevus à la fenêtre étaient un spectacle difficilement oubliable.

J'ai bien sûr revu Josseline, mais le compagnon avec lequel elle avait choisi de vivre voulait garder désormais pour lui seul ses faveurs, et je respecterais évidemment cette volonté ; un jour que je rendais à Josseline une visite amicale, dans son bureau – elle avait quitté le monde du show business et travaillait chez un éditeur – elle avait soulevé son T-shirt pour me montrer... son ventre rond d'une grossesse bien avancée... Moi, vraiment, ce n'était clairement pas mon truc, ce n'était pas un spectacle qui me tentait ! Je m'entendais, en revanche, de mieux en mieux avec Francette, qui venait parfois passer un jour ou deux avec moi, dans la maison d'Auvergne, par exemple, avec la complicité, toujours, de Jean-Daniel : pourquoi vivre dans le mensonge, la liberté dont nous rêvions et rêvons encore ne saurait exister qu'entre personnes consentantes, et dans le respect de chacun ; jamais au monde je n'aurais demandé à une femme de quitter son mari pour moi, ni même de lui mentir !

C'est durant la dernière semaine de ce séjour à Paris que je me trouvai invité, et participai, pratiquement pour la seule fois de ma vie, à une de ces grandes soirées libertines que les médisants appelaient laidement « partouzes » : un ami dentiste avait réuni dans son grand appartement une trentaine de personnes ; aucun rapport avec les soirées de cent cinquante personnes décrites par Catherine M. dans son livre, ni avec la ridicule cérémonie mise en scène – de façon si décevante de la part d'un génie comme Stanley Kubrick – dans le film *Eyes Wide Shut*. Non, il s'agissait simplement d'une soirée normale, dans un bel appartement, où on bavardait, refaisait un peu le monde, buvait (avec modération : plus de deux ou trois verres n'auraient pas été bons pour la forme physique), et puis, sans hypocrisie, sans faux-semblants, eh bien, on échangeait des caresses, on faisait l'amour entre personnes adultes et responsables : après tout, le but final de beaucoup de soirées, de rencontres plus classiques, c'est de mettre quelqu'un dans son lit ou dans sa vie : ici, au moins, ça se passait en toute franchise, dans la simplicité, la bonne humeur, et dans un respect total de la volonté des autres... Ce soir-là, moi, je m'étais régalé ! Je me rappelle m'être appliqué à faire l'amour successivement à chacune des douze ou quinze femmes présentes (oh, ne me faites pas plus vantard que je ne suis, je ne prétends pas avoir amené au plaisir chacune d'elles !) et que la seule qui m'avait refusé ses faveurs, j'avais proposé de la raccompagner chez elle car elle habitait dans le même quartier que moi ; que sur la route du retour, le programme avait soudain changé, et qu'elle m'avait accompagné à Sèvres où la fin de la nuit avait été digne d'une des plus jolies pages de mon livre jamais écrit, *Jours tranquilles à Clichy*, pardon, *à Sèvres !* ; et qu'à l'instant où se levait le jour – allez, je la mets, la phrase la plus vantarde de ce livre ? – elle m'avait dit : « Je ne pensais pas qu'après une nuit pareille tu pourrais encore me faire jouir comme ça ! »

Pourtant, un nuage noir s'approchait lentement de réunions comme celle-ci : en ce début de 1984, on parlait de plus en plus d'une maladie terrible, que l'on avait cru d'abord réservée aux homosexuels, voire aux Haïtiens, et qui jetterait bientôt une lourde chape, menaçante, sur cette liberté : les adversaires de la libération sexuelle chère aux années soixante-dix brandiraient cette maladie comme une punition céleste... Les instances religieuses les plus rétrogrades causeraient même la mort de milliers de personne en persistant à leur interdire la seule parade efficace trouvée à ce jour à ce mal, le préservatif[1].

1. Pour moi, malgré le peu d'attirance que j'avais pour lui, j'adopterai sans retenue le préservatif. Il présente trois avantages, deux bien connus, le troisième moins, et je m'appliquerai plus tard à les faire connaître à mes enfants à leur adolescence : il protège du sida, mais aussi des autres maladies transmissibles plus bénignes, qui sont tout de même bien ennuyeuses. C'est la seule et unique méthode contraceptive que l'homme puisse contrôler. Et puis... quand on est jeune (et même plus tard) les trains ont parfois tendance à partir trop tôt, laissant votre partenaire insatisfaite (durée moyenne de l'acte sexuel... une minute quarante-cinq !). Le préservatif, atténuant les sensations directes, donne beaucoup plus de temps.

Mon séjour à Paris s'est vite achevé, et j'ai pris un avion pour New York, d'où je continuerais vers Port-au-Prince. Quand je pense aux centaines, aux milliers d'avions que j'ai pris dans ma vie... J'imagine que quiconque, dans sa vie, a lu *Emmanuelle*, a rêvé un jour ou l'autre qu'il lui arrive dans un avion une aventure aussi torride... Moi, je dois reconnaître qu'il ne m'est jamais arrivé grand-chose dans ce style-là... Sauf, une nuit, où, bien plus jeune, je revenais des États-Unis, une amusante aventure, dans un avion de charter où chaque passager disposait d'une place extrêmement réduite ; j'avais lié conversation avec une mignonne voisine, jeune infirmière américaine partant pour la première fois de sa vie pour l'Europe, et qui ne parlait absolument pas français. Au cours de la nuit, l'inconfort des sièges m'avait conduit à lui proposer, pour dormir un peu moins inconfortablement, de s'appuyer sur mon épaule, puis sur mes genoux... Et là, ce qui devait arriver arriva, la douce chaleur de son visage appuyé sur cette partie de mon corps que les anglophones appellent *lap* provoqua une réaction bien naturelle, qui ne passa pas inaperçue auprès de la jeune femme... Un peu plus tard, pleine de bonne volonté, elle avait glissé sa main dans mon intimité, et m'avait plutôt adroitement prodigué une gentille caresse sans conséquences... sinon qu'au bout de quelques minutes, elle avait senti couler dans ses mains mon plaisir. Alors, levant doucement vers moi un regard tendre et souriant, elle qui ne parlait pas un mot de français, elle m'avait dit, dans un joli roucoulement américain : « Crrrême de Menthe » !

Ce jour-là, en route pour New York, une gentille jeune femme blonde s'était trouvée assise à une place voisine de la mienne. Nous avions lié conversation, mais mes relations avec elle étaient restées plus civiles ; elle m'avait raconté qu'elle rentrait d'une tournée en tant que costumière d'une troupe de comédie musicale qui parcourait le monde pour faire connaître le slogan « I♡NY » en donnant des extraits des plus fameuses comédies musicales de Broadway. Nous avions échangé nos numéros de téléphone, et proposé de nous revoir durant les quelques jours que j'avais prévu de passer à New York avant de regagner Haïti. Soudain, avec cette jolie et douce compagnie, mon séjour dans cette ville qui m'a toujours un peu fait peur devint un vrai bonheur, bons repas, tendresses nocturnes dans l'appartement de la petite Michèle, et grandes balades dans Central Park ou au pied du Dakota, l'immeuble où avait vécu John Lennon.

À Port-au-Prince, Titou allait rester quelque temps chez des amis qui l'avaient conquise par leur propension extraordinaire – et très proche de celle des Tahitiens – à faire la fête ! Moi, le carnaval et mon mois de séjour à Paris m'avaient donné une irrépressible envie de solitude, de mouillages déserts ; j'ai remis *Voyage* en état, et j'ai quitté la marina d'Ibo Beach et cet extraordinaire pays, pareil à un morceau d'un autre continent, d'une autre planète, qu'était Haïti, attachante et détestable à la fois, merveilleusement belle et désespérément maudite et ravagée : autour de la dernière baie où j'ai fait escale, sur ma route vers le nord, la baie du Môle Saint-Nicolas, à l'endroit précis où Christophe Colomb avait décrit des forêts tropicales denses, des cascades, une faune exubérante, je ne voyais plus que désolation, terre aride et dépouillée au fil des siècles du moindre arbre, du moindre buisson. Dans le port, on chargeait sur des bateaux pays en bois grossier, pour les emporter à Port-au-Prince, les derniers branchages des derniers buissons de Haïti, que les femmes avaient récoltés loin à l'intérieur des terres, et porté sur leur tête de longues journées...

Les Bahamas furent pour moi des sortes de limbes, un lieu d'attente et de préparation avant d'aller affronter un nouveau dragon, l'Amérique du Nord, qu'il me tentait bougrement de découvrir depuis le bord de mon petit voilier, mais dont je savais que ce serait une aventure éprouvante, et que je n'en sortirais peut-être pas indemne. Les Bahamas, îlots tropicaux bas, presque comparables physiquement à des motus polynésiens, et presque déserts dans leur partie sud, me donneraient l'occasion de reprendre des forces. Pourtant, mes deux premières escales furent fort déplaisantes : j'avais jeté le premier soir l'ancre devant l'île de Great Inagua, prévoyant d'y sacrifier le lendemain matin aux formalités réglementaires ; quelques autres voiliers y étaient déjà ancrés, dont celui d'un Turc qui avait habité en France, et qui, m'ayant reconnu, m'invita à dîner. J'aurais sans doute mieux fait de rester tranquillement à bord de *Voyage*, non pas parce que le Turc en question se révéla rapidement être une de ces grandes gueules, de ces gars sûrs de tout savoir mieux que les autres et qui vous invitent uniquement pour vous expliquer comment eux voient toutes choses, mais parce qu'à l'instant où, dans la nuit déjà tombée, j'atteignais son voilier, je constatai qu'un couple francophone âgé d'une cinquantaine d'années quittait son bord. « J'espère que ce n'est pas moi qui vous fais partir ? », ai-je dit en manière de plaisanterie. « Si, répondit la femme d'un ton pincé. Nous aurions trop de choses désagréables à vous dire. » J'ai cru un instant qu'elle plaisantait à son tour : après tout, depuis que je naviguais, les gens avaient, d'une façon générale, plutôt des choses gentilles à me dire... quand elle a ajouté : « Vous comprenez, nous sommes belges, et nous étions des amis de Maddly »... Je suis resté sans voix, tandis qu'ils s'éloignaient, hautains et vindicatifs... Moi, j'avais entendu dire que, quelques années après la mort de Brel, sa dernière compagne m'avait calomnié dans une émission de télévision où elle faisait la promotion d'un livre sur Brel qu'elle avait publié... mais j'ignorais encore totalement l'étendue de ce qu'elle m'y avait reproché... Je ne devais le découvrir, à ma grande stupéfaction, que quelques mois plus tard...

Et puis, le deuxième jour, dans le petit archipel des îles Crooked et Acklins, j'avais, voulant m'abriter d'un front froid dont l'approche avait été annoncée par la météo, tenté de pénétrer dans une rivière peu profonde, et je m'étais échoué stupidement sur un banc de roches ; j'en avais été quitte pour attendre une dizaine d'heures la marée du soir, qui finit par me dégager, mais la frayeur avait été grande.

Franchis ces deux écueils, mon séjour aux Bahamas fut, au total, excellent, je découvris au sud de l'archipel des mouillages selon mon cœur, où je passai des semaines seul ou en compagnie de *Chutney*, un petit voilier à l'équipage élégant et discret : Charlotte, qui peignait de très jolies peintures naïves qu'elle vendait dans des galeries parisiennes, et Roger, ancien éditeur de publications littéraires de haut niveau ; ancrés dans la même baie, nous nous retrouvions parfois le soir pour un cocktail ou pour un repas raffiné, et puis nous retournions chacun à son univers flottant, sans empiéter aucunement sur la paix et le bien-être de l'autre.

Lors de l'un de mes séjours à Paris, Jacques Lainé, réalisateur de documentaires rencontré aux Maldives, m'avait appelé : « Je suis sûr qu'on pourrait faire en vidéo un joli film sur tes voyages, ton bateau, tes escales, les gens que tu rencontres ; si tu es d'accord, je voudrais proposer le sujet à une chaîne, pour les *Carnets de l'aventure*, par exemple. » J'avais donné mon accord, et Jacques avait essayé de convaincre les responsables de la chaîne ; il prévoyait de me rejoindre aux Bahamas avec une équipe réduite, et j'avais un peu adapté mon calendrier à son projet... Mais il avait eu beau se démener, il n'était pas arrivé encore à arracher de commande ferme, et le tournage, finalement, ne se fit pas... Si je voulais un jour raconter mes voyages en vidéo, il faudrait sans doute que je me décide à le faire moi-même, sans attendre le bon vouloir des gens si importants – et si peu fiables – qui avaient seuls le pouvoir de décision.

Le nord des Bahamas était nettement moins tranquille, car de nombreux bateaux américains, voiliers et yachts à moteur de toutes tailles, y passaient les mois d'hiver ; heureusement que les Américains, souvent dociles ou timorés, ne jettent l'ancre qu'aux endroits précis où les guides leur disent de le faire, ce qui laissait à mon petit bateau, avec son faible tirant d'eau, des quantités de jolis mouillages déserts au long de la chaîne des Exumas, si spectaculaire avec ses vastes bancs de sable aux teintes variant, suivant la profondeur de l'eau qui les couvre, du turquoise à l'or. La dernière escale dans l'archipel, Nassau, ne me tentait pas beaucoup ; je connaissais déjà, pour l'avoir, quelques années plus tôt, fuie dès que je l'avais découverte, cette effrayante usine à touristes qu'est Paradise Island, avec ses immenses hôtels, ses marinas hors de prix, ses gros yachts prétentieux, et des autochtones ayant, devant ce déferlement d'argent, largement perdu leur authenticité et leur amabilité. Par chance, j'ai eu cette fois-ci le privilège de pouvoir m'abriter dans un petit espace protégé, la darse privée du Club Med, qui, lui, gardait encore une dimension humaine, car il avait été construit au cœur de l'immense et merveilleux parc d'une ancienne propriété privée. Ce fut sans doute la dernière fois que je bénéficiai si sympathiquement de mon amusant statut de « G.O. stagiaire » : avec les années, les Club Med changeaient peu à peu de philosophie, et la curieuse et éprouvante mésaventure qui devait nous arriver quelques mois plus tard allait sérieusement fausser mes rapports avec cette institution.

Et puis, un matin, alors que j'achevais la traversée du Gulf Stream, un vrai fleuve coulant en pleine mer à une dizaine de kilomètres à l'heure, j'ai vu se dresser à l'horizon les gratte-ciel de l'Amérique, ceux de Miami, en Floride, où je me suis présenté pour les formalités réglementaires...

Autant vous dire tout de suite que l'Amérique, cette année-là, m'a profondément déçu. Depuis mon enfance, nos passages aux États-Unis et au Canada sur la route de Saint-Pierre-et-Miquelon, j'avais toujours été fan de tout ce qui était américain. Plus tard, quand un vent de liberté avait soufflé sur la musique, avec le rock, le pop, ce que les Français adaptèrent sous le nom de yé-yé, les tendances essentielles venaient d'Amérique ; quand on avait parlé de liberté plus grande, liberté des esprits, des corps, avec Kerouac et les beatniks, avec les hippies, l'Amérique m'avait semblé être sur une bonne voie, que tous les autres pays du monde gagneraient à suivre. Jusqu'à ces mois du printemps 1984, tout ce qui était américain me plaisait, et je me voyais bien rester quelques mois, voire quelques années, dans ce pays si libre que John Lennon avait choisi d'y vivre.

Et puis je suis tombé, au lieu de ce pays-là, sur le pays qui n'avait eu de cesse de tenter de mettre Lennon à la porte, et qui avait même fini par le tuer. Les règlements étaient omniprésents, la liberté des années soixante déjà un lointain souvenir, et les Américains que je rencontrai dans le sud des États-Unis étaient souvent des *red necks* qui transportaient un fusil dans leur 4 x 4, qui allaient voter Reagan ou Bush, et pour qui la liberté était surtout celle de gagner beaucoup d'argent. Je sais, j'exagère, il existait et existe, heureusement, beaucoup d'Américains qui ne sont pas comme ça, mais en arrivant en Floride ce jour-là, je me heurtai à un vrai mur : il existait bien un « permis de croisière », document officiel simplifiant la vie des navigateurs en escale, mais les bateaux français n'y avaient pas droit, et naviguer de Floride jusqu'à New York fut, du point de vue des règlements, un vrai calvaire. Ceux-ci interdisaient de faire escale où l'on voulait, et dans chaque port on devait subir des formalités longues et coûteuses, sans cesse renouvelées.

Par malchance, mon séjour en Amérique du Nord coïncidait avec une forte flambée du dollar, qui valait près de deux fois son prix habituel, et la richesse hallucinante qui m'entourait en paraissait deux fois plus inaccessible ; seule restait à des prix raisonnables, comme elle l'avait toujours été aux États-Unis, la nourriture, pour laquelle les Américains dépensaient bien moins que les Européens ; la première fois que j'étais entré dans un supermarché de Floride, j'avais été impressionné par l'extraordinaire choix de fruits multicolores et de légumes appétissants, si glorieux en comparaison des médiocres étals des Bahamas, îles arides où ne poussait pas grand-chose... Mais il suffisait de goûter un de ces fruits pour s'apercevoir que les espèces choisies pour la commercialisation l'étaient, en Amérique, uniquement en fonction de leur *shelf life*, c'est-à-dire du temps qu'elles resteraient vendables sur leur étagère... et ces produits si appétissants étaient en général dépourvus de la moindre saveur, malgré les slogans prétentieux que l'Amérique placardait partout : les *vine-ripe tomatoes*, tomates censées avoir mûri sur la plante, par exemple, n'avaient évidemment pas mûri sur la plante, n'avaient même jamais mûri du tout, et leur belle couleur rouge artificielle ne faisait que cacher une consistance et un goût de matière plastique !

J'ai eu quand même quelques bons moments, en remontant l'*Intracoastal Waterway*, la grande voie d'eau intérieure qui longe la côte est du pays ; en visitant, en compagnie d'un autre navigateur solitaire français rencontré à Cap Canaveral, le nouveau développement de Disney World, l'Epcot Center, récemment ouvert ; mais, la plupart du temps, j'enrageais de ne pouvoir faire plus d'escales et je me moquais de l'incroyable patriotisme qui faisait arborer à chacune des luxueuses villas qui bordaient la voie d'eau un immense drapeau américain. Quant à la liberté d'esprit des années hippies, elle me semblait déjà bien loin ; je l'ai abondamment exprimé dans le premier volume de ces souvenirs, je considère la nudité, entre autres, comme une chose naturelle : si vous estimez que c'est Dieu, que vous l'appeliez Jehovah, Allah ou Bouddha, qui a créé l'être humain, comment pouvez-vous imaginer qu'il ait créé un être dont il ait honte, qu'il soit nécessaire de dissimuler ? Je ne crois pas qu'un seul centimètre carré du corps de l'homme ou de la femme soit honteux ni obscène, et j'ai toujours été un fervent défenseur de toutes les initiatives allant dans ce sens, abandon du haut du maillot pour les femmes d'Europe ou du voile et des autres diktats vestimentaires dans d'autres cultures infiniment plus astreignantes. Quelle tristesse, par exemple, qu'en Polynésie des missionnaires bourrés de complexes aient imposé au XIXe siècle aux autochtones qui vivaient tranquillement nus le port de vêtements cachant le corps tout entier. En Amérique, on ne peut pas dire que les choses s'amélioraient : alors que je traversais la magnifique baie Chesapeake, je suivis sur une station de radio un petit drame régional qui alimentait la chronique : les autorités locales avaient décidé de fermer un des seuls clubs naturistes de la région, pourtant situé tout au bout d'une lointaine langue de terre où il n'y avait vraiment aucun risque que des familles non naturistes puissent être exposées malgré elles à la vision de la nudité. Le club naturiste avait appelé à l'aide la station de radio, demandant que les auditeurs téléphonent, leur disent s'ils pensaient, oui ou non, que des gens consentants, dans des endroits hors de vue des autres personnes, pouvaient choisir de vivre nus ensemble... Malgré les nombreux coups de téléphone de ceux qui brandissaient la Bible et promettaient la damnation éternelle aux nudistes, une bonne partie des auditeurs avaient reconnu ce droit aux membres du club... mais tous d'ajouter : « À condition, bien sûr, qu'ils n'y amènent pas leurs enfants ! », comme si la nudité n'était qu'une affaire d'érotisme, d'obscénité, ce qu'ils appellent là-bas des « activités adultes » !

Pourtant, il ne faut désespérer de rien : lorsque j'avais accompli mes formalités d'entrée en Floride, j'avais expliqué aux douaniers que j'écrivais pour des magazines nautiques français, et que je trouvais vraiment injuste le sort réservé aux navigateurs de mon pays, qui n'avaient pas droit au fameux *cruising permit* ; ils m'avaient conseillé de demander un rendez-vous au haut fonctionnaire qui à Washington édictait les règlements douaniers... et il faut reconnaître ça aux Américains, quand tu demandes un rendez-vous en haut lieu, tu parviens à l'avoir : dans son bureau de Constitution Avenue, le directeur des règlements douaniers m'a expliqué que la France, comme de nombreux autres pays, n'avait pas répondu à une lettre circulaire envoyée par les Douanes américaines, demandant quel était l'accueil reçu par les navigateurs américains en France. J'avais apporté le texte des règlements douaniers français tel qu'il paraissait chaque année dans un numéro spécial de la revue *Bateaux*, et le directeur se déclara convaincu : il ne me restait qu'à obtenir une lettre de la direction des douanes à Paris... que, contre toute attente, je reçus en moins de deux semaines. Et c'est ainsi que je reçus un appel du directeur de Washington, me confirmant qu'il avait ajouté la France à la liste des pays ayant droit à un *cruising permit* : mon intense activité diplomatique, mes bons offices avaient porté leurs fruits, et à mon arrivée à New York je fus invité à me présenter au bureau des

Douanes, qui se trouvait… dans une des tours du World Trade Center, pour y recevoir des mains du directeur régional des Douanes le papier qui allait infiniment me faciliter la vie, comme il faciliterait celle des nombreux voiliers de course français qui arriveraient bientôt à Newport, dans le cadre de la Transat. Le directeur des douanes avait rencontré quelques jours plus tôt mon collègue navigateur, le Français avec qui j'étais allé visiter Epcot : « Quelle chose merveilleuse ce doit être pour vous, lui avait-il dit, de vous retrouver seul en mer, où il n'y a plus que vous, la mer et Dieu ! »… le jeune Français l'avait surpris, lui, un pur Américain, en lui rétorquant qu'il y avait bien la mer et lui, mais qu'il n'y avait pas vu Dieu !

À mon arrivée à New York, j'avais amarré *Voyage* aux pontons délabrés de l'unique marina de cette grande ville, celle de la 79e Rue, et j'ai fêté ma victoire diplomatique avec la gentille Michèle.

À l'ancre dans la baie de Newport, j'ai fixé sur les barres de flèche de *Voyage* un radar, car j'allais pénétrer au pays du brouillard. Cet appareil, que je pensais n'utiliser que quelques mois, tant que je naviguerais sous ces latitudes éloignées de l'équateur où le brouillard est fréquent, apporta une telle sécurité à mes navigations, même par beau temps, que j'aurai vite du mal en m'en passer. Je trouvai sans peine, dans le brouillard, mon chemin jusque dans les ports du Maine puis de la Nouvelle-Écosse, et le Canada me séduisit immédiatement, par ses règlements plus décontractés, l'absence de ces coûteuses marinas (aux États-Unis, elles faisaient immédiatement ranger les *boaters* parmi les riches touristes corvéables à merci), ainsi que par la beauté de ses paysages et l'authenticité de ses habitants.

Après voir navigué de Halifax jusqu'à North Sydney, retraçant en quelque sorte sur mon bateau la route que nous empruntions régulièrement dans mon enfance à bord du taxi de Mr Goorah pour aller prendre le bateau de Saint-Pierre-et-Miquelon, je me suis élancé vers l'est, et j'ai eu la chance de voir apparaître Saint-Pierre et le phare de Galantry par une des rares journées de beau temps de cet été-là. Les retrouvailles ont été inoubliables, chacun de mes amis d'enfance avait maintenant une famille accueillante, et les repas de homards et de poissons frais auquel je fus convié dès mon arrivée alternèrent avec la chaleur des moments en compagnie d'un bon nombre de copains navigateurs qui faisaient escale à Saint-Pierre avant de prendre le départ de la première course Québec-Saint-Malo. J'eus même une jolie et brève aventure avec une navigatrice solitaire que je connaissais depuis longtemps, et que le hasard avait amenée dans le port de Saint-Pierre en même temps que moi !

Les îles de la Madeleine ont été ma première escale au Québec, et ce fut tout de suite le coup de foudre. Après les règlements et l'opulence excessive des États-Unis, je me retrouvai soudain dans des lieux d'une grande pureté naturelle, entouré d'amis amoureux de la nature, qui avaient choisi de vivre simplement dans de jolies petites maisons des îles de la Madeleine ou des bords du Saint-Laurent. Je remontai lentement le fleuve, multipliant les escales dans des villages aux noms pittoresques de Rivière-du-Loup ou de Saint-Roch-des-Aulnaies, y retrouvant parfois quelques-uns des aventureux navigateurs québécois que j'avais croisés dans les Caraïbes.

Je me réjouissais de ce retour en francophonie, et je prévoyais, à la première ville rencontrée sur mon chemin, d'acheter quelques livres et magazines français dont j'avais été privé depuis Saint-Martin. C'est à cette occasion, alors que je rendais visite à la librairie d'une ville des bords du fleuve, que m'atteignit soudain une blessure violente et inattendue : sur une des étagères trônait le succès du moment, la biographie de Jacques Brel écrite par Olivier Todd. Je cherchai les pages racontant les premiers mois de croisière de Brel, en particulier son escale aux Canaries, où avait eu lieu notre rencontre, et là, noir sur blanc, s'étalait la plus hideuse, la plus injuste des accusations envers moi ; à la suite de cette rencontre, écrivait l'auteur, « Antoine revendit les photos, clamant que Brel était malade »... Vous avez vu plus haut ce qui s'était passé réellement, et vous savez que je n'avais jamais soufflé mot à quiconque de la maladie de Brel... Mais l'auteur avait pris pour argent comptant les accusations mensongères de Maddly, et n'avait même pas essayé de me contacter pour me demander ce qu'il en était : on pouvait peut-être me reprocher d'avoir parlé dans mes carnets de route de ma rencontre avec Brel (ce que, honnêtement, je n'avais aucune raison de ne pas faire), mais m'accuser d'avoir « clamé » qu'il était malade, c'était un peu comme si quelqu'un commettait la faute de rentrer chez vous sans s'essuyer les pieds sur le paillasson, et que vous en déduisiez avoir le droit de l'accuser d'avoir violé votre fille de neuf ans !

Qu'aurais-je pu faire ? Publier des démentis ? Ça ne sert jamais à rien : pour la presse, « il n'y a pas de fumée sans feu ». Faire un procès à l'auteur pour diffamation... J'en aurais été incapable. Quelques mois plus tard, au cours d'un bref séjour en France, j'ai pris rendez-vous avec l'éditeur, Robert Laffont, et je lui ai exposé clairement la vérité des faits, lui montrant l'article du *Hérisson*, le priant de suggérer à l'auteur de modifier son texte dans les futures rééditions du livre ; j'ai aussi rencontré Maddly, dans le même but ; à cette époque, Michel Drucker la recevait au cours d'une émission spéciale consacrée à Jacques Brel, avec d'autres personnes qui l'avaient connu, et j'avais demandé à Michel s'il jugeait bon que j'apparaisse dans son émission pour rétablir la vérité : il m'avait répondu qu'il pensait que ça ne servait à rien de faire parler encore de cette affaire, et que les démentis, hélas, étaient généralement inutiles ; il se tiendrait prêt, pourtant, si cette stupide affaire était abordée dans son émission, à affirmer que, bien sûr, ni à lui ni à aucun autre journaliste de sa connaissance, je n'avais jamais parlé de la maladie de Brel !

Tâchant d'oublier cette infecte accusation, j'ai repris ma route au long du fleuve, et j'ai atteint Montréal. Les villes, je vous l'ai déjà dit, ne me plaisent pas beaucoup, je préfère les îles lointaines, les campagnes, la solitude de l'océan... Pourtant j'ai tout de suite aimé Montréal, une des villes les plus chaleureuses du monde, et ses habitants qui se battaient, avec le sourire, pour préserver, tout en haut de ce continent anglophone, leur culture francophone si riche de particularités. Le langage si pittoresque, les arts, la chanson québécoise en particulier, tout m'attirait dans ce pays. J'ai applaudi la résurrection, un soir magique d'automne, du groupe vedette québécois Beau Dommage, et de leur si jolie *Complainte d'un phoque en Alaska*. J'ai apprécié le « quartier latin » de Montréal, avec ses bistrots, ses cabarets, son université dont les bâtiments incluaient, bien reconnaissable, le clocher d'une ancienne église : quel symbole aurait pu mieux résumer l'extraordinaire évolution qui avait marqué ce pays ? Après avoir, en 1759, triomphé des Français à la bataille des Plaines d'Abraham à Québec, les Anglais n'avaient eu de cesse, comme dans le reste de l'Amérique du Nord, de remplacer le français par l'anglais, et de faire disparaître, comme ils y parvinrent en grande partie en Louisiane ou en Acadie, presque toute trace de la présence culturelle française... Et ce furent les prêtres catholiques, contre toute attente, qui sauvèrent cette « parcelle de France au nord d'un continent » : pendant deux siècles, la mainmise des prêtres du Québec sur leurs ouailles fut écrasante, chaque femme catholique était incitée, contrainte même, sous peine de ne plus recevoir la communion, à avoir un enfant par an. Un chauffeur de taxi québécois un jour me raconta cela, m'expliquant que les familles québécoises, jusqu'aux années 1960, comptaient facilement douze, quinze enfants et plus, et que c'est en grande partie pour cela que la partie francophone et catholique du Québec avait survécu, n'avait pas été assimilée, gommée comme dans d'autres États d'Amérique... On a appelé cela la « revanche des berceaux ». Je vous en ai déjà parlé dans le premier volume de ces souvenirs, c'est cette conversation qui m'a fait me demander si les commandements des grandes « religions du Livre », du moins ceux concernant la sexualité, n'avaient pas été tous édictés dans un but semblable : obtenir que les fidèles de chaque religion se multiplient au maximum pour triompher des autres religions, des autres cultures... principe louable tant que la Terre semblait un espace infini, mais qu'il serait temps de remettre en question maintenant que la plus grande plaie dont souffre la planète est la surpopulation.

Au Québec, donc, l'emprise de la religion catholique était restée absolue... jusqu'à, curieusement, l'année 1966 : cette année-là beaucoup de Québécois cessèrent soudain d'aller à la messe, comme le raconte un prêtre dans le très beau film québécois *Les Invasions barbares*, suite du *Déclin de l'empire américain*... 1966 ? C'est l'année des *Élucubrations*, cette année-là, j'avais chanté à Montréal au centre Paul Sauvé, et l'émeute qui s'en était suivie nous avait contraints à mettre fin au spectacle au bout de dix minutes... Hé, ce n'est pas moi et mes *Élucubrations* qui avons chassé les Québécois des églises, mais j'étais au cœur d'une période de l'histoire du monde, de 1965 à 1968, où il s'en est passé, des choses, au Québec comme ailleurs !

J'avais songé un instant à continuer à remonter le Saint-Laurent jusqu'aux Grands Lacs, puis à charger mon petit voilier sur un camion pour lui faire traverser les États-Unis et pour le remettre à l'eau sur la rivière Columbia, qui se jette dans le Pacifique ; mais la flambée du cours du dollar mettait l'opération au-dessus de mes moyens ; j'hésitais donc entre redescendre la côte est des États-Unis et suivre le cours du Missouri et du Mississipi jusqu'à la Nouvelle-Orléans, quand une idée me frappa : ce pays, dont les campagnes, les habitants, m'avaient tant séduit, si je lui donnais une chance de me séduire plus profondément ? Si, comme un ami navigateur français l'avait fait quelques années plus tôt, je me laissais prendre par l'hiver, par les glaces qui solidifieraient bientôt fleuves et bras de mer, et m'installais jusqu'au printemps dans une maison noyée dans les érables et les pommiers de la campagne québécoise ? Coïncidence, je rencontrai coup sur coup une poignée de Québécois ou d'Européens venus s'installer ici, et qui avaient tous choisi la même région, celle des Cantons de l'Est, non loin de la frontière des États-Unis...

Et voici comment un jour j'ai tiré *Voyage* au sec, dans le chantier naval de Saint-Paul de l'île aux Noix, et comment je me suis mis en quête d'un chalet tout simple, perdu dans la forêt.

5

QUÉBEC-BAHAMAS-CUBA-POLYNÉSIE

Quand Titou est arrivée de Tahiti, je venais de découvrir le chalet de mes rêves, et, au lieu d'une navigation vers les tropiques, je lui ai proposé un hiver sous la neige, ce qu'elle a accepté avec enthousiasme. La campagne était belle, la vie y était douce, et, pourtant, à moins d'une heure ou deux de route se trouvait cette grande métropole, Montréal, où elle pourrait se rendre de temps en temps pour y vendre les objets artisanaux de plus en plus jolis qu'elle avait réalisés à Tahiti ces derniers mois...

Avant de nous installer dans le chalet, nous avons fait un voyage à Washington pour rendre visite à des amis que nous avions connus à Antigua, pour y visiter le musée de l'Espace et le fabuleux Smithsonian Institute, et nous sommes, sur la route du retour, passés par New York pour rendre visite à Michèle. Partout résonnait sur les radios des maisons, des restaurants, des taxis, le très joli, énorme succès du moment, la chanson de Stevie Wonder *I Just Call To Say I Love You.* Ce jour-là, j'ai dû me plonger dans un drôle d'univers, celui de la justice américaine : suite aux mesures françaises de contrôle des changes, les cartes de crédit françaises n'étaient soudain plus honorées à l'étranger et j'avais demandé à la succursale new-yorkaise du Crédit Lyonnais de me faire émettre une carte American Express basée aux États-Unis. Comme j'avais tardé à donner à la banque une adresse où m'envoyer la carte, elle était restée quelques semaines dans un tiroir... où un employé l'avait volée, et avait acheté un téléviseur et un magnétoscope, avant de se faire repérer et arrêter. On m'avait donc prié d'aller déposer au cœur de l'effrayant palais de justice de Manhattan afin de confirmer que c'était sans mon accord que le type avait fait ces achats... Et, même si on est le plaignant, quand on va se fourvoyer dans les couloirs de ce genre d'institution... on finit par avoir l'impression qu'on est soi-même l'accusé[1]. J'avais dû attendre longtemps avant qu'une juge me reçoive, et quand je lui avais demandé par curiosité comment on s'était aperçu que le gars utilisait

1. Nous étions, d'ailleurs, en...1984, et le lieu, la scène me faisaient songer à Orwell !

une carte volée, elle m'avait répondu : « Oh, c'est parce qu'il ne ressemblait pas à quelqu'un qui a une carte American Express, il était plutôt... » À ce moment-là, elle m'a regardé, souriant à moitié : « Il avait un look... exactement comme le vôtre ! » Heureusement que le sourire était là, je voyais venir le moment où j'allais, moi, être accusé à mon tour de l'avoir volée, cette carte !

Dès notre retour au chalet éclata une tornade, un ouragan, qui couvait déjà depuis l'arrivée de Titou : l'affaire des couronnes... une aventure née de la création par Titou d'un objet, et je pèse mes mots, parfaitement magique, qui devait nous enthousiasmer... et déclencher une épopée où les soucis, les tracas et les défaites devaient, hélas, vite prendre le pas sur la magie initiale.

Quelques jours avant de prendre l'avion pour Montréal, Titou avait accompagné à l'aéroport de Papeete un ami qui allait quitter l'île ; n'ayant pas trouvé ce matin-là assez de fleurs dans son jardin pour y tresser la couronne traditionnelle indispensable à ce genre d'occasion, elle avait eu l'idée de nouer autour d'un cordon des bouts de tissus multicolores, chutes de ses artisanats, découpés avec des ciseaux crantés, réalisant une sorte de couronne qui, immédiatement, connut un succès foudroyant ; tout le monde à l'aéroport, et bientôt dans tout Tahiti, voulait avoir la même. Quand Titou débarqua à l'aéroport de Montréal, l'effet, immédiatement, fut extraordinaire : avoir une couronne comme ça sur la tête, c'était comme être soudain devenu une star : les gens te souriaient, te parlaient comme s'ils te connaissaient depuis toujours, rivalisaient de gentillesse envers toi ; dans les rues ou les magasins de Montréal, même sur les pentes enneigées des Laurentides, personne ne résistait ; des amis artisans, qui connaissaient depuis des années un grand succès dans tout le Québec avec leurs émaux, également conquis, parlaient de lancer une production commerciale en série de ces couronnes, quelqu'un lança le nom du Club Méditerranée, pour lequel cet article semblait tout désigné...

Moi, là non plus, je ne cherchais aucunement à faire fortune dans le domaine de la mode ! Mais je commis l'erreur de croire une fois encore que le succès de cet étonnant objet pourrait aider Titou à l'obtenir enfin, cette autonomie que je souhaitais lui voir atteindre. J'appelai le bureau du Club Med à New York, où Serge Trigano ne se montra pas très enthousiaste, mais un rendez-vous fut pris...

Dans le petit chalet de Freligsburgh, soudain, des pétales de tissus multicolores volaient à tous les vents ; pour faciliter la fabrication purement artisanale imaginée par Titou, je conçus une façon rapide et aisée de dessiner et découper les pétales, et un sympathique ami belge, charpentier installé depuis quelques années dans la région, où il aménageait des bateaux de plaisance, conçut une sorte de bâti de bois tout simple destiné à tendre le cordon le temps de nouer à la main les centaines de pétales constituant chaque couronne ; l'objet avait été baptisé « patente », amusant équivalent québécois du français « bidule » ou « truc ». Nous avions aussi fouiné dans les magasins de tissus des bourgades à la ronde, pour y découvrir les cretonnes les plus soyeuses et les plus colorées, et conçu une grande variété de modèles, fleurs multicolores plus brillantes que nature, camaïeux de bleus ou de roses, hibiscus rouges, tiarés blancs, arc-en-ciel, et même, tout en tons pastel, un arc-en-ciel de lune.

Un peu avant Noël débarqua dans nos Cantons de l'Est un des vagabonds des îles rencontrés en Haïti, Michel, celui qui y avait dirigé une entreprise de confection dans la zone hors taxes. Venu passer quelques jours de vacances au Québec, il nous rendit visite... et n'eut aussitôt d'yeux que pour la couronne de Titou... Il se faisait fort, déclara-t-il, de trouver des financements pour créer en Haïti une entreprise qui produirait des dizaines, des centaines de milliers de ces couronnes ! L'affaire prenait des proportions insensées, moi, je n'y croyais pas trop, mais s'il se disait capable de réussir...

Moins d'une semaine après sa visite, il appelait de Haïti, surexcité ; un de ses amis haïtiens avait investi vingt-cinq mille dollars dans l'affaire, lui-même avait acheté à Miami des kilomètres de tissus et de cordons, des brassées de ciseaux zigzag, et, dans son usine de Port-au-Prince, des dizaines de Haïtiens avaient déjà commencé à découper de quoi fabriquer des centaines de milliers de couronnes !

Là-dessus arriva de Tahiti la nouvelle de la mort du compagnon de la mère de Titou, le navigateur Marc Darnois, et Titou décida d'aller passer quelques jours à Tahiti pour la réconforter. Nous essaierions de sauver les restes de notre rêve d'hiver québécois dans quelques semaines, à son retour.

Seul dans le chalet, si petit, si encombré de tout ce que j'avais extrait du bateau pour l'hiver, bouée de sauvetage, cartes marines et publications nautiques, moteur hors-bord de l'annexe, etc., que j'avais un peu l'impression d'être encore dans un bateau, la forêt enneigée remplaçant les vagues de la mer, j'ai savouré quelques jours de tranquillité, me mettant enfin à écrire mes articles en retard pour la revue nautique, et les premiers textes des chansons que j'avais prévu d'enregistrer au printemps : le coût de la vie en Amérique du Nord, même dans ma campagne reculée, vu le cours catastrophique du dollar, mettait à mal mes maigres ressources : mon disque précédent n'avait guère connu de succès, quant au livre pratique, *Mettre les voiles*, il avait été une réussite, mais ne s'adressait qu'à un public relativement restreint. Il allait donc falloir que je reprenne le chemin des studios, d'autant que, je l'appris par un coup de téléphone, suite au rachat de Barclay par Philips, devenu Polygram, tout avait changé dans la maison de disques, et que j'allais devoir rentrer à Paris rencontrer la nouvelle direction si je voulais avoir une chance qu'elle respecte le contrat signé trois ans plus tôt, suite au succès de *La Motogodille* : mon hiver québécois rétrécissait décidément de plus en plus. Je m'appliquai donc à profiter au maximum de ces journées d'hiver, me baladant à ski de fond, inspectant les forêts tissées d'un réseau de fins tuyaux qui, au printemps, amèneraient la sève des érables jusqu'aux « cabanes à sucre », observant le passage des chevreuils ou les ébats d'un gros geai coiffé comme un punk. J'avais réduit au maximum mes déplacements à Montréal, pourtant la plus chaleureuse des cités, un endroit où on se fait vite beaucoup d'amis. J'allais tout de même dîner une fois de temps en temps chez certains d'entre eux, puis je rentrais seul dormir dans la jolie petite maison de la rue Sanguinet où j'étais l'invité permanent d'amis rencontrés durant ma remontée du Saint-Laurent. Ils nous avaient emmenés explorer un soir le « quartier latin » de Montréal, le quartier de la rue Saint-Denis, les bars un peu trop branchés, et les amusants « clubs de danseuses nues » du Québec, des affaires très bon enfant, comme l'Axe, où, sur un podium, des jolies filles venues de tous les coins de la Belle Province faisaient un numéro classique, de moins en moins vêtu ; mais, surtout, après leur prestation, les filles descendaient dans la salle, où elles demeuraient jusqu'à ce que des clients invitent l'une d'entre elles à venir faire à leur table une « danse à cinq dollars » : pour cette somme modique (environ trois euros), la jolie femme souriante apportait avec elle un petit podium qu'elle posait au sol entre les jambes des convives de la salle ; elle montait dessus, et là, toujours souriante et décontractée, pendant la durée d'une chanson, elle dansait sur place, abandonnant rapidement le peu de vêtements qu'elle portait encore, prenant les positions les plus lascives pour faire admirer au passage, à trente centimètres du nez des convives, ses charmes les plus secrets et les plus profonds ! Et tout ça en se penchant de temps en temps à l'oreille des clients pour échanger des phrases de conversation banales avec le merveilleux accent du Québec[1]. Il m'est arrivé, rentrant d'un dîner animé, avant d'aller me coucher seul, d'aller m'offrir une « danse à cinq dollars », qui, gentiment, me donnait quelques instants le loisir d'admirer ces jolies choses que la Nature a créées et que l'homme a bêtement décrété qu'il fallait cacher.

1. Il n'y avait pas de raison, dans une ville aussi décontractée que Montréal, pour que les femmes n'aient pas droit aux même plaisirs que les hommes : à deux ou trois rues de là, dans un club réservé aux femmes ou aux couples, c'étaient des beaux garçons qui montaient sur les podium : des groupes d'amies, employées d'un même bureau célébraient l'anniversaire de l'une d'elles, y organisaient chaque soir des fêtes bon enfant.

Mais attention, la règle du jeu était précise, on pouvait regarder tout son saoul, mais pas toucher ! Je me rappelle qu'une nuit, ému par l'extrême gentillesse et le charme d'une de ces danseuses, j'avais un dixième de seconde effleuré d'un doigt la pointe d'un très joli petit sein... En un instant la délicieuse jeune fille si complaisante était devenue pareille à une mère courroucée qui gronde son enfant désobéissant et lui retire brutalement l'objet de sa joie, manifestant une colère un peu disproportionnée avec mon geste... Il est vrai qu'en ce début de 1985 le sida devenait une vraie psychose et qu'on ne savait pas encore qu'il ne se communiquait pas par un simple contact, mais seulement par échange de fluides.

Trois semaines plus tard, donc, j'ai quitté le chalet pour quelques jours à Paris. Je suis passé par New York, afin d'y rencontrer le directeur de l'animation du Club Med, qui s'est montré intéressé, et a proposé de tester les couronnes de Titou dans le Club Med de Haïti ; il a appelé devant moi le chef de village, qui s'est montré enthousiaste : il avait été chef de village à Tahiti, et il portait déjà une de ces couronnes en permanence au Club ! Soudain, tout semblait converger vers le succès, et le chef du village nous invita à venir le mois suivant assister au carnaval et à la réussite des couronnes !

Grand changement à ma vie parisienne, pour la première fois après toutes ces années je n'ai passé qu'un jour ou deux dans la maison de Sèvres, puis je me suis installé, suite à l'invitation de mes amis Roger et Charlotte, du voilier *Chutney*, dans le merveilleux appartement qu'ils possédaient rue Mazarine, en plein Quartier latin... C'était une sensation nouvelle pour moi que d'habiter ainsi au cœur de Paris, d'aller à pied déjeuner ou boire un verre dans des endroits mythiques comme le Petit Zinc, chez Castel, ou l'Alcazar. Le soir de mon arrivée, j'ai fait la connaissance d'un sympathique sexagénaire hollandais à l'allure sérieuse, Barent, ami de Roger et Charlotte, qui occupait une partie de l'appartement. Il m'a emmené dîner dans un petit restaurant de la rue de Seine, et nous sommes tombés sur Jean-Marie Rivière qui y dînait avant de présenter son spectacle, à l'Alcazar, juste en face... Il nous a invités avec insistance, et une heure plus tard, alors que je débarquais, vêtu d'un pull douteux, de ma cabane au Canada, il nous faisait monter sur scène dans la folie du spectacle qu'il animait si bien, et Barent, tout émoustillé, avait l'air beaucoup moins sérieux tout d'un coup avec une pulpeuse blonde sur les genoux... il ne se doutait pas qu'il s'agissait de Marie-France, le célèbre travesti de la troupe ! Quand je pense que j'avais failli animer à mon tour la revue de ce cabaret... Jamais je n'aurais su le faire avec le centième du dynamisme époustouflant de Jean-Marie Rivière !

Je devais retourner à l'Alcazar quelques jours plus tard, invité par Yves Mourousi, qui y fêtait ses dix ans de télévision par un dîner rassemblant hommes et femmes de droite et de gauche, une entreprise hardie à une époque où la société française était passablement déchirée entre la gauche, venue au pouvoir avec l'élection en 1981 de François Mitterrand, et la droite qui rêvait d'alternance. Les plus grands hommes politiques avaient répondu présent, et de nombreux artistes ; lorsque je suis arrivé à l'Alcazar en compagnie d'une amie grand reporter, j'ai entendu le maître d'hôtel dire à un serveur : « Conduisez-les à la table de monsieur Lang » ! Mais un autre serveur venait de donner les places à... Dalida, et nous nous sommes retrouvés à la table d'une dame, autre ministre du gouvernement Mitterrand ; j'ai découvert avec plaisir que s'y trouvait également Pierre Desproges ; tout le monde était sur son trente et un, moi, j'étais vêtu d'un pull marin... Alors que je m'asseyais, Desproges a pris la parole, et d'un ton solennel, il m'a dit : « Tu sens le thon ! » La ministre, fort sérieuse, me demanda un peu plus tard, alors que je disais revenir du Salon nautique, si j'y avais vu Olivier de Kersauson ; Olivier, à cette époque, brillait plus dans les *Grosses Têtes* sur RTL que dans les régates (il devait se rattraper plus tard par de fameuses prouesses !), et j'avais répondu à cette dame, prenant à mon compte une phrase que Jean Castel avait décochée le jour même à Olivier : « Oh non, il n'y va plus, ces temps-ci : c'est comme les anciennes putes qui n'osent pas retourner rue Saint-Denis ! » Desproges m'a affirmé longtemps que j'avais dit à la ministre : « C'est comme les anciennes putes – n'est-ce pas, madame – qui n'osent pas... » Tout le monde avait beaucoup ri, et je crois que la dame était partie fâchée !

La rencontre avec le nouveau directeur de la maison Barclay avait été positive, et il me faudrait déjà, dans moins de deux mois, revenir à Paris pour enregistrer mon album. Quant à l'acheteur du Club Med, il nous avait annoncé qu'il voulait mettre une couronne de Titou sur la tête de chacun des G.O. de chacun des villages du Club. Il passait d'ores et déjà commande de cinq mille couronnes, et viendrait lui aussi assister au carnaval de Haïti ! Et ce n'était pas tout : partout où je passais, la couronne (qui avait été baptisée, en Haïti, *Magic Crown*) faisait des ravages ; l'ami Bertrand, patron d'une agence de pub à succès appelée Lagon, décida d'organiser au printemps une grande fête où tous les invités porteraient la couronne de Titou. Jusqu'à un marchand... de caleçons, qui connaissait un grand succès sous la marque Arthur, qui voulait commercialiser les couronnes en France. Michel, de son côté, était entré en négociation avec Carlos qui, épris de tout ce qui était tropical, voulait faire commander à une de ses relations... cinquante mille couronnes ! Décidément l'affaire menaçait de devenir incontrôlable !

Pourtant, Michel, quand il avait démarré l'affaire, avait commencé par commettre une erreur impardonnable : parti avec des échantillons fabriqués par Titou dans un beau tissu, agréable au toucher, il avait, lui, acheté en Floride des métrages de tissu beaucoup plus grossier, désagréable aux doigts, semant partout des bouts de fil de trois millimètres détachés par les ciseaux crantés, et des cordons hideux qui s'effilochaient ; autant les couronnes de Titou étaient magiques, légères comme l'air, autant les cinq ou dix mille réalisées par Michel étaient lourdes et détestables... Il allait falloir, dès mon retour au Québec, que je me décarcasse pour la production, en dénichant à Montréal un grossiste qui puisse envoyer des centaines de rouleaux de tissu à Port-au-Prince. Titou était allée directement de Tahiti en Haïti à la demande de Michel, et moi seul pouvais rectifier le tir, faire expédier à l'usine les rouleaux de tissu de la qualité souhaitée... Et me voilà, dès mon retour dans les Cantons de l'Est, contraint, au lieu de passer mes journées à patiner sur l'étang gelé ou à faire du ski de fond au milieu des érables et des pommiers, d'aller rencontrer les grossistes en textile de l'équivalent montréalais du « sentier » ! Après maintes péripéties, le tissu finit par arriver en Haïti, mais, hélas, le mal était déjà fait...

Deux jours avant le carnaval, comme prévu, j'ai pris l'avion pour Haïti ; Titou et Michel m'ont accueilli à l'aéroport, et m'ont conduit à l'usine... Quelle galère ; au lieu de faire fabriquer des emporte-pièce pour découper rationnellement les tissus, Michel avait choisi d'acheter... des dizaines de paires de ciseaux zigzag, et de faire découper à la main par des ouvriers haïtiens des grands lés de tissu empilés sur plusieurs épaisseurs. Mais les ciseaux s'usaient vite, les ouvriers s'écorchaient les mains, qu'ils tentaient de protéger avec des bouts de carton, et rapidement, au lieu de former les douces sinusoïdes que j'avais dessinées au début de l'affaire, et qui donnaient de jolies pétales harmonieux, les pauvres, les mains pleines d'ampoules, découpaient, allant au plus simple, des zigzags hachés qui donnaient aux couronnes un aspect désagréable. Enfin, le bon tissu venait d'arriver, et ces défauts de jeunesse, affirmait Michel, seraient bientôt corrigés !

Dès le lendemain, nous sommes partis, pour le week-end, au Club Med, à quelques dizaines de kilomètres au nord de la capitale. Partout, dans les rues de Port-au-Prince, on voyait des couronnes de Titou, de celles fabriquées par Michel, ou bien des imitations, car l'idée avait séduit les Haïtiens, et s'était, à l'approche du carnaval, répandue comme une traînée de poudre. Mais au Club, nous avons tout de suite été frappés : contrairement à ce qui avait été annoncé, aucun des G.O. ne portait de couronne ! Quand nous avons rencontré le chef, il ne nous a fallu que quelques secondes pour constater l'ampleur du désastre : sa couronne n'était qu'une espèce de laide chose en fleurs artificielles, mille fois lavée, qu'il avait achetée à Tahiti et qu'il traînait depuis des années. Lorsqu'il avait vu arriver les cartons de couronnes de Michel, en moche tissu et laids cordons, il avait, tout simplement, immédiatement et irrécupérablement sabordé toute l'affaire ; les couronnes achetées par le Club étaient bien exposées dans la boutique, mais, sans aucune promotion, elles resteraient en grande partie invendues... il avait aussi ruiné l'affaire auprès de l'acheteur des Clubs, arrivé de Paris deux jours avant nous, et, pour couronner la galère, il avait complètement oublié qu'il nous avait invités, et n'avait même plus de place pour nous au Club. Par chance, le grand voilier trois-mâts *Vendredi Treize*, qui avait couru l'Ostar avec Jean-Yves Terlain (sponsorisé par Claude Lelouch) puis avec Yvon Fauconnier, était ancré devant le Club, où il proposait maintenant des sorties en charter, et sa propriétaire, Karine, l'ancienne compagne de Terlain, nous invita à séjourner à son bord... Mais vous imaginez bien l'ambiance détestable ! Et dire que j'étais venu exprès, laissant derrière moi la tranquillité de ma cabane au Québec. En quelques heures, l'affaire des couronnes au Club Med avait capoté. Nous sommes rentrés le lendemain à Port-au-Prince, pour participer à une des soirées du carnaval, sur un des chars gigantesques et tonitruants qui semblaient naviguer sur un océan de têtes noires frénétiques, et il était impressionnant, c'est vrai, de voir s'agiter à des milliers d'exemplaires, dans cette foule en liesse, la couronne imaginée par Titou à peine cinq mois plus tôt !

Il restait encore peut-être une chance aux couronnes auprès du Club Med, car un des directeurs de sa branche new-yorkaise, un jeune Américain entièrement acquis à la cause de Titou, était présent. Le pauvre vivait un moment difficile car sa femme, qu'il aimait comme un fou, était en train de le quitter... Et voilà qu'au milieu des festivités du carnaval, tout d'un coup, Michel, séducteur indécrottable, avait disparu, était retourné à l'hôtel... en compagnie de la femme du gars, dans l'intention apparente de la sauter... C'est là que j'ai commencé à réaliser que toute l'affaire des couronnes était vraiment sans espoir !

Au terme de cette éprouvante mésaventure, qui nous montrait une fois encore que dans cet univers du succès, de la mode, des médias, il ne fallait jamais rien considérer comme acquis, et que la prochaine blessure viendrait toujours de la direction où on l'attendait le moins, nous avons repris l'avion pour New York. Là, pourtant, Michel avait décroché un rendez-vous avec une société distributrice, extrêmement branchée, d'accessoires de mode, et il m'avait demandé de l'y accompagner, car j'étais à peu près seul à avoir une idée un peu claire des modèles de couronnes disponibles, des quantités de tissu nécessaires. Nous sommes allés au rendez-vous avec optimisme : alors que nous traversions le grand magasin Macy's, une dame, chef du rayon accessoires de mode de ces Galeries Lafayette à l'échelle américaine, nous avait hélés : « Mais c'est génial, ce que vous portez sur la tête ! C'est exactement ce qu'il me faut, cet été la mode hawaïenne va faire fureur, vos couronnes seront un *sell-out*, c'est sûr ! » Les trois charmantes dames, très élégantes et très tendance, qui dirigeaient la compagnie distributrice, nous ont reçus dans leurs locaux de la Cinquième Avenue, et, après avoir consulté les modèles, nous ont avec enthousiasme passé commande de plusieurs milliers de couronnes, pour les répartir dans les magasins de mode les plus chic de toute l'Amérique ! Quand nous sommes sortis de leurs bureaux, nous nous sommes congratulés, un triomphe pareil sur la prestigieuse Cinquième Avenue, ça n'arrivait pas souvent à des petits Français : cela nous faisait oublier les mésaventures du Club Med ; nous sommes allés fêter notre succès au Trader Vic's, le restaurant exotique, décoré de tikis, que je fréquentais chaque fois que je passais à New York, au sous-sol du Plaza... mais même cette commande-là n'aboutit pas, Michel n'avait plus de tissu, ou plus de ciseaux, ou espérait trouver un plus grand distributeur... et les trois dames ne furent jamais livrées !

Là-dessus, Titou et moi sommes rentrés au chalet. Les copains installés au Québec m'avaient prévenu : le plus dur, dans l'hiver canadien, ce n'est pas l'hiver lui-même, mais les mois où il approche, s'annonce, ne se décide pas à s'installer ; la neige étincelante, épaisse, le froid sec du plus fort de l'hiver, sont plutôt enthousiasmants ; ce qui entraîne nombre de déprimes, c'est la boue, la neige qui fond avant de se poser, les tempêtes glauques, la « sloche », cette neige grise et sale, qui encombre les trottoirs des villes ; non, le mois de mars fut à la hauteur de nos espérances, fortes chutes de neige, balades à skis de fond, visites aux amis du « rang des érables », où nous allions admirer les constructions impressionnantes d'une tribu de castors.

Bien sûr, le fantôme des couronnes revenait de temps en temps nous tirer par les pieds, Michel avait trouvé un autre partenaire, américain ; les couronnes se vendaient très bien, c'était prévisible, à Tahiti, mais aucune des pistes qu'il avait explorées en France ne donnait de résultats. Un jour, Titou dut repartir en Haïti pour organiser la production, tandis que je prenais, encore une fois, l'avion pour Paris, afin d'y enregistrer les chansons écrites dans la tranquillité du petit chalet. Quelques jolies ballades, inspirées bien sûr de la forêt québécoise, *Viens mettre ton sourire dans mon paysage*, *Si j'te parle avec les mains*, *Hologramme* ; je m'étais amusé à reprendre, dans une ambiance très romantique, la mythique chanson qui avait fait un demi-siècle plus tôt le succès de Line Renaud, *Ma cabane au Canada* – une chanson qui énervait passablement les Québécois, d'ailleurs, fiers de leur grand pays moderne, et qui n'aimaient pas qu'on ne voie chez eux que la forêt, le sirop d'érable et la cabane au Canada ! J'avais aussi adapté une chanson de Queen, *Magic*, et choisi d'enregistrer la chanson québécoise moderne qui avait le plus marqué mon séjour au Québec, la très jolie *Un air d'été*, récemment créée par Pierre Bertrand, un des membres du légendaire Beau Dommage.

Dans le Boeing, je bus un verre de champagne avec Julien Clerc, dont le succès venait d'exploser avec la chanson *Mélissa* ; son idylle avec Miou-Miou venait de prendre fin, il commençait une vie nouvelle et s'émerveillait de chanter à Bercy, dans quelques semaines, pour la première fois de sa vie à guichets fermés !

Le pire avec cette histoire de couronnes, c'est que, chaque fois qu'on croyait l'affaire morte, qu'on pensait en être débarrassé, il surgissait toujours quelqu'un de neuf qui s'exclamait qu'elles étaient géniales, que ce n'était pas possible qu'elles n'aient pas de succès. À Paris, j'essayai de me consacrer surtout aux enregistrements ; d'ailleurs tous ceux qui devaient faire des couronnes un succès, Carlos, les caleçons Arthur, le Club Med le premier, avaient baissé les bras, seul Bertrand maintenait son idée d'inviter à une grande fête tahitienne un millier de publicitaires parisiens et de leur mettre à chacun une couronne sur la tête ! En dehors de ce projet, ce n'était plus que tracas, livraisons mal faites ou avec la mauvaise facture, coups de téléphone sans fin à passer en essayant de démêler l'écheveau des fuseaux horaires, Tahiti, Haïti, Paris. L'affaire tout entière commençait vraiment à m'excéder. Un soir, invité à dîner par mon ami Georges Renou, je me retrouvai à table avec un de ses vieux copains ; je m'étais juré, ce soir-là, de ne pas parler de ces couronnes qui me prenaient sérieusement la tête ! Et soudain, à ma surprise, voilà le copain qui s'enthousiasme, m'annonce qu'il possède maintenant un grand magasin d'accessoires de mode, très branché, et qu'il veut commander tout de suite dix mille couronnes, qu'il les mettra immédiatement en vente partout, aux Galeries Lafayette, à Saint-Tropez, qu'il en fera parler dans *Elle*, dans *Marie Claire*. Deux journalistes de *Madame Figaro* qui se trouvaient à une table voisine s'étaient extasiées un instant plus tôt, voulaient des couronnes pour leur magazine... J'ai téléphoné à Titou, tout de suite emballée par la nouvelle, et je lui ai annoncé qu'il allait falloir qu'elle vienne en France d'ici à dix jours pour cette promotion inespérée.

Il ne faut pas faire des affaires avec les gens avec qui on s'amuse, je l'avais déjà constaté ; le contrat passé avec ce copain (bien que travaillant dans la confection, il n'était pas, comme c'est souvent le cas, israélite, mais auvergnat, et, clamait-il : « Il faut deux juifs pour rouler un auvergnat ») fut le plus détestable de ma vie ! Pour des raisons peu claires, la promotion prévue fut réduite à néant, et il apparut bientôt que c'était

Titou et moi qui devions nous décarcasser pour que lui vende dans ses boutiques, deux cents à trois cents francs pièce, des couronnes sur lesquelles Titou, dans le meilleur des cas, si un jour les Haïtiens la payaient, toucherait trois francs ! Et tout cela dans un marécage de traites impayées, de paroles reprises, de négociations de bouts de ficelle et de livraisons à faire nous-mêmes... l'horreur ! Le gars se conduisit si mal dans l'affaire qu'un jour, quittant les studios où j'enregistrais, je me pointai à sa boutique avec un taxi-camionnette, embarquai moi-même la totalité des cartons qui lui avaient été livrés, et dis à Titou : « Écoute, tu es venue en France pour ces couronnes, l'été approche, c'est sur la Côte qu'elles ont une chance de plaire, alors va les vendre directement à des boutiques là-bas ; moi, j'arrête, je n'en peux plus, il faut que je retourne naviguer seul, j'ai besoin de me trouver un coin tranquille pour me remettre de toute cette aventure et écrire le livre que j'ai promis à Arthaud. » Et c'est ainsi que s'est terminée, du moins dans l'Hexagone, l'aventure épique des « couronnes magiques » : Titou a passé un été agréable dans le Midi, vendant directement à des magasins ses jolies créations, comme cela aurait dû se faire depuis le début, au lieu d'aller nous égarer dans les dédales éprouvants de la confection et du business internationaux ! À Tahiti, au contraire, les couronnes connaîtraient, logiquement, une belle et longue carrière.

Début mai, j'ai remis le bateau à l'eau, et navigué quelques semaines sur le lac Champlain en attendant que les écluses de l'Hudson rouvrent. Les dernières chutes de neige étaient à peine passées que j'ai vu en moins de trois jours éclater le printemps sur les berges du lac, les arbres se couvrant en quelques heures de jeunes pousses. Le passage des écluses s'est fait sans difficulté, et j'ai remâté le bateau à un quai de l'État de New York. Après avoir descendu l'Hudson, j'ai fait une brève escale à Manhattan, le jour même où, comme un point final à l'histoire des couronnes, le Club Med passait dans le plus grand quotidien de New York une publicité pleine page montrant en très gros plan une jolie femme... coiffée d'une couronne de Titou ! Et j'ai pris la route du Sud, sortant au large un instant pour rejoindre la baie Delaware ; à Baltimore, j'ai jeté l'ancre en pleine ville, à deux pas des grands immeubles et du fascinant musée de la Mer. Depuis l'année précédente, la situation avait changé du tout au tout, grâce à mon intervention, et grâce à la compréhension des directeurs des douanes américaines et françaises : je n'avais plus le moindre problème, muni du fameux *cruising permit,* pour faire escale où je voulais.

Ma plus agréable escale dans cette descente vers la Floride aura sans aucun doute été celle de Beaufort, un joli mouillage forain, sous le vent d'une île déserte où paissaient des chevaux sauvages, à faible distance des quais d'une petite ville accueillante aux navigateurs. J'ai longuement décrit cette escale dans *Voyage aux Amériques*, et raconté comment j'y avais rencontré une famille heureuse sur un catamaran, *Arc-en-ciel*, et comment la brève sortie en mer effectuée avec eux sur les eaux agitées du chenal donnant accès au port m'avait fait sérieusement penser à échanger, bientôt, mon sloop contre un catamaran... De ce jour-là, je dois le reconnaître, je n'ai plus vu *Voyage* du même œil, et je me suis mis à rêver, petit à petit, d'un de ces bateaux qui ne gîtent ni ne roulent !

À Fort Lauderdale, je me suis amarré quelques jours au ponton privé de la maison qu'occupaient deux couples d'amis navigateurs français installés en Floride, et nous avons regardé à la télévision l'intégralité du gigantesque récital de bienfaisance *We Are The World*, le temps de constater que quelques-uns de mes contemporains chanteurs, de Dylan à Crosby, Stills et Nash, accusaient le passage des années ! Jagger, lui, restait le plus dynamique, égal à lui-même, et Paul McCartney, venu chanter *Yesterday*, semblait ne pas avoir changé depuis l'époque de Liverpool, et devoir rester le même jusqu'au jour où il « serait » *sixty four* !

C'est dans un minuscule groupe d'îles désertes du nord des Bahamas que j'ai trouvé l'endroit paisible que je cherchais, pour attendre que s'apaisent les vibrations, pas toutes bénéfiques, de mon trop long séjour en Amérique du Nord, et tous les démons qui m'y avaient compliqué la vie. J'y ai coulé des semaines tranquilles, écrivant six heures par jour, partant à la pêche avec un sympathique couple de navigateurs nord-américains, qui, chose assez rare dans ses parages, vivaient nus sur leur trimaran ; il faut dire que c'étaient des Canadiens. Ma retraite n'a été interrompue que deux fois par le passage à proximité de deux tempêtes tropicales qui m'ont contraint à aller m'abriter au creux d'une mangrove, dans une île proche, et par une balade de quelques jours jusqu'à Little Harbour, au nord de la grande île d'Eleuthera, où Jean-Daniel – qui connaissait sur le plan professionnel une époque particulièrement faste car il était devenu l'orchestrateur des succès, alors extraordinaires, de Chantal Goya – avait emmené Francette et leurs deux filles en vacances ; le temps avait passé, les deux filles que j'avais connues bébés étaient devenues de grandes jeunes filles à la poitrine impressionnante, qui, comme leur mère, se bronzaient seins nus sur la merveilleuse plage de sable rose de l'île... à la grande surprise de la clientèle américaine : aux États-Unis, hélas, le *topless* n'avait pratiquement jamais quitté les boîtes de strip-tease[1].

---

1. Les seins nus sur les plages européennes et surtout françaises, c'est devenu pour le reste du monde, et plus particulièrement pour les Américains, une chose aussi folklorique que les seins nus des écolières de Micronésie ou les étuis péniens des Big Nambas du

Mais la découverte capitale que j'ai faite à cette occasion, c'est la caméra vidéo, une des premières caméras amateurs, au format VHS-C, que Jean-Daniel avait apportée : j'ai eu tout de suite le coup de foudre pour cette machine à faire des souvenirs : nous avons filmé le bateau, la préparation de rougets pêchés dans le lagon, les îlots bas... Bien sûr, ce n'était qu'une caméra amateur, les chaînes de télévision, qui n'acceptaient que des productions tournées avec de grosses caméras professionnelles, regarderaient sans doute de haut ce genre de matériel... mais il y avait là une piste à suivre si je voulais un jour raconter en vidéo mes voyages, et je me suis promis d'acheter une caméra de ce genre à mon prochain passage en France.

Je suis retourné jeter l'ancre dans mon petit archipel du nord des Bahamas. À la fin de l'été, mon livre était terminé. C'était la première fois que je renonçais à ma vieille machine à écrire mécanique et écrivais sur un ordinateur, un Epson portable ; en deux ans, l'informatique avait fait des pas de géant, et j'avais été à deux doigts de m'acheter, à Montréal, puis à Paris, la grande nouveauté, un Macintosh... mais l'objet étant fort encombrant, et la seule imprimante alors disponible plus volumineuse encore, j'avais renoncé au dernier moment et préféré ce petit objet portable, la première d'une longue série de machines qui me passionneraient de plus en plus par les possibilités créatrices qu'elles donnent à chacun de nous.

Que d'allées et venues entre la France et l'Amérique, cette année-là ; j'avais dû rentrer une fois de plus au début de l'été, au frais de l'agence de publicité, pour la fête tahitienne, fort réussie, de Bertrand. Et cet automne, revenu des Bahamas, il avait fallu que je trouve en Floride un endroit abrité des cyclones où laisser *Voyage*, le temps de regagner la France pour remettre mon manuscrit, et pour la publication de l'album *Aurore Montréal*. La chanson *Un air d'été*, sans devenir un tube, eut un joli petit succès, d'autant que la version originale, celle de Pierre Bertrand, était sortie au même moment : je me rappelle que jusqu'à l'arrivée du yé-yé, et même encore aux débuts de celui-ci, il était courant qu'une chanson soit enregistrée en même temps par plusieurs artistes.

Juste au moment de quitter le Québec, j'avais reçu une proposition d'une agence de publicité : un constructeur français de bateaux de plaisance souhaitait m'engager pour la publicité de sa gamme de voiliers. La proposition était intéressante financièrement, et Gib Sea était une maison sérieuse ; c'était la première fois, depuis les pubs pour Viandox

---

Vanuatu : des pratiques pittoresques, amusantes, dont on est content de parler, qu'on va éventuellement voir avec un plaisir un peu coquin, mais qu'on n'imagine au grand jamais s'appliquer un jour chez soi, pas plus que les colliers des femmes girafes des Karen de Thaïlande ni les ornements de bois des « négresses à plateau » d'Afrique noire.

ou pour les caravanes Trigano, bien des années auparavant, qu'on me demandait de participer à une campagne publicitaire. J'avais accepté, et les séances de photos s'effectuèrent en ce mois d'octobre, me donnant l'occasion de faire la connaissance d'un jeune photographe talentueux, encore inconnu du grand public, mais qui n'allait pas le rester longtemps, Philip Plisson, qui devait être nommé plus tard « peintre de la Marine », et dont les photographies de rivages, de navires, d'îles et de phares, qu'il commercialiserait sous le joli nom de *Pêcheur d'images*, allaient bientôt connaître un succès colossal dans le monde entier. Les séances, qui donnèrent naissance à une longue et fidèle amitié entre Philip et moi, se déroulèrent en Méditerranée ; l'une des photos prévues mettait en scène un petit bateau à moteur – un secteur important de la production du constructeur – du type pêche-promenade ; le jour de la séance, un coup de mistral titanesque blanchissait la baie, et nous avons dû nous abriter sous le vent d'une digue, tout près des enrochements du haut desquels Philip Plisson me photographiait en train de pêcher à la ligne... Pour faire plus sérieux, il fallait au bout de ma ligne un beau poisson, et nous étions allés le pêcher... dans le congélateur d'un restaurant du port... Voilà pourquoi le gros thonidé que je pêche apparaît sur la photo étonnamment raide et couvert de givre !

De retour en Floride, j'ai retrouvé *Voyage* là où je l'avais laissé, hors de l'eau, dans un chantier où il avait passé la fin de la saison des cyclones en sécurité. Les propriétaires de bateaux n'aiment pas beaucoup voir leur bateau au sec dans un chantier, otage d'un patron qui se prend parfois pour un caïd, puisque vous êtes à sa merci tant qu'il n'a pas daigné remettre à l'eau votre bateau (qui est en général aussi votre maison et tout votre bien) : les *shipyards* américains ont un slogan bien laid, *No cash, no splash*, qui signifie que tant vous n'avez pas payé toutes vos dettes, on ne vous remet pas à l'eau ; pour moi ce n'est pas une question d'argent qui a envenimé mes rapports avec le patron de ce chantier, mais le fait que l'employé qu'il m'avait envoyé pour sabler une partie du pont a si mal travaillé qu'il a transpercé, du jet longuement appuyé de sa sableuse, un coûteux panneau solaire que j'avais pourtant protégé conformément aux instructions du chantier... Quand j'ai parlé au patron de faire jouer son assurance, il a adopté l'attitude des gens pris en faute : il s'est immédiatement mis en colère, est devenu agressif, n'a même pas voulu voir les dégâts, m'a menacé de me casser la gueule... Encore un qui avait vu trop de films de Rambo et qui se prenait pour lui... Bien sûr, je me suis écrasé, mais cette dernière rencontre avec un de ces Américains qui m'avaient tant désappointé n'a rien fait pour améliorer mon souvenir global de ce voyage aux États-Unis.

Pourtant, mes dernières semaines en Floride auraient pu être sympathiques, d'autant que, pour que je puisse confortablement remettre le bateau en état pour de futures traversées, un ami américain marié à une Française m'avait permis de m'amarrer quelques semaines au ponton privé de sa petite villa, dont je pouvais aussi savourer le confort, jacuzzi et piscine entourés d'arbres chargés de délicieux pamplemousses arrivant juste à maturité ; mais l'aventure du chantier avait suffi à me donner une envie irrésistible de reprendre le large, de mettre entre cette Floride, règne de la consommation à outrance, et moi quelques bonnes journées de mer !

Titou est revenue de son séjour sur la Côte d'Azur, prête à affronter la mer des Caraïbes et des destinations plutôt hors des sentiers battus, comme Cuba, et nous nous sommes élancés vers le sud, au long de la pittoresque chaîne des Keys de Floride, un long chapelet d'îlots bas sur l'eau reliés depuis le début du XXe siècle par une série de ponts, jusqu'au point le plus au sud, un des lieux les plus mythiques des États-Unis, Key West, tropicale, décontractée, choisie comme résidence par beaucoup de gays américains. Nous avons savouré deux ou trois jours l'ambiance un peu folle de la ville, et des cocktails explosifs (consommez avec modération le *goombay smash*, le « coup de matraque du zombie », qui comporte trois sortes de rhum différentes !) dans les bars très branchés de cette petite métropole insulaire, des établissements presque aussi cool que ceux de la rue Saint-Denis, à Montréal, à l'autre extrémité du continent ! Mais nous avons vite préféré nous isoler aux Marquises... Eh non, pas celles de la Polynésie française, mais un minuscule archipel qui porte également ce nom, une sorte de miniatoll muni de deux passes, perdu, ignoré, tout au bout de la chaîne des Keys : il nous faudrait encore attendre un peu avant de gagner Cuba, car j'avais accepté de faire encore un dernier, bref, retour à Paris, pour la sortie de mon livre *Voyage aux Amériques*, à l'occasion du Salon nautique, qui à l'époque avait encore lieu en janvier. Quelle année ! De janvier 1985 à janvier 1986, j'étais rentré cinq fois en France ! Il allait être temps de faire de longues et belles traversées !

J'ai laissé une semaine Titou à bord de *Voyage*, d'où elle est partie faire un saut à Haïti, île pour laquelle, malgré les vicissitudes de la couronne, elle avait vraiment eu un coup de foudre ; moi, on m'attendait à Paris, au Salon nautique, qui se tenait encore dans l'étrange palais triangulaire du CNIT, à La Défense. Cette bizarre architecture avait le curieux effet de me faire tourner la tête : autant l'homme, habitué à jongler avec les quatre points cardinaux, s'oriente facilement dans des espaces orthogonaux, autant cette géométrie triangulaire me semblait avoir été conçue pour des créatures extraterrestres ! Dès le premier soir m'attendait un grand dîner, organisé pour le lancement de la campagne publicitaire des bateaux Gib Sea, en présence de nombreux revendeurs de la marque. On parlait bateau, bien sûr, et escales lointaines, quand soudain je relevai une phrase étonnante, dans la bouche de plusieurs personnes venues des quatre coins de la France : « Plus jamais un disque de cette fille chez mes enfants ! » La veille, une émission de télévision – pourtant pas bien méchante, aucun rapport avec les « télé-réalités » d'aujourd'hui – avait donné l'occasion à Chantal Goya, qui connaissait depuis longtemps un succès extraordinaire auprès des enfants, de ruiner pratiquement en quelques instants sa carrière, par son attitude et par les réponses qu'elle fit aux questions agressives d'une téléspectatrice... L'événement me frappa beaucoup, d'abord parce qu'il concernait directement mon ami Jean-Daniel, dont les revenus provenaient en grande partie, depuis quelques années, du succès de Chantal ; mais aussi parce qu'il démontrait l'extraordinaire, l'indécent pouvoir de la télévision, capable de faire ou défaire en un instant une carrière, un succès, une performance sportive – sans lien aucun avec l'éventuel talent de la personne concernée – et capable d'accréditer les rumeurs les plus suspectes, de lancer les plus ridicules paranoïas. Six ans plus tôt, j'avais été écœuré par la mésaventure survenue à Arnaud de Rosnay, qui venait d'accomplir un exploit alors inouï : traverser un bout d'océan en planche à voile, des Marquises aux Tuamotu. La presse et le public l'encensaient, quand un journaliste publia une déclaration d'un champion de ce sport, dont toute l'expérience consistait à faire des régates entre trois bouées, qui mettait en doute la réalité de l'exploit. En quelques heures, l'image d'Arnaud vira du tout au tout, et le public crut dur comme fer qu'il n'était qu'un menteur... Les innombrables champions qui ont effectué depuis de bien plus grandes traversées océaniques devraient brûler un cierge à la mémoire du pauvre Arnaud de Rosnay, qui l'avait, évidemment, réalisée, sa traversée, mais qui souffrit tant de cette désastreuse calomnie, qu'elle fut sans doute en partie cause de sa disparition, plus tard, au large de la Sibérie.

Pourtant, il fallait bien y avoir recours, à la télévision, faute de quoi, je le réalisais de plus en plus nettement, je risquais d'être totalement laissé sur la touche : un disque, un livre, quelles que puissent être leurs qualités, avaient de moins en moins de chances de rencontrer le public si les médias les passaient sous silence. Le service de presse m'avait fait inviter à l'édition d'un journal télévisé tourné au Salon nautique, et le présentateur, lorsqu'il parla de mon livre, le feuilleta rapidement, s'attardant une dizaine de secondes sur le cahier de photos central... Par chance, à cet instant précis, une caméra cadrait en gros plan le livre, et l'on vit défiler à loisir ces seize pages de belles photos en couleurs racontant notre voyage, du canal du Nivernais au carnaval des îles du Cap-Vert, de la bahia de Salvador à l'hiver québécois... Dès le lendemain, et tout au long du salon, des acheteurs se pressèrent au stand d'Arthaud, réclamant « le livre plein de photos » qu'ils avaient vu au JT... C'est, je crois, ce jour-là que je me suis mis à penser sérieusement qu'il allait falloir que je me décide enfin à le réaliser, cet album de photos rapportées de mes voyages auquel je songeais, mais que l'éditeur n'avait encore pas jugé utile de publier.

C'est durant ce court séjour que commença aussi à germer en moi une autre passion, liée également à l'image, qui prendrait dans ma vie un place de plus en plus importante, car j'en profitai pour acheter ma première caméra vidéo au format 8 mm, utilisant des cassettes que l'on pouvait, ô merveille, visionner immédiatement après le tournage, au lieu d'avoir à attendre des semaines le développement de films... Depuis plus de dix ans que je naviguais, mes tentatives de filmer en super-8 n'avaient pas donné grand-chose ; grâce à la vidéo, j'allais enfin pouvoir lâcher la bride à mon envie de raconter les îles, les rencontres, les traversées, ma vie voyageuse... C'est au Salon nautique que j'inaugurai cette nouvelle façon d'écrire, et le premier plan que je tournai de ma vie en vidéo fut... un travelling, pris depuis l'un des escalators de La Défense, sur l'univers effrayant de ces tours, de ces couloirs, parvis et escaliers, un monde si différent de celui que j'avais envie de filmer bientôt !

J'ai rejoint Key West, et Titou est revenue de Haïti, rapportant plusieurs mètres cubes d'objets artisanaux haïtiens vivement colorés en bois peint ou en papier mâché dont elle comptait faire une exposition à Tahiti lorsque nous y arriverions ; ça n'a pas été une mince affaire que de faire disparaître tout ce bric-à-brac dans les fonds de *Voyage*, déjà bien encombrés. Nous avons guetté une météo favorable pour affronter le Gulf Stream, particulièrement puissant entre l'extrémité sud de la Floride et Cuba, et nous l'avons traversé en nous hâtant, avant que le vent d'est ne revienne, vents contre courant, transformer le détroit en chaudron de sorcière. Au matin, nous avons longé le front de mer de La Havane, le célèbre Malecon, et constaté immédiatement que les magnifiques immeubles du littoral auraient bien eu besoin d'une couche de peinture ; en fait, depuis la prise de pouvoir par Castro, trente ans plus tôt, la ville tout entière était restée à l'abandon, et les belles façades tarabiscotées de la vieille ville tombaient lentement en ruine.

Peu de voiliers, et peu de touristes, se rendaient à Cuba, en ces années 1980 : quand l'île, sous l'égide de Fidel Castro, avait basculé dans le bloc communiste, le gouvernement américain avait rétorqué par l'instauration d'un blocus draconien : depuis lors, avoir la moindre relation commerciale avec Cuba, c'était *trading with the enemy* (« traiter avec l'ennemi » !). Un Américain avait en principe le droit d'aller à Cuba... à condition qu'il n'y dépense pas un sou ; les Cubains, pour faire venir quelques touristes, s'étaient tournés vers d'autres nations, et des Canadiens, des Italiens, des Français venaient passer leurs vacances à Varadero ou à Cayo Largo, mais Cuba restait tout entière comme un monde à part, une autre planète difficilement accessible.

J'avais pris la précaution de demander aux représentants du tourisme cubain en France des « cartes de touristes » pour Titou et moi, et ces bouts de papier nous furent très utiles lorsque nous avons été arraisonnés, à l'approche de la marina Hemingway, par une vedette militaire, qui nous a intimé l'ordre d'affaler nos voiles et de les suivre dans cette immense marina déserte : créée, sans doute, dans le cadre d'un grande opération immobilière, juste avant la révolution castriste, elle n'avait jamais été achevée, et ses bassins, ses canaux, au lieu de connaître le même développement opulent et ostentatoire qu'en Floride, étaient restés déserts, battus par les vents.

Pourtant notre escale à la marina Hemingway et à La Havane n'a pas manqué de charme ; les bateaux de passage étaient si peu nombreux qu'on les invitait à s'amarrer devant une jolie paillote qui abritait le seul bar de l'endroit, et les marins se voyaient servir immédiatement un café ou un *mojito*, cette boisson véritable signature du voyage à Cuba, rhum, sucre, jus de citron et feuilles de menthe. Se succédèrent bien huit ou dix fonctionnaires, de la santé au ministère de l'Intérieur, pour nous contrôler et inspecter *Voyage*, mais le tout se fit dans la courtoisie et la bonne humeur ; je revois le médecin, homme très cultivé, qui nous disait lire Daniel Defoe, Thor Heyerdahl : « Comme Fidel », ajoutait-il. Le petit bar était un des seuls endroits animés de cette immense marina vide, avec un restaurant, baptisé Papa's, le surnom donné à Cuba à Ernest Hemingway : si on retrouve des traces d'Hemingway dans de nombreux lieux du monde, au Kenya, en Espagne, en Italie ou à Paris, le « triangle hemingwayen » s'étend au travers des détroits de Floride, et après avoir touché deux de ses sommets (Key West, et, aux Bahamas, en particulier, Bimini), nous avions atteint le troisième, Cuba, où Hemingway vécut longtemps, habitant et écrivant dans un petit hôtel pittoresque de la vieille ville, l'Ambos Mundos, puis dans sa fameuse villa de la Vigia, et faisant de nombreuses croisières sur son voilier dans les archipels qui bordent la côte nord de Cuba. Un safari sur les traces du grand écrivain suffit, à Cuba, à occuper quelques journées et quelques nuits, à commencer par la dégustation de mojitos à la pittoresque Bodeguita del Medio, toute proche de la cathédrale, et de daiquiris, un autre cocktail, qu'il se faisait livrer, dit-on, par seaux entiers par le restaurant La Floridita. Nous y avons bien sûr fait quelques pèlerinages, ainsi qu'au célèbre Tropicana, immense cabaret célèbre bien avant Castro, et que le régime révolutionnaire, dans ses prétentions moralisatrices (combien de fois les castristes avaient-ils crié que le dictateur précédent, Batista, était en train de faire de Cuba « le bordel de l'Amérique » !), n'avait pas osé faire fermer. Avec ses spectacles somptueux, c'était une sorte de Lido de Paris ou de Folies-Bergère qui n'auraient pas évolué depuis trente ans ! Mais la bonne humeur des Cubains et la *trrepidannte rrumba cubana* suffisaient à faire pardonner le côté désuet du spectacle.

Un jour, chose extrêmement rare, pénétra dans la marina un superbe voilier américain, accueilli avec force *mojitos* : oh, les Cubains auraient été ravis de recevoir beaucoup d'Américains (surtout pour leurs devises !), mais c'était le gouvernement américain qui interdisait à ses ressortissants de se rendre à Cuba sous peine de lourdes amendes : *New Wave*, un magnifique voilier en route de New York vers la Californie *via* le canal de Panamá, avait obtenu l'autorisation exceptionnelle de faire escale à Cuba car le propriétaire était un journaliste de la chaîne ABC, Geraldo Rivera. L'homme était aussi sympathique que son équipage, et j'ai été surpris, quelques années plus tard, d'apprendre qu'il allait donner naissance, sur une station de télévision californienne, à une des plus détestables formes de « journalisme poubelle », qui lui ferait acquérir dans son pays une immense notoriété !

Un matin, dans la marina Hemingway, Titou s'éveilla avec les yeux rouges comme ceux d'un lapin angora ; quelques jours plus tôt, en Floride, elle m'avait aidé à repeindre le pont de *Voyage*, et la lumière éblouissante, les émanations de la peinture avaient déclenché chez elle une irritation des yeux spectaculaire. Un ami cubain nous conduisit chez l'ophtalmo local, ce qui nous donna l'occasion de pénétrer dans un véritable intérieur cubain, un appartement de l'un de ces immeubles proches du Malecon qui n'avaient pas été entretenus depuis trente ans, tout en ruine, une famille entassée dans un appartement digne de l'Europe de l'Est. Quand nous sommes entrés, toute la famille regardait à la télévision la énième heure de la diffusion du discours de Castro au congrès du Parti communiste. La doctoresse s'est éloignée un instant de l'écran, a examiné les yeux de Titou avec le seul outil professionnel dont elle disposait, une sorte de loupe munie d'une torche électrique, et n'a pu que lui conseiller d'utiliser un collyre que nous avions la chance d'avoir à bord.

C'est à Cuba que j'ai pour la première fois commencé à utiliser ma caméra vidéo toute neuve, et un groupe de tonitruants musiciens est venu le long du quai fournir à mes premières images leur bande sonore :

à Cuba, faute de matières premières, et suite au régime communiste et au blocus américain, aucune entreprise ne pouvait se créer, les salaires étaient terriblement faibles, de l'ordre de quarante dollars par mois, et les Cubains cherchaient tous les moyens de compléter leurs maigres revenus ; mais le gouvernement leur interdisait encore de traiter avec les touristes en créant, par exemple, les petits restaurants familiaux qu'ils purent ouvrir plus tard, les *paladars*. La musique, création immatérielle qui ne demandait pas de matières premières ni d'investissement, était partout présente, et, malgré la pauvreté induite par les vicissitudes de l'histoire, le pays garda au fil des années sa richesse musicale, comme devait le montrer bien plus tard le succès du film *Buena Vista Social Club*. Même si, comme me le disait un ami cubain : « Lé comounismé tropical, cé n'est pas la mêmé chose (qu'en URSS) », la vie quotidienne des Cubains était une vie de privations, de système D, comparable à celle que la France avait connu durant l'Occupation : les étagères des magasins étaient désespérément vides, de maigres rations alimentaires étaient dispensées à l'aide de cartes... et d'interminables files d'attente s'étiraient devant les rares boutiques ouvertes ; les pharmacies, en particulier, dépourvues presque de tous médicaments modernes, offraient dans un décor qui semblait dater de Flaubert et de *Madame Bovary* quelques vagues potions et pommades dont n'aurait pas voulu le plus miséreux des pays du tiers-monde ; seuls offraient dans leurs rayons un choix à peu près honnête de vivres quelques *diplomercados*, magasins réservés à ceux, étrangers, diplomates, qui pouvaient payer en devises. Un jour, on nous ouvrit même un des rarissimes *super diplomercados* créés pour ceux qui pouvaient payer en « vraies » devises convertibles – les Russes, donc, n'y avaient pas droit : d'authentiques cavernes d'Ali Baba, bien cachées, où on trouvait à des prix défiant toute concurrence tout ce qu'on voulait, conserves, alcools de toutes provenances et vins de France, appareils électroménagers ignorés du reste du pays, etc. Je me mis un jour à filmer un de ces étals, mais on vint vite me taper sur l'épaule, me demander d'arrêter, il ne fallait pas que l'existence de tels endroits soit connue dans le pays.

Pour ce qui était des voitures, il ne s'en était pratiquement plus importé une dans l'île depuis 1959, et les mécaniciens cubains faisaient des merveilles chaque jour pour maintenir en état de marche des vieilles voitures américaines devenues depuis de vraies pièces de musée. Le peu de moyens dont le gouvernement cubain disposait pour entretenir ou rénover des bâtiments, il le réservait à des musées naïvement consacrés à la gloire de la révolution ; on y voyait pêle-mêle une pompe à essence Shell renversée, un tank qui s'était illustré lors de la prise de La Havane par les *barbudos* de Castro, et même, dans une grande cage de verre, le

Granma, le yacht à moteur que Castro et ses hommes avaient utilisé pour débarquer à Cuba et lancer la révolution.

Le reste des bâtiments, la cathédrale, les palais de la vieille ville, tout tombait en ruines. Il n'était pas facile non plus d'aller voir à Cuba autre chose que La Havane, car l'essence était pratiquement introuvable ailleurs que dans la capitale ; nous avons pourtant tenté un jour de faire une excursion vers la partie ouest de l'île, à bord d'une des rares voitures de location disponibles, et c'est à cette occasion que j'eus un autre problème avec ma caméra : nous nous étions arrêtés un instant au bord de la route pour filmer un pittoresque petit port de pêche blotti dans l'estuaire d'une rivière ; soudain un militaire se pointa, nous expliquant qu'il était interdit de filmer ici : juste derrière nous se trouvait un grand aéroport militaire, que je n'avais pas vu ; il nous demanda de lui remettre le film. Je lui expliquai qu'il n'y avait pas de film, mais une cassette, et il finit par nous laisser partir ; mais lorsque, le soir, regagnant La Havane, nous sommes repassés au même endroit, des militaires nous ont fait signe de nous arrêter, ont relevé notre identité, puis ont fini par nous laisser rentrer au bateau, un peu inquiets tout de même. À la marina, la direction nous annonçait que notre départ, prévu pour le lendemain, ne pourrait pas se faire avant quarante-huit heures, pour des raisons fumeuses de fermeture du port... Mes inquiétudes paraissant se confirmer, j'ai pris contact, à toutes fins utiles, avec l'ambassade de France, juste pour faire savoir que nous étions là... ce qui nous a valu quelques invitations, sympathiques mais un peu compassées, dans le monde de la diplomatie franco-cubaine, et nous a donné l'occasion de constater que les relations des diplomates, représentants de pays libres, avec les Cubains, qui étaient somme toutes des prisonniers de leur régime, n'étaient pas toujours faciles. Un conseiller de l'ambassade, qui vivait une belle histoire d'amour avec une jolie insulaire, ne pouvait la rencontrer que dans des coins déserts, des rues sans éclairage, hors de la vue des CDR, les austères Comités de défense de la révolution qui espionnaient les activités de tous les citoyens.

Enfin nous avons pu reprendre notre route et contourner à la voile la partie occidentale de l'île ; dans la nuit, d'énormes projecteurs, s'allumant soudain sur le rivage, éclairaient un instant nos voiles, et des systèmes de brouillage, semblait-il, jouaient des tours aussi bien à mon radar qu'au navigateur par satellites (en 1986, nous en étions encore au sat nav, peu performant) : cette partie des détroits de Floride, où deux puissances ennemies se côtoyaient de si près, était constamment sous haute surveillance. Puis nous avons longé la côte sud de Cuba, nous aidant du radar pour nous glisser de nuit entre les îles qui environnent l'isla de la Juventud, une sorte d'île-prison du régime castriste, afin d'y trouver un mouillage. Chaque fois qu'un bateau de pêche ou un des hydroglisseurs qui reliaient l'île à Cuba nous apercevaient, ils venaient immanquablement nous inspecter de près ; nous voyions un homme nous observer à la jumelle, puis il partait, sans doute communiquer par radio notre description à une quelconque autorité supérieure : chaque bateau de pêche, chaque bateau de transport, à Cuba, paraissait investi d'une mission de surveillance ; ce n'est que lorsque le capitaine était rassuré sur notre cas (nous devions être signalés en haut lieu) qu'il nous laissait partir : nous n'étions pas de dangereux contre-révolutionnaires préparant un nouveau débarquement dans la fameuse baie des Cochons, une baie proche d'ailleurs du petit archipel vers lequel nous nous dirigions, celui des Canareos.

Ce groupe d'îles, autour de Cayo Largo, était un lieu privilégié à Cuba : un bon nombre de touristes y apportaient une opulence inconnue dans le reste du pays, les fonctionnaires y étaient beaucoup moins pointilleux, et nous y avons fait une escale agréable, qui aurait volontiers pu se prolonger. Un groupe de jeunes Italiens promenait chaque jour les touristes sur un joli catamaran léger, les amenant visiter des superbes îlots déserts, réserves naturelles habitées par des iguanes peu farouches. On nous avait recommandé, bien sûr, de ne pas toucher aux iguanes, qui vivaient en liberté, et j'ai toujours été très respectueux de ce genre de règlement. Titou, elle, n'a pas pu résister à la tentation d'en tirer gentiment un par la queue... Elle en a été bien punie : ces très gros lézards, comme leurs homologues plus petits, ont une queue très fragile, qu'ils abandonnent volontiers à un prédateur pour se sauver, et qui repousse rapidement... Titou a fait une drôle de tête quand elle s'est retrouvée avec, dans la main, la grosse queue, nettement sectionnée et sanguinolente, trente centimètres de long et cinq centimètres de diamètre, encore agitée de violentes secousses, de l'animal qu'elle avait bêtement taquiné !

Nos amis italiens (l'un d'eux, Vittorio Doi Malingri, devait par la suite devenir une figure de la voile en Italie) nous conduisirent aussi vers un lieu où nous avons découvert la plus grande concentration de langoustes que j'aie vue de ma vie : c'est dans cette région des Caraïbes, je crois, que l'équipe Cousteau a filmé d'immenses processions de langoustes se suivant, en files ininterrompues, au fond de la mer ; dans cette partie de Cuba, il suffisait de plonger dans un mètre d'eau pour découvrir, sous chaque surplomb du récif de corail, alignées, attendant qu'on vienne les cueillir aussi docilement que sur un étal de poissonnier, des centaines de langoustes immobiles, si proches les unes des autres que leurs antennes s'emmêlaient. Nous en faisions d'inoubliables festins sur la plage.

Alors que nous songions à quitter Cuba, un journaliste français, qui avait eu vent de notre présence dans l'île, demanda s'il pouvait faire un reportage sur nous ; j'acceptai, prévoyant d'en profiter pour prendre moi-même quelques photos du bateau sous voiles, le genre de photos que l'on fait très rarement de son propre bateau. J'avais échoué *Voyage* à marée haute sur un banc de sable pour nettoyer sa coque ; et voilà que la marée ne voulut pas remonter assez haut, et que le bateau refusait de se remettre à flot ! Heureusement, chaque matin, passait à cent mètres de notre banc de sable un bateau de pêche converti en bateau de transport, qui amenait les touristes de Cayo Largo à la magnifique playa Sirena. Je me suis approché de lui au passage, j'ai demandé aux marins de frapper sur un de leurs taquets d'amarrage le long cordage dont j'avais amarré l'autre extrémité à l'étrave de *Voyage*... lorsque la corde s'est tendue, *Voyage* a bondi comme un diable jaillissant d'une boîte, s'arrachant au banc de sable et entamant une course effrénée en direction d'autres obstacles, jusqu'au moment où j'ai pu regagner mon bord en annexe et larguer la remorque.

Un *norther*, un de ces vents du nord généralement associés au passage d'un front froid, nous a conduits ensuite jusqu'à notre escale suivante, les îles Cayman ; par ce vent, le port et le mouillage habituel étaient impraticables, et les agents des douanes, contactés par radio, nous ont donné instruction d'aller jeter l'ancre au sud de l'île, où ils viendraient nous inspecter ; les grands paquebots de croisière qui visitaient régulièrement l'île avaient été contraints à la même manœuvre, et, dans le mouillage, les ondes radio résonnaient de messages du genre : « *Bohème, Bohème*, ici *Song of Norway* ; je vous signale que votre ancre est en train de déraper et que vous vous rapprochez de plus en plus de moi »... ce qui est assez pittoresque quand les deux bateaux concernés ne sont pas deux petits voiliers aux ancres précaires... mais deux des énormes paquebots de croisière qui patientaient dans ce mouillage temporaire, tandis que les hordes de touristes qu'ils transportaient allaient baguenauder dans les ruelles et les boutiques *duty free* de la petite ville.

Les îles Cayman, qui doivent en grande partie leur prospérité à des activités *off-shore*, du type paradis fiscal, se caractérisaient surtout par un nombre impressionnant de banques et de sièges sociaux... et, chaque jour aux heures de pointe, par des embouteillages homériques de voitures luxueuses. Après les étagères vides des magasins de Cuba, la vision des opulents supermarchés des îles Cayman était frappante, mais les prix pratiqués étaient dissuasifs : nous attendrions d'avoir atteint Panamá pour nous ravitailler vraiment.

Un autre *norther* nous a emmenés vers le sud ; j'aurais bien envisagé quelque escale dans un des minuscules archipels, perdus au centre de dédales de récifs à fleur d'eau, de cette partie des Caraïbes, mais, situés à proximité de pays instables, Nicaragua, Colombie, ils ne constituaient pas des escales recommandées ; c'est ainsi que nous avons manqué une belle escale possible sur la route : je ne devais découvrir qu'une quinzaine d'années plus tard l'île de Providencia.

Un matin sont apparues à l'horizon les silhouettes des nombreux navires ancrés devant l'entrée du canal de Panamá, et un oiseau qui avait depuis plusieurs jours trouvé refuge sur un des balcons arrière de *Voyage* nous a quittés sans même un merci. Nous avons jeté l'ancre dans le triangle réglementaire des *flats* en compagnie d'autres bateaux vagabonds. *New Wave*, le voilier américain avec lequel nous avions sympathisé à la marina Hemingway, venait d'arriver, et Geraldo avait repris l'avion pour les États-Unis. En rentrant par la route de l'aéroport, situé de l'autre côté de l'isthme, sur la côte Pacifique, l'équipage et la compagne de Geraldo avaient été attaqués par des bandits qui les avaient poursuivis en voiture et leur avaient tiré dessus, mais ils étaient arrivés à les semer grâce à leur voiture plus puissante. Un petit catamaran français était bloqué à Panamá car on avait volé, sur le bateau à l'ancre dans une baie de la côte caraïbe du pays, un sac renfermant les papiers et l'argent du bord. Il est vrai que le Panamá avait une assez mauvaise réputation, particulièrement la ville et les environs de Colón, où se trouvait le Panamá Canal Yacht Club : il valait mieux éviter de se balader trop tard – et surtout, comme somme toute dans toute grande ville du monde, éviter d'exhiber bijoux ou portefeuille bien rempli – dans les rues de cette ville déchue, comme tout le pays, d'un passé glorieux : c'est au travers du Panamá que transitèrent jadis les fortunes en or, bijoux et pierres précieuses que les Espagnols emportaient de leur colonies d'Amérique du Sud, Pérou, Chili, pour les charger sur des galions qui les rapportaient en Espagne, suscitant la tentation des pirates qui, Drake et Morgan en tête, attaquèrent plus d'une fois les convois d'or...

Comme lors de mon premier passage, neuf ans plus tôt, le retard pris pour atteindre Panamá nous a fait manquer un archipel dont j'avais pourtant entendu dire du bien, celui des San Blas ; il me faudrait attendre quelques années de plus avant de découvrir enfin, à bord de mon prochain bateau, cet archipel extraordinaire pour lequel je devais éprouver un vrai coup de foudre ; cette fois-ci, nous nous contenterions d'une brève rencontre, sur les pontons de Cristóbal, avec les Indiennes Kuna qui venaient vendre leurs *molas*, ces magnifiques travaux de broderie en appliqué si remarquables qu'on les retrouve à des places d'honneur dans les plus grands musées ethnographiques du monde : nous leur avons cependant demandé de coudre pour nous un mola simple, mais d'une grande surface, multicolore et orné d'oiseaux, d'arbres et de fleurs, découpé à la mesure d'une des parois intérieures de *Voyage* ; il leur faudrait moins de trois jours pour le réaliser.

Nous avons rapidement passé le canal, avec l'aide de l'équipage de *New Wave* venu en renfort car les règlements du canal exigeaient d'avoir quatre équipiers à bord du bateau en plus du skipper, et le transit s'est fait en compagnie d'un jeune *advisor* panaméen fourni par la compagnie et qui accomplissait avec nous son premier passage du canal dans les fonctions de pilote. Nous nous sommes amarrés à un remorqueur pour les trois écluses montantes, puis, plus simplement, le long du quai pour les écluses descendantes, et le transfert s'est déroulé sans la moindre inquiétude, dans la bonne humeur franco-américaine : avisant un rasta extrêmement marleyesque, *dreadlocks*, béret et démarche lymphatique rastafarienne qui cheminait le long d'un quai, semblant porter tout le poids de Babylone sur ses épaules, un des équipiers américains déclara : « *This guy's got many rivers to cross !* »

La dernière écluse franchie, la coque de *Voyage* a goûté pour la première fois aux eaux du Pacifique. Nous nous sommes amarrés deux jours à l'un des corps-morts du yacht-club de Balboa, ballottés dans les sillages des cargos et des remorqueurs qui arrivaient du Pacifique, puis nous nous sommes élancés vers le sud-ouest, prévoyant tout de même une dernière escale sur la côte panaméenne, dans un petit archipel proche de la frontière costaricaine : je vous recommande chaleureusement la minuscule île Gamez, proche de la grande île de Parida, toutes deux désertes et entourées de la mer la plus poissonneuse que j'aie vue de ma vie : des poissons bondissaient sans cesse tout autour du bateau, nous n'avions pas le temps de dérouler entièrement la ligne de traîne qu'un poisson, thon ou bonite, avait déjà mordu, et si nous essayions de remettre la ligne à l'eau pour l'enrouler proprement, un nouveau poisson s'y prenait ; de gentils pêcheurs panaméens, en échange de quelques bières, nous avaient donné un énorme seau de crevettes, et la beauté de la plage de l'île Gamez nous incita à y passer quelques jours, et à y échouer le bateau pour soigneusement nettoyer sa coque, afin d'éviter l'erreur qui avait gâché ma première traversée du Pacifique. Ancienne propriété privée, l'île avait été donnée par son propriétaire à l'État panaméen pour en faire un parc naturel, sous le contrôle du Smithsonian Institute, et les plages, les rochers aux formes et aux couleurs étonnantes, et les arbres chargés de grappes de fleurs blanches et roses nous ont offert une dernière image du Panamá vraiment idyllique.

Nous avons fait une brève halte en territoire costaricain, dans la baie de Golfito, encore une bourgade qui avait du mal à s'habituer à la fin d'une période d'opulence, l'exploitation par les Américains de vastes bananeraies. La baie était entourée de bidonvilles, et le marché où nous prévoyions de nous ravitailler pour la traversée ne valait certes pas celui de Panamá.

Presque pas de vent, et de la houle venant de toutes les directions à la fois : ce n'est pas dans des conditions de navigation idéales que nous avons mis le cap au sud, utilisant le moteur pour nous dégager des calmes équatoriaux, jusqu'à la légendaire île Coco, possession du Costa Rica. La découvrir au petit matin, dégoulinante d'une dense végétation tropicale, ses caps rocheux battus par une houle étincelante, c'était beau comme la scène d'ouverture d'un film, c'était comme découvrir une île inconnue, un continent vierge. À l'ancre dans la baie de Chatham, nous souffrions un peu du roulis, mais l'île en valait la peine. Elle n'avait pas encore été transformée en réserve naturelle, la pêche y était encore possible, et le bateau était entouré en permanence de poissons de toutes sortes, parfois de raies, de requins et de requins-marteaux. Bientôt, pour préserver une si extraordinaire richesse, le Costa Rica prendrait la décision d'interdire toute pêche dans les eaux environnantes : il faut dire qu'il y en avait quelques-uns qui exagéraient : lors de notre séjour un gentil couple de vagabonds américains, dont le bateau était équipé d'un compresseur, avait récolté en plongée plus de cent cinquante langoustes, pour les faire sécher, comme provisions en vue de leur prochaine traversée du Pacifique !

Lorsque nous débarquions sur le rivage désert de la baie, il suffisait de quelques pas dans la végétation tropicale pour atteindre une merveilleuse petite cascade où nous avons fait le plein d'eau douce, et lavé le linge de *Voyage*. Quelle laverie ! Tandis que les paréos colorés de Titou séchaient sur les rochers portant gravés les noms des navires venus jeter l'ancre dans la baie par le passé – une des inscriptions les plus récentes était celle de la *Calypso* –, nous nous offrions, assis en tailleur juste sous la cascade, le meilleur massage de la nuque et des épaules que l'on puisse imaginer !

Les aimables gardiens de l'île, militaires costaricains basés dans la baie Wafer voisine, nous confièrent un jour que, s'il nous était venu l'idée d'aller fouiller au cœur de la dense végétation tropicale qui couvrait l'île, nous aurions trouvé tout au long de ses rivages, et même dans les vallées et au flanc des montagnes du centre, des centaines d'excavations, plus ou moins profondes... En quête d'un butin mythique enterré, dit-on, dans l'île par Morgan, Drake, ou plus vraisemblablement par les Espagnols tentant de soustraire à ces pirates les richesses qu'ils avaient eux-mêmes dérobées aux civilisations indiennes d'Amérique du Sud, d'innombrables équipes de chercheurs de trésors avaient depuis des siècles retourné le sol de l'île, chercheurs solitaires équipés d'une seule pelle ou équipe munie du matériel le plus sophistiqué, pelleteuses et bulldozers... Un chercheur d'or français avait eu une fâcheuse expérience dans l'île, quand un des membres de son équipe avait été perdu en mer et, sans doute, dévoré par les requins... Mais ni lui ni personne n'était jamais parvenu à mettre la main sur le légendaire trésor. Quant à Titou et moi, les rêves insensés de ces aventuriers nous intéressaient peu, car nous étions parfaitement conscients de l'avoir trouvé, nous, le trésor de l'île Coco : cette richesse inouïe, plus précieuse que tous les doublons, les diamants et les perles fines, c'était tout simplement la beauté à couper le souffle de l'île, la paix infinie qui régnait sur ces montagnes, ces cascades, ces forêts et ces plages dorées.

Il nous a tout de même fallu quitter l'île Coco, et mettre le cap sur un autre archipel légendaire, situé quelques centaines de milles plus au sud, les Galapagos. Hélas, le sort fait dans ces îles aux navigateurs en escale ne s'était pas amélioré depuis mon passage précédent, où j'avais eu, vous vous en souvenez, le privilège de bénéficier d'une autorisation spéciale de visiter certaines des îles les plus préservées...

Depuis plus de trente ans que je navigue, on me demande assez régulièrement : « Mais dites-moi, vous n'êtes pas, dans vos navigations, aussi libre qu'il y paraît, puisque vous semblez devoir affronter, dans presque chaque pays ou dans chaque île que vous abordez sur votre chemin, toute une batterie de règlements, formalités, permis de naviguer et paiement de droits divers ; n'existe-t-elle donc plus, l'île qui n'appartient à personne, et où vous pouvez jeter l'ancre sans avoir à demander à quiconque la moindre autorisation ? » Eh non, il faut se faire une raison, en cette fin du XXe siècle, au début du XXIe, à part quelques très rares îles désertes assez éloignées de la petite ou grande capitale dont elles dépendent pour n'être jamais visitées, et dans lesquelles on peut donc séjourner en marge de toute réglementation, chaque île, chaque mètre carré de la surface émergée de la planète appartient à un pays ou à un autre. Mais, à mon sens, il n'y a pas vraiment lieu de s'en plaindre : c'est vrai, l'entrée dans chaque nouveau pays que nous, les vagabonds des mers, abordons, passe par une série de petits rituels, prises de contact avec divers fonctionnaires, ronds de jambe et formules de politesse, paiements de droits généralement très raisonnables, et parfois pittoresques[1]. Mais, somme toute, ces formalités, qui prennent rarement plus de quelques minutes, parfois quelques heures, et qu'il vaut mieux aborder avec le sourire, même lorsque le fonctionnaire concerné en profite pour faire valoir un instant la position de domination qu'il exerce dans son petit domaine, ces obligations ont un corollaire : elles vous

1. Je me rappelle la réaction amusée d'un navigateur américain à qui on réclamait, dans un archipel très peu développé du Pacifique Sud, un « droit d'utilisation des phares »... alors que les peu nombreux phares de l'archipel étaient, c'était notoire, depuis longtemps éteints : « Pourquoi font-ils payer une taxe, demandait-il, pour s'acheter des ampoules ? »

donnent aussitôt, pour la durée de votre escale, une sorte de statut privilégié, celui d'invité du pays. En Nouvelle-Calédonie, par exemple, « faire la coutume », aux Fidji remettre au chef d'un village des racines de *kava*, ou, aux Antilles, remplir les éternels formulaires de douane et d'immigration qui ne servent bien sûr qu'à nourrir les rats des bureaux du port, vous permet de bénéficier de la protection de l'autorité du village ou de la loi du pays : avant que ces règlements n'existent, il faut bien le savoir, régnait dans la plupart de ces contrées une barbarie qui conduisait parfois le visiteur imprudent, dans certaines régions du Pacifique, par exemple... dans la marmite des consommateurs locaux ! Non, lorsque des navigateurs se plaignent de la complexité, grandissante il est vrai au fil des ans, de ces *rules and regulations*, je leur rétorque que ces petits efforts à faire, ce n'est pas payer bien cher le privilège de jouir pour quelques jours, quelques mois ou quelques années, de la beauté et de l'ordre régnant dans le nouveau pays qui devient pour quelque temps le vôtre.

Aux Galapagos, malheureusement, la situation avait largement empiré : partant de la volonté de préserver ces îles extraordinaires, où dans des paysages dignes d'une autre planète des animaux exceptionnels, qui avaient inspiré à Darwin la théorie de l'évolution, vivaient sans la moindre peur de l'homme, l'Équateur, qui avait pris possession de l'archipel, l'avait déclaré tout entier réserve naturelle, ce qui était plutôt louable, mais avait aussitôt entrepris de lui faire rapporter beaucoup d'argent en mettant sur pied un tourisme plus dense chaque année, amenant sur chacun des sites classés des groupes de plus en plus nombreux de visiteurs se prenant quelques jours pour Darwin : trente ans plus tard, le nombre de visiteurs se rendant aux Galapagos a littéralement explosé, dépassant très largement les chiffres prévus à l'origine, en accord avec la fondation Darwin, créée dans l'île de Santa Cruz grâce à des capitaux nord-américains. Quant aux navigateurs de plaisance, comme nous, eh bien, ils s'étaient tout simplement vu interdire l'accès à l'archipel, à l'exception d'une courte halte pour se ravitailler dans une des zones habitées des îles, qui ne faisaient pas partie du parc national : obtenir l'autorisation d'aller jeter l'ancre devant les autres îles était devenu pratiquement impossible, ou était lié au paiement de sommes véritablement grotesques : non, ils appartenaient désormais au passé, les mois heureux que Bernard Moitessier avait passés ici dans les années soixante avec sa femme Françoise, sur leur *Joshua*, restant trois mois à l'ancre dans l'île déserte de Barrington, nageant chaque jour au milieu des phoques et des tortues marines, donnant naissance à des pages aussi inoubliables que celles que Bernard consacrerait plus tard à la Polynésie[1].

1. Bernard Moitessier, *Cap Horn à la voile*, Arthaud, 1967.

Nous avons donc dû nous contenter de deux brèves escales buissonnières, juste le temps d'admirer au passage les éléphants de mer qui se chauffaient au soleil, comme sur des étagères, sur les gradins des falaises d'une des îles du Nord, déserte ; juste le temps pour Titou de nager un instant au milieu des otaries qui avaient élu domicile à l'abri des rochers Plaza.

Mais nos plus riches souvenirs aux Galapagos, ce furent nos rencontres avec quelques-uns des légendaires pionniers qui étaient venus vivre sur ces îles âpres dès les années quarante ou cinquante, des personnages fascinants. Alors que nous faisions quelques achats dans la petite boutique d'Academy Bay, nous avions remarqué un personnage étonnant, sexagénaire aux longs cheveux, vêtu d'un T-shirt rouge, que nous avions pris d'abord pour un voyageur : mais quand je lui avais demandé d'où il venait, il m'avait répondu : « D'une autre galaxie ! » Personnage le plus original d'un groupe de quatre frères allemands installés dans l'archipel plus de trente ans plus tôt, Gus Angermeyer restait comme un témoignage d'un passé de plus en plus lointain : il vivait seul dans une caverne du rivage de la baie, où il nous reçut au milieu d'un amoncellement de vertèbres de baleine, de crânes et d'ossements de dauphins ; notre rencontre fut un vrai coup de foudre (je crois qu'il était surtout impressionné par Titou !), et nous lui avons souvent rendu visite dans son antre, où il nous racontait volontiers les débuts difficiles de leur séjour aux Galapagos, mais aussi leur enfance en Allemagne, la Première Guerre mondiale où, sur le front, les soldats allemands et français sortaient de leurs tranchées et mettaient en commun leurs maigres réserves pour fêter Noël... et dès le lendemain matin recommençaient à s'étriper ! Gus restait le seul habitant d'Academy Bay à se déplacer à l'aviron sur son petit youyou, alors que tourbillonnaient déjà autour de lui les annexes à moteur des nombreux bateaux de charter équatoriens se livrant à leur fructueuse activité touristique.

Fascinant aussi, un couple de légendaires colons belges, André et Jacqueline de Roye, installés dans l'île depuis presque aussi longtemps : au cours de longues années difficiles, parfois à la limite de la survie, ils avaient vécu de la nature, de maigres cultures. Ils avaient emmené les premiers visiteurs venus découvrir la faune inouïe des Galapagos sur un voilier qu'André avait construit de ses mains ; Jacqueline leur proposait des bijoux qu'elle réalisait dans son atelier, et leur fille, Tui, qui avait passé toute son enfance dans l'île, allait devenir une photographe de renommée mondiale, consacrant de magnifiques albums photographiques aux paysage, à la flore et aux animaux au milieu desquels elle avait grandi.

Avant de quitter l'archipel, nous avons fait une dernière escale buissonnière, jetant l'ancre vingt-quatre heures au pied d'un îlot rocheux de la côte ouest de la grande île d'Isabela, juste le temps de photographier et de filmer, avec la caméra vidéo, les phoques, les iguanes et les pingouins qui habitaient le rocher. Puis nous avons entamé notre longue traversée : le vent, tout de suite, nous a été favorable, et en une dizaine de jours d'alizés modérés nous avons parcouru la moitié du chemin ; nous avons fêté cela par un gâteau au chocolat et en débouchant la dernière bouteille de vin qui nous restait à bord, un châteauneuf-du-pape acheté... dans un *diplomercado* de Cuba ! La soirée était superbe, pas un nuage, le bateau marchait à la perfection, sous génois tangonné et reacher, sans grand-voile. Comment imaginer qu'alors que nous baignions dans une telle douceur, en ce début de mai 1986, l'enfer se déchaînait à Tchernobyl, et le nuage radioactif s'étendait jusqu'au Jura et à la Corse ? Elle nous paraissait bien lointaine, et pourtant si réelle, la folie des hommes et de leurs choix dans le domaine de la production de l'énergie qu'ils consommaient en si grande quantité, privilégiant l'effrayant thermonucléaire au lieu de faire progresser des énergies beaucoup moins dangereuses, l'énergie solaire, ou celle du vent, qui était en train de nous propulser en douceur au travers d'un océan. Et dire qu'à l'autre bout de la planète nous risquions, dans quelques jours, de ne pas pouvoir faire escale aux Gambier, car la France semblait avoir repris ses essais nucléaires aux Tuamotu, proches !

Dès le lendemain, d'ailleurs, le vent nous a trahis, et nos parcours quotidiens sont tombés à 100 milles dans le meilleur des cas, à 22 ou 27 milles au pire ; nous nous offrions de temps en temps quelques heures de moteur pour ne pas porter sur notre carte, ce jour-là, un parcours trop ridicule, mais ce n'était pas avec nos deux cents litres de fuel achetés à Academy Bay que nous allions pouvoir atteindre la première île, Pitcairn, encore distante de plus de 1 000 milles. Alors il nous a bien fallu attendre, bouchonnant paisiblement sur les eaux parfaitement lisses d'un des calmes les plus prolongés que j'aie jamais rencontrés ; je passais des heures assis à l'étrave à regarder les reflets des dessins de la coque, arc-en-ciel, soleil et petits nuages, se dissoudre et se morceler au hasard des faibles ondulations qui nous parvenaient de régions lointaines où le vent existait encore. « Pour un beau calme, c'est un beau calme ! », ai-je dit à Titou, qui m'a répondu : « Un beau calme de cornichons ! » Parfois, je me mettais à l'eau pour ôter les quelques anatifes qui avaient poussé sur la coque, ou pour voir, m'éloignant d'une dizaine de mètres, à quoi ressemblait le bateau, mais il n'était pas beau à voir, avec son reacher pendant comme de vieilles hardes.

Pour occuper ces journées d'attente, nous avons décidé d'apprendre le tahitien avec la petite méthode que m'avait donnée, neuf ans plus tôt, l'instituteur des Gambier, et le bateau résonnait des sonorités pétaradantes de cette langue bien complexe. Après de longues journées d'efforts, nous arrivions à comprendre un mot sur deux du journal en tahitien ou des messages de l'émission *Allô les îles*, que nous parvenions déjà à recevoir sur RFO Tahiti. J'ai constaté depuis que dire des phrases simples aux gens, ça va encore, mais comprendre ce qu'ils vous racontent lorsqu'ils parlent à toute allure, et avec des tournures et des façons de prononcer très différentes de celles du manuel, c'est une autre histoire !

Grignotant mille après mille, nous sommes tout de même, au bout de vingt-quatre jours, parvenus à atteindre la première île de cette immensité déserte, l'île Henderson, une petite dépendance, inhabitée, de Pitcairn ; à la ligne de pêche que nous avions traînée en pure perte tout au long de la traversée, un superbe thon jaune a mordu alors que nous contournions la pointe nord de l'île, et le seul mouillage, précaire, en eau profonde, qu'offrait Henderson, m'a suffisamment inspiré confiance pour que nous y jetions l'ancre, pour une soirée tranquille : en dégustant une bonne matelote préparée avec le produit de notre pêche, nous nous demandions combien de personnes au monde pouvaient avoir entendu parler de l'île Henderson. Peut-être une sur un million, et encore ; nous, en tout cas, le bateau enfin immobile, nous n'aurions, en cet instant, voulu être nulle part ailleurs : sous la lune, ce soir-là, Titou et moi, nous étions le comte et la comtesse d'Henderson.

Malheureusement, le vent a tourné dans la nuit, gâchant un peu notre escale, et nous avons remonté dans les premières lueurs du jour l'ancre que je craignais de perdre dans ces fonds coralliens pleins d'anfractuosités ; le vent a tourné progressivement au nord-ouest alors que nous parcourions la centaine de milles qui nous séparait de Pitcairn, et, le sat nav ayant une fois de plus défailli, c'est à l'aide du sextant, bondissant au près dans la houle, que j'ai trouvé Pitcairn, apparue, impressionnante, sous la lune, dans les nuages glauques d'un mauvais temps de nord-ouest qui rendait impraticable le seul bon mouillage de l'île, la baie du Bounty. J'ai hésité à rester à la dérive au large de l'île en attendant que le vent redevienne favorable, et puis je n'ai pas pu résister à la tentation de jeter l'ancre, en pleine nuit, dans la seule baie abritée de ce vent, cernée de falaises si inaccessibles qu'elle portait le nom de *The Rope*, la « corde », qui jadis constituait le seul moyen de communication entre le sommet des falaises et le rivage battu par la houle ; nous avons passé une nuit agitée, regardant sur le radar la houle du sud déferler en grands rouleaux sur les récifs, à moins de deux cents mètres de nous ; au petit jour, le vent a soudain tourné au sud alors que nous venions de rehisser l'ancre, nous permettant d'aller enfin mouiller dans la baie du Bounty.

Un sympathique Pitcairn, Brian Young, a vite répondu à nos appels en VHF, et un pneumatique mené par deux costauds indigènes est venu nous accueillir : comme la plupart des habitants de l'île, Brian tenait son nom de famille, Young, de l'un des mutins du *Bounty*, qui s'étaient révoltés en 1789 contre la tyrannie du capitaine Bligh, et, sous les ordres de Fletcher Christian, s'étaient réfugiés, bien conscients de ce que la Marine britannique tout entière les chercherait pour les pendre, sur cet îlot presque inaccessible, alors inconnu de tous. « Je descends de mutins de père en fils depuis sept générations », disait Brian... Enfant de mutins de père en fils, la phrase était encore plus efficace en français !

Inquiet de l'agitation du mouillage, j'ai d'abord laissé Titou descendre à terre, puis, les eaux de la baie se calmant progressivement, et les Pitcairn m'affirmant que nous disposions de quelques heures de calme, nous avons pu débarquer tous les deux, nous offrant dans cette île légendaire la courte balade que le temps changeant interdit souvent aux bateaux en escale, surtout en équipage restreint, comme le nôtre.

Le débarquement à lui seul était déjà particulièrement pittoresque ; un puissant canot pneumatique avait remplacé depuis peu les *long boats* que l'on voyait encore tirés au sec sur le rivage ; guettant un instant de calme relatif entre deux vagues, le canot s'est approché de la courte jetée, s'est placé sous une sorte de grue d'où pendait un crochet, prêt à être passé dans un anneau du canot, et hop, cinq secondes plus tard nous étions en l'air, pneumatique et passagers hissés hors de l'eau et déposés sur le quai avant que la vague suivante ne vienne tonner et tourbillonner dans le petit bassin. C'était ainsi que débarquaient les passagers de tous les yachts qui jetaient l'ancre à Pitcairn, une quinzaine par an – nous étions, en juin, le troisième de l'année 1986 –, aussi bien que les passagers du *supply ship* qui, au départ de la Nouvelle-Zélande, ravitaillait tous les six mois les soixante-douze habitants de l'île ; complétant le nombre de ces visiteurs, une douzaine de cargos faisaient chaque année à Pitcairn une escale généralement imprévue : la route orthodromique de Nouvelle-Zélande jusqu'à Panamá passant assez près de Pitcairn, il n'était pas surprenant que quelques capitaines, s'ils n'étaient pas trop esclaves des *schedules* de leur compagnie, aient envie de faire une courte halte pour voir cette île rendue légendaire par l'aventure du *Bounty* et le grand succès des livres écrits par Nordhoff et Hall, comme celui des films qu'Hollywood en avait tirés[1]. De temps en temps, un passager de l'un de ces navires en escale, fasciné par l'île, décidait de s'y installer, apportant du sang nouveau à cette minuscule communauté si isolée :

1. Au moment même où nous faisions escale à Pitcairn, un réalisateur français, François Le Tellier tournait une adaptation du livre de Robert Merle, *L'Île*, mais, pour des raisons pratiques, il avait choisi de tourner à Tahiti.

c'est ainsi que Brian Young, qui était une des personnalités de l'île, avait rencontré une jeune femme norvégienne venue trois fois de suite séjourner à Pitcairn, et fini par l'épouser.

En débarquant, en guise de petit cadeau, j'avais emporté deux écoutes usagées mais encore en bon état qui, dans bien des îles du Pacifique, auraient fait des heureux ; mais les Pitcairn leur jetèrent à peine un coup d'œil, car, nous devions le découvrir rapidement, fortement assistés par les gouvernements britanniques et néo-zélandais, dont ils dépendaient, ils vivaient, dans leur île perdue, sinon dans l'opulence, avec tout le confort moderne, appareils électroménagers, télévision et nombreuses cassettes, et se nourrissaient pour beaucoup de conserves venues de Nouvelle-Zélande, même si l'île très arrosée produisait en abondance fruits et légumes dans les jardins qui couvraient le sommet des falaises. Les seuls véhicules capables de grimper le chemin qui montait du port jusqu'au parties habitables, haut perchées, étaient des tricycles ou des quads, et nous nous sommes entassés sur l'un d'entre eux pour visiter le petit village, sa place où trônait la cloche du *Bounty* et une énorme ancre, la poste où nous avons écrit et déposé des cartes postales qui mettraient beaucoup plus longtemps à atteindre leurs destinataires que si nous les avions emportées nous-mêmes et postées en Polynésie, et l'école, où un couple d'instituteurs néo-zélandais, lui maori aux longs cheveux noirs et frisés, enseignaient à une classe unique composée d'une vingtaine d'enfants de tous âges. Ils étaient mutés dans l'île pour deux ou trois ans, si bien payés par le gouvernement que ce séjour leur suffirait à gagner de quoi s'acheter une maison en Nouvelle-Zélande à leur retour ! Nous avons pris un thé dans la jolie maison de Brian – tandis que ses enfants, eux, se nourrissaient de spaghettis à la tomate en boîte froids étalés sur du pain – en guettant avec un peu d'inquiétude le bateau qui, tout en bas, dans la baie, bondissant en tous sens sur la houle, tirait comme un fou sur son mouillage ; il était déjà arrivé, me racontait Brian, qui avait reçu de nombreuses visites, dont celle d'Alain Colas, qu'un équipage descendu à terre voie ainsi son bateau s'en aller seul, à jamais, vers le large !

Déjà le vent menaçait de passer à nouveau au nord-est, nous sommes donc rapidement redescendus au quai, chargés de nombreux cartons d'oranges, de pamplemousses, d'ananas que les Pitcairn, ayant appris que nous nous dirigions vers les Gambier, envoyaient à leurs cousins habitant Mangareva, et bientôt nous étions à nouveau en mer, poussés par un alizé costaud soudain revenu, regardant derrière nous disparaître sous l'horizon cette île mythique, et je me demandais un peu si nous l'avions vécue, cette brève escale sur une autre planète, ou s'il ne s'était pas agi de l'un de ces rêves que je fais par milliers chaque nuit lorsque je navigue.

Le vent se renforçant nous a fait parcourir en moins de deux jours les 300 milles qui nous séparaient des Gambier, et, neuf ans après ma première visite, remontant à 1977, nous avons vu apparaître la silhouette caractéristique du mont Duff, qui domine l'île de Mangareva ; en approchant, nous avons longé notre premier atoll du Pacifique, Temoe, hélas dépourvu, comme bon nombre des atolls de cette région, de la moindre passe : c'était un vrai supplice de tantale que de voir tout proche de nous ce lagon merveilleusement bleu, parfaitement calme, alors que les vagues dressées par le *maraamu*, l'alizé renforcé, nous ballottaient. Le vaste récif qui entoure le petit archipel des Gambier est heureusement percé, lui, de plusieurs larges passes donnant accès au lagon et à la dizaine d'îles qui s'y dressent.

En dix ans, somme toute, la situation aux Gambier s'était plutôt améliorée ; les militaires avaient quitté l'île, laissant une piste d'atterrissage grâce à laquelle, une fois par mois, un avion venait de Tahiti. Dès que nous avons jeté l'ancre dans la baie de Rikitea, à faible distance de l'imposante cathédrale érigée par le père Laval, nous avons retrouvé mon ami l'instituteur, Jacques Richeton, qui, lors de mon premier passage, avait organisé une séance de cinéma sur un drap tendu dans le jardin de l'école du village : il était devenu directeur de l'école, mais se consacrerait bientôt uniquement à la petite ferme perlière qu'il avait créée – il était en cela un vrai pionnier en Polynésie et aux Gambier – dans l'île voisine, pratiquement déserte, de Taravai, d'où était originaire sa dynamique épouse, Monica ; ils nous invitèrent à nous amarrer devant la maison qu'ils y construisaient de leurs mains, et à profiter librement des nombreux fruits qui poussaient dans l'île à l'état sauvage, ou retournés à l'état presque sauvage dans les jardins que plus personne ne cultivait.

Le problème de formalités d'entrée en Polynésie avait été assez facilement réglé, en dépit du fait qu'une série de tirs ayant repris à Mururoa, et une flottille de Green Peace se dirigeant vers cette région du Pacifique, les Gambier avaient perdu leur statut de port d'entrée ; l'archipel se trouvait cependant sur la route d'une quinzaine de voiliers voyageurs par an, et le gendarme en poste dans l'île était plutôt bienveillant : il se contentait de nous dresser un procès-verbal en douze exemplaires (nom de jeune fille de votre mère ?...), puis il fermait les yeux sur notre présence plus ou moins longue dans l'archipel. Il était assez amusant à voir, d'ailleurs, ce gentil gendarme venu de l'Ardèche, et qui avait demandé à être muté à Pointe-à-Pitre... Au lieu d'une grande ville animée avec une forte circulation automobile, il s'était retrouvé dans cette petite île du bout du monde où il avait du mal à saisir la philosophie décontractée des habitants (Un permis de conduire ? pourquoi faire ?) et se faisait remarquer, par exemple, quand il verbalisait pour tapage nocturne les

Polynésiens qui grattaient, tard dans la nuit, sous les grands manguiers du rivage, leurs guitares et leurs ukulélés.

L'archipel des Gambier se révéla bien, comme dans mes souvenirs, une parfaite escale : deux ou trois bateaux voyageurs habités par des vagabonds sympathiques étaient à l'ancre dans le mouillage « en ville », enfin, devant un village où il était possible de se ravitailler, et le reste de l'archipel offrait, à quelques heures de paisible navigation dans un lagon protégé de la grande houle du large, d'autre îles, d'autres mouillages, déserts et plus spectaculaires les uns que les autres ; nous avons choisi celui de Taravai, glissé *Voyage* dans une étroite coupure du corail que Jacques nous avait fait découvrir, échoué confortablement notre voilier sur le sable de la plage, et nous avons parcouru en tous sens cette île que n'habitaient plus que trois ou quatre personnes, autour de la jolie église construite pour recevoir les deux cents hommes et femmes qui cultivaient l'île au temps où des missionnaires catholiques, sous le commandement du père Laval, avaient tenté de transformer l'archipel en une sorte de théocratie aux mœurs très strictes, et fait construire dans chaque île par les Mangareviens, qu'ils avaient tous convertis à leur foi en moins d'un an, une église d'une taille déraisonnable.

Des lagons peu profonds, des plages superbes, encerclaient cette île montagneuse, couverte d'une végétation touffue, et c'est là que je me suis mis de plus en plus à rêver à un bateau à plus faible tirant d'eau encore, plus stable, deux coques toutes simples et une plate-forme habitable posée sur elles, une sorte de maison flottante que nous pourrions balader au hasard des lagons de l'archipel... Ces rêveries devaient, elles aussi, petit à petit, me diriger vers le choix d'un catamaran pour mon prochain bateau.

Du café, des citrons, des oranges, des pamplemousses de Tahiti, des goyaves, des bananes, des *vi Tahiti* (appelées aussi pommes Cythère), des mangues : voilà quelques-unes des productions de l'île ; mais aussi des œufs, des poulets, des papayes (vertes en salade, mûres en dessert) ; des fruits de l'arbre à pain, dont la saison battait son plein, des noix de coco, mais également des cœurs de jeunes pousses de cocotier, et bien sûr l'eau et le lait de coco : il nous suffisait de quelques minutes d'efforts pour récolter tout cela dans l'île ; quant aux poissons, si, hélas, les travaux de construction de l'aéroport et de routes avaient introduit dans l'archipel la *ciguatera*, cette maladie due à une algue microscopique qui se concentre dans la chaîne alimentaire des poissons de plus en plus gros, pour donner au consommateur final toutes sortes de symptômes détestables, fièvre, douleurs, nausées, démangeaisons insupportables, perte de sensibilité des membres, rassemblés sous le nom de « gratte », on pouvait cependant capturer au filet quelques espèces comestibles, dont une qualité de mulets qui étaient absolument délicieux, fumés longuement, lentement, au-dessus d'un feu de bourre de noix de coco et baignés de lait de coco tout frais... mmm !

Nous avons observé les travaux de la petite ferme perlière, filmé la famille de Jacques occupée à nettoyer les nacres dans lesquelles se développaient les perles. Nous avons défriché un chemin menant au sud de l'île, écouté les histoires que contait la vieille grand-mère qui restait pratiquement la dernière des anciens habitants de l'île : l'autre habitant venait de quitter ce paradis terrestre : il avait préféré aller s'installer dans l'île principale, Mangareva, parce qu'à Taravai on ne recevait pas la télévision... et qu'il voulait regarder *Dallas* ou *Santa Barbara* ! Nous avons fait le tour du lagon des Gambier, entrevoyant un bon nombre d'autres îlots, d'autres mouillages assez tentants pour me convaincre de revenir bientôt dans cet archipel béni, puis, au terme d'un séjour de près de deux mois, nous avons embrassé nos amis de Taravai et repris la route des Tuamotu et de Tahiti, où il allait falloir que nous arrivions bientôt...

À l'instant où nous quittions, déjà nostalgiques, le lagon de Mangareva, un petit navire de la Marine nationale y pénétrait ; nous avons bavardé amicalement par VHF avec son commandant, et quand nous lui avons dit que nous pensions faire escale dans l'atoll le plus proche muni d'une passe (à l'exception de Mururoa, bien sûr, « hors limite »), l'atoll de Hao, il nous a déclaré : « Je vous signale que depuis quelques jours l'escale à Hao est interdite. » Le ton de la conversation étant plutôt sympathique, j'ai pensé que c'était une blague, et quand, quatre jours plus tard, les vents nous ont amenés à passer tout près de cet atoll, infiniment tentant parce que, nous avait-on dit, il possédait... la seule boulangerie des Tuamotu Est, et qu'au milieu de notre océan désert nous rêvions déjà de baguettes croustillantes, je me suis dit que ça valait la peine de tenter l'escale : si l'interdiction était réelle, tout au plus nous refuserait-on l'accès au lagon. Et c'est exactement ce qui s'est passé : lorsque j'ai appelé par radio la base militaire de Hao (qui faisait partie du système centré autour de Mururoa), on m'a répondu : « L'accès à Hao est interdit, vous en avez d'ailleurs été avisés aux Gambier ». Une vedette est arrivée, avec toutes sortes de gens, dont sans doute quelques gus des services de renseignements, car l'atoll, depuis quelques jours, abritait les « faux époux Thurenge », auteurs du stupide attentat du *Rainbow Warrior*. Comment, pour quelles raisons que ce soit, avait-on pu envisager d'aller couler un bateau au milieu d'un port d'une nation amie ? L'accord passé entre la Nouvelle-Zélande et la France pour ramener les dits « faux époux » sur le territoire français, en l'occurrence l'atoll de Hao, spécifiait qu'aucun reportage, aucune photographie ne serait publiés ; et moi, qui en plus étais accompagné de Titou, la fille de Michèle de Chazeaux, de RFO, la station de radio de Tahiti, j'avais tout de suite été soupçonné de vouloir faire le journaliste... alors que je voulais acheter du pain !

On nous a établi une contravention de plus (« ...année de naissance de votre père ? »), on nous a tout de même donné une baguette de pain, et nous avons été priés de nous éloigner au plus court, perpendiculairement au rivage de l'atoll, jusqu'à la ligne de démarcation des eaux, à 12 milles, où un hélicoptère nous a survolés de tout près, pour vérifier que nous étions bien tous deux à bord, que je n'avais pas largué Titou en plongée avec un appareil photo pour aller espionner les faux époux !

Nous avons ensuite passé quelques belles journées dans deux ou trois atolls peu connus des Tuamotu, déserts pour certains, relevant les coordonnées de lieux idylliques où il faudrait un jour revenir, passer des mois ou des années. Dans l'un d'eux, qui me deviendrait très cher dans le futur, nous avons, par une de ces journées magiques, toutes bleues, qui baignent les Tuamotu dans une si belle lumière, fait quelques rouleaux de photos qui auraient bientôt des conséquences décisives sur mon avenir professionnel, nous avons savouré des journées paisibles, et puis nous avons mis le cap sur Tahiti...

Lorsque l'île est montée à l'horizon, avant d'aller affronter la grande ville, nous nous sommes offert une dernière escale paisible dans la partie la plus sauvage et préservée, la presqu'île, où une toute petite marina venait d'être créée, avec un restaurant ; nous nous y sommes attablés pour déjeuner ; surprise, à la table voisine de la nôtre déjeunait le haut-commissaire (représentant du gouvernement français à Tahiti) qui, souriant, nous dit : « Dites donc, vous vous êtes fait remarquer, avec votre passage à Hao ! J'ai eu du mal à convaincre l'autorité militaire que vous n'étiez pas un danger pour eux, ils croyaient que vous étiez un activiste de Green Peace ! » Grâce à cette rencontre, l'affaire fut oubliée... n'empêche qu'au long des années qui suivirent, chaque fois que j'allais effectuer au bureau du port de Papeete des formalités de départ vers tel ou tel archipel, les fonctionnaires me rappelaient solennellement (à moi seul, et en donnant vraiment l'impression qu'ils avaient reçu des instructions précises à mon sujet !), que le « passage inoffensif » dans les eaux de Hao demeurait interdit.

6

Déclics (1986-1989)

Nous étions en juillet 1986, je venais d'avoir quarante-deux ans, et, je vous l'ai laissé pressentir, nous avions dû un peu hâter notre arrivée à Tahiti... parce que Titou était à son cinquième mois de grossesse, et donnerait dans quelques mois naissance à notre premier enfant !

Alors, là, j'en vois, au fond, qui s'agitent, qui voudraient bien comprendre : comment une femme parvient-elle à faire, d'un homme qui a dit, redit, et dit encore, et même écrit dans au moins deux de ses livres et plusieurs chansons, qu'il n'a pas l'intention de se reproduire, comment une femme parvient-elle à en faire le père d'un, deux, puis trois enfants ? Ne me demandez pas de vous le raconter, vous ne me croiriez pas, et moi non plus ! Tout au plus pourrais-je dire, comme John Lennon en pareille occurrence : « *Life is what happens to you when you are planning other things* »...

Toujours est-il que, lorsque la nature de Titou eut parlé et qu'il fut clair que nous aurions un enfant, et bientôt plusieurs, une bonne partie des personnes qui se pressent en moi (je ne sais si je vous ai dit que j'ai toujours eu l'impression d'avoir plusieurs personnes dans la tête, certaines possédant des conceptions de la vie fort différentes de celles de certaines autres), une bonne partie des personnes qui se pressent en moi furent ravies, d'autant que les trois enfants qui devaient bientôt naître allaient se révéler plus attachants et passionnants les uns que les autres ; mais par égard pour mes autres composantes, il fut tout de suite convenu que je ne serais sans doute jamais un père comme les autres, un père *habituel*, toujours présent, que je garderais au contraire ma liberté de voyager et de vivre seul une grande partie de l'année ; après tout, c'était le rythme de vie des enfants des capitaines et marins au long cours d'autrefois, qui, au lieu de voir chaque jour rentrer à la maison, tard, et fatigué d'une longue journée de travail, un père quotidien et sans mystère, accueillaient de temps à autre, de retour du bout du monde, portant encore à sa semelle le sable des îles lointaines, et auréolé des lumières exotiques d'étranges latitudes, un père aussi libre qu'un oiseau migrateur, revenant à certaines saisons, repartant avant qu'il ne soit longtemps. En fait, je me percevais, plus que comme un père morne et toujours présent, comme une sorte d'oncle, vous savez, cet oncle que nous avons tous rêvé d'avoir, de voir revenir, exotique et brillant, du bout du monde, avec plein d'histoires incroyables à vous raconter. Après tout, dans ma famille, dès que j'ai atteint l'âge de neuf ans, nous avions souvent vécu sans mon père, resté en Afrique plus longtemps que nous, et je n'en garde pas un mauvais souvenir.

Nous savions que ce ne serait pas toujours facile, ni pour Titou, ni pour les enfants, ni même pour moi, qu'il y aurait un mode de vie à découvrir ou à réinventer, mais nous savions qu'il ne pourrait absolument pas en être autrement ; notre chance était que Titou et les enfants vivraient dans un environnement remarquablement privilégié, l'île de Tahiti, et que les Polynésiens ont traditionnellement de la famille une conception moins étanche, moins « nucléaire » qu'en Europe ou en Amérique : à Tahiti, la famille d'un enfant est beaucoup plus vaste, et la conception de l'adoption infiniment plus saine qu'en France, un enfant étant souvent élevé par des parents *faamu* tout en sachant qu'il est né de parents biologiques : il est courant d'entendre à l'émission *Allô les îles* des messages du genre « Pour mon autre papa à Rangiroa... ». Dans cet univers, avec la bonne volonté de tous, et l'aide aussi de la mère de Titou, l'exceptionnelle Michèle de Chazeaux, nous arriverions bien à trouver un équilibre qui satisferait les aspirations les plus profondes de chacun de nous.

Évidemment, un changement se produirait tout de suite : depuis que nous naviguions ensemble, Titou et moi, une partie de l'année, nous nous contentions, sur *Voyage*, de très peu de choses : j'ai calculé que nous vivions à peu près avec trois mille francs par mois, dont une partie consacrée à l'entretien du bateau, et sans que nous ayons l'impression de nous priver de quoi que ce soit. Faire vivre une famille, à Tahiti, où les choses ont hélas bien changé depuis le temps où il suffisait de cueillir sur les arbres et de pêcher dans le lagon le menu du jour, allait coûter nettement plus cher, et il fallait que je me secoue, que je me remette à écrire rapidement chansons ou livre, si je voulais d'ici à quelques mois pourvoir aux besoins de mon petit monde.

C'est dans ce but que, restant à Tahiti quelques mois, j'ai aidé Titou à remettre sur pied, dans l'île où ils trouvent tout naturellement leur place, ses artisanats, la confection de couronnes, mais aussi celle d'un nouvel article chargé de rêve qu'elle avait imaginé, des enveloppes de correspondance en tissu paréo qui devaient bientôt rencontrer un beau succès à Tahiti. Je me suis offert aussi un vieux fantasme, qui me tentait depuis longtemps : dans le jardin de la maison de Michèle, une construction en dur avait été depuis son adolescence annexée par Titou pour en faire son domaine personnel ; pour mon propre compte, et pour préserver ma tranquillité, je décidai de bâtir dans un autre coin du jardin un vrai petit *faré* traditionnel, selon des méthodes de construction éprouvées, avec une toiture en palmes de cocotier munie d'ouvertures conçues pour résister à l'effet d'un éventuel cyclone, et ouvert de tous côtés sur la riche végétation du jardin. Je suis parti de zéro, creusant les trous destinés à recevoir les plots qui supporteraient le plancher, élevant l'un après l'autre les quatre murs ; j'aimerais pouvoir vous dire que la construction tout entière fut un moment de bonheur écologique... hélas, pour que les bois de charpente puissent résister plus d'un an ou deux aux voraces termites des tropiques, il fallait traiter les bois avec un produit chimique terrifiant qui irritait si fort ma peau que je devais certains soirs rester près d'une heure sous la douche pour apaiser les brûlures et les démangeaisons ! Un jour, enfin, au moyen d'un savant jeu de cordages, avec l'aide de quelques amis de passage, la charpente a été hissée, consolidée avec divers étais et arbalétriers – quelques mots barbares me remontaient à la mémoire du temps de mes études d'ingénieur... mais, quand j'y songe, ce faré traditionnel est, malgré mon diplôme, le seul bâtiment que j'ai construit de ma vie !

Nous avons alors fait venir l'équipe de Tahitiens spécialistes de la pose des palmes de cocotier, ou *niau*, récoltées à Tahaa, tressées et séchées, puis nouées une par une tous les cinq centimètres sur la charpente, et bientôt mon faré dans les îles m'accueillit pour ma première nuit à l'ombre d'un grand manguier qui ploierait bientôt sous le fardeau de milliers de fruits délicieux.

Puis j'ai repris seul la mer, à destination des îles Sous-le-Vent, prévoyant de revenir de temps en temps par l'avion d'Air Tahiti, jusqu'au moment de la naissance. Il ne m'a fallu que quelques jours pour trouver l'île qui, dans cet archipel situé à une centaine de milles de Tahiti, possédait un mouillage fait selon mon cœur : le lagon occidental de l'île de Huahine, spectaculaire palette de tous les bleus imaginables, s'achève dans une vaste baie, celle d'Avea, où le faible tirant d'eau de *Voyage* me permettait de m'avancer loin sur l'eau bleu turquoise clair d'un immense banc de sable, cerné d'une jolie plage, juste assez isolé pour que j'y sois tranquille pour écrire. Et si j'avais besoin un instant de sortir de ma solitude, de retrouver un peu de compagnie ou de conversations, ou d'aller me ravitailler dans les boutiques du village principal de l'île, Fare, je n'avais qu'à me diriger vers un petit hôtel familial récemment créé dans la baie, une dizaine de bungalows au bord d'une très jolie plage, géré par une dynamique famille venue de Nouvelle-Calédonie, dont les membres devinrent rapidement des amis.

J'ai souvent eu la sensation que l'existence d'un homme ou d'une femme est animée d'un rythme profond, par périodes de sept ans ; sept, quatorze, vingt et un ans (la route puis la chanson), vingt-huit ans (la décision de partir en bateau), trente-cinq ans (la fin de mon premier tour du monde avec *Om*) avaient, à une année ou deux près, toujours coïncidé avec des tournants importants de ma vie ; là, à quarante-deux ans, à l'orée de mon septième septennat, le tournant serait double : du point de vue familial, bien sûr, mais aussi – je ne savais pas encore avec quelle ampleur – dans le domaine professionnel.

Eh oui, comme le chasseur qui rapporte de la chasse ce qu'il a pu atteindre de son fusil ou de son arc, comme le travailleur qui s'enferme une bonne partie de la journée et s'adonne à des occupations qui souvent le dépassent pour rapporter à sa famille son salaire durement gagné, il allait falloir que je trouve les moyens de nourrir, à mon tour, ma petite famille ! Je dois reconnaître que je bénéficiais d'un privilège inouï : les activités qui me faisaient vivre, depuis que j'avais renoncé à un avenir tout tracé d'ingénieur, étaient aussi celles qui me passionnaient ; et être payé pour des activités que la plupart des gens pratiquent généralement comme loisirs, écrire, chanter, j'ai bien conscience que c'est une chance extraordinaire !

Écrire, chanter ; bientôt aussi photographier, filmer, mais n'anticipons pas : à notre arrivée à Tahiti, un journaliste de la station de télévision locale, RFO, branche ultramarine de l'ORTF, ami de Michèle et de Titou, avait appris que je rapportais de notre récente traversée de Floride à Cuba, à Panamá, aux Galápagos et aux Tuamotu-Gambier, une dizaine de cassettes vidéo. Il nous avait proposé de réaliser un montage de près d'une heure où alterneraient une interview, des chansons filmées dans de jolis décors, à Moorea, et des courts extraits de ces premières images vidéo de mes voyages. Le tournage avait été sympathique, l'interview avait été filmée dans le carré de *Voyage*, puis nous avons tourné les chansons dans le lagon de Vaiare, à Moorea, ou dans le jardin de l'ami Ravello, peintre heureux installé dans cette île « sœur » de Tahiti. Mais l'ensemble des prises de vues ne m'avait pas vraiment enchanté, les membres de l'équipe technique, du réalisateur au preneur de son, étaient des fonctionnaires, plus préoccupés de leurs pauses syndicales que de ce qu'ils mettaient en boîte, et la technique à l'époque était encore fort lourde : ils avaient emporté à Moorea un énorme enregistreur qui tombait plusieurs fois par jour en panne, et il fallait qu'un gars retourne dare-dare à Papeete chercher une minuscule pièce détachée indispensable tandis que nous attendions et que la belle lumière s'enfuyait... J'ai retenu de ce tournage la sensation qu'on pourrait sans doute faire tellement mieux, tirer des images tellement plus riches de la beauté insensée des décors qui nous entouraient... Et je me suis dit encore une fois qu'un jour je m'y mettrais moi-même, à filmer !

Écrire ou chanter, donc. Côté livres, je n'avais encore publié que des carnets de route de mes voyages à bord d'*Om* puis de *Voyage*, et je rêvais d'écrire un ouvrage de fiction, un gros roman dont l'action s'étendrait, à Tahiti, sur plusieurs siècles, mettant en scène, de la préhistoire tahitienne jusqu'à nos jours, les plus remarquables, les plus célèbres des acteurs de la vie de l'île : les femmes, ces Tahitiennes dont la plastique faisait rêver le monde entier, mais qui avaient aussi eu une importance essentielle dans l'histoire des îles, depuis la prêtresse qui avait la première annoncé l'arrivée dans l'archipel d'une grande « pirogue sans balancier » qui apporterait d'immenses changements, jusqu'à la reine Pomaré et de nombreux personnages de femmes décisifs dans l'histoire de Tahiti ; pour me documenter, j'avais fait une razzia sur la bibliothèque, extrêmement bien fournie, de Michèle de Chazeaux, qui recevait chaque semaine dans son émission *Rencontre*, sur l'antenne de RFO, une personne importante de la vie culturelle de Tahiti, souvent une femme, d'ailleurs. Je me suis ainsi plongé dans la lecture de l'intégralité du *Memorial polynésien*, une encyclopédie qui compte une dizaine de gros volumes...

Lorsque je suis arrivé à la fin de ma lecture, ayant pris un grand nombre de notes, je me suis attablé devant l'ordinateur... et là, à ma propre surprise, sont sorties du clavier des pages parlant d'une chose totalement différente : sans pouvoir me retenir, je me suis mis à écrire un récit – plutôt pour mon plaisir personnel, pour retrouver intactes des sensations vives et étincelantes éprouvées, dans ma jeunesse, juste avant que l'aventure des *Élucubrations* ne vienne mettre le désordre dans tout ça –, le récit, que je voulais légèrement romancé, d'une année de ma vie, celle où le jeune étudiant sérieux, futur ingénieur à l'existence bien rangée, allait en quelques mois devenir un amoureux de la liberté, de la route, du voyage, de la musique, de la vie, quoi ! Le livre inspiré de l'histoire de Tahiti soudain oublié, il m'a suffi de trois mois, dans la tranquillité du lagon de Huahiné, pour écrire quelques centaines de pages, rédigées plus pour me faire plaisir, je le répète, que dans l'idée d'une quelconque publication.

Et puis il s'est passé une drôle de chose : comme si j'avais lu une sorte de prémonition ; lorsque j'écoutais la radio, lorsque je parlais au téléphone à tel ou tel ami resté à Paris, je constatai que, soudain, les années soixante redevenaient extraordinairement à la mode ! Il faut ici que je fasse un grand retour en arrière : dans les années soixante et soixante-dix, quand une chanson avait du succès, elle passait à la radio pendant quelques mois, avec une fréquence importante si c'était un gros « tube » ; puis elle était balayée par le succès suivant du même artiste, ou par les chansons d'autres interprètes, et on ne les entendait plus jamais. La chanson était alors une création extrêmement éphémère, et il était très rare que l'on s'intéresse encore à l'une d'elles datant de plus de six mois, même si elle était interprétée par les plus grands : la *Valse à mille temps, Souvenirs, Souvenirs,* ou *Chanson pour l'Auvergnat* disparaissaient aussi vite de la programmation, et les tentatives de les faire revivre ne donnaient jamais grand-chose ; je me rappelle même un jour de 1978 où, avec Titou, nous avions fait escale dans un pays du bout du monde, la Nouvelle-Guinée. Nous avions rendu visite à la station de radio locale, et nous avions éclaté de rire en constatant qu'elle diffusait, vu la pauvreté de sa discothèque, des chansons que nulle radio digne de ce nom n'aurait programmé, rendez-vous compte, des chansons des Beatles ! Eh non, vous avez sans doute du mal à me croire, à la fin des années soixante-dix, on diffusait les Bee Gees (*Staying Alive, Ah ah ah ah*), Chicago, dans quelques années viendrait Michael Jackson, mais même les chansons des Beatles s'étaient évanouies dans les oubliettes du passé !

En ce qui me concernait, *Les Élucubrations, Je l'appelle Canelle, Ra-Ta-Ta,* avaient eu leur heure de gloire en France, la *Tramontane, Pietre, Taxi,* la leur en Italie, mais elles avaient totalement disparu des antennes quelques mois plus tard. Et voilà que vingt ans après, en 1986, les gens soudain se penchaient sur leur passé ! Peut-être que les années quatre-vingt ne leur donnaient pas satisfaction, qu'ils se réfugiaient à l'aide de la musique dans un passé plus simple, plus joyeux : tout à coup, les programmateurs radio exhumaient les disques de ces années-là, et les émissions, les magazines les plus branchés se laissent aller à une vive nostalgie. C'est vers cette époque que se crée d'ailleurs la première station de radio entièrement consacrée à ces chansons, appelée justement Radio Nostalgie. Lorsqu'au téléphone je racontai à mes amis ce que j'avais écrit, ils s'exclamèrent que c'était exactement ce qu'il fallait, et l'un d'eux m'annonça même qu'il avait reçu pour moi une proposition d'un grand éditeur, les éditions Seghers, me demandant de le rencontrer quand je passerai par Paris.

Lorsque je quittais le clavier de l'ordinateur, j'allais nager quelques instants dans le lagon turquoise, puis je remontais à bord, me préparais un repas léger, et je m'attaquais à l'autre partie du programme : écrire des chansons. Là aussi, ma vie, ma carrière présentaient une sorte de tournant, car le disque que je prévoyais d'enregistrer était le dernier du contrat qui me liait encore à la maison Barclay. Tahiti, où la musique a toujours été une composante essentielle de la joie de vivre des autochtones, ne manquait pas de belles chansons, celles d'excellents musiciens locaux, Bobby Holcomb, Angelo, et celles que chantaient de grandes dames de la chanson tahitienne, comme Emma Terangi ; je n'eus aucun mal à choisir quelques compositions que je souhaitais adapter du tahitien, et je m'attelai à en écrire d'autres, inspirées de nos navigations dans les lagons, comme le *Requin drôle,* ou de notre escale ratée à Hao, *Les Vrais Époux Thurenge* ; je racontais aussi les surprises qui m'attendaient chaque fois que je retournais en France, dans *Je reviens du bout du monde,* et résumais la vie de rêve d'un gars venu en Polynésie pour refaire sa vie, sur les traces de Gauguin, dans *Un pt'it air Gauguin.*

Un jour, j'entrepris d'écrire une nouvelle chanson qui me tenait à cœur, parce que j'avais quelque chose d'important à y dire : *Touchez pas à la mer.* Curieusement, il ne s'agissait pas pour moi, au commencement, d'un message écologique : j'avais entendu dire à la radio que certains atolls des Tuamotu, lieux de rêve si bien décrits par Bernard Moitessier, excellents abris pour les bateaux vagabonds, seraient bientôt, parce qu'ils se consacraient de plus en plus à la culture perlière, interdits d'accès. Après avoir interdit les atolls de Moruroa et de Fangataufa pour cause d'essais nucléaires, après avoir fermé Hao parce qu'on y accueillait les acteurs d'une affaire d'espionnage inepte, voilà qu'on allait encore dresser des frontières sur l'océan, planter des barbelés dans le lagon. C'est ce que j'ai commencé à dire dans les couplets de ma chanson ; et, bien sûr, le reste des paroles s'est logiquement mis à parler d'oiseaux blancs menacés, de baleines, et de la constatation que si, un jour, les actions imbéciles des hommes devaient détruire tout ce qui vit à la surface de la Terre, ce serait, comme la première fois, du fond des océans que la vie renaîtrait.

Quand j'ai reposé ma guitare, la chanson était terminée, et je sentais confusément que, même si elle n'était pas appelée à devenir un gros succès commercial, elle prendrait une importance essentielle dans ma vie. Elle devait effectivement la prendre, et ce serait, pendant des années, par exemple, une grande satisfaction que de voir les enfants des écoles de Tahiti l'apprendre et la chanter ; mais elle devait aussi être le déclencheur pour moi d'une série d'événements extrêmement positifs, dont je situe le commencement à cet instant précis où, dans mon lagon tranquille, j'ai composé sur ma guitare *Touchez pas à la mer.*

Quand je revois l'enchaînement de faits, rencontres fortuites, événements en apparence insignifiants qui, indirectement, me conduiraient vers quelques-uns des plus grands bonheurs, succès publics ou joies privées, de ma vie, j'ai l'impression d'entendre, à l'occasion de chacun d'eux, comme une sorte de déclic – *click !* – d'une mécanique secrète et imprévisible...

Quelques semaines plus tard, pour la première fois depuis plus d'un an, je regagnais Paris, pour enregistrer mon album : un nouveau directeur avait récemment pris la direction des disques Barclay, qui constituaient désormais ce qu'on appelle un « label » dans l'immense multinationale Polygram. Il s'agissait d'un garçon extraordinaire,

Philippe Constantin, qui devait marquer l'édition phonographique française de sa personnalité, au point qu'après sa mort prématurée on a donné son nom à un prix décerné annuellement à une œuvre musicale. Il était jeune, dynamique, menait une vie un peu folle, brûlant la chandelle par les deux bouts, et fit plus je crois pour révéler au public français des musiques dites « alternatives », venues d'Afrique ou d'autres univers culturels, que bien des labels dits « indépendants ». Ma chanson lui avait tout de suite plu, ainsi que le reste de l'album. Avec son appui, les séances d'enregistrement du dernier disque du contrat signé avec Eddie Barclay dix ans plus tôt se déroulèrent à merveille, dans un des studios du Palais des Congrès, où enregistraient les plus grands noms, les Stones, Duran Duran et tant d'autres.

Je profitai également de ce séjour à Paris pour rencontrer l'éditeur qui m'avait contacté, et je lui fis lire quelques pages de mon récit... Il me proposa aussitôt de l'éditer, assortissant son offre d'une proposition financière largement au-dessus des modestes à-valoir que les éditions Arthaud me payaient pour mes récits de voyage. Je pris donc rendez-vous avec la directrice – c'était maintenant une dame sérieuse et imposante – de chez Arthaud qui, selon notre contrat, disposait d'un droit d'option à conditions équivalentes sur mon prochain livre, pour lui expliquer que j'envisageais de publier un récit d'un genre différent chez un autre éditeur, et que, vu les conditions exceptionnelles offertes, j'étais tenté d'accepter ; à ma surprise redoublée, la dame sérieuse s'exclama : « Je m'aligne »... Il fallait vraiment que les années soixante soient redevenues très, très « dans le vent » ! Ainsi donc, ce seraient les éditions Arthaud qui éditeraient mon récit-roman intitulé, tout simplement, *1965*.

Mon disque enregistré, le contrat du livre signé, avant de quitter Paris, j'ai revu un soir mon amie Josseline ; le garçon avec qui elle vivait, le père de son enfant, venait de la quitter, et elle habitait encore dans l'appartement où il avait tenu à ce qu'ils s'installent, lui faisant abandonner sa jolie bonbonnière du quatorzième arrondissement pour un quartier mythique, il est vrai, les premiers contreforts de la butte Montmartre et la place Blanche ; mais un quartier désormais sinistré par le déferlement quotidien de centaines d'énormes autobus, amenant des touristes de tous les pays d'Europe se faire pigeonner dans les lamentables cabarets de Pigalle, où de désolants numéros de strip-tease de trois minutes alternent avec des entractes d'une demi-heure, où des garçons âpres au gain harcèlent les touristes pour qu'ils consomment force bouteilles de champagne hors de prix... Aucun rapport avec l'ambiance joyeuse et bon enfant de l'Axe et des autres cabarets pleins de souriantes « danseuses à cinq dollars » de Montréal et des villages les plus reculés du Québec !

Josseline, ce soir-là, donnait un petit dîner pour une poignée d'amis, dont Alain Souchon et Laurent Voulzy. Je ne l'avais pas revue depuis longtemps, et je restai sage tandis qu'elle nous servait les plats délicats que, très fine cuisinière, elle avait préparés, et je m'apprêtais à l'être moins (sage) lorsque les autres convives furent partis, quand – *click !* a fait la mécanique secrète dont je parle plus haut – mon amie me proposa, chose qui nous arrivait plutôt rarement, de ressortir passer un instant dans une boîte de nuit toute proche de chez elle : le hasard des modes avait voulu qu'un de ces cabarets désuets qui reçoivent les touristes teutons soit récemment devenu un des endroits les plus branchés de la nuit parisienne, la Nouvelle Ève : l'endroit, me dit Josseline, valait le coup d'œil...

Nous sommes allés boire un verre dans ce nouveau temple à la mode, et, tandis que je regardais d'un œil amusé les *beautiful people* des arts et des médias qui s'y pressaient, le gentil animateur de l'endroit me dit soudain : « Tu sais, on organise toutes sortes de soirées à thème, ça serait sympa qu'un soir on fasse autour de toi une soirée *années soixante.* »

Décidément, ces années-là étaient à la mode ! L'idée me parut amusante, sans plus : les chansons que je chantais dans ces années-là avaient été, c'est vrai, une partie importante de ma vie, mais je me suis, depuis, consacré à bien d'autres choses, largement aussi passionnantes ; pourtant, après tout, pourquoi pas, si l'occasion se présentait un jour...

Mon séjour à Paris se terminait, livre et disque seraient publiés à l'automne ; le monde de la chanson avait pas mal changé, en quelques années, et on voyait se généraliser de plus en plus une nouveauté, le « clip » ou vidéo musique, qui devenait un « outil » nécessaire pour faire connaître une chanson ; quelques jours avant mon départ, mon ami Jacques Lainé – qui avait failli venir me filmer aux Bahamas l'année précédente – est parvenu à convaincre un de ses amis producteurs de nous prêter son matériel, et il m'a offert, gracieusement, sa participation à la réalisation du clip : c'étaient les premiers d'une longue série de coups de mains amicaux qui me seraient donnés dans le cadre de la chanson *Touchez pas à la mer*. Nous avons passé une journée à Bréhat pour y tourner l'essentiel des plans, qui seraient complétés par des images d'archives mises à ma disposition par les équipes de *Thalassa* et de *Ushuaïa*, toutes séduites par la chanson et par ce que j'avais envie de dire. Jacques ferait le montage pendant que je regagnerais la Polynésie, et le clip serait prêt en octobre, à la sortie du disque.

À Tahiti, j'ai retrouvé *Voyage* dans un bassin peu connu mais très abrité, à peine une marina, de la côte sud de Tahiti, à Mataiea. Affranchi pour trois mois de l'obligation d'écrire livre ou chansons, Titou venant me rejoindre de temps en temps avec le bébé, je me suis offert – ce

De 1974... au XXIe siècle.

Depuis plus de trente ans, c'est sur le pont de mes trois bateaux successifs que je vivrai les plus beaux moments de ma vie. J'ai retrouvé pour vous, en désordre, les photographies de quelques moments clés...

← 1975, au large, dans le golfe de Guinée, nu à l'avant de ma lourde goélette d'acier Om, je suis le roi du monde.

↓ 2002, traversée du Pacifique Sud à bord de mon catamaran Banana Split.

1974-1980, six ans sur la goélette Om.

L'alizé enfin trouvé, Om navigue seul ou presque, j'ai alors le temps de lire la Crucifixion en Rose d'Henri Miller.

Une petite caïpirinha, mais avec modération, dans un lagon brésilien.

➔ Le canal de Panamá franchi, je fais escale aux Galápagos pour poster mon courrier dans le tonneau du Post Office Bay.

➔ Après une interminable traversée, ce sont trois jolies tahitiennes peu vêtues qui m'accueillent sur le quai de Papeete.

© Dominique Charnay / Sygma / Corbis

➔ La manœuvre d'Om a de quoi occuper un jeune homme, ici dans le Gubbet Kharab, près de Djibouti.

➔➔ Om navigue sous grande misaine vers un des îlots magnifiques des Maldives.

1981-1988, mes croisières sur Voyage.

➔ En septembre 1981, nous quittons la France, ici au port de la Rochelle, à bord de Voyage, petit sloop en aluminium épais.

➔ Voyage sous voile en mer des Antilles.

➔ Voyage nous conduira à d'autres bouts du monde, dans le lagon de Mangareva, aux îles Gambier.

➔ Récolte miraculeuse de fruits, de champignons et de fleurs dans les collines des îles de la Madeleine, au Québec.

© Jean-Pierre Laffont / Sygma / Corbis

Le capitaine et le matelot savourent une spécialité cubaine dans vingt centimètres d'eau turquoise, à Cayo Largo, sur la côte sud de l'île.

© Jean-Pierre Laffont / Sygma / Corbis

À partir de Voyage, j'utiliserai pour mes bateaux uniquement de la peinture à l'eau. C'est bien plus écolo et bien plus facile !

Quittant Cuba, Voyage met le cap sur le canal de Panamá.

1989-2000, à bord de Banana Split.

↑ Mon catamaran d'aluminium épais trouvera vite sa vocation, m'emmener jeter l'ancre dans des recoins protégés, comme les îles des Tuamotu. Grâce à son faible tirant d'eau et sa facilité de manœuvre, il peut approcher au plus près plages et cocotiers.

→ Banana Split au Panamá.

↑ Banana Split a jeté l'ancre devant une île des San Blas, et trois fillettes Kuna sont venues me rendre visite.

← Un petit clin d'œil à mon sponsor.

Quelques images du tour du monde de Banana Split

➔ Un moment de paix sur le pont du catamaran, au cours de la traversée de l'Atlantique.

➔ Devant un des bois sculptés, qui se dressent près de la plage de Saint-Maurice, sur l'île des Pins, en Nouvelle-Calédonie.

➔ Vêtues de leurs magnifiques tenues traditionnelles, trois autres jeunes filles kunas célèbrent la « coupe de cheveux » d'une de leurs amies, rituel de passage à l'âge adulte.

➔ Le catamaran a jeté l'ancre devant une belle plage des îles australes.

→ Une des escales préférées de Banana Split : une langue de sable, dans un atoll désert des Tuamotu.

↓ À mon poste de travail à bord de Banana Split.

Dès 1991, je me lance dans la réalisation de documentaires consacrés aux plus belles îles du monde.

© Philippe Giraud / Sygma / Corbis

➔ Avec ma première caméra, en 1991, en Nouvelle-Calédonie.

➔ Tournage aux Seychelles, dans l'île de La Digue, en 1992.

➔ L'équipe de prises de vues du film consacré aux Petites Antilles, en 1993.

© Jean-Pierre Laffont / Sygma / Corbis

Des bons moments...
et d'autres moins bons.

➔ Tournage d'une séquence gastronomique aux Seychelles.

➔ Au Vietnam, sur le fleuve Han, je me suis cassé la jambe en embarquant dans un bateau-panier.

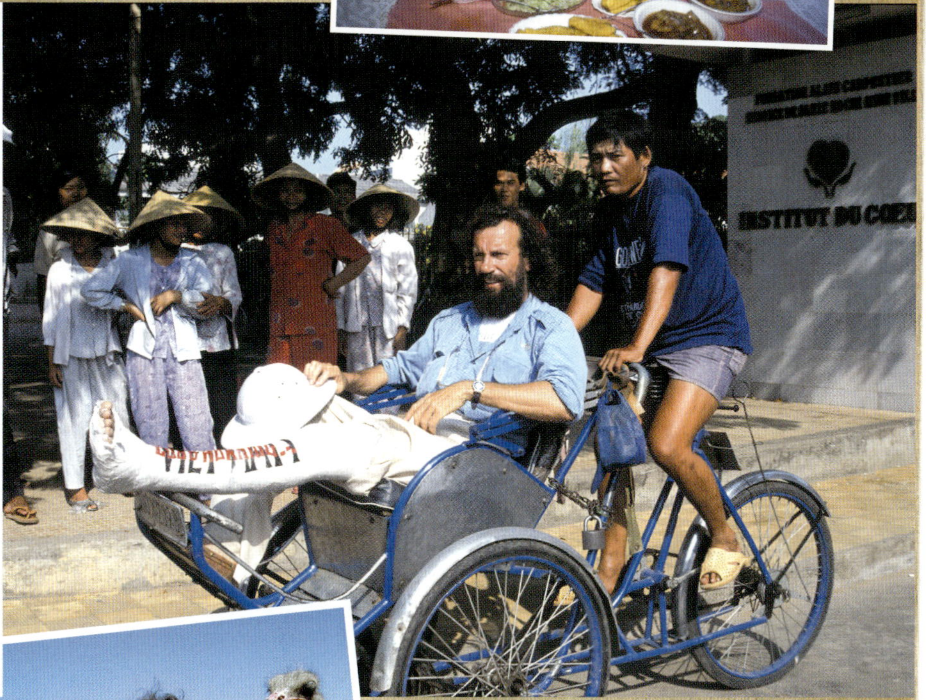

➔ Mes copains les lémuriens Varecia variegata, ou vari, au pelage si soyeux, à Madagascar.

➔ Une brève romance avec une autruche en Afrique du Sud, et depuis, pas une lettre, pas un coup de téléphone !

Depuis 2003, nos tournages ne se font plus qu'en haute définition.

Pause pendant un tournage à Angkor Vat, au Cambodge.

Notre petit avion sur skis s'est posé sur un glacier des Alpes du Sud, en Nouvelle-Zélande.

On y trouve aussi des panneaux signalétiques remarquables, comme celui-ci indiquant une traversée de kiwis.

← Au départ d'Angkor, l'un des soixante-quinze vols effectués durant notre voyage autour du monde, en 2005.

↓ Navigation devant le front du glacier Grey, dans le fabuleux parc naturel de Torres del Paine, en Patagonie.

↑ Cet avion datant de la Première Guerre mondiale va m'emmener survoler les magnifiques marais de l'Okavango et contrôler l'étendue d'un feu de brousse, qui sembla, un instant, menacer notre camp.

← Un petit kangourou s'est approché, intrigué par ma caméra, dans le parc Freycinet de Tasmanie, en Australie.

Quelques-unes des personnes qui m'ont fait l'honneur de leur amitié.

➲ Philip Plisson, pêcheur d'images et peintre de la Marine. Depuis notre première rencontre, j'admire toujours autant la splendeur et l'extra?ordinaire succès de ses photographies et de ses publications.

➲ Ce soir là, au Petit Journal, Titouan Lamazou et Yann Arthus-Bertrand étaient venus m'entendre chanter. Quel bonheur de recevoir ces deux exceptionnels hommes d'images !

© Bernard Barbereau / Sygma / Corbis

© Christophe Russeil / Kipa / Corbis

➲ Je renoue pour deux soirées avec mes anciens musiciens, les Problèmes, entre temps devenus les Charlots... Quelle aventure !

➲ Hugues Aufray m'a encouragé dès mes débuts, et dans de nombreux moments clés de ma vie et de ma carrière. Il fut l'un des premiers, à qui j'annonçai ma décision de partir naviguer à travers le monde.

➲ Lio et moi, c'est une longue histoire, et c'est justice que mon catamaran porte le nom de la chanson fétiche de cette femme brillante, volontaire et talentueuse.

➲ Avec Osvaldo Bevilacqua, grande vedette de la télévision italienne, à l'image de notre Michel Drucker, mais aussi un peu magicien...

© Sophie Le Roux

↑ En cette fin 2002, il m'est venu soudain l'envie de chanter au Petit Journal, à Montparnasse.

← Une poignée de copains me prête main forte, Graeme Allwright, Frank Alamo, Frankie Jordan, Didier Barbelivien, Lio, et ici Hervé Cristiani. Une phrase de son autobiographie aura pour Francette et moi des conséquences extraordinaires.

Et bien sûr, un clin d'œil à mes trois merveilleux enfants.

Teiki et moi devant la porte de notre ferme, en Auvergne.

Manea, à la barre de Banana Split dans le lagon de Fakarava aux Tuamotu.

La jolie Vaimiti, couchée dans les fleurs de l'île Akamaru, aux Gambier, aujourd'hui presque désertée.

Enfin, et c'est à elle que je dédie ce livre, Francette près de moi lors d'une brève pause de tendresse, au cours d'un tournage dans la baie de Hane, dans l'île de Ua Huka, aux Marquises.

Sauf mention contraire, toutes les photos sont tirées de la collection personnelle de l'auteur.

devait être une des dernières que je passerais sur *Voyage* – une période de navigation, courte, mais d'une richesse en rencontres, en découvertes, en lieux magiques qui méritent que je vous les raconte un peu. Peut-être certains de mes lecteurs sont-ils surpris de la facilité avec laquelle je bondis ainsi d'une période fort citadine, en contact direct avec les médias les plus pointus, à une période de navigation dans des îles perdues, particulièrement tranquilles : j'ai la chance extraordinaire d'avoir assimilé cette dualité : bien sûr, je suis infiniment plus heureux lorsque je regagne, comme aujourd'hui, mon bord pour une période de navigation, mais je ne souffre pas outre mesure de la partie show business de ma vie, dans laquelle j'essaie de ne prendre que le meilleur, le plus pittoresque, le plus positif et amusant.

J'ai rapidement quitté la région, trop développée, trop agitée, de Tahiti et de Moorea, pour gagner les îles Sous-le-Vent, histoire de rendre une courte visite à mes amis de Huahiné, puis de m'attarder un peu dans le lagon commun de Raiatea et de Tahaa, où de nombreux copains navigateurs, séduits par cette partie encore tranquille de la Polynésie, avaient décidé de s'installer. Sur une jolie pointe plantée de cocotiers, Philippe avait créé un tout petit hôtel et recevait dans son restaurant de Marina Iti les équipages des voiliers en escale ; Louis, Jean-Yvon, installés à terre, continuaient à vivre du charter ; un autre créait un chantier de construction de bateaux en aluminium ; et chaque jour arrivait un ami ou un autre revenant sur son voilier d'un voyage dans un archipel lointain ; Bernard Moitessier, après avoir perdu son *Joshua* dans une tempête au Mexique, était de retour à bord de son nouveau voilier, *Tamata*, et il s'attaquait à l'écriture – qui lui prendrait dix ans – de son nouveau livre, *Tamata et l'Alliance*. Titouan Lamazou s'était installé dans un joli petit faré proche de Marina Iti pour écrire et peindre... Tous ces navigateurs se retrouvaient parfois au bar de Philippe, et, régulièrement, chaque vendredi soir, tout le monde s'assemblait autour de la télévision, pour regarder ... *Thalassa* ! Cette rencontre me semblait si amusante, tous ces marins parvenus au bout du monde et qui regardaient l'émission des amoureux de la mer, que j'ai suggéré à la station de télévision locale d'en tirer un court reportage, Bernard arrivant à la voile sur son voilier, tous les navigateurs assemblés ; le reportage fut diffusé à la télévision locale, et envoyé à *Thalassa* !

Au bout de quelques semaines dans la chaleur de cette amitié, et après un séjour à bord de Titou et de notre fils Manea, il était tout de même temps pour moi de mettre le cap sur des endroits plus solitaires ; deux des îles les plus à l'ouest de la Polynésie, Maupiti et Mopelia, peu visitées, me tentaient depuis longtemps, et c'est à les découvrir que j'ai passé les deux mois suivants. Je me suis d'abord fait une frayeur en sortant du lagon de Tahaa : à l'instant où je franchissais la passe, une forte houle éclatant sur les récifs de part et d'autre de mon voilier, un vacarme a soudain retenti à l'avant : rendu un peu négligent par mon escale, j'avais mal amarré l'ancre, et un coup de tangage l'avait fait tomber à l'eau, emportant avec elle trente mètres de chaîne à l'endroit le moins indiqué pour jeter l'ancre, au centre de la passe !

J'ai fait une courte halte à Bora Bora, le temps d'une soirée avec mon copain Jerry Sauzier, sur son joli sloop, *Vanessa* ; il m'a fait frémir quand il m'a raconté que, lors de la série de violents cyclones qui avaient balayé la Polynésie quatre ans plus tôt, son voilier avait été jeté par la tempête loin à l'intérieur des terres, dans un atoll, et qu'il avait consacré les six mois qui suivirent, seul, muni d'un tirfor, à faire rouler son voilier sur des troncs de cocotiers pour le ramener jusqu'à la mer : chaque fois qu'il avait tendu à mort, au prix de longs efforts, le palan d'acier, son bateau faisait un bond... de vingt centimètres... Et il a parcouru comme cela plus de trois cents mètres...

L'accès à l'île de Maupiti s'effectue *via* une passe ouverte au sud, et qui est fréquemment infranchissable, lorsque la houle vient de cette direction et brise en travers du passage ; quand les conditions de mer ont été bonnes, je me suis présenté à l'entrée, l'ai franchie sans encombre : les gens du village devaient me confirmer que c'était la première fois que la passe était praticable depuis une quinzaine de jours. Et j'ai découvert là, en cet été 1987, un lieu hors du temps, où ce fut un plaisir de me laisser enfermer quelques semaines par le train suivant de vagues du sud : à l'ancre devant le village, ou, mieux encore, sous le vent de l'un des motus qui encadrent la passe, dans un mètre cinquante d'eau turquoise, fond de sable blanc, j'ai passé des semaines tranquilles, rejoint parfois en avion par Titou et Manea, rencontrant des gens attachants, pêcheur, instituteur, quelques rares voiliers de passage – dont le catamaran à bord duquel, dix ans plus tôt, aux Antilles, j'avais passé une soirée en compagnie de Mick Jagger. Sur un des îlots, un véritable vagabond des mers du Sud construisait sa maison couverte de feuilles de pandanus : j'ai calculé qu'il lui fallait pour cela défroisser et plier autour de nervures de palmes de cocotier plus de six mille feuilles ! Il consacrait au moins la moitié de son année à se balader, à bord des caboteurs locaux, dans les atolls des Tuamotu, qu'il connaissait comme sa poche, et où il me recommanda quelques îles que j'ai vingt ans plus tard plaisir à fréquenter. Avec sa femme et lui, avec des pêcheurs de Maupiti, nous partagions quelques repas inoubliables de *mahi-mahi* cuit en papillote, à la sauce d'huître ou aux oignons et au thym, ou sacrifions au rituel du four tahitien, où cuisent ensemble, dans le sol, *uru* (fruit de l'arbre à pain), *umara* (énormes patates douces), poulet en ragoût de coco, langoustes, *pahua* (bénitiers), deux variétés de bananes cuites, et *poe* papaye, délicieux dessert à base de papaye et d'amidon. Avec Titou, nous partons explorer la partie nord du lagon, qui est encombrée d'un nombre incroyable de « patates » (têtes de corail) à fleur d'eau ; même avec le faible tirant d'eau et la coque solide de *Voyage*, l'affaire est délicate, et lorsque nous revenons, à l'instant où nous passons devant le village, une erreur d'inattention, et voilà *Voyage* qui heurte de plein fouet une patate pourtant bien visible. La coque monte sur le corail, l'étrave entièrement sortie de l'eau ; une marche arrière, porter une ancre au large, débarquer sur le platier pour essayer de repousser l'étrave, toutes mes manœuvres sont vaines, quand, depuis le rivage, arrivent à pied, marchant sur le corail, quatre habitants de Maupiti particulièrement baraqués, qui empoignent l'étrave, bandent leurs muscles et, qui, dès leur première tentative, comme s'il s'était agi d'un léger engin de plage, remettent *Voyage* à flot. *Mauruuru*, les gars !

J'avais songé un instant, cet été-là, à pousser jusqu'à la Nouvelle-Zélande, mais je m'étais un peu attardé, et les charmes de Maupiti n'avaient pas eu de mal à me convaincre, cette fois, de prendre mon temps, de les apprécier à loisir, et d'aller ensuite savourer aussi tranquillement une autre île de l'extrémité occidentale de la Polynésie, l'atoll de Mopelia : à une centaine de milles sous le vent de Maupiti, c'était un autre lieu mythique, habité seulement par une poignée de pêcheurs, une escale bienvenue sur la route des voiliers vers l'ouest, s'ils parvenaient à franchir la passe étroite et sujette à de forts courants. Quand, au terme d'une journée et d'une nuit de navigation sans histoire, je me suis approché du passage, j'ai eu la surprise de découvrir, dans le lagon de l'atoll désert... une douzaine de voiliers à l'ancre ! Le hasard avait voulu que fassent escale en même temps que moi à Mopelia trois ou quatre voiliers « faits selon mon cœur », des vagabonds, un Canadien, un Français, un Allemand et même un bateau venu du Mozambique, mais aussi, présence moins heureuse, un de ces groupes de voiliers américains qui naviguent en flottille ; j'aurais plaisir, j'en suis sûr, dans un mouillage aussi reculé, à rencontrer séparément chacun des bateaux de cette flottille ; mais, naviguant tous ensemble pour se donner du courage, ils constituaient une sorte de convoi, traversaient l'océan en communiquant en permanence entre eux par radio : ils savaient exactement à l'avance à quoi ressemblait le prochain mouillage, qui s'y trouvait ou qui venait de le quitter ; ils connaissaient déjà le prénom du gentil Polynésien qui viendrait jouer de la guitare à leurs barbecues, ou, si c'était une escale urbaine, le prix du carburant et l'adresse de la laverie automatique : plus la moindre surprise, tout prévu à l'avance... pas vraiment mon genre de navigation ! Laissant la horde devant le village, j'ai gagné, en compagnie des deux ou trois autres voiliers, que j'étais ravi de rencontrer, eux, le sud de l'atoll, un endroit d'une beauté absolument merveilleuse, une vraie piscine ourlée d'une plage de sable blanc, bien abritée du vent du sud-est par la ceinture de motus déserts plantés de cocotiers.

Magic Dragon était un voilier mythique : elle canadienne, lui belge, ils naviguaient depuis plus de vingt-deux ans, et Patrick van God les avait déjà rencontrés des années auparavant. Écologistes bien avant que le mot ne devienne à la mode, ils menaient à bord de leur grand ketch une existence naturelle : dans notre coin désert de l'atoll, nous n'avions aucun mal à vivre nus ensemble, comme avec un autre voilier français, qui nous avait accompagnés. Nous pêchions, et attendions la nuit pour aller récolter à la main sur le récif, marchant dans cinquante centimètres d'eau, des langoustes aveuglées par le faisceau d'une torche électrique. Lorsque nous avions besoin d'eau douce, nous jetions l'ancre devant une citerne abandonnée, vestige d'un temps où l'île était plus habitée. Sur *Magic Dragon,* Michel et Jane m'enseignaient de nouvelles façons de faire du pain, ou me montraient comment, pour n'être jamais à court de verdure fraîche, ils faisaient germer toutes sortes d'herbes, soja, alfalfa, moutarde, sur leur voilier, utilisant comme récipient... des Frisbee. C'est Michel, le skipper de *Magic Dragon,* qui m'a ainsi enseigné la façon la plus simple et la plus reposante de boire l'eau d'un coco vert : un jour que nous avions débarqué ensemble sur l'île et cueilli quelques cocos, il a soudain sorti de son sac... une perceuse électrique rechargeable, et trois secondes plus tard, par un trou percé dans la noix, nous buvions à l'aide d'une paille l'eau rafraîchissante !

Pendant ce temps-là, la flottille américaine continuait ses mondanités à l'autre bout de l'atoll, s'invitant à des *potlucks,* ces espèces de pique-niques où chacun apporte quelque chose... j'avoue n'avoir jamais été doué pour ces trucs-là, et je les évite le plus possible ! Un soir, alors que la nuit était déjà bien tombée, le vent a tourné au sud-est, en forcissant ; nous avons soudain vu arriver la flottille tout entière, peureusement alignée derrière le seul bateau en acier du groupe : le vent fraîchissant rendait dangereux le mouillage devant le village, et ils avaient tous levé le camp, traversant le lagon à la queue leu leu derrière le bateau d'acier au cas où il se trouverait sur la route un récif de corail, invisible à cette heure-ci.

La flottille a quitté l'atoll, et nous avons encore savouré, avec *Magic Dragon, Échappée Belle* et le bateau du Mozambique, de belles journées paisibles[1]. Quand mes amis ont repris la route, se dirigeant vers les

1. J'ai plaisir à vous rapporter que dix-neuf ans après ces heureuses journées, en Nouvelle-Zélande, on pouvait trouver ancrés à faible distance les uns des autres, dans les mouillages de la Baie des Îles, *Magic Dragon* (Michel, 74 ans et Jane naviguent depuis quarante-deux ans !) ; *Maeva,* le nouveau voilier de l'équipage d'*Échappée Belle,* récem-

Tonga, les Fidji ou la Nouvelle-Zélande, j'ai encore coulé quelques jours tranquilles à l'ancre au milieu de la baie maintenant déserte. Une nuit mon attention est attirée par un clapotis inhabituel à l'arrière du bateau ; je me penche par-dessus la rambarde pour voir de quoi il s'agit, et je discerne dans la jupe, sous la clarté de la lune, une espèce de long serpent brunâtre, curieusement couvert de poils... Quelle créature marine inconnue est venue s'installer dans ma jupe ? Je me penche un peu plus, et m'aperçois que la chose se prolonge par... un chien, qui est venu à la nage du rivage pour se poser là... Ça fait tout de même bizarre dans une île pratiquement déserte !

Le temps est venu pour moi de regagner la civilisation, de remettre le cap sur Tahiti, choisissant pour cela une de ces périodes, qui surviennent à peu près une fois par semaine dans le Pacifique, où l'alizé faiblit, tourne au nord puis au nord-ouest, permettant aux voiliers de faire un jour ou deux route vers l'est ; quand le *maraamu*, le vent contraire, est revenu, j'étais déjà en train de pénétrer dans mon abri préféré, sur la côte sud de Tahiti, où *Voyage* allait à nouveau m'attendre tandis que je rentrerais en France pour une période de promotion qui marquerait pour moi le début d'un véritable tourbillon.

Pendant que je naviguais, le directeur de la maison Barclay, Philippe Constantin, s'était tout d'un coup entiché de la chanson *Touchez pas à la mer* ; il avait décidé de « mettre le paquet », et avait engagé spécialement une des plus célèbres attachées de presse de Paris, qui avait contacté les programmateurs des plus grandes émissions et s'était déclarée stupéfaite du nombre de réponses positives qu'elle avait reçues, y compris de la part des émissions les plus « branchées », comme *Lunettes noires pour nuits blanches*, de Thierry Ardisson. Un calendrier très dense de télévision et de radio et d'interviews m'attendait à Paris.

Dès mon arrivée, je repris un avion pour la Grèce : j'étais invité à chanter *Touchez pas à la mer* dans la cadre du quatre centième anniversaire de l'émission *Thalassa*, tournée dans le fabuleux décor de l'île de Santorin, sur un bateau naviguant au centre du cratère du gigantesque volcan qui constitue l'île. De retour à Paris, on m'attendait sur le plateau de la nouvelle émission *Lahaye d'honneur*, animée par Jean-Luc Lahaye. Les programmes de variétés de la télévision française avaient bien changé, ces dernières années : les émissions jadis produites, financées, gérées par les chaînes nationales, avaient été confiées à des producteurs indépendants, qui avaient créé d'énormes structures – et amasseraient

---

ment arrivé de Nouvelle-Calédonie ; le navigateur du Mozambique, naviguant maintenant en famille à bord d'un catamaran, *Mahi-Mahi*... et votre serviteur, à bord de *Banana Split*, digne successeur de *Voyage* ! Si ce n'est pas de la constance !

de grandes fortunes ! TF1, en cette année 1987, était devenue une entreprise commerciale financée par la publicité – et non plus par la redevance – et modifiait ses programmes en conséquence : *Droit de réponse*, de Michel Polac, disparaissait, et *Sacrée Soirée* naissait, ainsi que le *Bébête Show* et *Ushuaïa. Lahaye d'honneur* était tournée dans un lieu nouveau, l'immense ensemble de studios érigé dans un vaste parc d'entreprises, à la plaine Saint-Denis. J'y chantais *Touchez pas à la mer* entouré d'une célèbre chorale d'enfants de la banlieue parisienne, à qui Philippe Constantin avait, durant mon absence, demandé d'associer leurs voix à la mienne. J'étais impressionné par les dimensions du studio : on était loin des antiques locaux, étriqués en comparaison, des Buttes-Chaumont ou de la Maison de la Radio. Alors que je traversais les immenses espaces mal éclairés, cintres, couloirs, envers des décors, qui entourent les « plateaux », un gars assis sur une caisse me salua ; son visage me disait bien quelque chose, mais je n'arrivais pas à le remettre... Il se présenta : « Donald ! », et la fameuse « mécanique secrète » dont je vous ai parlé plus haut a émis un puissant *click* ! Donald : le batteur des Problèmes, qui m'avaient accompagné sur mes premiers disques et dans mes premiers cataclysmiques spectacles ! En 1966, à la fin de notre tournée d'été, Donald avait été « appelé sous les drapeaux » juste avant que Christian Fechner ne décide de transformer les Problèmes en Charlots. Le service militaire avait donc fait manquer à Donald l'immense succès que connurent les Charlots et l'opulence que ce succès leur apporta : à son retour du service militaire, les autres l'auraient bien repris avec eux... mais, double malchance pour Donald, Christian l'avait remplacé... par son propre frère, Jean-Guy Fechner. Donald ignora donc totalement le succès de ses camarades, et c'est en tant que machiniste, déplaçant des caisses et des éléments de décor, qu'il avait été engagé sur le plateau de cette émission, où je le retrouvais ainsi, vingt et un ans plus tard !

Soudain, deux idées s'associèrent dans mon esprit : reconstituer pour une soirée les Problèmes, et, pourquoi pas, dans le cadre de l'invitation faite quelques mois plus tôt par l'animateur de la Nouvelle Ève ? J'en parlai le jour même à mon ami Bertrand, qui cherchait un thème pour la prochaine soirée annuelle de son agence, *Lagon* ; il dit tout de suite banco, et j'appelai les autres Problèmes, qui, tous, furent ravis de l'idée, à l'exception de Gérard Rinaldi : il avait depuis longtemps quitté les Charlots pour devenir comédien, et, pour des raisons que je ne connaissais pas encore, ne souhaitait pas travailler à nouveau avec la plupart des autres. Bientôt une date fut prise, la fête eut lieu un soir de novembre dans la boîte bondée ; nous avons repris quelques-unes de nos chansons de 1966, tout le monde s'est bien amusé, et, à la fin de la soirée, mon ami le journaliste Jacques Pessis, mon frère jumeau (né le même jour que moi, dix ans plus tard) et très fidèle fan (il connaît toutes mes chansons, y compris les plus obscures), dans l'excitation de la soirée, suggérait que nous répétions bientôt l'événement... sur la scène de l'Olympia ! Peu après, nous en parlions simultanément au directeur de l'Olympia, qui nous offrit tout de suite une date au mois de février suivant, et à la direction de Polygram, qui accepta de financer et de publier le réenregistrement de quatre de mes chansons de 1966 !

La fin de cette année 1987 me vit participer à plusieurs autres émissions de télévision ; Patrick Poivre d'Arvor, avec qui j'ai toujours eu d'excellentes relations, m'accueillit dans une émission, une sorte de talk-show culturel qu'il anima assez brièvement, je crois vers dix-neuf heures ; j'y étais reçu en compagnie d'un belle jeune femme antillaise qui chantait une chanson intitulée *Caressé-moin* (Caressez-moi) ; utilisant les notions de créole apprises lors de mes séjours aux Antilles, je lui dis en direct : « Moin paré pou caressé ou » (je suis prêt pour te caresser), à quoi elle répondit du tac au tac, avec un grand sourire « An nou alé » (Allons-y) ! Un autre soir, j'étais la vedette d'une émission tout entière, *Il était une fois Antoine,* animée pour la Cinq par Patrick Sabatier, qui lui aussi se montrerait toujours envers moi remarquablement fidèle. L'émission de Thierry Ardisson, elle, avait été assez pittoresque : revenant du bout du monde, je me sentais tellement déplacé dans ce haut lieu des nuits parisiennes les plus branchées, les Bains Douches ! Une date avait été prise aussi pour la nouvelle émission de vingt heures trente animée par mon ami Jean-Pierre Foucault, quand soudain ma participation avait été annulée : le producteur de l'émission, Gérard Louvin, et son compagnon, le programmateur, avaient soudain décrété que je ne faisais pas mon travail de chanteur correctement, puisque je passais ma vie dans les îles, et qu'ils n'avaient aucune raison, disaient-ils, de me « servir la soupe » lorsque je revenais faire une incursion dans le show business... Je devais pâtir assez longtemps auprès d'eux de cette image négative, et ce n'est que des années plus tard que ce barrage, enfin, tomba, et que l'équipe Louvin finit par m'inviter dans de très belles émissions, toujours animées par Jean-Pierre Foucault.

Quant à Michel Drucker, toujours aussi fidèle, il m'invite à rejoindre dans l'île de la Réunion le tournage d'une émission spéciale programmée pour le réveillon de fin d'année. L'île, que je ne connaissais pas encore, est vraiment magnifique, et Michel est tout émoustillé de pouvoir y donner libre cours à sa passion nouvelle pour l'hélicoptère : il vole au fond d'immenses ravins plantés d'une luxuriante végétation tropicale, descend à la verticale dans des gouffres sans fond au pied d'immenses cascades, et va se poser dans le cratère du volcan actif de la Fournaise.

Je chante *Touchez pas à la mer* sur la plage de Saint-Gilles, et Michel, à qui je raconte mon projet d'Olympia avec les Problèmes, m'invite aussitôt à fêter l'événement dans son émission, quelques jours avant le spectacle. Au bord de la piscine de l'hôtel, à la Réunion, j'ai le plaisir de revoir Francis Cabrel, devenu une très grande vedette depuis l'époque où je l'ai rencontré pour la première fois ; il est surpris lui-même de se retrouver au bout du monde, lui qui déteste voyager et ne se sent bien que dans sa maison d'Astaffort, dans le Gers : il y a été conçu, y est né, y a grandi dans le même lit où il dort maintenant nuit après nuit. Deux enfances différentes forment des hommes différents : moi qui n'ai jamais vécu plus d'un an dans la même maison, changeant de ville, de coutumes, de copains tout au long de mon enfance, pas étonnant que j'aie une passion pour les voyages.

Tandis que les collaborateurs de Michel Drucker savourent quelques jours dans cette belle île – Michel me dit souvent qu'il rêve de réaliser bientôt une émission du même type à Tahiti –, je suis obligé de rentrer rapidement à Paris, car on m'y attend pour me remettre... un prix littéraire ! Mon livre *1965* reçoit le prix Bruno Coquatrix, décerné chaque année à un ouvrage qui traite du monde de la chanson, du théâtre ou du cinéma, ex-aequo avec le livre de souvenirs du comédien Jean-Pierre Aumont, acteur de *Hôtel du Nord* et de *La Nuit américaine* entre autres, qui décrit de façon touchante et amusante les hauts et les bas de la gloire.

Un soir, je suis convié à une interview complètement folle par mon vieux copain, le professeur Choron, le créateur de *Hara-Kiri*, le roi incontesté du mauvais goût ; il vient d'inventer un genre d'interview complètement « destroy », qu'il appelle *l'alcoolographie* : il invite, à minuit, une vedette dans un salon de chez Castel, lui fait boire force champagne, l'interviewe tandis qu'un photographe opère et qu'un technicien enregistre la conversation, et il publie dans *Hara-Kiri* des articles de huit pages, sorte de roman-photos de l'interview, où les phrases les plus anodines – lorsqu'elles sont prononcées à minuit dans une boîte de nuit et les vapeurs du champagne – peuvent prendre des proportions inattendues au grand jour, imprimées, d'autant que le goût pour la provocation de Choron va très loin : le mois précédent, il a interviewé Gloria Lasso, grande vedette des années cinquante et qui fait un *come-back*, en lui offrant... une immense panoplie de godemichés de toutes tailles et de toutes formes, et lui affirmant que c'étaient les sexes de tous ses amants et époux ! Mon interview à moi se déroule plutôt sympathiquement, nous nous remémorons, Choron et moi, l'époque où, étudiant, je m'invitais aux soirées qu'il donnait à la Question, en compagnie de Wolinski, Cavanna et tant d'autres, lors du bouclage de leur magazine, quand, à ma totale surprise, arrive du fond de la boîte un technicien portant dans ses bras... une sirène, une sirène en chair et en os, avec de longs cheveux blonds, une magnifique paire de seins nus et une longue queue de poisson pailletée ! Cette créature, que je suis censé avoir pêchée au large de Rio de Janeiro, est le cadeau que je suis supposé offrir à Choron... et bien sûr, il s'agit d'un travesti ! L'ensemble n'est pas, c'est certain, du meilleur goût, mais moi, ça m'amuse plutôt, et je n'ai pas grand-chose à y perdre ! Bien plus grave fut ce qui arriva dans le même cadre à Jean-Luc Lahaye, le mois suivant : ayant connu un grand succès avec ses chansons et avec son livre consacré à son enfance orpheline, il s'était vu confier par TF1 l'animation d'une très grande émission de « charité-spectacle » qui venait en aide chaque semaine à une bonne œuvre différente, et qui permettait à TF1 de redorer un peu son blason : chaîne la plus regardée par les Français, TF1 avait été vendue à un entrepreneur de travaux publics, Francis Bouygues, qui appliquait à sa gestion et à ses programmes les principes économiques des entreprises de bâtiment : rentabilité avant tout. L'émission était un très grand succès, et l'image de Jean-Luc excellente. Qu'est-il allé se faire interviewer par ce cinglé de Choron ? Au cours de l'interview, toujours aussi champagnisée, Jean-Luc voit soudain arriver une femme obèse, vêtue en tout et pour tout d'un casque de chantier et d'un dessin sur le ventre représentant une « maison de maçon » (le slogan de Bouygues à l'époque) dont le paillasson est sa grosse foufounette poilue ! Et cette créature est censée être madame Bouygues ! Dans la chaleur du moment, Jean-Luc, plutôt amusé, prononce quelques phrases comiques qui, publiées dans le magazine, ont un effet désastreux : on dit que le matin de la sortie du magazine, cinq exemplaires se retrouvèrent sur le bureau de Francis Bouygues, déposés par des mains bienveillantes, et que le jour même l'émission fut supprimée de l'antenne et Jean-Luc immédiatement rayé des programmes de TF1 !

Tandis que progressait l'aventure un peu folle de mes retrouvailles avec les Problèmes, *Touchez pas à la mer* était devenue, plus qu'une chanson, une véritable campagne ; Philippe Constantin avait pris contact avec le ministère de la Mer, qui avait aussitôt proposé de parrainer une opération destinée à faire prendre conscience au public, en particulier aux enfants, de la nécessité de protéger la mer. J'avais reçu un appel du directeur de l'organisation des Classes de mer, une association qui emmène des classes entières séjourner et étudier dans des villes côtières, me demandant de lui venir en aide car *Thalassa*, qui patronnait chaque année l'association, n'avait pas eu le budget pour le faire cette année-là ; je parvins à réunir un extraordinaire concours de partenaires, le ministère, la chaîne de radio-télévision d'outre-mer, RFO, et même un grand groupe de magasins, qui pour la première fois reconnaissait le tort causé par les lessives à l'environnement, aux rivières et à la mer, et lançait le premier des produits moins nocifs, sans phosphates. Chacun des partenaires finançait une semaine de classes de mer, et un grand concours de dessins, réalisés par les enfants de milliers de classes de France et d'outremer, permettrait de désigner les gagnants. J'avais même trouvé un moyen amusant de financer une classe de plus : lors de la soirée à la Nouvelle Ève, j'avais mis aux enchères... une de mes premières chemises à fleurs, celle que je portais sur le dépliant central du magazine *Salut les Copains* de 1966 où figurait le *Tout Tout Tout sur Antoine* ; je l'avais retrouvée dans mes placards, et je l'avais fait joliment encadrer avec la page de *SLC* ! Les enchères étaient vite montées, le représentant du ministère se montrant particulièrement combatif, mais le dernier mot était resté à... Christian Fechner, que nous avons invité ce soir-là, et qui paya quarante-deux mille francs pour cette relique, permettant à une trentaine d'enfants de plus de partir en classe de mer.

La « campagne » *Touchez pas à la mer*, après que j'eus participé à un jury ayant à choisir parmi des milliers de dessins, certains superbes, inspirés par la protection de la mer, trouvera son couronnement un soir au Salon nautique, au cours d'une réception officielle qui réunit tous les partenaires. Sans que la chanson soit devenue un grand tube, elle a éveillé un peu les consciences, des centaines de milliers d'enfants l'ont apprise et chantée dans leurs écoles, des milliers de classes ont participé au concours de dessins, des centaines d'enfants pourront cette année encore partir en Classe de Mer, et tous les intervenants sont heureux. *Thalassa* a été associé à la fête, bien sûr, puisque Georges Pernoud m'a permis d'utiliser des images d'archives de l'émission dans le clip de la chanson, qu'il m'a invité à la chanter lors de l'émission anniversaire, et que l'association des classes de mer espère bien que *Thalassa* pourra de nouveau la parrainer l'année prochaine. Et voilà qu'un ami commun m'annonce que Georges Pernoud, venu au cocktail organisé sur le stand du ministère de la Mer, est reparti furieux. Je n'aime pas les malentendus, je pars vite à sa recherche dans le Salon nautique, et je le retrouve alors qu'il vient de regagner le stand de *Thalassa* ; il m'explique qu'il est mécontent qu'un ministre, une chaîne de télévision et un fabricant de lessives sans phosphates soient associés à cette opération, qu'il considère un peu comme son enfant ; j'essaie de le rassurer en lui expliquant que si je me suis fortement dépensé pour rassembler tous ces partenaires, c'est parce que, sans eux, il n'y aurait pas eu cette année de concours des Classes de Mer... Georges Pernoud sera à peu près convaincu... mais me soupçonnera toujours – il l'a même écrit dans un livre consacré aux hommes de mer – d'agir en tout par intérêt, pour les gains que j'en retire... Je ne crois pas qu'il ait compris que l'argent, pour moi – je vous l'ai déjà dit – n'a de valeur que dans la mesure où il me permet de voyager, de vivre et de m'exprimer librement, la fameuse « vitesse de libération » de Bernard Moitessier... Georges a lui-même le courage de me l'avouer chaque fois qu'il me rencontre : il fait partie de ces gens du métier qui sont jaloux de ma vie, qui n'admettent pas une seconde que ce ne soit pas eux qui soient sur un bateau dans un lagon bleu ! À vrai dire, Georges, si j'étais intéressé par la fortune, vu le nombre de fois où le succès m'a effleuré de son aile, c'est moi qui aurais une entreprise avec des dizaines d'employés travaillant pour moi dans un bateau ancré sur les bords de la Seine, une émission de télévision hebdomadaire, une chaîne de télé câblée et un catalogue de productions pléthorique !

Le Salon nautique terminé, il est temps de préparer l'Olympia *Antoine retrouve les Problèmes*, et d'enregistrer avec eux de nouvelles versions de quatre chansons... Mais autant la soirée à la Nouvelle Ève a été un événement léger, magique, autant l'aventure, lorsqu'il s'agit d'enregistrer en studio, de passer chez Michel Drucker et de se produire à l'Olympia, devient une véritable galère. Nous sommes cinq copains qui n'avons pas joué beaucoup de musique depuis bien longtemps, il ne faut pas prétendre fournir une prestation musicale digne des plus grands groupes de rock, l'affaire aurait dû rester une retrouvaille amicale, le public en aurait été ravi ; non, Luis Rego, qui s'est chargé de diriger les séances, voulait un son digne de Ry Cooder ou des plus grands bluesmen et rockers ; la prestation de Donald à la batterie, de Jean et de Phil aux guitares ne lui plaisait pas, il voulut engager en complément des musiciens de studio, des « requins » ; l'affaire devint infiniment compliquée, d'autant que je devais comprendre rapidement, lors des répétitions à l'Olympia, pourquoi Gérard Rinaldi ne tenait plus à travailler avec les autres : les Problèmes étaient des garçons charmants, pas compliqués, que Christian Fechner n'avait pas eu de mal à convaincre de renoncer au rock pour devenir les Charlots, et je les adore, mais l'immense succès de leur carrière sur scène et au cinéma ne leur avait pas mis un gramme de plomb dans la cervelle, et – Jean Sarrus le raconte fort bien dans l'amusant récit *Cent pour cent Charlots* qu'il a publié récemment – tout ce qu'ils avaient retiré de ce succès énorme (sans doute parmi les plus grands qu'aient connu des comiques français dans le monde entier), ce sont des occasions de se pochetronner et de s'adonner à toutes les drogues les plus inutiles, des pétards au LSD, etc. Et répéter, avec des musiciens tirant sur des pétards ou qui disparaissaient toutes les cinq minutes pour aller s'accouder au comptoir d'un bistrot de la rue Caumartin, ce n'était pas mon truc. Les répétitions n'avançaient pas, je voyais le moment où j'allais annuler toute l'affaire : dans mes cauchemars, je m'imaginais rentrant seul sur la scène de l'Olympia, obligé d'annoncer que les retrouvailles promises n'auraient pas lieu parce que les Problèmes étaient restés au bistrot ! L'émission chez Michel Drucker s'est déroulée à peu près bien, même si, sous l'effet du bourgogne qui coulait littéralement à flots dans la loge, l'un des Charlots avait essayé de mettre la main aux fesses d'une des danseuses tahitiennes qui figuraien au programme, et avait failli se faire casser la figure par le *tané* de la jeune femme, un Tahitien baraqué. Les derniers jours de répétition, j'ai fini par demander solennellement aux plus atteints de faire comme les marins d'autrefois qui « signaient la croix bleue », s'engageant à ne pas boire d'alcool jusqu'à la fin du contrat, et je suis arrivé à maîtriser à peu près la situation jusqu'à la deuxième partie du spectacle de l'Olympia, où les musiciens, joyeux comme moi de se retrouver sur cette scène mythique, n'avaient plus l'esprit très clair ! À la fin du spectacle, la femme de Luis me demandait en riant : « Tu ne veux pas emmener mon jules avec toi sur ton bateau, j'en ai marre de le voir ? » « Jamais ! », ai-je répondu, soulagé d'avoir sans trop de mal pu mener l'aventure à son terme.

Pourtant la soirée à l'Olympia avait été très sympathique, j'avais même eu l'idée de faire pendant quelques minutes une projection de photos rapportées de mes voyages ; le chanteur Renaud, venu assister à la soirée, en avait été amusé : « Quand je t'ai vu faire descendre des cintres un écran, je me suis dit : "Non, il ne va pas nous projeter ses photos de voyage sur la scène de l'Olympia !"... Eh bien, oui, tu l'as fait ! » Et l'accueil réservé à ces quelques minutes de rêve constitua un déclic de plus dans la mécanique qui me conduirait, enfin, bientôt, à en faire quelque chose, de toutes mes photos !

Pour compliquer encore ma vie durant la semaine de ce passage à l'Olympia, l'Italie était soudain revenue dans mon paysage : j'avais reçu un appel des organisateurs du festival de San Remo qui, pour fêter je ne sais quel anniversaire, faisaient eux aussi résonner la corde nostalgique, et programmaient lors du festival – qui avait lieu la veille et le lendemain de mon passage à l'Olympia –, une soirée spéciale réunissant les artistes étrangers qui avaient le plus marqué l'histoire de San Remo, les « vieilles gloires » ! J'avais d'abord refusé, vu la proximité de la date de l'Olympia, mais quand on m'avait indiqué les noms des cinq artistes en compagnie desquels je me trouverais, dont Paul Anka et Ray Charles, je n'avais plus pu dire non ; j'avais donc deux fois fait l'aller et retour Paris-San Remo en deux jours, pour deux soirées vraiment inoubliables, où le vieux Casino de San Remo avait retrouvé toute sa noblesse d'antan, avant que l'on n'arrache les fauteuils de velours de cette salle légendaire pour y planter de regrettables alignements de ces machines à sous que les Américains appellent à juste titre des *one-armed bandits*, des bandits manchots.

Ce passage à l'Olympia eut une autre conséquence positive : pour la première fois depuis bien des années, un producteur de spectacles me demanda... d'être la vedette de la tournée d'été organisée chaque année par un grand quotidien du Sud-Ouest, *La Dépêche du Midi*. Ma dernière tournée de ce genre remonte à ... dix-huit ans, mais j'accepte volontiers, d'abord parce que j'ai gardé un excellent souvenir de ce genre de tournée où l'on chante chaque soir dans une ville différente, mais dans le même environnement technique très au point, et puis... parce que j'ai besoin de gagner plus d'argent que d'habitude : cette fois-ci, ça y est, je vais changer de bateau : *Voyage* est devenu vraiment trop petit lorsque nous naviguons à trois, et, après avoir longtemps hésité, je me suis enfin décidé à « passer au catamaran » ; j'ai rendu visite au chantier de Tarare, qui, parallèlement aux *Globe-flotteurs*, s'est mis à construire des catamarans en aluminium épais, en Strongall. Je prévois, au cours de l'été à venir, d'essayer le premier exemplaire construit par le chantier, et de lancer la construction du mien dès la fin de cette année 1988. Je mettrai bientôt *Voyage* en vente, mais pour l'heure je retourne naviguer à son bord, ne serait-ce que pour me remettre des cinq mois extraordinaires que je viens de connaître.

J'ai peu de souvenirs des mois passés à nouveau à bord de *Voyage*, une fois encore aux îles Sous-le-Vent, alternant les périodes solitaires et les périodes « en famille », les périodes joyeuses en compagnie des copains navigateurs installés au sud-ouest de Tahaa, et les périodes de solitude prolongée dans les coins déserts que j'ai dénichés au nord de l'île, dans les passages peu profonds où le faible tirant d'eau de *Voyage* me permet de me faufiler entre des motus déserts. Certains pourraient imaginer que ma solitude en ces lieux est triste et morne... elle est en fait, je ne saurais l'expliquer, profondément gaie.

Et très vite, il me fallut déjà reprendre la route de la France, pour cette tournée d'été. Pour la première fois depuis des années, j'ai loué une voiture, et les cartes routières ont remplacé pour deux mois les cartes marines. Le programme de la tournée me permettait, comme au temps où je faisais chanteur à plein temps, de choisir des endroits tranquilles, des hôtels perdus dans la campagne, où je m'installais quelques jours, rejoignant chaque soir la ville, généralement une station de bord de mer, où se donnait le spectacle. Je dénichai de bons restaurants, fis des rencontres sympathiques, et mes journées me permirent de me pencher enfin sur le projet qui me travaillait depuis longtemps, et que j'avais abordé avant la tournée, lorsque j'avais rassemblé dans deux grandes boîtes de rangement des milliers de diapositives, les photos prises depuis mon premier départ de France. J'avais choisi rapidement quelques-unes d'entre elles pour une projection que j'avais voulu mettre, comme à l'Olympia, au programme de mon spectacle quotidien, et je transportais dans ma voiture ces précieuses archives : je passai chaque jour des heures à les trier, à choisir les meilleures dans l'idée, à la rentrée, d'essayer de réaliser enfin un album de photos.

J'ai chanté cet été-là dans tout le sud-ouest de la France, de Narbonne aux Landes, en compagnie d'un petit groupe de danseuses et de musiciens tahitiens ; j'ai redécouvert les beautés de cette partie de la France, les routes tortueuses et les vestiges de l'épopée cathare dans les Corbières, le Gers, les doux coteaux du Bordelais. La vie de tournée avait bien des attraits, et j'étais ravi de la retrouver pour quelques semaines... Mais je n'imaginais certes pas de me consacrer à nouveau à plein temps à cette part de mon activité, les autres facettes de mon existence me fascinant tellement plus.

J'ai passé le mois de septembre à Paris, où j'ai proposé à la directrice d'Arthaud de publier l'album photographique que j'avais commencé à bâtir durant l'été ; elle s'est montrée intéressée, mais sans plus ; moi-même, j'avais la sensation qu'il manquait quelque chose à mon projet ; je suis allé passer quelques jours au Grand Pavois de La Rochelle, qui avait été pour moi le début de tant de choses lors de sa première édition, en 1973. Cette édition 1988 devait marquer pour moi la fin d'une aventure, et le début d'une autre : la fin, dommage, de la relation privilégiée que j'avais entretenue durant près de quinze ans avec une revue nautique : dès mon premier retour en France, après ma première année sur *Om*, toujours dans l'idée de m'exprimer dans les colonnes de périodiques, j'avais rencontré les rédacteurs en chef des trois grands magazines nautiques français, pensant proposer de temps en temps à l'un ou l'autre d'entre eux un article d'un genre différent : à l'un je confierais mes carnets de route, au second je proposerais des sortes de guides nautiques des régions où je naviguais, au troisième des articles plus techniques sur la navigation, par exemple sur la navigation astronomique, qui me passionnait à l'époque. Tous avaient accepté aussitôt... jusqu'au moment où ils avaient appris que je comptais aussi écrire pour leurs concurrents... Et ça, vraiment, ce n'était pas possible : dans ce tout petit monde de la presse nautique comme, je le verrais souvent, dans tous les autres médias, il fallait absolument appartenir à une écurie et pas aux autres, la moindre tentative de collaboration avec une revue concurrente entraînait des jalousies puériles mais incontournables ; je m'étais donc rapidement lié avec l'équipe du magazine *Les Cahiers du yachting*, qui devait devenir *Neptune Nautisme*, et cette relation presque amoureuse avait porté ses fruits puisque, tout au long du voyage d'*Om*, j'avais été en quelque sorte le « globe-flotteur maison » du magazine, qui publiait tous mes articles, me citait à de nombreuses occasions, me consacra même la couverture d'un de ses numéros traitant des voyages au bout du monde[1]... Et voilà qu'en ce mois de septembre 1988, pour la dernière fois, le magazine publiait un de mes articles ; tout d'un coup, pour eux, ils me le dirent sans ambages, Antoine, c'était le passé ; je revois l'un de ses plus importants collaborateurs m'expliquer, dans les allées du Grand Pavois : « Dans la navigation, d'abord il y a eu Moitessier, puis il y a eu Antoine, et maintenant c'est Thierry Lhermitte » : Thierry venait de faire parler de la paisible traversée familiale de l'Atlantique qu'il avait accomplie sur un voilier de série prêté par la brillante Annette Roux, directrice de Bénéteau. Quelle étroitesse d'esprit que ce jugement, comme s'il y avait des modes chez les navigateurs ! Et cela, alors que, justement, l'année qui venait allait apporter à mes récits de voyage un succès d'une ampleur inimaginable ; mais là, avec cette équipe qui m'avait accompagné dans mes voyages durant tout ce temps, c'était fini. « Quand c'est râpé, c'est râpé », me disait vingt ans plus tôt Jean-Marie Périer, parlant d'une relation amoureuse, et je ne devais que bien plus tard lier à nouveau une relation privilégiée avec un autre des grands périodiques nautiques français, la revue *Bateaux*.

À ce même Grand Pavois, un jour, sur le stand d'une des trois revues nautiques – *click !* – j'ai eu le regard attiré par deux magnifiques photos de mon amie, Noëlle Duck, également photographe, amoureuse comme moi de la mer et des îles... et tout d'un coup m'est venue l'idée que je cherchais : plutôt que de me prétendre capable de photographier, à moi seul, toutes les îles qui m'avaient séduit, pourquoi ne pas appeler à mon aide, pour compléter mon travail, quelques photographes amis, comme Noëlle, comme Teva Sylvain à Tahiti, et plusieurs autres... Rentré à Paris, je pris divers contacts, reçus partout des réponses positives : le livre, petit à petit, prenait forme.

Je m'étais installé un mois dans le bel appartement qu'occupait dans le huitième arrondissement mon ami le journaliste Jacques Pessis ; il rêvait, lui, de produire à partir de mes images vidéo de courts sujets consacrés à mes voyages dans les îles ; nous les avions déjà baptisés *Îles... était une fois*, mais les chaînes de télévision ne montraient guère d'intérêt. Un jour où je rendais visite à la boutique d'un photographe du quartier, on me fit la démonstration – *click !*— de l'une des premières photocopieuses couleurs qui devaient bientôt se répandre ; j'eus immédiatement un coup de foudre, et je fis aussitôt, du choix de mes meilleures diapos, que j'avais avec moi ce jour-là, des tirages à diverses

1. Corollaire étrange à admettre : pour les magazines concurrents, j'étais parfaitement transparent, je n'existais absolument pas et jamais je n'apparaissais ni n'étais cité dans leurs colonnes !

échelles ; rentré dans le grand appartement vide, je pris une paire de ciseaux, de la colle et des feuilles A 4, et en quelques heures j'avais fabriqué de mes doigts une belle ébauche, une trentaine de pages de rêve turquoise, de ce que serait le livre dont j'avais envie. Soudain, le téléphone sonna, c'était un ami photographe, Éric Guillemot, dont je connaissais les magnifiques photos de la Thaïlande, des Philippines, des lieux que je voyais comme des « projets d'avenir ». Il déjeunait le jour même avec le directeur des éditions Gallimard Jeunesse, Pierre Marchand, est-ce que ça me disait – *click !* – de me joindre à eux ? J'ai accepté, et j'ai pris le métro avec, sous le bras, la maquette toute fraîche de mon futur livre ; je me rappelle l'avoir ouverte un instant, assis sur ma banquette, et que tous les regards mornes des voyageurs se sont tournés vers ces photos, soudain éclairés, comme si tout à coup un souffle d'alizé avait pénétré dans le wagon, et comme si la prochaine halte du train devait être, non Sèvres-Babylone ou Odéon, mais Bora Bora ou l'île Coco...

Les déjeuners d'affaires sont une drôle de chose ; on se rencontre, en principe pour parler d'un sujet précis, mettre sur pied un accord qui vous tient à cœur... et pendant deux heures, on ne l'évoque absolument pas ; on parle du temps, de la politique, du dernier match, de la situation internationale ou des progrès de la technologie, on refait le monde, mais il serait de la dernière des inconvenances de discuter de ce qui vous a réellement amenés autour de la table ! D'ailleurs, ce jour-là, je n'avais, moi, pas du tout prévu de séduire le très brillant créateur du département Jeunesse, qui avait en quelques années révolutionné la vénérable maison Gallimard et le monde de l'édition tout entier, Pierre Marchand : j'étais là surtout pour parler de photos avec Éric Guillemot ; soudain, Pierre Marchand s'est plongé dans ma modeste maquette. Je lui ai expliqué que j'envisageais d'éditer un album de photos dans ce style chez l'éditeur de mes précédents livres, Arthaud... et soudain, à ma grande surprise, et à celle de son assistante, qui se trouvait être une amie de longue date, Fanchon, navigatrice, Pierre Marchand me proposa d'éditer ce livre, assortissant sa proposition de conditions bien plus favorables que celles d'Arthaud, me donnant toute liberté pour le concevoir, choisir les photographes qui viendront compléter mes photos, mettant à ma disposition la meilleure maquettiste de la maison... Un véritable tapis rouge...

Lorsque, conformément à mon contrat, je communiquai cette offre inattendue à la directrice d'Arthaud, toujours peu convaincue des chances de succès de mon ouvrage photographique, elle ne put cette fois-ci que me donner sa bénédiction. C'est donc avec un contrat signé avec un autre des plus grands éditeurs de France que je repartis, en cet automne 1988, pour retrouver en Polynésie Titou et les enfants, et pour retourner ensuite m'isoler dans mes mouillages tranquilles des îles Sous-le-Vent pour écrire tous les textes de ce futur livre.

Lorsque j'avais terminé un chapitre, je rendais visite à des amis installés sur place, comme Paul-Émile Victor, qui avait eu le coup de foudre, une trentaine d'années plus tôt, pour un îlot tout rond du lagon de Bora Bora, un îlot que sa femme Colette et lui avaient consacré tous leurs efforts à aménager, en faisant un vrai coin de paradis ; ou comme Diego et Françoise qui avaient acheté un autre minuscule îlot sur la ceinture corallienne de Tahaa, et y avaient construit un magnifique *fare* qui donnerait naissance à un des plus jolis petits hôtels de Polynésie ; Alain et sa femme, italienne, installés dans une des profondes baies de la même île de Tahaa, créaient une plantation de vanille et imaginaient pour les peu nombreux visiteurs de l'île une sorte de circuit découverte mettant l'emphase sur l'écologie et la protection de la nature ; à Raiatea, j'amarrais parfois *Voyage* au ponton de la merveilleuse maison de style colonial d'Henriette Winkler, une grande dame de la chanson polynésienne, dont la voix avait enchanté plusieurs générations. Le mari d'Henriette avait fondé une des plus belles galeries de Papeete, et leur maison était décorée d'une profusion de souvenirs polynésiens, d'authentiques objets d'art ou d'artisanat traditionnel. Il faisait si bon, au terme d'une chaude journée passée sur le lagon, aller s'asseoir dans les grands canapés couverts de *tifaifai* multicolores, ces grands travaux d'aiguille en appliqué qui avaient enchanté et inspiré Matisse lors de son voyage en Polynésie ! Henriette préparait des festins inoubliables à partir de *fei,* ces savoureuses bananes à cuire, d'une étonnante couleur orange, qu'on ne trouve, dans le monde, qu'en Polynésie, et des huîtres récoltées sur les racines des palétuviers, ou des *varo,* d'étranges mais délicieux crustacés, à l'allure extraterrestre, que l'on capture avec des hameçons dans les trous qu'ils creusent dans le sable des lagons peu profonds. Je me souviens qu'au soir d'une journée particulièrement écrasante de chaleur, Henriette nous avait apporté, dans de très grands verres ballon étincelants, un gin tonic, boisson pourtant plutôt banale, mais si tentante, scintillante de buée, si rafraîchissante par cette canicule, si profondément satisfaisante... que depuis lors, pratiquement chaque soir de ma vie, aux quatre coins de la planète, chez moi, dans un campement perdu en Afrique, au cœur d'une grande ville ou à l'ancre près d'un îlot désert, je me prépare, ou je commande, comme un rituel incontournable, un gin tonic, en souvenir de cet instant-là !

Je profitai ce printemps-là de la maison d'amis de la propriété d'Henriette pour me livrer à un travail de titan : vider les entrailles de *Voyage* des milliers d'articles hétéroclites qui s'y étaient entassés depuis huit ans qu'il était notre domicile : car le pas irréversible venait d'être franchi : ayant passé commande d'un catamaran, j'avais fini par mettre en vente mon petit voilier... un acheteur s'était vite présenté, un ingénieur de la région lyonnaise qui avait décidé de prendre une retraite très anticipée et de remplacer sans nostalgie les parfums lourds de l'industrie chimique de la région de Pierre-Bénite ou de Feyzin par les senteurs du tiaré et de la vanille[1]... On n'imagine pas la quantité d'objets hétéroclites qui peuvent s'amasser en huit ans dans les fonds et les moindres recoins d'un bateau, même mesurant à peine dix mètres ! Le navigateur souffre un peu du symptôme de l'écureuil, il enfouit dans les flancs de son navire des milliers de choses qui « pourraient un jour servir », pièces détachées, bouts de métal, de bois, alternateur de rechange, cordages élimés mais qui pourraient encore trouver une utilisation, sans jamais se décider à rien jeter : le navigateur sait que s'il jette un objet inutile qui l'a encombré durant dix ans, il en aura un besoin essentiel dès le lendemain. Nous avons ainsi extrait de *Voyage* un foutoir indescriptible, des dizaines de cartons, de caisses et de sacs, dont une partie est enfin allée à la poubelle, une autre moisir sous le plancher du faré que j'avais construit à Tahiti, et le reste sera envoyé en France... pour constituer le point de départ du foutoir qui encombrerait bientôt, suivant le même inéluctable principe, mon prochain bateau.

Et je suis retourné à Tarare où, en huit ans, presque rien n'avait changé, sinon que l'on y construisait maintenant des catamarans ; soucieux d'essayer ce type de bateau avant de me lancer dans l'éprouvante aventure d'une nouvelle construction, j'avais proposé au chantier de construire les Cat-flotteurs de deux autres clients avant le mien, et j'avais essayé l'un d'entre eux l'été précédent, au cours d'une croisière jusqu'en Corse qui m'avait rapidement convaincu. Je me suis donc, comme je l'avais fait pour *Voyage*, installé à la table à dessin pour concevoir l'intérieur de mon nouveau bateau, qui a rapidement pris forme ; avec Patrice, qui m'avait déjà aidé pour la finition de *Voyage*, nous avons travaillé quelques mois à l'aménagement, à l'installation électrique, au gréement, enfin aux nombreuses composantes du système complexe qu'est un bateau sur lequel on compte vivre des années. Je restais fidèle à la plupart des options réussies sur *Voyage*, comme le choix du PVC pour la quasi-totalité des aménagements, et, bien sûr, de la peinture à l'eau pour coque et pont ; avant même sa construction j'avais décidé qu'après avoir eu une goélette vert pistache, puis un sloop vert grenouille, mon catamaran serait jaune citron – ou jaune banane. Alors que j'achevais de

1. Vingt-huit ans plus tard il navigue encore, joyeux et serein, parmi les archipels du Pacifique, à bord de *Voyage*, qu'il a rebaptisé *Anakeia*, mais sur la coque duquel il a conservé et enrichi les dessins multicolores, arc-en-ciel, soleil, oiseaux et petits nuages de beau temps que j'avais peints un jour dans la baie de Salvador, au Brésil.

peindre de cette couleur la coque, qui venait de sortir de l'atelier pour être aménagée sur le terre-plein du chantier, François, le patron de *Prometa*, m'a appelé : « J'ai eu les Affaires maritimes au téléphone, si tu veux respecter les délais de mise à l'eau, il faut faire les papiers d'immatriculation tout de suite. À propos, quel nom as-tu choisi ? » Moi, je savais depuis longtemps à quoi ressemblerait mon bateau, quelle serait sa couleur, mais je n'avais encore eu aucune idée concernant son nom ; devant l'urgence, je me suis assis sur un monticule du chantier, j'ai regardé bien en face mon bateau : « Bon, maintenant, c'est à toi de me dire comment tu t'appelles ! » En quelques minutes toutes sortes de noms se sont mis à tourner dans ma tête ; ces deux coques jaunes ressemblaient déjà à deux bananes ; j'ai pensé *Bananas... Banana Boat... Bananarama...* et soudain, c'était évident, mon bateau s'appellerait *Banana Split*, un nom simple, souriant, connu dans le monde entier et dans toutes les langues, et je demanderais à mon amie Lio d'en être la marraine ; je lui téléphonai aussitôt, elle accepta avec enthousiasme, et, même si, depuis dix-sept ans, elle n'est jamais réellement montée sur *Banana Split*, cette femme talentueuse et courageuse, incroyablement dynamique, et que j'adore, est restée sans le moindre doute la marraine de mon *Banana Split* !

Tandis que progressait la construction du catamaran, je menais de front, alternant les séjours à Tarare et les retours à Paris, un tout autre chantier, tout aussi ambitieux et complexe, celui de l'album de photos. J'avais débarqué un jour avec mes grandes boîtes pleines de diapos soigneusement classées par pays dans les bureaux de l'équipe de Gallimard Jeunesse, et découvert cet univers extraordinairement prolifique, mené par Pierre Marchand. Travailler avec lui, disons-le tout de suite, n'était pas facile ; il faisait partie – comme Pierre Wiehn quand, directeur de France Inter, il nous avait fait nous défoncer, Olivier Nanteau et moi, pour produire enfin une émission de radio qui avait laissé des traces – de ces patrons brillants qui parviennent à obtenir de leurs collaborateurs beaucoup plus d'efforts qu'ils n'ont prévu d'en fournir : vous savez, ceux qui prononcent soudain une petite phrase anodine du genre « Ça serait bien que dans ce livre il y ait aussi ceci et cela »... L'idée vous semble géniale, vous acceptez avec enthousiasme... et vous réalisez trop tard, quand il n'est plus possible de faire marche arrière, que vous avez accepté une amélioration qui doublera ou triplera le temps que nécessitera le projet. Pierre entretenait avec toute son équipe une relation quasi paternelle, jamais il n'avait renvoyé un seul de ses collaborateurs ; mais, breton cabochard, dans des crises de colère mémorable, il n'hésitait pas à les traiter de tous les noms devant le reste de la maison s'ils l'avaient déçu ; parfois, sans que personne ne puisse se défiler, il décrétait une

« charrette » parce qu'il fallait rendre dans les trois jours un « Découvertes Gallimard » consacré à la tour Eiffel ou à Jules Verne, et tout le monde restait travailler jusqu'à deux heures du matin, et le samedi et le dimanche. À mon livre, il avait ainsi suggéré que j'incorpore une centaine de pages d'extraits littéraires consacrés aux îles, et j'avais passé des semaines à fouiller les bibliothèques, à choisir les extraits qui m'avaient le plus marqué au cours de mes lectures. Tout cela en plus des journées passées à monter une à une les pages du futur livre, à une époque oú la PAO (publication assistée par ordinateur) était encore à ses balbutiements et où une maquette se réalisait surtout avec de la colle et des ciseaux.

Le projet ne progressait pas toujours sans heurts : le département de Pierre Marchand était si vaste, produisait une telle variété de livres, que les projets se bousculaient souvent et que seuls arrivaient à leur terme ceux dotés d'une énergie inépuisable : je me rappelle qu'un jour, alors que les trois quarts du livre étaient construits, la maquettiste disparut, puis tous ses collègues, convoqués sans discussion possible par Pierre pour quelque autre projet soudain urgentissime ; les jours passaient, la date limite pour la publication prévue à l'automne approchait, et mon livre semblait partir aux oubliettes ; un jour j'ai pris le taureau par les cornes, réalisé moi-même les pages restantes, et je les ai apportées à Pierre, qui devait me raconter plus tard, quand le succès eut couronné cette chancelante aventure, qu'à cette époque il avait soudain été pris de frayeurs au sujet de ce livre : chaque fois qu'il rencontrait le photographe qui nous avait présentés, il l'engueulait : « Dis donc, quand je déjeune avec toi, tu me fais signer des contrats qui me coûtent cher »... Puis il avait repensé à un vieux conte, qu'il devait me résumer un an plus tard :

« Dans une petite ville de province, un entrepreneur de bâtiment rentrant un jour chez lui découvrit que sa femme, qui aimait la musique, avait acheté sans le lui dire un piano à queue extrêmement coûteux. Effrayé par le prix de l'objet, très au-dessus de ses moyens, il avait réfléchi et envisagé trois solutions : ou bien il ordonnait à sa femme de renvoyer le piano au fabricant, et il perdait la face ; ou bien il demandait à sa femme de donner des leçons de musique pour payer petit à petit la facture... ; ou bien alors, et c'est la méthode qu'il choisit... il ouvrait la fenêtre ! Il ouvrait grand la fenêtre, et disait à sa femme de jouer, de jouer... et les voisins, entendant le son de ce magnifique instrument, penseraient : « Pour pouvoir se payer un piano pareil, quel succès il doit avoir, cet entrepreneur, que ses maisons doivent être bien construites ! Et tous les clients se précipiteraient dans son bureau d'étude... » Et Pierre Marchand d'ajouter : « Ton livre qui me faisait peur, parce qu'il me coûterait bien plus cher en cas d'échec que nos ouvrages habituels, eh bien j'ai décidé qu'il serait comme ce piano à queue ! Et que j'ouvrirais grand la fenêtre pour qu'on en entende parler ! »

Un jour, enfin, la maquette fut prête ; le titre originalement prévu, *Mes paradis au bout du monde,* devait figurer auprès d'une photo de moi prise sur une plage particulièrement belle des Tuamotu, alors que j'étais occupé à ouvrir une noix de coco verte, et que *Voyage* était ancré non loin du rivage, juste derrière moi. En quatrième de couverture, j'avais proposé que figure la photo d'un minuscule îlot du lagon de Raiatea-Tahaa, planté d'un unique cocotier, et la phrase « Îles... était une fois ». Quand je revins chez Gallimard, je découvris que la maquettiste – *click !* – avait eu la bonne idée de tout chambouler : le petit cocotier solitaire, l'îlot symbole du rêve absolu, était passé en couverture, remplaçant avantageusement ma joyeuse physionomie, et donnant au livre une toute autre dimension ; et la phrase d'accroche « Îles... était une fois », était tout simplement devenue le titre du livre !

Le livre ainsi prêt à partir chez le photograveur puis l'imprimeur, je pus regagner la région lyonnaise, pour y continuer les travaux à bord de *Banana Split,* dont la date de mise à l'eau approchait... mais aussi pour me consacrer un peu à la chanson. Car Jo Fricaud m'avait fait rencontrer un de ses clients et amis, Michel Nicod, un sympathique Lyonnais, très entreprenant, très dynamique, qui, adorant la musique, avait créé à Lyon un petit label, Lazer, qui éditait musique classique, jazz, mais aussi variétés et rock ; il avait monté un studio, assemblé un groupe d'excellents musiciens, et m'avait proposé de produire mon prochain enregistrement.

J'avais bien écrit quelques chansons, mais il me manquait la principale, celle qui aurait des chances d'être un succès. La radio commençait à diffuser *Handle With Care,* une chanson des Traveling Wilburys, un groupe plein d'humour, composé entre autres... de Bob Dylan, George Harrison, Tom Petty et Roy « *Pretty Woman* » Orbison. J'adorais cette chanson, et l'idée me prit de l'adapter en français, ou plutôt d'écrire sur sa musique des paroles très différentes, racontant les galères d'un navigateur solitaire en course, épuisé de se faire rincer et secouer, et rêvant d'une île déserte où il rencontrerait une jolie vahiné et oublierait tous les records. Lorsque j'eus fini d'écrire le texte, il me vint, comme un éclair, une idée : cette chanson, j'allais la chanter en duo avec Florence Arthaud ! Je m'étais lié d'amitié avec cette femme exceptionnelle, que j'avais rencontrée à plusieurs reprises, en France, mais aussi aux Antilles, où elle adorait séjourner dans l'archipel des Saintes, ou à Newport lors de l'arrivée de la Transat. Elle était belle, pleine d'humour, admirée des médias, ce serait un duo superbe. Je cherchai dans mon carnet l'adresse de son père, Jacques Arthaud, pour qu'il m'aide à joindre sa fille... Lorsqu'il eut décroché le téléphone et que je lui eus demandé comment il allait, ses premiers mots furent : « On chante, maintenant ! »... En trois minutes, mon idée géniale était née... et morte : quelques semaines plus tôt à peine, Pierre Bachelet avait proposé à Florence de chanter en duo avec lui, et ils avaient enregistré ensemble un album qui sortirait bientôt, et sur lequel la chanson *Flo* connaîtrait le succès que l'on sait.

Et moi, j'étais comme un idiot avec ma belle idée avortée... Aucune autre championne, en matière de charisme et de physique, n'arrivait à la cheville de Florence ; alors j'eus l'idée de demander à quatre de mes amis navigateurs de la remplacer : Titouan Lamazou, Jean-Yves Terlain, Philippe Poupon et Loïck Peyron, quatre grands champions, que j'aime particulièrement parce qu'ils ont tous au fond du cœur, comme le héros de ma chanson, l'amour de la croisière, et qu'ils rêvent tous de laisser un jour tomber les records pour aller flâner sous les tropiques. Ils répondirent tous les quatre affirmativement, et, après avoir enregistré la base orchestre et ma voix à Lyon, je rassemblai les quatre marins dans un studio de La Rochelle, où ils préparaient leur départ prochain pour le premier Vendée Globe, et leur fis enregistrer les refrains. Puis nous nous sommes donné rendez-vous quelques semaines plus tard aux Sables-d'Olonne, où les bateaux devaient tous se rassembler un mois avant le départ de la course, pour tourner sur leurs bolides une partie des images du clip vidéo que j'avais eu l'idée de réaliser.

Livre et disque ne devant être publiés que dans quelques semaines, je regagnai Tahiti, entre autres pour filmer la partie « rêve » du clip, l'île déserte magnifique, cernée de turquoise, où le héros de la chanson rêve de faire escale, et la jolie fille qui l'y attend : l'équipe de tournage local m'avait présenté une jeune femme tahitienne d'une beauté à couper le souffle, Ethel, et nous avions tourné d'abord à Raiatea, à bord d'un voilier emprunté à un loueur local, puisque, temporairement, je n'avais plus de bateau, et puis, allant nous y poser en hélicoptère, sur un joli motu circulaire du lagon de Tahiti. Ce matin-là, je m'étais réveillé avec les reins complètement coincés par le voyage, et je marchais courbé en deux... Quand était venu le moment de tourner les scènes les plus romantiques avec la jolie Ethel, celle où nous roulions enlacés sur la plage à la limite des vagues, sa robe collée à son corps, ou celle où elle m'embrassait dans un hamac qu'elle balançait doucement... « C'est marrant, tu n'as plus mal au dos, tout d'un coup », me fit remarquer Titou !

Ces belles images mises en boîte, je rentrai en France pour tourner les derniers plans du clip avec les marins... Les tuiles les plus détestables vous tombent parfois sauvagement sur la figure au moment le plus inattendu. À Paris m'attendait une lettre de l'éditeur de la chanson des Traveling Wilburys, à qui j'avais demandé l'autorisation, habituellement une simple formalité, d'adapter la chanson... et qui refusait absolument toute adaptation ! J'avais dérangé les quatre grands marins, enrôlé tant de bonnes volontés, celle des Lyonnais, celles des gens de Tahiti... et je ne pouvais rien faire de la chanson enregistrée ! J'ai réfléchi quelques heures, et puis j'ai foncé à Lyon, écrivant dans ma tête, pendant que je conduisais, une autre mélodie – puisque après tout mon texte n'avait aucun rapport avec le texte original – basée exactement sur la même métrique, couplet et refrain de la même longueur que l'original, assez différente pour ne pas être un plagiat, mais assez proche pour que je puisse garder quelques-unes des phrases chantées par les marins, qu'il n'était pas question que je dérange à nouveau pour les ramener en studio ! Quelques heures plus tard, j'avais enregistré la nouvelle chanson.

Et c'est ainsi que je me suis pointé aux Sables-d'Olonne, pour filmer mes copains les champions en play-back sur une chanson qui n'était pas la même que celle qu'ils ont enregistrée trois semaines plus tôt ! Ça les a un peu surpris, mais ça ne les a pas dérangés, d'autres concurrents du Vendée Globe se joignirent à nous, et nous avons passé une journée inoubliable, naviguant et filmant sur les bateaux de Titouan et de Philippe Poupon, chacun d'eux se prêtant gentiment au jeu du play-back à la barre ou à l'étrave de son voilier de course, et je suis revenu des Sables-d'Olonne avec une moisson d'images magnifiques.

À Lyon, la jeune station de télévision locale, TLM, m'avait proposé d'utiliser une des ses régies pour réaliser le montage. Les deux ou trois jours que j'ai consacrés à effectuer cette sorte de puzzle, choisir parmi les séquences tournées, les mettre bout à bout pour en faire un montage cohérent, m'ont, je dois le dire, tout de suite fasciné ; le pouvoir des images pour raconter une histoire m'impressionne : nous avions, par exemple, filmé ma joyeuse ronde avec la jolie Ethel à l'aide d'une caméra portée à l'épaule, sur une plage de Raiatea ; puis nous avions, un tout autre jour et à deux cents kilomètres de là, sur un îlot désert du lagon de Tahiti où un hélicoptère nous avait déposés quelques minutes – veillant simplement à porter les mêmes vêtements que la première fois –, filmé la même scène en travelling arrière du haut de l'hélico ; j'ai enfin obtenu de la maison de production vidéo locale une image en zoom arrière d'une troisième île... il a suffi de monter les trois images bout à bout, et hop, d'une façon magique pour l'observateur, c'était un mouvement continu, trois îles se fondaient en une, trois instants en un seul.

Le clip monté ce jour-là ne pouvait bien sûr pas rivaliser avec les grosses productions ayant coûté cent fois le prix du mien, mais il suffisait à faire profondément rêver, et s'il ne fut jamais classé dans le *Best of* des clips les plus diffusés sur les télévisions musicales qui viennent de naître, il eut cependant un impact absolument extraordinaire quelques jours plus tard...

Avec Michel, mon ami lyonnais, nous avions choisi pour distribuer le disque... la maison Vogue, avec laquelle j'avais été si étroitement lié des années auparavant ; entre-temps, disait-on, la maison avait été mise en faillite, et un homme d'affaires l'avait rachetée pour un franc symbolique ! Pour ce prix-là, il avait acquis la presque totalité du catalogue de Jacques Dutronc, de Françoise Hardy, les premiers enregistrements de Johnny Hallyday, et toutes les chansons que j'avais enregistrées chez Vogue ; un ensemble de catalogues qui depuis des années n'étaient presque plus jamais diffusés, et qui quelques temps après qu'il les ait achetés, ont bénéficié de l'extraordinaire engouement pour la nostalgie : des albums étaient réédités, des compilations se vendaient à de grands nombres d'exemplaires, et la maison Vogue, tout d'un coup, nageait à nouveau dans l'opulence ! Mon disque sortit en octobre 1989, mais le service de presse n'obtint pas de bons résultats, aucune grande émission de télévision ne se proposa pour accueillir ma rencontre avec les champions ; même chez le pourtant fidèle Michel Drucker, apparemment, le nouveau chargé de la programmation musicale m'avait plutôt rangé dans la case « non », et ne nous proposait aucune date. Pourtant, même si aucune de ces grandes émissions de vingt heures trente n'était vraiment *la* belle émission que je rêvais déjà d'animer une fois par an, mêlant harmonieusement récits de voyages, rencontres et conversations intéressantes, et musiques ramenées du bout du monde, j'étais quand même tenu, par simple devoir envers les éditeurs qui avaient accepté de me faire confiance, de m'y prêter.

Un jour, je reçus un coup de téléphone de l'émission *Avis de recherche*, créée et animée par Patrick Sabatier ; celui-ci consacrait une émission à Herbert Léonard (qui avait obtenu un très grand succès avec sa chanson *Pour le plaisir),* et avait découvert qu'Herbert, sous son vrai nom d'Hubert Loenhard, mais plus connu sous le nom de Bibi, m'avait accompagné des années à la guitare avant de connaître la célébrité. Patrick me demandait donc de faire à Herbert la surprise de chanter une de ses chansons en duo avec sa fille de dix-sept ans ; nous avons répété en cachette du papa chanteur, et le soir de l'émission – réputée, avec toutes les retrouvailles et surprises qui l'émaillaient, pour émouvoir l'invité honoré ce jour-là – le succès fut complet. Il n'était pas prévu en revanche que je chante autre chose que ce joli duo, mais j'avais raconté à Patrick mon aventure avec les marins, l'enregistrement et la vidéo, et je lui avais annoncé la sortie de mon livre de photographies : plutôt que de montrer simplement le livre à l'antenne, nous étions convenus de diffuser la première minute du clip, où apparaissaient les marins, la jolie fille dans son île de rêve et, feuilletées comme je l'avais vu faire pour mon livre précédent lors d'une émission au Salon nautique, les pages du livre...

Comment naît un succès ? Si on le savait, ça serait trop facile ! J'ai la sensation qu'il faut réunir deux atouts simultanés : d'abord que l'ouvrage, livre, film, disque, ait en lui-même quelque chose dont le public a envie, et profondément besoin – peut-être sans même le savoir. Et puis, dans ce monde où tant de créateurs ont envie de faire connaître leurs œuvres, et où le déferlement médiatique remplace rapidement une passion par une autre, il faut aussi un moyen de faire connaître à grande échelle, rapidement, l'existence de cet ouvrage, sinon, aussi tentant soit-il, il restera obscur. Dans d'autres domaines, on a recours à la publicité, mais les tarifs pratiqués par celle-ci sont si prohibitifs que les ouvrages culturels, livres, disques, films, peuvent très rarement y avoir recours ; longtemps un équilibre s'est donc établi entre les créateurs et les médias : un producteur de télévision était ravi d'enrichir le programme de son émission en recevant tel ou tel créateur, chanteur publiant un nouveau disque, acteur dont le nouveau film allait sortir ; en échange de la prestation de l'artiste, l'émission offrait une promotion très efficace – encore une fois, seulement si l'ouvrage correspondait réellement à un besoin – pour faire venir les spectateurs dans les salles ou conduire les acheteurs dans les librairies ou chez les disquaires.

Îles... était une fois devait sans doute bénéficier des deux atouts, car dans la semaine qui suivit cette émission l'ouvrage, d'un seul coup, grimpa à la troisième place des meilleures ventes de livres en France, et son succès se maintint jusqu'aux fêtes de fin d'année... Et ce succès, pour moi, ne pouvait tomber mieux : mon nouveau bateau, *Banana Split,* venait d'être mis à l'eau, et, comme c'est souvent le cas, même en mettant, comme je le faisais, la main à la pâte pour réaliser moi-même tout ce qui était dans mes cordes, la facture de la construction se révélait nettement au-dessus des prévisions les plus sages : je me rappelle que Pierre Marchand m'invita à déjeuner pour fêter le succès du livre qui l'avait tant inquiété – c'est ce jour là qu'il me raconta l'histoire du piano à queue – et qu'il calcula rapidement, amoureux lui-même de la mer et des bateaux, que si les ventes du livre continuaient à tenir leurs promesses, cet ouvrage paierait pratiquement la construction de mon catamaran. Si on ne peut pas appeler ça de la chance !

Banana Split amarré sur les bords de la Saône à Villefranche, je le quittai encore de temps en temps à l'occasion de quelques émissions de télévision ou interviews ; un soir Nicolas Hulot m'invita à participer à une émission spéciale pour marquer un anniversaire d'*Ushuaïa* : j'aimais et j'admirais la démarche de Nicolas depuis l'époque où je l'avais vu, jeune animateur débutant à France Inter, s'intéresser de plus en plus à la nature et à l'écologie, des aspects qui m'attiraient plus que le côté « casse-cou », « extrême » de son émission. Son invitation me posait un problème, car je chantais ce jour-là dans la région de Lyon, à l'occasion d'un gala de bienfaisance au profit de sinistrés d'une inondation. Nicolas accepta de me recevoir à la fin de son émission, et, à peine sorti de scène, je bondis dans un taxi qui deux heures plus tard me déposait dans une station de sports d'hiver, où Nicolas Hulot m'accueillit à une heure du matin en plein air, près d'un feu de camp entouré... de yaks et de bergers tibétains qu'il avait fait venir pour la circonstance.

Malheureusement, aucune émission ne me proposa à temps de venir chanter la chanson enregistrée avec les champions : le disque eut donc moins de succès que le livre, et bientôt les marins prirent le départ du premier Vendée Globe. C'est d'ailleurs l'un de mes quatre copains choristes, Titouan Lamazou, qui remporta la compétition, tandis que Loïck Peyron et Philippe Poupon, au milieu des vagues géantes des quarantièmes rugissants, réalisaient un exploit extraordinaire : le voilier de Philou ayant été couché sur le côté par une vague, et refusant de se redresser, Loïck, seul sur son bateau, et, bien sûr, à la voile, lui avait jeté au passage un cordage, et était parvenu à le faire redresser ... en réussissant en plus à filmer l'action !

Le mois de décembre s'avançait, et, mon travail de promotion bientôt terminé, j'allais pouvoir enfin reprendre ma route sur mon nouveau bateau, et descendre le Rhône à destination de la Méditerranée, quand un matin où je me trouvais dans la voiture de Michel Nicod, le patron de Lazer, le téléphone qu'il avait fait installer dans sa voiture – je le mentionne parce que ces objets étaient à l'époque une chose rare et fort encombrante – sonna. C'était Michel Drucker en personne qui voulait me parler. Il avait appris le succès fulgurant de mon livre, grâce auquel le barrage apparemment mis à ma participation par le nouveau responsable de la programmation musicale de l'émission avait cédé : il me proposait tout simplement d'animer avec lui une émission tout entière consacrée à l'aventure, avec des invités prestigieux tels que Jacques Lanzmann, devenu grand voyageur à pied. J'acceptai bien sûr avec enthousiasme, et remontai une fois de plus à Paris pour le tournage de l'émission, qui serait programmée aussitôt après les fêtes ; mon seul regret fut que l'idée de cette émission ne soit pas née plus tôt, avant que les quatre marins ne partent sur les océans. Mais ce fut la première fois que je diffusai, chez Michel et à la télévision, des images que j'avais réalisées et montées moi-même : outre le clip avec les marins, un court sujet réalisé à partir des images vidéo 8 mm que j'avais tournées en Polynésie, dans l'archipel des Gambier, dans la merveilleuse île de Taravai, où j'avais filmé la journée de mes amis éleveurs de perles noires de Tahiti. À la fin du sujet, pour montrer au public les joyaux produits par ce genre de petite ferme perlière, j'avais demandé au représentant de la Perle Noire de Tahiti à Paris de me prêter quelques échantillons... il était venu au studio avec un sac de perles d'une valeur si astronomique que je lui avais demandé de les conserver sur lui, de veiller sur elles, et de ne me les confier que le temps de les présenter à l'émission !

Titou et Manea, âgé de trois ans, m'ayant rejoint, nous avons enfin largué les amarres, traversé Lyon et descendu le cours du Rhône, parfaitement domestiqué maintenant, quinze ans après mon premier départ à bord d'*Om*. L'hiver était déjà bien installé, le matin du givre recouvrait le pont du bateau – que j'avais heureusement équipé d'un petit chauffage à gazole – et la navigation sur le fleuve était parfois compliquée par un brouillard à couper au couteau : pour ne pas être immobilisés, je dus installer sur un support provisoire le radar qui serait plus tard fixé dans la mâture. Alors que nous nous étions arrêtés dans la traversée d'Arles, nous avons reçu à bord la visite de Michel Drucker qui, notre émission, la première de l'année, ayant déjà été enregistrée, passait les vacances de Noël dans la région de Saint-Rémy-de-Provence. Il vint visiter notre maison flottante... en compagnie de sa maman, une personne qui comptait beaucoup pour lui, et qu'il allait perdre peu de temps après, et le moment que nous avons passé ensemble sur le bateau reste pour moi un souvenir touchant. Puis nous avons poursuivi notre route par le Petit Rhône, et nous nous sommes amarrés à un quai de Port-Camargue, pour mâter le bateau, gréer voiles, cordages, poulies, et faire mille essais et mises au point.

Nous sommes restés ainsi près de deux mois dans ce port, pratiquement désert en hiver ; Manea, qui venait de Tahiti, fréquenta les bancs de l'école maternelle d'Aigues-Mortes, en attendant que le bateau soit prêt à prendre le large. Un jour, je reçus un appel de Daniel Allisy, le rédacteur en chef d'une des revues nautiques les plus prestigieuses de France, *Voiles et Voiliers*, qui m'annonça que son magazine souhaitait me consacrer, à l'occasion de mon départ proche, un grand portrait d'une trentaine de pages, avec des articles sur chacun de mes bateaux, sur mes navigations passées, sur mes escales préférées ; le magazine avait dédié un portrait du même genre, une sorte de « Tout tout tout sur... », comme au temps de *Salut les Copains*, à deux ou trois navigateurs célèbres, tels les *Damien* ou Bernard Moitessier. J'étais évidemment très flatté d'un tel honneur, et je proposai d'accueillir le rédacteur en chef sur *Banana Split* à l'occasion des premiers essais en mer, au large du

Grau-du-Roi... L'affaire, malheureusement, ne se déroula pas au mieux ; le vent manquait totalement à l'appel, et nous avons passé le plus clair de la journée en mer, non à faire de la voile – après tout, nous aurions bien le temps d'en faire quand nous quitterions la France –, mais... à tenter en vain de faire fonctionner un appareil électrique trop compliqué que j'avais installé à bord du catamaran, une génératrice censée produire du courant alternatif pour alimenter un four à micro onde... et faire cuire des quiches lorraines surgelées ! Avec le recul des années, il semble bien que ce soit cette médiocre prestation nautique – réchauffer des quiches au four micro-ondes au lieu de tirer des bords sur la mer jolie ! – qui m'a fait tout d'un coup baisser de quelques bons crans dans l'estime du rédacteur : car le grand portrait prévu fut remplacé par un court article illustré de fort belles photos au demeurant, mais qui ne ressemblait en rien au projet initial !

Cette mécanique trop complexe me trahit d'ailleurs définitivement quelques jours à peine après le départ, me montrant bien que plus on laisse de systèmes compliqués envahir le bateau, plus on a de pannes à affronter : il est vrai que ce catamaran mesure exactement la bonne longueur (après ma goélette de 14 m 14, bien trop grande, et mon petit sloop de 10 m 05, bien trop petit) et qu'il se révèle une véritable maison flottante, d'un confort extraordinaire, avec son salon et ses quatre chambres ; mais je me suis laissé tenter par quelque confort, pas tous indispensables, et, si la plupart des options que nous avons choisies s'avèrent réussies, il y a tout de même un certain nombre de choses qui mériteraient d'être revues, comme cette installation électrique, le circuit d'eau sous pression – eh oui, j'ai même un ballon d'eau chaude, rendu indispensable en hiver par la présence d'un enfant – le système de barre, basé sur des câbles sous gaine, et surtout la liaison entre l'arbre moteur et l'hélice, pour laquelle nous avons choisi un accouplement élastique, qui aurait sans doute bien fonctionné si nous ne nous étions pas trompés en calculant son échantillonnage... je mettrai bien douze ans à réaliser où était notre erreur, simple erreur de lecture dans un tableau de spécifications, et, entre-temps, je la changerai bien dix fois, cette foutue pièce ! Heureusement, en ce mois de mars 1990, j'ai déjà l'expérience de deux grands départs réussis, et ce ne sont pas quelques tracas mécaniques qui vont me décourager : ce qui ne marche pas, on le réparera à l'occasion, pour l'instant, on fera sans : l'essentiel, comme dit Bernard Moitessier, c'est d'être en route.

Comme sept et seize ans plus tôt, j'ai précautionneusement contourné le golfe du Lion par sauts de puce en m'abritant dans les ports quand la météo se dégradait. Quelques jours à Canet, le temps de réparer des bricoles, et de faire le plein d'artichauts et d'asperges cultivés par un ami, propriétaire d'un « globe-flotteur » ; le temps d'emmener Manea assister, sur une idée de Titou et à titre de dernière image de la société de consommation dont nous nous éloignons un moment, au spectacle... de la chanteuse Dorothée ! Et il avait adoré ! Nous lui avions acheté ce soir-là un ballon gonflé à l'hydrogène, et voilà que le lendemain le ballon, qui avait passé la nuit collé au plafond du carré du bateau, a trouvé de lui-même la sortie, et s'est envolé dans une lumière matinale extraordinairement belle... Il a fallu expliquer à l'enfant désespéré que les objets qui s'en allaient comme ça partaient, de leur plein gré, vers un beau pays, qui s'appelle le pays des souvenirs... et ça a marché !

Salvador Dalí était mort l'année précédente, nous n'avons donc pas fait escale à Port Lligat ; je dois dire que depuis notre dernier passage la côte espagnole ne s'était pas améliorée : les derniers endroits que nous avons connus déserts sont maintenant, comme le reste du littoral, hérissés de grands immeubles hideux, heureusement vides en cette saison ; nous avons tout de même trouvé quelques sites préservés, une baie déserte juste au nord du cap Creus ; le port de San Feliu de Guixols, un petit Juan-les-Pins, tranquille en mars ; mais nous avons vite mis le cap sur les Baléares ; nous nous sommes amarrés deux jours au quai du port d'Andraitx, en compagnie de quelques autres bateaux vagabonds venus de divers pays d'Europe. Nous avions sympathisé avec un couple scandinave, et passé pas mal de temps à leur bord, à quelques mètres de ce quai paisible. Le matin du troisième jour arriva un énorme autobus bourré de touristes français hyperréalistes qui reconnurent aussitôt le bateau : le succès du livre et l'émission spéciale avec Michel Drucker avaient fortement attisé ma célébrité, en France du moins : et nos amis scandinaves qui n'avaient jamais entendu parler d'Antoine, et ne voyaient en nous que des navigateurs nomades comme eux, furent stupéfaits de voir la foule des touristes soudain me héler, me chanter à tue-tête et en chœur les *Élucubrations* !

Beaucoup plus calme fut notre escale à Formentera, et surtout dans la baie toute proche d'Espalmador, déserte et toujours aussi belle, même si, en mars, il n'était pas question de s'y baigner. Nous y avons passé quelques jours heureux, puis nous avons continué à longer la côte d'Espagne, pénétrant à nouveau dans la grande lagune de Mar Menor, déserte encore, mais où la *Semana Santa* allait bientôt ramener des foules inhumaines ; nous avons inspecté les marinas des parages de Málaga, puis nous avons mis le cap sur Gibraltar, d'où Titou devait déjà prendre l'avion, car... la naissance de notre deuxième enfant approchait, et elle avait prévu de regagner Tahiti.

Seul à Gibraltar, j'ai encore réparé quelques mécaniques, achevé de poser l'antidérapant du pont, puis j'ai continué ma route vers l'ouest ;

j'avais songé un instant à gagner déjà les Antilles, mais je ne disposais plus d'assez de temps... car lorsque Patrick Sabatier m'avait invité à l'*Avis de recherche* d'Herbert Léonard, il m'avait proposé de me consacrer une émission entière, à l'occasion de mon anniversaire ; je l'ai dit, Patrick Sabatier s'était toujours montré très fidèle, je n'avais aucune raison de refuser, et j'avais prévu de laisser *Banana Split* dans une marina de la côte d'Espagne pour aller tourner l'émission. Cet hiver, j'ai été longuement interviewé par un jeune journaliste de l'émission, qui m'avait interrogé sur mon passé, mon enfance, ma jeunesse, mes années passées à faire chanteur, mes voyages, dans le but de préparer les surprises que la production de cette émission réservait à l'invité de la semaine. Je devais apprendre avec étonnement, bien des années plus tard, que ce jeune journaliste sympathique et très professionnel, Marc-Olivier Fogiel, était devenu l'animateur d'une émission de télévision réputée fort méchante où il agressait constamment, m'a-t-on dit, ses invités.

J'ai donc encore un peu navigué sur les côtes du Portugal et d'Espagne, et trouvé l'endroit où laisser *Banana Split* en sécurité quelque temps, dans la marina de Puerto Sherry, aux portes des célèbres vignobles de xérès. Et je suis rentré à Paris, où l'on m'attendait dans les grands studios de Boulogne... Être l'invité de cette émission était vraiment un plaisir, tout était fait pour que les surprises que l'animateur me réservait soient vraiment des surprises ; je n'avais pas fait le moindre rapprochement, par exemple, quand j'avais vu un grand nombre de jeunes gens et de jeunes filles habillés de chemises tahitiennes attablés aux terrasses des cafés environnants... Patrick était arrivé à retrouver les traces de deux des jeunes Américains qui étaient venus loger dans ma famille, au titre de l'*Experiment*, lorsque j'avais dix-huit ans, et qui m'avaient initié à la *folk music* ; il avait, avec l'aide du WWF, le Fonds mondial pour la nature, fait planter à Madagascar une forêt qui porterait mon nom ; il était arrivé à faire quitter pour quelques jours la Corse à ma marraine, tante Madeleine, qui était toute éblouie de se trouver sur ce plateau de TF1, elle qui, à quatre-vingts ans passés, ne pensait plus jamais mettre les pieds « sur le continent » ; il avait même fait reconstruire en vraie grandeur le décor de l'opérette *Dédé*, que je jouais encore peu avant mon premier départ en bateau, et réuni à nouveau presque toute la distribution de la pièce, y compris le fils de mon ami Lucien, qui jouait à l'époque un rôle de figurant, un gréviste agitant une pancarte, et qui entre-temps était devenu... député ! Et quand vint le final de l'émission, la centaine de jeunes gens et jeunes filles vêtus de chemises à fleurs se révélèrent être... la quasi-totalité de la promotion en cours de l'École centrale, venue chanter les *Élucubrations* autour de Hugues Aufray, dont j'ai raconté dans *Oh Yeah !* l'importance lors de mes débuts dans la chanson.

L'émission terminée, j'ai un voyage lointain à accomplir, qui m'emmène au cœur de l'Afrique australe, pour le tournage d'un film publicitaire pour les éditions Larousse. En quelques années, l'image de la publicité a bien changé, et son importance a grandi dans tous les domaines, y compris dans le monde de la navigation : en 1976, Alain Colas avait été stigmatisé, accusé de bas commercialisme, pour avoir été le premier à oser donner à son bateau le nom d'un sponsor, le Club Méditerranée, qui avait assuré le financement du voilier géant. Désormais, pratiquement plus aucun voilier ne participe à une course au large sans porter les couleurs d'un et parfois deux annonceurs : Philippe Poupon navigue sur *Fleury-Michon*, Philippe Jeantot sur *Crédit Agricole*, et c'est sur *Écureuil d'Aquitaine*, sponsorisé par les Caisses d'Épargne, que Titouan Lamazou vient de remporter le premier Vendée Globe : bientôt, les cirés des navigateurs seront presque aussi bardés de marques d'annonceurs que les combinaisons des coureurs automobiles... Et c'est tant mieux si cela permet à ces courses, à ces voyages de se réaliser. Moi, l'année précédente, alors que je craignais d'avoir du mal à payer la pile de factures nées de la construction, et surtout de l'aménagement de *Banana Split*, j'ai quelque temps cherché un sponsor pour mon futur catamaran. Avec l'ami Bertrand, dont l'agence de publicité connaît un succès de plus en plus brillant, nous sommes allés rencontrer les responsables marketing de deux annonceurs dont j'aurais bien vu le nom figurer sur les flancs de mon voilier jaune : les barres chocolatées *Bounty* – qui basaient alors leur publicité sur un paysage tropical de rêve – et une boisson gazeuse nommée *Tropico* ; aucune des pistes n'avait donné de résultat, pas plus que le contact que nous avons pris avec la grande maison Pernod Ricard, pour la boisson à l'anis – sans alcool – qu'ils produisaient, nommée *Pacific*. Et puis le succès de mon livre m'ayant aidé à me libérer de ces factures, il ne m'avait plus été nécessaire de trouver un sponsor ; et cette année, alors que j'étais déjà parti sur les océans avec mon catamaran, Bertrand me proposait de me lier à la chaîne de supermarchés Continent, qui voulait créer un département « alimentation saine » et que j'en sois le porte-parole, un peu comme Gérard Klein était le porte-parole de la chaîne Intermarché ; le projet ne devait pas aboutir, mais entre-temps Bertrand me demandait de participer pour lui au lancement par les éditions Larousse d'un périodique, un fascicule vendu en kiosque, consacré à la *Vie sauvage*. L'opération me plut tout de suite, non pour des raisons financières – je n'en retirerais guère de bénéfice –, mais parce qu'elle m'ouvrait un monde extraordinaire, celui où l'on démarrait avec une idée, où l'on devait tout construire, gérer, partir en voyage, vivre des moments d'une richesse inouïe, rapporter des images, puis les mettre en forme, et, au terme de tous ces efforts, obtenir un film, ici, un court clip vidéo de trois minutes fabuleusement riche en vie sauvage. Les éditions Larousse le diffuseraient dans divers médias, et offriraient le quarante-cinq tours de la chanson aux acheteurs du premier fascicule ; l'idée m'avait séduit, car j'avais le jour même lu un article, un cri d'alarme poussé contre les braconniers qui allaient tuer les éléphants jusque dans les réserves d'Afrique : dans quelques dizaines d'années, nos enfants devraient sans doute s'habituer à vivre dans un monde sans éléphants...

Comment pourrait-on
Vivre sans les éléphants
Les baleines et les lions ?...

J'avais d'ailleurs demandé à l'éditeur de prendre contact avec le Fonds mondial pour la nature et de financer avec une partie des bénéfices tirés de la publication de ces fascicules le matériel requis par une réserve faunique du Gabon, celle du Petit Loango, pour la protection des éléphants. J'avais enregistré la chanson avec mes musiciens lyonnais de Lazer, auxquels s'étaient adjoints, enthousiastes, les membres du groupe de Rossy, un chanteur très populaire à Madagascar, qui se produisait couramment devant des stades de quinze mille personnes. Rossy était un musicien si brillant, si authentique, que, quelques années plus tard, Peter Gabriel publia un de ses albums sous son label Real World. Rossy, qui enregistrait alors chez Lazer, offrit avec ses choristes, en malgache, une dynamique introduction à ma chanson.

Pour le tournage de la vidéo qui était prévue, j'ai tout de suite demandé conseil à mon ami Jacques Lainé, qui travaillait toujours pour *Ushuaïa*, et qui n'avait pas hésité une seconde : il fallait, dit-il, que nous allions tourner dans les grandes réserves naturelles du Botswana ; nous nous sommes envolés un matin pour ce pays dont je ne connaissais rien (et que je n'aurais jamais pu atteindre en bateau, car il est dépourvu de rivage !) avec Jacques, sa femme, un assistant et un matériel de tournage vidéo léger. Nous avons survolé en monomoteur des paysages magnifiques, la savane, la forêt, les méandres de l'Okavango, cet étonnant « fleuve qui ne trouve pas la mer » et se perd dans les sables ; nous avons logé dans des camps de toile où, la nuit, des éléphants circulaient librement entre les tentes ; nous avons filmé girafes, antilopes, lions, et des oiseaux de toutes tailles et de toutes couleurs ; pour les besoins de notre clip vidéo, nous avions emporté un magnétophone et un haut-parleur, et Jacques, perché sur un 4 x 4, me filmait marchant en chantant dans la savane, non loin des animaux sauvages étonnés d'entendre le haut-parleur diffuser mon play-back – c'est sans doute la première fois qu'il leur arrivait d'entendre guitares électriques, basse, batterie et voix. Avouons-le tout de suite, les éléphants n'aimaient pas du tout, ils partaient en courant dès les premières secondes de l'intro. Les hippopotames, au contraire, se montrèrent totalement fascinés : dès que nous lancions la musique au bord de la rivière Chobe, des dizaines d'énormes têtes curieuses émergeaient de l'eau, les mastodontes sortaient de la rivière et, sur le rivage, collaient leurs gros museaux au sol comme pour mieux percevoir les basses ; notre guide, une jeune femme sud-africaine, était stupéfaite : jamais, habituellement, on n'arrivait à approcher de si près ces grosses bêtes, le plus souvent timides. C'est dans la réserve de Chobe qu'un après-midi nous avons assisté par une chance inouïe à un rassemblement inexplicable d'au moins six cents éléphants, descendant vers la rivière en groupes de plus en plus denses, passant, placides, à quelques mètres de nous, tout autour de notre voiture décapotée !

Nous avons ramené une belle moisson d'images, et notre voyage s'est achevé face aux chutes Victoria, un site si majestueux que je résisterai moins d'un an à l'envie d'y retourner. De retour à Paris, Jacques s'est attaqué au montage du clip, tandis que j'allais à Tahiti faire la connaissance de mon deuxième fils, Teiki, dont Titou m'avait fait annoncer la naissance par radio alors que nous étions perdus au cœur de l'Afrique, dans un village de tentes planté sur une île du delta de l'Okavango. Ce deuxième enfant étant aussi brillamment réussi que le premier, j'ai donné rendez-vous à Titou et à nos deux fils aux Antilles pour la fin de l'année, et, enfin, j'ai pu regagner le bord de mon catamaran, qui m'avait attendu dans la marina de Puerto Sherry.

Avant de reprendre le large, je consacre un mois à découvrir la région de Séville, qui célèbre dans deux ans le cinq centième anniversaire de la découverte de l'Amérique par Christophe Colomb : de Jerez à Séville, que de vestiges historiques dans cette partie occidentale de l'Andalousie : Cadix, témoin de batailles navales effroyables entre les Espagnols et les Anglais menés par Nelson ; Jerez de la Frontera, où je visite de nombreuses caves où naît le xérès, que les Anglais appellent sherry, et une impressionnante académie d'art équestre, où les chevaux semblent danser, en arabesques aussi harmonieuses que celles des danseurs et danseuses de *sevillana*, dans les bars de Puerto Sherry. Josseline, que je retrouve de nouveau de temps en temps, depuis qu'elle est séparée du père de son enfant, me rejoint pour remonter avec moi le cours du Guadalquivir, l'« oued el Kebir », le grand fleuve. Nous passons devant le port de San Lucar de Barrameda, d'où appareillèrent les plus grands découvreurs, et nous longeons l'immense parc naturel du Coto de Doñana, où des animaux sauvages viennent au matin boire à la rivière. Sur le fleuve, des bateaux de pêche débordent de longs tangons, presque aussi pittoresques que les *canoas* à voile du rio São Francisco do Norte, au Brésil ; et nous atteignons Séville, où nous allons en calèche découvrir la tour de la Giralda, l'imposante cathédrale gothique, et les décorations de l'Alcazar ; la ville est écrasée de chaleur : pour l'extraordinaire Exposition universelle, qui se tiendra en 1992, et dont je suis invité à visiter l'immense chantier, il faut inventer des systèmes, à base de pulvérisation d'eau glacée, pour rafraîchir l'air autour des pavillons, car, l'été, il fait souvent quarante degrés à Séville.

Josseline repartie pour Paris, je m'offre encore une brève escale en Europe, poussant jusqu'à la marina de Vilamoura, au Portugal, pour être plus dégagé des côtes marocaines lorsque je remettrai le cap au sud. Je m'inquiète un peu lorsque je réalise que ma dernière longue traversée en solitaire remonte déjà à plusieurs années, d'autant que le décodeur de cartes météo – un progrès récemment adapté sur mon voilier – m'annonce, dès le lendemain de mon départ, la naissance d'une vaste dépression qui risque de venir m'inquiéter sur la route de l'île de Madère, mais qui aura la bonne idée de piquer vers le nord de l'Europe. Pour la première fois de ma vie, j'ai mis le cap sur le petit archipel portugais qui comporte l'île de Madère, dont le seul port, je l'ai lu sur les guides, est surpeuplé en cette saison, ce qui me tente peu, mais qui compte aussi une île dont je ne sais rien, donc qui me fait rêver, Porto Santo. L'alizé portugais s'est levé juste quand je l'attendais, et a chargé l'air d'humidité : ce n'est qu'à moins d'un mille de la terre que j'aperçois enfin les montagnes de Porto Santo, visibles au radar depuis plusieurs heures, et je jette l'ancre dans un vaste port presque désert, face à un paysage aride, lunaire, mais dont je saurai découvrir et apprécier les charmes.

Quelques voiliers sont ancrés dans ce vaste bassin aux eaux claires, où il fait bon se baigner, dont un grand ketch mené par une famille allemande, le père et trois magnifiques jeunes filles... tous se promènent nus sans complexe sur le pont (si je vis souvent nu à bord de mon voilier dans les coins vraiment déserts, je prends toujours soin pour ne choquer personne de m'habiller dans les lieux habités) ; un après-midi, une des jeunes filles, qui fait du windsurf en minuscule string sur les eaux du port, tente en vain de redresser sa voile tandis que le vent la fait dériver vers un quai où un groupe de pêcheurs ravis se rincent l'œil... et voilà que sa sœur vient la secourir, toute nue sur un Zodiac... alors que sur la plage voisine, fréquentée surtout par des habitants de Madère, je crois que les femmes ne se bronzent même pas les seins nus ! La petite île de Porto Santo est tout à fait tranquille, et le village s'enorgueillit de la présence d'une maison où aurait vécu Christophe Colomb : c'est à Porto Santo qu'il aurait entendu des marins raconter qu'ils avaient entrevu, de l'autre côté de l'Atlantique, des terres inconnues, et qu'il conçut l'idée de partir découvrir ce qu'il pensait être la Chine. Une pâtisserie vend des gâteaux et des viennoiseries inoubliables, et une dizaine de taxis d'un beau jaune vif emmènent les rares touristes faire le tour de l'île.

Un jour, un catamaran anglais, un *snowgoose*, jette l'ancre non loin de *Banana Split*, et je sympathise avec le couple qui le mène. J'ai écrit plus haut que les livres sont des créatures vivantes qui attendent, sur leur étagère, le moment où ils vont changer votre vie... Il arrive même parfois qu'ils la changent à bord d'un bateau à voile : sur la table du carré du *snowgoose* traînait le récit illustré de photos en couleurs du tour du monde en quatre-vingts jours qu'avait fait, dans le cadre d'une série d'émissions pour la BBC, le comédien Michael Palin, des Monty Python, qui s'était récemment illustré dans le film *Un poisson nommé Wanda*. L'expérience qu'il a vécue, s'appliquer à accomplir en moins de quatre-vingts jours un tour du monde en s'interdisant les transports aériens, ne me tente pas une seconde, car elle revient à passer des semaines interminables à bord de cargos sans intérêt, puisque les paquebots d'autrefois ont presque tous disparu. Mais la lecture de ce livre – *click !* – fait germer en moi une idée encore imprécise, qui ne viendra à maturité que quelques mois plus tard...

Mon escale dans le port de Funchal, à Madère, sera moins désagréable que ne me le faisait craindre le nombre incroyable de voiliers qui s'y pressent, amarrés à couple sur cinq épaisseurs, au quai de la ville ; il me faut juste m'habituer à ce que des hordes d'équipiers scandinaves, français ou britanniques traversent mon cockpit à toute heure du jour ou de la nuit. J'en profite pour partir visiter cette île spectaculaire, en compagnie d'un gentil habitant de Madère, qui m'a pris en sympathie et m'emmène dans sa voiture découvrir les côtes escarpées (il n'y a pratiquement aucune plage à Madère), les montagnes plantées de forêts où serpente tout un réseau de *levadas*, des rigoles creusées à flanc de montagne pour irriguer les cultures : vignes et bananes constituent les ressources essentielles de l'île, qui produit depuis de nombreux siècles le très célèbre vin de Madère. Je visite les vignobles, les caves, et mon copain m'invite à déguster la *poncha* au rhum dans le village de Camara de Lobos, cher à Winston Churchill, ou les longues brochettes de viande, les *espadas*, d'un restaurant perdu dans la montagne. Je m'attarde plus que prévu car je tiens à photographier deux modes de transport traditionnels de l'île : les *rede*, hamacs pendus à une perche portée sur le dos par deux hommes, et qui servaient jadis à transporter les notables sur les chemins escarpés de l'île, et les *carros de cesto*, paniers d'osier sur patins de bois qui dégringolent les chemins pavés du Monte, guidés par deux hommes vêtus de blanc et coiffés de canotiers, qui courent de part et d'autre du bolide pour le maintenir sur le chemin. Et bientôt, c'est avec les cales de mon bateau bien garnies de bouteilles de madère offertes par mon ami que je reprends le large : bien des marins emportent ainsi de Madère et de l'hospitalité de ses habitants un si agréable souvenir qu'ils ne perdent pas l'occasion d'y faire escale lorsqu'ils vont vers les Antilles à la fin de l'année ou en reviennent au début de l'été.

À une centaine de milles au sud de Madère, je fais escale dans un petit archipel rocheux, le parc naturel des îles Selvagens, habité par deux gardiens qui m'invitent à dîner d'un civet de trois des milliers de lapins sauvages qui pullulent sur l'île ; j'y photographie les pétrels qui nichent en aussi grand nombre dans des grottes sur les hauteurs de l'archipel ; puis je mets le cap sur la plus proche des îles Canaries, Tenerife, histoire d'aller voir le plus haut sommet de l'Espagne, le pic toujours enneigé du Teide, et l'étonnant lago Marcianez, une réalisation touristique totalement artificielle, mais vraiment spectaculaire, vastes bassins entourés de plages blanches (faites, hélas, de ciment peint !) où jaillissent d'immenses jets d'eau et cascades.

Dans l'île de la Grande-Canarie, je me suis amarré quelque temps dans la jolie marina de Puerto de Mogan, une des seules *urbanizaciones* que j'ai vues qui ait su respecter l'authenticité d'un port de pêche, mêlant harmonieusement les maisons anciennes, les quais, les boutiques, à un dédale de ruelles bordées de jolies constructions nouvelles dégoulinantes de bougainvillées. Dans ce petit havre, de nombreux marins préparaient leur traversée prochaine de l'Atlantique ; un Allemand à bord d'un catamaran fabuleusement équipé... où tout était en panne ; un joyeux groupe de Français qui ne connaissaient pas grand-chose à la navigation, mais qui comptent sur la présence à leur bord de plusieurs sat nav ; en attendant leur départ, ils jouaient, avec une veine insolente, au casino du port et en ressortaient les poches pleines de liasses de pesetas. Plus authentique, un navigateur âgé de près de soixante-quinze ans, Jean Le Goff, grand gynécologue niçois retraité ; il était parti à l'âge de la retraite faire le tour du monde avec sa femme et une énorme chienne pleine de poils, sur un magnifique *San Germani*, un voilier en bois verni dont ils devaient décaper au moins une ou deux fois par an la coque entière jusqu'au bois nu pour la revernir. Leur périple bouclé, ils avaient regagné Nice et tenté de se réadapter à la vie métropolitaine : lui n'y était pas parvenu, et avait décidé, à plus de soixante-dix ans, de retourner en Polynésie ; sa femme ne souhaitant plus faire de longues traversées, il est parti en solitaire avec leur chienne ; l'animal, très âgé, était mort ici, dans la marina de Port Mogan, où on avait un matin trouvé son cadavre flottant dans le bassin. Très abattu, Jean a tout de même poursuivi son voyage, enrôlant un ou deux équipiers, jusqu'à Tahiti, où il vécut encore des années heureuses sur leur bateau (plastifié et repeint pour ne plus avoir à faire ce colossal travail d'entretien des vernis !). Quelques années plus tard, alors qu'ils rentraient à la voile de Bora Bora, sa femme, préparant le déjeuner dans le carré, vit les jambes de Jean, dans le cockpit, se raidir soudainement : il était mort ainsi en un instant, à la barre de son beau voilier, au pied des montagnes de Bora Bora... Quelle belle mort !

Banana Split fin prêt, j'ai entamé la grande traversée, non sans prévoir une brève escale dans un archipel qui, vous vous en souvenez, m'avait assez séduit pour que nous y restions quelques mois en 1982, les îles du Cap-Vert. Tandis que je dégringolais les latitudes, le vent chargé de sable témoignait de la présence à ma gauche de l'Afrique, un continent dont l'état se dégradait tellement que je n'avais guère envie d'y faire escale comme au temps d'*Om*, lors de mes premiers apprentissages. Je revoyais pourtant avec nostalgie ma halte en Mauritanie, à Nouadhibou, ou mon incursion sur le fleuve Sénégal. En cet été 1990, la situation internationale était particulièrement tendue. Ayant envahi le Koweït, ce qui lui a valu un ultimatum de la part des États-Unis et de ses alliés, Saddam Hussein appelait à la guerre sainte ; il avait pris des milliers d'otages ; toutes sortes de bruits couraient, on signalait la présence au Maroc espagnol de rampes de lancements de fusées braquées sur les Canaries ; quant aux guerres civiles ou à la pauvreté grandissante qui étaient le quotidien de plusieurs pays d'Afrique, Liberia, Sierra Leone, Ghana, elles étaient autant de raisons de mettre le cap au large.

La situation africaine se ressentait d'ailleurs aussi sur les quais de Mindelo, aux îles du Cap-Vert, que je retrouvai après huit ans d'absence : des dizaines de Ghanéens, fuyant leur pays, étaient parvenus jusqu'ici, croyant y trouver la prospérité (aux îles du Cap-Vert !) et cherchaient désespérément des voiliers qui accepteraient de les emmener jusqu'au Brésil, en Guyane ou aux Antilles. L'île elle-même avait peu changé, mais la merveilleuse musique capverdienne, *mornas* et *coladeiras*, si elle s'était fait connaître du reste du monde, avait perdu grâce auprès des jeunes Capverdiens qui lui préféraient au mieux le zouk des Caraïbes, au pire la désastreuse techno glapissante qui faisait tressauter le public des boîtes du monde entier. Pourtant, par moments, ces musiques nouvelles cédaient la place aux *coladeiras* : il était toujours aussi impressionnant de voir les couples soudain étroitement enlacés, frottant l'une contre l'autre leurs parties médianes, sérieux, inscrutables, comme s'ils guettaient l'approche incertaine de quelque orgasme infiniment lointain et se concentraient pour qu'il ne reparte pas.

J'ai confié au capitaine d'un *Damien 2* nommé *Balthazar*, en route pour l'Antarctique, une lettre qu'il remettrait à l'ami Jérôme Poncet, du

Damien, qui élève dorénavant des moutons dans une vaste île déserte des Falkland, je déjeune pour la dernière fois au restaurant du célèbre « Tonton », porte-parole du bon goût français : il vient de décéder mais son adorable épouse capverdienne, Antonia, continue à recevoir les équipages des voiliers en escale ; puis je tourne le dos à l'Afrique qui baigne l'archipel dans la brume de la poussière qu'envoie le Sahel, et mets le cap sur les Antilles.

C'est ma première longue traversée solitaire depuis longtemps, et elle sera si paisible, sans histoire, que je n'en garde que peu de souvenirs ; celui de longues journées heureuses, tandis que le spinnaker multicolore, parfois remplacé par le génois seul quand le vent est trop fort pour lui, déhale joliment au travers de tout un océan ma maison flottante, mon confortable bric-à-brac : bien chargé d'outillage, livres, pièces de rechange, fuel, eau, etc., je ne vais pas, sur mon catamaran, vraiment plus vite que sur un monocoque de taille égale – ce n'est pas pour la vitesse que j'ai choisi un multicoque, mais pour le confort, l'horizontalité, l'absence de roulis, le plaisir de vivre, dans le carré, de plain-pied avec l'extérieur et l'océan qui m'entoure. Une heure ou deux de manœuvres par jour suffisent généralement à la navigation et à l'entretien, alors je lis de bons livres, je me prépare de bonnes choses à manger, et je rêve.

Vous serez sans doute prodigieusement intéressés si je vous dis que le 24 novembre 1990 à seize heures cinquante-trois, à 1 523 milles d'Antigua, à mon cinquième jour de traversée, je m'interrogeais sur le nombre de « r » de « bigarrure » ou sur l'accord de « des laissez-passer »... c'était, sur Radio France International, la dictée de Bernard Pivot. Ou bien que deux jours plus tard, en affalant le spi devant un grain, j'ai enroulé une écoute autour d'une hélice et dû attendre plusieurs jours un temps favorable pour pouvoir me mettre à l'eau et la débloquer. Même plus besoin de faire le point au sextant, le sat nav me donne régulièrement ma position – même s'il se trompe parfois de 1 000 milles et me situe un instant au milieu du Sahara.

Soudain, au quinzième jour de mer, l'océan désert s'est peuplé un instant, une voile est apparue au loin, j'ai essayé de les contacter par VHF, au lieu de cela un cargo chinois, invisible sous l'horizon et en route vers New York, me souhaite « *God bless you* ». Sur la scène mondiale, Washington venait de fixer au 15 janvier l'ultimatum à Sadam Hussein, qui libérait petit à petit, par nationalités, les milliers d'otages qu'il avait pris.

Et bientôt, les Antilles approchent, d'abord par la voix des ondes : sur Radio Sainte-Lucie, ça zouke ferme. Le verlan est arrivé à s'immiscer même dans le créole ; un commentateur, pour dire « Ça va », dit « Ca ka né-tou ! ».

Au bout de seize jours de mer, les lueurs de la Guadeloupe me sont apparues, loin sur bâbord, et bientôt j'entrais de nuit dans le port d'English Harbour, dans l'île d'Antigua. Il s'y trouvait un grand nombre de bateaux à l'ancre, et le port tout entier et les plus beaux yachts s'étaient mis sur leur trente et un pour la « semaine du charter », où de somptueux voiliers et yachts à louer s'exposent à l'intention des agents qui fourniront la clientèle de cette activité de charter, devenue une vraie industrie. Moi, les formalités terminées, j'ai vite gagné le mouillage de Green Island, bien plus tranquille, magnifique, immense piscine d'eau bleu turquoise protégée de tous les vents ; je peux aussi m'amarrer au petit ponton de la propriété de nos amis les Macy, dans le luxueux domaine du Mill Reef Club, le temps de nettoyer et de ranger le bateau : ce sont mes derniers moments de solitude pour quelques mois, car bientôt arriveront Titou et nos deux enfants ; j'attends aussi la visite de mon ami et manager Lucien et de sa femme Annie... mais quand Marnie, le très charmant époux américain de la belle dame d'Antigua m'apporte le fax qui m'annonce que Lucien ne pourra pas venir, il s'exclame : « J'ai souvent vu des gens annuler leur venue pour toutes sortes de raisons... mais pour cette raison-là, jamais ! »

Lucien, qui avait longtemps été mon manager au temps où je faisais chanteur, avait, avec des hauts et des bas, vécu toutes sortes d'aventures professionnelles, comme la création d'un gigantesque tournoi de tennis de renommée mondiale ; il avait été le manager de Daniel Guichard au temps de ses plus grands succès et avait géré l'ensemble des derniers spectacles de Claude François. Puis il était reparti s'installer dans la région niçoise, où je lui rendais visite parfois dans le beau moulin qu'il habitait dans une vallée sur la route de Grasse, et où il était retourné à ses premières passions, organisant la totalité des plus grands spectacles de la région, recevant Elton John, David Bowie ou les Stones. Un jour, le maire de Nice, Jacques Médecin, lui avait demandé de prendre la direction... de l'Opéra ! « Mais je ne connais rien à l'Opéra », avait-il répondu. « Tant mieux, les meilleurs directeurs d'opéra sont ceux-là, eux seuls ont la sagesse de créer des spectacles qui ont des chances d'avoir du succès. » Et sous la direction de Lucien, l'Opéra de Nice était devenu l'un des plus brillants d'Europe, montant par exemple le *Ring*, la tétralogie de Wagner, avec Daniel Mesguich, ou préparant activement l'année Mozart.

Lucien, en quête de collaborateurs pour gérer ses multiples activités, avait reçu les offres de service d'une jeune femme d'une intelligence et d'un dynamisme extraordinaires, Élizabeth, dont les capacités à gérer, négocier, traiter avec les managers des plus grands artistes mondiaux ou avec les différents services municipaux ou gouvernementaux concernés se révélèrent exceptionnelles. Pour couronner le tout, Élizabeth était d'une beauté peu commune, Ornella Muti à vingt-deux ans ! Lucien vécut avec elle une passion inoubliable, mais choisit finalement de retourner bientôt à la compagne de sa vie, qui l'avait attendu dans leur moulin : restée sa collaboratrice, Élizabeth continuait de donner la pleine mesure de ses impressionnantes capacités professionnelles.

Mais en France, la gauche est au pouvoir depuis près de dix ans, et une des cibles qu'elle s'est fixé d'abattre, c'est justement Jacques Médecin, dont les pratiques comportent sans doute un certain nombre de zones sombres – mais un grand nombre d'« affaires » ont montré depuis longtemps que l'art de la magouille se porte bien chez tous les hommes politiques, de droite comme de gauche. En cette fin de l'année 1990, Médecin a été si continuellement harcelé qu'il finit par prendre la fuite vers l'étranger, laissant dans la panade tous ses collaborateurs, même si, ce qui est le cas de Lucien, ils n'ont pas attendu après lui pour bâtir leur réussite. Incapable de mettre la main sur le fugitif, la justice se rabat sur ceux qui sont restés à leur poste... Élizabeth, si belle que, pour les ennemis politiques de Médecin, et surtout pour la lamentable presse à sensation, elle ne peut être qu'idiote, ou alors une sorte de Mata Hari, est contrainte elle aussi de quitter la France... Et si Lucien ne peut nous rejoindre aux Antilles... c'est parce qu'il a été mis en prison, où il restera cinq mois, et où on essaiera de tirer de lui des « révélations » sur d'éventuelles malversations de Jacques Médecin, et d'où il continuera de gérer, de sa cellule, les grandes manifestations de l'année Mozart ! Il a été arrêté le lendemain du jour où il nous confirmait par fax son arrivée... C'est sans doute une simple coïncidence, mais, dans les semaines qui suivirent, lors de nos escales aux Antilles françaises, nous devions souvent retrouver une vedette des douanes à l'ancre non loin de *Banana Split*, comme si on me surveillait, comme si j'allais recevoir à bord Jacques Médecin !

Après quelques jours d'efforts, le bateau est fin prêt à accueillir Titou et les deux enfants... Moi, vous me connaissez, j'envisage avec un peu d'inquiétude ce changement important dans ma vie, mais je le fais avec une grande bonne volonté, et ces deux enfants se révéleront passionnants, intéressants, m'apportant des satisfactions nouvelles et inconnues ; je m'amuse à créer pour l'aîné, dans l'île déserte de Green Island, une course au trésor à partir d'une vieille carte que j'ai fabriquée, et nous partons à la recherche d'une malle pleine de jouets que j'ai enterrée la veille. La vie pourrait être belle, dans les semaines et les mois qui suivent, mais je dois avouer que c'est avec leur mère que je m'entends de moins en moins bien ; à quoi bon chercher à expliquer, pourquoi étaler des griefs, établir des responsabilités – sans doute partagées –, mais nos conceptions dans tous les domaines de la vie deviennent progressivement si différentes que, malgré la naissance d'un troisième enfant l'année suivante, nous verrons bientôt s'approcher le terme de nos belles navigations communes.

Nous prenons tout de même le temps de savourer les merveilleux mouillages de Great Bird Islet et de Barbuda, presque inchangés depuis notre dernier séjour, huit ans plus tôt. Nous redescendons ensuite en Guadeloupe, et j'ai laissé *Banana Split* amarré dans la marina de Saint-François, le temps de m'embarquer sur un autre genre de navire : j'avais été engagé par une agence publicitaire organisatrice d'événements pour participer, en compagnie de Roger Zabel et Bruno Peyron, à l'animation d'une croisière d'une semaine sur le cinq-mâts *Club Med One* offerte aux meilleurs revendeurs d'une grande marque d'ordinateurs. Chaque soir, devenu conférencier, je donnais aux passagers des informations sur l'île visitée ce jour-là, et des suggestions sur ce qu'ils pourraient découvrir sur l'île du lendemain. Le dernier jour, je tirai au sort parmi les quatre cents invités le nom de celui qui gagnait... une île déserte ! Eh oui, l'entreprise avait bien fait les choses, et un gentil couple du nord de la France gagna un vrai îlot des Bahamas, avec un ponton pour s'y amarrer et un bateau à moteur pour s'y rendre[1] !

J'ai retrouvé *Banana Split* en Guadeloupe, et nous sommes repartis vers le nord, en compagnie de Francette, venue partager notre voyage, et à qui c'était un plaisir de faire découvrir certains de mes mouillages préférés ; nous avons, à Saint-Barth, retrouvé nos amis parisiens qui s'y sont installés, et la gentille propriétaire d'un magasin *duty free* qui achetait jadis – cela nous semble une autre vie – tous les sacs à main que Titou pouvait réaliser. Et nous avons enfin fait la connaissance, à Saint-Martin, de mon cousin le Captain Oliver : Olivier, propriétaire d'un restaurant situé à deux pas de grands studios de cinéma parisiens – son livre d'or s'ornait des signatures de centaines de vedettes, de Bardot à Gabin – avait décidé un jour de tout quitter, s'était acheté un voilier, et était parti naviguer aux Caraïbes ; on ne se refait pas, ayant découvert une belle baie déserte, Oyster Pond, à cheval sur la frontière franco-hollandaise qui divise l'île de Saint-Martin, il s'y était installé, y avait créé un restaurant, puis un hôtel, une marina, et l'ensemble était devenu le royaume du « Captain Oliver ». Il se trouvait qu'Olivier, corse, était mon cousin au second ou troisième degré, et il nous accueillit avec enthousiasme, nous invitant à amarrer *Banana Split* à un ponton de sa

1. Quand tu gagnes une île, même si tu n'as pas l'intention d'y vivre, tu devrais quand même aller y faire un tour, non ? Je crois que malheureusement, le couple gagnant n'eut pas cette curiosité et revendit l'île – une belle somme au demeurant – sans prendre même le temps d'aller y passer un jour ou deux !

marina, à déguster le délicieux thon coco, spécialité de son restaurant : soudain, à Saint-Martin, nous avions bien plus qu'un port d'escale, une vraie famille, la chaleur de l'amitié, des fêtes bon enfant, et la gentillesse d'Olivier et de sa femme américaine, Maggy. C'est à Oyster Pond que je devais m'établir pour quelques années, y laissant *Banana Split* lorsque j'entreprendrais les aventures nouvelles et passionnantes qui m'emporteraient bientôt, comme un irrésistible tourbillon.

7

Amoureux de la Terre (1991-1993)

Deux ans après l'extraordinaire accueil fait à *Îles... était une fois*, les éditions Gallimard m'avaient proposé de publier un deuxième album sur le même modèle. C'était tentant, bien sûr, mais j'étais conscient du fait qu'il me manquait beaucoup de photos de certains endroits de la planète dont je voulais parler : à Madagascar, par exemple, à São Tomé e Príncipe, ou à Bali, où j'avais fait escale lors de mon tour du monde sur *Om*, je n'avais pratiquement pas photographié ; je voulais aussi inclure dans le livre des lieux que je ne connaissais pas encore, mais qui me faisaient rêver, une petite île à l'est de l'île Maurice, Rodrigues ; la Nouvelle-Calédonie ; et puis des climats différents, le Japon, l'Alaska, San Francisco. Le succès du livre précédent soudain me donnait la possibilité d'atteindre ces endroits ; j'essayai d'estimer le temps qui me serait nécessaire pour réaliser cette série de reportages photographiques, dix jours à Madagascar, trois ici, huit là... quand j'additionnai, j'arrivai à un total de onze semaines et demie... quatre-vingts jours... Soudain, je repensai à l'aventure de Michael Palin, et je décidai d'accomplir moi aussi un tour du monde en quatre-vingts jours : oh, mon périple serait très différent du sien – et de celui de Phileas Fogg, d'ailleurs : les paquebots aujourd'hui n'assurent plus de lignes régulières, ils se contentent d'amener les touristes dans des archipels munis de ports *duty free*. Mais l'extraordinaire réseau aérien qui couvre la planète me permettrait, en quatre-vingts jours, d'atteindre tous ces lieux qui me tentaient, de les effleurer, avec une mission précise, qui me tiendrait diablement occupé, « tonique », comme on dit, tout au long du voyage : en rapporter les images qui constitueraient mon prochain livre.

C'est ainsi qu'en mars 1991, laissant *Banana Split* sous la garde du Captain Oliver (Titou et les enfants regagneraient bientôt, de leur côté, Tahiti, où je les embarquerais à mon passage pour une petite partie de mon voyage), je suis rentré à Paris, et, installé dans le merveilleux petit appartement de mes amis du voilier *Chutney*, à Saint-Germain-des-Prés, j'ai travaillé à mettre sur pied ce fabuleux périple. J'ai passé des journées entières au téléphone avec un sympathique agent de voyage qui avait accepté de consacrer plus de temps à l'élaboration de cette aventure que les agences n'en passent habituellement à vendre des tours organisés classiques, et nous avons bâti lentement un itinéraire mirifique, suivant la côte ouest de l'Afrique, d'abord, puis traversant l'océan Indien, s'attardant en Asie du Sud-Est, par exemple pour visiter un centre dédié à la protection des orangs-outans de Sarawak, à Bornéo, puis faisant d'immenses bonds au travers du Pacifique, Nouvelle-Calédonie, Tuamotu, Japon, Alaska ; seuls étaient réservés les vols des deux premières semaines, le reste n'était qu'un canevas, que je modifierais à la demande.

J'avais fait réviser mes appareils photo (deux boîtiers Canon, un 50 mm, un grand-angle et un téléobjectif pour les animaux d'Afrique ou d'Asie), et mes bagages étaient prêts : deux pantalons, deux chemises bardées de poches conçues par mon copain Michel Renoma ; à la recherche d'une paire de chaussures unique qui devrait me servir aussi bien pour traverser la jungle que pour l'éventuelle réception à l'ambassade, on m'avait conseillé les plus « branchées » du moment, les Doc Martens, et cette paire de Land Rover de la chaussure devait parfaitement remplir sa mission. Trois jours à peine avant mon départ, un ami cinéaste me souffla : « Pourquoi n'emportes-tu pas aussi, tant que tu y es, une caméra vidéo ? » J'y avais songé, mais je n'avais pas envisagé une seconde de charrier avec moi au long de ce voyage une pesante Betacam, l'article professionnel. « Il vient de sortir un nouveau standard de vidéo amateur, poursuit mon ami, le Hi 8 ; bien sûr, le résultat ne sera pas à proprement parler *broadcast*, c'est-à-dire d'une qualité diffusable sur les grandes chaînes, mais tu leur trouveras certainement des débouchés. » Et j'avais suivi son conseil, acheté au dernier moment la nouvelle caméra Sony, un modèle de poing, peu encombrant, et une boîte de cassettes vierges.

Mon ami m'avait aussi suggéré de contacter une chaîne de télévision, pour leur proposer un marché : je filmerais quotidiennement mon aventure à l'aide de cette petite caméra, et eux m'enverraient, lors de mon passage dans trois ou quatre lieux particulièrement intéressants, une équipe légère, un cadreur avec une caméra professionnelle, un preneur de son, pour enrichir mes images. L'idée était bonne, mais qui contacter ?

Un an plus tôt, en plein succès du livre *Îles... était une fois*, il m'était arrivé une amusante aventure qui m'avait bien montré l'étrange, incompréhensible manque de sérieux et de fiabilité de cet univers des médias : j'étais allé déjeuner avec un ami à la terrasse du Fouquet's, ce restaurant des Champs-Élysées où l'accueil était toujours si sympathique qu'on y trouvait immanquablement, à chaque repas, au moins une dizaine de personnalités connues de la télévision ou du cinéma. Soudain, j'ai vu se précipiter sur moi, surexcitée, une femme que je connaissais depuis longtemps : Marie-France Brière, productrice de grandes émissions de télévision. Marie-France, je l'avais vue naître, pratiquement, quand elle était, en 1965, l'assistante d'Hubert à l'émission d'Europe 1, *Dans le Vent* ; toute petite et frêle – ce qui l'avait fait surnommer King Kong par Hubert – elle avait été séduite par la *Lettre au père Noël* que, jeune chanteur inconnu, j'avais alors rédigée pour son émission, et nous avions souvent collaboré à l'époque, même si, par la suite, elle s'était largement désintéressée de l'Antoine de *Bonjour Salut*, de la *Tramontane* et de *Ra-Ta-Ta*... Elle avait en vingt-cinq ans réalisé un parcours professionnel à la hauteur de son dynamisme et de son ambition, était devenue une des plus grandes productrices de la télévision française, dirigerait bientôt les programmes d'Antenne 2 ; mais je n'avais pratiquement plus jamais eu affaire à elle.

Voilà donc qu'elle me fonce dessus, et me crie, essoufflée : « Antoine, ton livre sur les îles, c'est génial, je veux absolument faire l'équivalent en vidéo avec toi, appelle-moi sans faute à mon bureau cet après-midi »... J'avais pris sa carte de visite, terminé mon déjeuner, et j'avais appelé son bureau... Dix, vingt fois, j'ai essayé de la joindre, dans la semaine qui a suivi, laissant des messages à ses assistants, pas une fois elle ne m'a rappelé, fait rappeler, laissé ni fait laisser le moindre message ; va comprendre ! Repartant naviguer sur *Banana Split*, j'avais fini par laisser tomber, et n'avais plus eu aucune nouvelle d'elle, qui s'était pourtant montrée si enthousiaste !

Je n'avais donc pas songé un instant, dix-huit mois plus tard, au moment de m'embarquer pour ce tour du monde en quatre-vingts jours, à la rappeler ; j'avais par contre eu l'automne précédent un contact très sympathique avec une autre « grande » productrice (mais de taille aussi réduite que Marie-France Brière !), Dominique Cantien, alors directrice des programmes de TF1, et compagne de Nicolas Hulot : invité à passer une nuit dans le chalet qu'ils habitaient au cœur d'une forêt de la région parisienne, j'avais vécu avec eux une soirée merveilleuse, on se serait cru au Québec ou en Laponie ! Je décidai donc de l'appeler, elle se montra tout de suite intéressée, mais elle partait en voyage, me demandait de contacter un de ses collaborateurs. Je m'y prenais bien tard, puisque mon périple débutait le surlendemain, il est rare que, dans ce métier, les gens se montrent très réactifs. Le collaborateur ne me répondit que la semaine suivante, alors que j'étais déjà arrivé à Dakar ; il aurait encore été temps, pourtant, de mettre sur pied l'envoi de la première des équipes dont je souhaitais la venue, par exemple à Madagascar quinze jours plus tard... au lieu de quoi, n'ayant rien compris à mon projet, il me disait dans son message : « Rapportez-nous vos images lorsque vous aurez fini votre voyage, on verra ce qu'on peut en faire » !

C'est donc en totale indépendance que je réaliserai mon premier carnet de voyage filmé : un matin d'avril 1991, je pose ma caméra sur un trépied sur un quai de la gare Montparnasse, je pousse sur le bouton rouge, et je fonce me mettre en position pour me filmer arrivant du bout du quai, longeant le TGV ; puis je coupe, je hisse caméra et trépied dans le wagon, les pose dans l'entrée, et je me filme en train de monter dans le train... Je continuerai comme ça pendant quatre-vingts jours ; les premiers étapes me conduisent de Paris à la Charente, à l'Espagne et au Portugal ; puis je poursuis ma route par les îles du Cap-Vert, et une autre ancienne possession portugaise, les îles São Tomé e Príncipe, dans le golfe de Guinée, où j'avais fait une escale mémorable à bord d'*Om* quinze ans plus tôt. Le plus difficile, dans ce voyage, c'est de ne pas revenir sur ses pas, de suivre un vrai périple circulaire, alors que, du point de vue des compagnies aériennes empruntées, il eût toujours été plus simple et sans doute plus économique de faire des allers-retours : traverser le continent africain d'ouest en est, par exemple, était une gageure ; je me suis fait déposer à Libreville, au Gabon, par le seul voilier charter – bien artisanal – de São Tomé : le propriétaire, anglais, rêvait de se construire un voilier plus confortable ; on m'a dit qu'il s'est fait tuer quelques années plus tard sur le cours d'un fleuve d'Afrique. Un avion hebdomadaire reliait le Gabon à Johannesburg, d'où je suis allé revoir les chutes Victoria, mais surtout loger deux nuits dans les étonnants bungalows flottants du lac Kariba, au Zimbabwe ; mon ami Michel Nicod, le patron lyonnais des disques Lazer, m'a ensuite accueilli à Madagascar, une île dont il était tombé amoureux ; un Français lui aussi passionné par cette île m'a fait, en une dizaine de jours, découvrir des merveilles dont je soupçonnais à peine l'existence, du massif de l'Isalo à Tuléar, de Fort-Dauphin – pour les lémuriens de la réserve de Berenty – à Tamatave – où j'ai pris le temps de photographier ma maison natale – et à l'île Sainte-Marie.

Encore un bond, jusqu'à Maurice, d'où je suis parti aussitôt visiter l'île Rodrigues, ignorée, oubliée, où vivait jadis un oiseau appelé le « solitaire ». Je trimbalais avec moi dans ce périple deux gros horaires des compagnies aériennes, avec lesquels je mettais au point, jour après jour, la suite de mon parcours. C'est ainsi que j'ai atteint Singapour, où j'ai acheté une nouvelle caméra : la première avait déjà souffert de la traversée de l'Afrique, et j'avais ressenti le besoin d'une caméra d'épaule, un peu plus encombrante, mais donnant une plus grande stabilité. J'ai aussi confié à une agence le soin de me concocter un parcours de dix jours incluant une visite au petit village d'Ubud, à Bali, dont je gardais le meilleur souvenir ; une halte, au Sarawak, dans l'île de Bornéo, pour visiter le centre où on réapprenait aux jeunes orangs-outans nés en captivité à vivre de la forêt ; et même – chose que j'estimais incontournable dans ce voyage très librement inspiré du livre de Jules Verne – une balade à dos d'éléphant, pour laquelle je dus gagner les montagnes du nord de la Thaïlande et la région de Chiang Mai.

Chaque jour, lorsque, au terme de quelques heures d'avion, de train ou de bateau, j'atteignais ma nouvelle étape, je ne songeais pas une seconde à me reposer dans ma nouvelle chambre d'hôtel ; non, mes bagages à peine déposés, je fonçais filmer, photographier tout ce qui m'avait fait venir jusque-là, et je le faisais avec un bonheur sans limites, sans lassitude, sans la moindre fatigue, tant était grande, inextinguible, ma soif de partager avec mes futurs lecteurs la beauté infinie de cette Terre, dont je me sens véritablement amoureux ! Je me rappelle que c'est dans la magnifique réserve naturelle d'El Nido, dans l'île de Palawan, aux Philippines, que je me suis offert le seul jour de relâche de ce voyage.

Sur l'océan Pacifique, j'ai eu la chance de bénéficier de l'aide des deux compagnies aériennes françaises qui volaient sur cet océan, à l'époque, Air France, et puis UTA qui m'a emporté jusqu'en Nouvelle-Calédonie ; là, c'est un vrai « caldoche », un vétéran du « caillou », dont j'ai fait la connaissance dès le premier jour, qui m'a emmené découvrir à quel point l'île est belle, et assez vaste et peu mise en valeur pour pouvoir abriter en paix les différentes composantes de sa population, Kanaks, Wallisiens et Tahitiens immigrés, Asiatiques, Caldoches et Européens. Il pleuvait des cordes sur l'île des Pins, mais elle m'apparut si belle entre les averses que je me jurai d'y revenir bientôt sur *Banana Split*, et de m'y attarder.

J'ai ensuite gagné Tahiti, d'où Titou et notre fils aîné Manea, cinq ans bientôt, m'ont accompagné une partie du voyage : aux Tuamotu où nous avons passé deux jours dans les *farés* très spartiates d'un hôtel proposant de vivre en pleine nature ; jusqu'au Japon ensuite, pour y découvrir le Temple d'or, les jardins zen soigneusement ratissés, et les extraordinaires *ryokan*, ces auberges traditionnelles où on dépose à l'entrée ses chaussures et ses habitudes, pour être pris en charge totalement durant vingt-quatre heures, bains japonais, repas servis dans la chambre dans la plus antique des traditions, et nuit sur des futons en guise de lit.

Air France offrait encore à l'époque aux passagers se rendant de Tokyo à Paris la possibilité de faire une courte escale à Anchorage, en Alaska, juste assez longtemps pour faire apposer sur leurs passeports des tampons pleins d'ours polaires, de phoques et de caribous. Nous en avons profité pour débarquer, admirer le soleil de minuit [1], et pour

1. Enfin, presque, puisque Anchorage ne se trouve qu'à 61 degrés Nord, un peu au sud du cercle polaire.

redescendre la côte ouest de l'Alaska et du Canada, en nous arrêtant dans des îles où des grizzlys pêchaient le saumon dans des rivières étincelantes. À San Francisco, nous avons dû attendre trois jours une bonne météo pour pouvoir emprunter le second mode de transport exotique qui, toujours selon Jules Verne, devait figurer dans ce périple, une montgolfière [1], qui m'emmèna avec notre fils survoler les vignobles de la Napa Valley. Ce jour-là, Titou s'était embarquée, elle, sur un hélicoptère, pour filmer notre ballon : tout au long de ce périple, le reste du temps, c'était moi qui tenais la caméra, ou la posais sur son trépied. Il m'arrivait aussi parfois de la confier à un chauffeur, à un guide, ou à un voyageur de passage pour me filmer, ce qui aboutissait souvent à des résultats pittoresque mais inutilisables, comme le jour où le guide qui m'accompagnait à dos d'éléphant, et que j'avais déposé dans la jungle pour filmer ma monture au passage, maintint le doigt appuyé en permanence sur le bouton de la caméra, produisant une succession de plans de quelques secondes dont je devais avoir du mal à tirer une courte séquence.

Au terme de ces quatre-vingts jours, ayant emprunté pratiquement tous les moyens de transport, je rapportai à Paris une trentaine d'heures de vidéo et près de dix mille photos : les photos serviraient à illustrer mon nouveau livre, mais qu'allais-je faire de toutes ces images vidéo ? Les contacts esquissés avec les diverses chaînes de télévision étaient restés si flous que je décidai de m'occuper moi-même du montage de ce qui deviendrait mon premier film. J'avais effleuré cet art lors de la réalisation du clip de *L'Île bleue*. À l'époque n'existait encore aucun des formidables logiciels d'aujourd'hui. À la tête de mes trente heures de rushes (métrage filmé), je savais que le plus gros travail serait d'en retenir les meilleurs plans, pour en tirer un film de cinquante-deux minutes (durée standard d'un programme documentaire : une heure moins huit minutes réservées à la publicité). Je demandai conseil à mon ami Jacques Lainé, qui me consacra une demi-journée, dans la régie où j'envisageais de faire le montage, et me donna en quelques heures des clés dont je tirerais parti dans tous mes montages futurs : l'utilisation, par exemple, d'une petite caméra légère, peu stable, interdisait l'usage de longs plans fixes ou panoramiques : mon montage devrait donc être très dynamique, des plans et des séquences rythmés. Et la grande variété des sites, décors, personnages, animaux, traditions que j'avais filmés dans ce voyage se prêtait à merveille à la construction de sujets courts, de trois à quatre

1. Pour être exact, je ne suis pas sûr qu'il y ait une montgolfière dans *Le Tour du monde en quatre-vingts jours* de Jules Verne ; elle est plutôt mise en scène dans *Cinq Semaines en ballon*. Mais l'adaptation cinématographique réalisée en 1958 par Mike Todd faisait un usage tellement évident d'un ballon libre que celui-ci est désormais indissociable de l'aventure de Phileas Fogg.

minutes, ne lassant jamais le spectateur. En quelques heures, nous avons monté la première « carte postale » rapportée de ce voyage ; j'y rendais visite aux orangs-outans de Bornéo avant de m'enfoncer en territoire thaïlandais pour aller voir les éléphants au travail. Ce sujet monté, je pris rendez-vous avec le directeur d'une des maisons d'édition de cassettes vidéo, Polygram, et je le lui présentai... Il ne lui en fallut pas plus pour être immédiatement conquis, et pour me proposer de publier à l'automne suivant le film que je comptais monter ; l'avance qu'il me proposa me permit même de financer une partie du montage : comme celui-ci, en 1991, ne pouvait se faire que dans une régie hors de prix, ce montage à lui seul coûterait... presque aussi cher que l'ensemble du voyage !

Je présentai aussi ma moisson de photos à Pierre Marchand, et il fut convenu que je reviendrais des Caraïbes début septembre pour construire, avec la même maquettiste qui avait réalisé mon premier livre, mon nouvel album photo pour Gallimard. Je rencontrai aussi Michel Drucker, lui racontai mon extraordinaire voyage, et lui annonçai la sortie simultanée, en novembre, du film et du livre : nos dernières collaborations avaient été l'émission « spéciale aventure » que j'avais animée avec lui dix-huit mois plus tôt, et celle où j'avais chanté *Vie sauvage*, dans l'immense espace Baltard où il s'était déplacé depuis quelque temps : ayant toujours travaillé pour le service public, Michel, s'estimant un jour mal traité par ses directeurs, s'était soudain, sur un coup de tête, tourné vers la chaîne privée TF1, qui l'avait accueilli à bras ouverts. Michel me donna aussitôt une date, début novembre, où il diffuserait un extrait de mon film et où nous parlerions du livre : de plus en plus, apparaître dans une grande émission de plateau de vingt heures trente était pour un créateur le seul moyen de faire connaître ses nouvelles publications, livre, disque ou film.

Je repartis pour Saint-Martin, muni d'une valise contenant trente-deux cassettes VHS, copies de mes cassettes Hi 8, et je m'installai un mois dans une chambre que le Captain Oliver me prêta gentiment, pour y faire le prémontage du film entier : si on donne en France aux cassettes rapportées d'un tournage un nom anglais inconnu des anglophones, celui de « rushes », on y appelle aussi laidement « dérushage » le travail essentiel qui consiste à repérer précisément la composition de chaque cassette, notant l'heure exacte (le *time code)* de début et de fin de chaque « plan » intéressant ; les dérushages devaient devenir pour moi un moment essentiel du montage : j'en sortirais, après chaque tournage, avec une épaisse liasse de feuilles reliées, un véritable annuaire indiquant la localisation et la composition exactes de chacun des milliers de plans dont j'aurais à choisir les meilleurs. C'était un travail colossal, mais il me suffisait, dans ma chambre convertie en studio, de lever le nez pour voir par la fenêtre la beauté des Caraïbes qui m'entourait, et de descendre, en quelques pas, jusqu'au bateau qui m'attendait dans la marina, de larguer les amarres de *Banana Split* pour aller m'isoler quelques jours dans un de mes mouillages préférés, la petite île de Tintamarre et sa plage superbe, Fourchue, aride, déserte et escarpée, ou la baie de Colombier, l'endroit le plus paisible de Saint-Barth. Là, je nageais longtemps, et je faisais de grandes balades dans les collines désertes, en mettant en forme mentalement le texte qui accompagnerait les photos du deuxième album Gallimard.

De retour à Paris, je me lançai dans le montage proprement dit, en compagnie de Michel, le monteur qui nous avait accompagnés au Botswana l'année précédente ; entrer en salle de montage, c'est un peu comme entrer en religion : on ne pense plus qu'à ça, et c'est fascinant ; la magie de voir des plans désordonnés soudain s'assembler, comme les pièces d'un immense puzzle, est difficile à communiquer : j'ai vite eu la sensation que monter un film était un travail comparable à celui d'une couturière qui, à partir de plusieurs sacs de bouts de tissus disparates, déchirés, tachés, effilochés, entreprend de réaliser un grand patchwork : son œil excelle à choisir, dans chacun des peu engageants chiffons qu'elle tire successivement du sac, l'endroit précis, de taille souvent limitée, où les couleurs sont belles, sans tache, un motif intéressant ; elle découpe précautionneusement ce petit morceau de tissu... et quand il sera assemblé aux autres, ils formeront un tout harmonieux, chaque élément aussi proche que possible de la perfection, et personne n'imaginera un instant qu'à deux centimètres à droite de tel très joli motif de tissu sélectionné, il y avait sur le chiffon, sur le « rush », une infecte tache ou un trou.

Vint ensuite le moment d'illustrer mes images avec de la musique, et, surtout, d'écrire et d'enregistrer une voix ; ici encore, entre autres pour des raisons économiques, puisque je ne disposais de l'appui d'aucune chaîne de télévision, je choisis d'enregistrer moi-même le commentaire plutôt que de m'adresser à un speaker professionnel habitué à lire ceux des documentaires de *Thalassa*, d'*Ushuaïa*, etc. Ma diction était, certes, moins précise et moins rodée, mais le résultat, plutôt cool et reposant, sans prétentions didactiques, devait dans le futur devenir une des marques de fabrique de mes films.

Parallèlement, j'avais travaillé, à nouveau avec la meilleure maquettiste de Gallimard Jeunesse, à la réalisation de mon album *Amoureux de la Terre*, revivant ainsi une troisième fois les bonheurs du fabuleux voyage que j'ai eu le privilège de faire : cela aussi deviendrait pour moi un constant plaisir : découvrir des lieux avec une passion décuplée par mon choix de les photographier et de les filmer, et redoubler, tripler ce bonheur lors du montage des films ou de la création des livres de photos que j'en rapporterais.

Curieusement, le concept de « tour du monde en quatre-vingts jours » ne séduisait pas Pierre Marchand, peut-être parce que, grand marin passionné par la course au large, il pensait qu'il pouvait y avoir confusion dans l'esprit du public avec le projet de prix Jules-Verne, course à la voile autour du monde en solitaire que préparaient à la même époque les plus grands navigateurs, qui rêvaient d'accomplir une circumnavigation sans escale en moins de quatre-vingts jours. Quand arriva le choix de la couverture, Pierre insista pour que la mention « Tour du monde en quatre-vingts jours » reste discrète, et notre première dissension porta sur le choix de la photo de couverture : j'avais tellement été impressionné par la richesse de ce voyage que je souhaitais voir figurer en couverture une mosaïque de photos des divers lieux, des divers moyens de transport utilisés, trains, bateaux, éléphant, montgolfière...Lui ne voulait qu'une grande photo, qui résumerait l'ensemble du voyage... et cette photo-là, je ne l'avais pas ; sur celle que je lui proposai, prise en Alaska, je descendais, caméra à la main, d'un hydravion posé devant des montagnes enneigées, mais les commerciaux de la maison la refusèrent, parce que je n'y apparaissais plus en tant que marin, et que ça dérouterait les lecteurs. On finit par choisir de mettre en couverture une belle photo de vague prise par mon ami Michel Renaudeau, grand voyageur et créateur de l'agence photographique Hoa-Qui : malgré le succès du livre précédent, l'éditeur éprouvait le besoin de me limiter, de me cantonner au rôle de marin et rien d'autre... alors que le monde qui s'ouvrait à moi me paraissait infiniment plus vaste : ainsi, des années plus tard, Pierre Marchand me reprochait encore (malgré le succès qui couronna ce second livre) de ne pas l'avoir intitulé *Amoureux de la mer*. Pour moi, la mer n'est qu'une partie, merveilleuse, de la planète Terre, et c'est l'ensemble que je veux connaître et faire partager.

Le livre prêt à être imprimé, le film à être dupliqué en cassettes vidéo – j'avais aussi enregistré une version personnelle de la chanson de Louis Armstrong, *Wonderful World, Le monde est merveilleux*, qui pour moi complétait à merveille l'extraordinaire projet qui avait occupé mes forces une grande partie de cette année – je partis passer quelques semaines à Tahiti avant de revenir me jeter dans le travail de promotion ; s'il ne m'a jamais rebuté foncièrement, ce travail n'a jamais été pour moi le meilleur moment professionnel, non que je n'aime pas rencontrer les gens de télévision, fréquenter les plateaux, me prêter pour des producteurs et des animateurs à toutes sortes de jeux qui ne me correspondent pas forcément, mais parce que, si chacune de ces périodes promotionnelles, je l'avais constaté depuis longtemps, était toujours l'occasion de quelques honneurs, d'un bon nombre de bonheurs, ceux qu'apporte la satisfaction de voir des gens aimer ce que tu as créé de tout ton cœur, elle apportait aussi, immanquablement, le système devenant d'année en année plus dépourvu de pitié, pas mal de blessures... Et quelques blessures sérieuses m'attendaient cet automne-là !

Avant de partir pour Tahiti, j'avais demandé aux différents éditeurs de s'associer pour engager l'attachée de presse qui avait fait un si bon travail à la publication de *Touchez pas à la mer*. Je lui avais fait part de l'accord de Michel Drucker pour une belle émission début novembre, à elle de concerter les demandes d'interviews que ne saurait manquer d'engendrer ce passage, sur la première chaîne à la meilleure heure, et d'enrichir le plan de promotion d'un certain nombre d'émissions plus spécialisées, en complément de celle de Michel Drucker, qui serait l'épine dorsale de l'ensemble. Mais à mon retour à Paris fin octobre, je découvris que mon nom avait inexplicablement sauté du programme de Michel ! Celui-ci avait-il oublié de communiquer à son équipe, deux mois plus tôt, l'accord qu'il m'avait donné ? Un rouage de la grosse machine qu'était devenue sur TF1 son émission s'était-il coincé ? En tout cas, je n'étais plus programmé ; Michel, de retour d'Australie, me téléphona longuement pour me dire qu'il était désolé, que son émission avait été raccourcie, qu'il ne pouvait plus m'accueillir... Il se contenterait de montrer mon livre quelques secondes, ce qui n'avait aucune commune mesure avec la belle séquence attendue, où je souhaitais faire connaître et apprécier par son public ma nouvelle activité de réalisateur d'un film de voyage... Mon plan de promotion soudain se réduisait à presque rien, tous les calendriers des autres émissions étaient pleins ; Jacques Martin me jura qu'il allait me trouver une date, mais ne me rappela pas, Dominique Cantien me reçut longuement dans son bureau, m'affirma qu'elle me communiquerait le jour même une liste abondante d'émissions de TF1 auxquelles elle me ferait inviter... et elle ne me rappela pas non plus. Seul, se montrant toujours aussi fidèle, Patrick Sabatier me proposa de m'inviter à l'une de ses très grandes émissions, mais il n'avait pas de date à m'offrir avant le 20 décembre, très tard pour les éditeurs qui comptaient diffuser mes ouvrages bien avant les fêtes.

Le paysage télévisuel étant peu propice, je me tournai vers la presse écrite ; j'ai raconté comment, lors de mon premier départ en voilier, j'avais eu l'espoir d'acquérir ma « vitesse de libération » en rédigeant régulièrement des articles pour *Match* ; ils n'avaient en fait, en quinze ans, publié que deux d'entre eux ; cette année, enfin, séduit par le tour du monde que je venais de faire, le directeur de la rédaction s'intéressait à mon cas, me proposait un grand article, huit ou dix pages de mes photos. Je passai quelques jours à travailler avec lui, dans les locaux de la maquette du grand magazine, choisissant les photos et leur mise en page. Huit pages ainsi montées, je quittai un vendredi soir les bureaux de *Match*, heureux et satisfait : le rédacteur en chef m'avait confirmé qu'il était ravi de publier cet article, qui serait superbe et qui, sauf très gros événement dans l'actualité avant le lundi suivant, jour du bouclage, paraîtrait dans le prochain numéro. Le lendemain après-midi, j'étais au volant dans Paris quand j'entendis à la radio annoncer la mort d'Yves Montand... Bien sûr, la nouvelle était horriblement triste, mais j'ai rapidement pensé... adieu mon article dans *Paris Match* : évidemment, le papier « sauta », puisque toutes les pages de tous les magazines de cette semaine-là furent consacrées au grand disparu.

C'est à cette occasion que je découvris un terme vraiment détestable du jargon de la presse : mon article ne fut pas publié cette semaine-là ; pourtant, n'étant aucunement tributaire d'une quelconque actualité, il aurait très bien pu l'être une ou deux semaines plus tard... Mais la chemise contenant les photos et l'article était restée une semaine, puis deux, sur l'étagère surmontant la maquette grandeur nature épinglée au mur... et dans ces conditions-là, on dit qu'un sujet « prend la poussière »... trois semaines plus tard, il n'intéressait plus la rédaction, et partait aux oubliettes... prendre la poussière, dans ce domaine-là comme dans les autres domaines de la vie... quelle horrible expression !

Je n'avais décidément pas de chance, ce mois-là, avec mon film, aboutissement de tant d'efforts, dont nul ne semblait vouloir, alors que je ressentais profondément, au vu des réactions des quelques personnes qui l'avaient regardé, qu'il pouvait faire rêver beaucoup de gens, comme si j'avais emmené chacun d'eux avec moi dans cette folle boucle autour de la planète... Encore fallait-il que le public en connaisse l'existence. Un jour, je suis l'invité de la nouvelle émission produite par l'équipe de *Thalassa*, et animée par Sylvain Augier : *Faut pas rêver*. Le nom de cette émission m'a toujours paru étrange... Et pourquoi donc ne faudrait-il pas rêver ? J'aime beaucoup Sylvain, et le producteur, un ancien de *Thalassa*, est un ami ; au cours de l'enregistrement, où on me demande de donner mon avis sur trois documentaires qui sont diffusés, Sylvain m'interrogera bien sur mon nouveau livre... mais il n'est clairement pas question que je mentionne même l'existence de mon film : pour la production, mon film, qui n'a pas été réalisé avec une équipe, les matériels, grosse caméra Betacam, console de prise de son, etc., ni l'appui d'une chaîne de télévision professionnelle, n'a aucun droit à l'existence !

Moi, vous me connaissez, ça me défrise, d'autant que je viens de recevoir les premiers exemplaires définitifs de la cassette, et que ce film me fait envie : pour pouvoir repartir en réaliser d'autres, il faut que je parvienne à le faire connaître. Un soir, je passe par hasard du côté du rond-point des Champs-Élysées, devant les bureaux d'Antenne 2, alors installés avenue Matignon. J'ai appris que la nouvelle directrice des programmes est... Marie-France Brière, qui s'était montrée si excitée deux ans plus tôt au Fouquet's, mais qui n'avait jamais répondu à mes appels ; et si je tentais ma chance ? Je gare ma voiture, me pointe dans le hall d'entrée, fais du charme à la réceptionniste, qui me confirme que Marie-France est là, et ajoute : « Allez-y, vous la trouverez bien là-haut »... Essayez de faire ça de nos jours, où les bureaux des chaînes de télévision sont devenus des blockhaus mieux gardés que les coffres-forts de Fort Knox, avec sas de sécurité, tourniquets, badges magnétiques, cerbères partout ! À l'étage indiqué, je trouve ouverte la porte du bureau de Marie-France Brière, et j'y entre en souriant, sans être le moins du monde annoncé. Je lui tends la cassette toute neuve, avec sa belle jaquette colorée, et je lui dis : « Tu te rappelles que tu voulais faire ça avec moi ? Eh bien, comme tu ne m'as jamais rappelé, je l'ai fait tout seul »... Sa réponse n'a pas tardé trois secondes : « On peut le diffuser ? »... Et c'est comme cela que mon premier film fut programmé sous la forme de vingt cartes postales successives d'environ trois minutes dans une nouvelle émission très dynamique pour la jeunesse, une nouvelle forme de télévision, appelée *Giga*. Cette diffusion, qui se fit en janvier et février, ajouta au succès rencontré par la cassette... car entre-temps était finalement arrivée la date de l'émission de Patrick Sabatier, le tremplin qui pourrait enfin, avec un peu de chance, faire connaître ce film qui me tenait tant à cœur : Patrick diffusa quelques instants de mon voyage, la visite aux orangs-outans, la balade à dos d'éléphant, l'hydravion, l'île des Pins... Deux ou trois jours plus tard, je recevais un appel téléphonique du directeur de Polygram – je crois que c'est la seule fois que ça m'est arrivé de ma vie –, exultant : « Nous avons bien fait de ne pas baisser les bras devant les difficultés rencontrées depuis la sortie du film : depuis votre passage à l'émission de l'autre soir, on me signale que votre film sort à plus de cinq mille exemplaires par jour ! » Bien sûr, cela n'irait pas beaucoup plus loin, pour de simples raisons commerciales ; l'émission avait été diffusée le 20 décembre, et, pour cause de vacances de Noël, les stocks de toutes les maisons de distribution, librairies et grands magasins ferment irrémédiablement le 24 décembre : ce qui n'est pas dans les rayons à cette date-là sera indisponible toute la durée des fêtes, même si le public le réclame !

Cela n'empêcha pas le film de se voir attribuer, quelques semaines plus tard, une « cassette d'or » par le Syndicat des éditeurs phonographiques ; mais, plus que le chiffre des ventes – qui me permit de rembourser l'avance de Polygram pour le montage –, c'est la confirmation du fait qu'il y avait une place pour mes images qui me réjouissait, m'encourageait pour le projet que j'allais entreprendre.

Car quelques nouveaux déclics venaient de se produire, au cours de ce mois de décembre, dans la grande mécanique qui me conduisait, hoquetante, vers la réalisation de mon rêve : j'avais été invité à plusieurs reprises par la maison Gallimard à dédicacer mon nouveau livre sur son stand au Salon nautique. C'était un rendez-vous que j'aimais retrouver, environ une année sur deux, l'occasion de découvrir de nouveaux matériels susceptibles d'améliorer la qualité et la sécurité de mes navigations, l'occasion de revoir d'autres amis navigateurs – plus souvent croisés, les océans sont si vastes, dans ces allées que dans des mouillages lointains ! – et d'apprécier la chaleur de l'accueil du public...

Invité de Gallimard, je mettais cependant un point d'honneur à accepter les invitations d'autres exposants, les libraires nautiques heureux d'accueillir sur leur stand à la porte de Versailles les navigateurs dont ils vendaient les ouvrages le reste de l'année. Ce jour-là, il devait y avoir une sérieuse coalition d'étoiles bénéfiques au-dessus de ma tête ; sur le stand d'une de ces librairies, je fis la connaissance – *click !* – d'un garçon sympathique, joyeux et charmant, un baroudeur des mers nommé Goudis, qui naviguait depuis longtemps dans les mers du Sud, et qui venait de publier un livre, que son éditeur m'avait envoyé ; amusé de rencontrer sur le stand l'auteur du livre que j'avais le matin même sur ma table de chevet, je liai conversation avec lui, et il me parla de son bateau, *Amulet,* un magnifique voilier ancien qui l'attendait en Indonésie, où il venait d'être filmé pour une série de documentaires par Frédéric Hadengue, un réalisateur travaillant parfois, comme mon ami Jacques Lainé, pour *Ushuaïa.* « Tu devrais rencontrer Fred, tu vas l'adorer, me dit Goudis. Et peut-être qu'il pourrait t'aider à réaliser tes films. »

Je pris note de cette suggestion, et repartis sillonner les allées du Salon, émerveillé, comme tous les visiteurs, de voir tous ces bateaux prêts à les emmener au bout du monde... ou plus simplement faire des ronds sur l'eau d'une baie locale. Au Salon nautique, on a toujours l'impression d'entendre crier des mouettes et résonner des sirènes de brume ; un petit courant d'alizé semble parfois se frayer un chemin entre les gréements des bateaux exposés, et, avec un peu d'imagination, le grondement des voitures sur le périphérique tout proche peut passer pour celui de la houle sur un récif de corail polynésien... Dans le secteur des multicoques, alors que j'admirais une des nouvelles créations des architectes navals français, de plus en plus appréciés dans le monde entier, un garçon souriant m'aborda : il s'appelait Bruno Voisard, et venait de monter une entreprise de charter, d'acquérir le catamaran *Lagoon* qui était devant nous, et le ferait bientôt acheminer aux Seychelles et aux Comores, où le bateau serait ensuite disponible au charter.

Je lui confiai mes idées de tournage vidéo. « Si tu veux filmer cette région-là, je mets le bateau et son équipage à ta disposition pour ton tournage ». *Click !* fit encore la mécanique. Et *click !* encore quand j'appris que le nouveau directeur régional d'Air France pour les Seychelles était l'ancien directeur de la compagnie à Tahiti, avec qui je m'étais lié d'amitié, et qui, connaissant mes projets de tournage, m'avait proposé de fournir le transport aérien de l'équipe technique, encore légère, mais plus conséquente qu'auparavant, que j'allais devoir employer pour mettre fin au reproche qu'on m'avait fait de ne pas tourner au standard professionnel.

Après ma mésaventure avec *Paris Match*, j'avais proposé les photos rapportées de mon tour du monde à un autre magazine, consacré aux loisirs, *VSD*. Le rédacteur en chef m'avait commandé quatre articles de quatre pages chacun, consacrés à quatre véritables coins de paradis, quatre petits hôtels : à Bali, dans une vallée proche d'Ubud ; aux Tuamotu, dans des bungalows rustiques élevés dans la partie la plus préservée de l'atoll de Rangiroa ; sur le Siné-Saloum, au Sénégal, des bateaux locaux transformés en maisons flottantes, et, enfin, sur le lac Kariba, non loin des chutes Victoria, un autre hôtel flottant, unique au monde, que l'on aperçoit dans le film de Lelouch, *Itinéraire d'un enfant gâté*. Les quatre articles, superbes, illustrés de grandes photos, parurent, furent très bien accueillis, et je rencontrai un soir le directeur du magazine, François Siégel, qui se montra dithyrambique sur mes reportages et mes photographies, m'ouvrant grand les colonnes du magazine : « Écrivez-nous d'autres sujets comme ceux-là, je suis preneur ! » Le rêve que je caressais depuis mon départ en bateau dix-huit ans plus tôt : collaborer régulièrement avec un grand magazine, se réalisait-il enfin ? Tu parles ! Je rédigeai quatre autres articles, décrivant quatre autres sites de rêve, et les remis à la rédaction ; comme les précédents, ils devaient être publiés sur quatre fois quatre pages au cours des semaines à venir. Parti en voyage, je me retrouve un mois plus tard dans un avion d'une compagnie française, quand l'hôtesse me signale : « On a vu votre article dans *VSD* », et m'apporte le magazine ; je l'ouvre, me réjouissant à l'avance de voir un de mes quatre nouveaux sujets bien mis en page... pour constater que François Siégel, qui avait trouvé les lieux que j'avais choisis cette fois-ci moins à son goût, avait sabré mes sujets, et, sans même songer à me demander mon accord, réduit à un total de deux pauvres pages illustrées de minuscules photos ce qui aurait dû en occuper quatre fois quatre ! Ainsi prit fin mon éphémère collaboration à ce magazine !

Avant de quitter à nouveau Paris, j'ai fait une chose que je n'avais plus faite depuis 1968 : j'ai investi dans l'immobilier ! Ou plutôt, j'ai acheté un minuscule studio dans un immeuble sans charme, mais situé dans un cadre magique de la proche banlieue ouest de Paris, au long d'un petit chemin grimpant au flanc d'un coteau jadis consacré à la culture des vignes (il s'en cultive encore quelques mètres carrés au pied de la colline), et aujourd'hui occupé par des jardins ouvriers : de mon unique fenêtre, je surplombe cette mosaïque de potagers rustiques et broussailleux, où de gentils retraités passent leurs journées à faire pousser poireaux, choux et petits pois. Je ne compte pas y loger souvent, mais j'ai décidément besoin d'un endroit où entreposer mes collections de photos, de plus en plus encombrantes, et les cassettes de mes tournages : lors du tournage de *Vie sauvage*, par exemple, je ne m'étais pas préoccupé à temps de récupérer les rushes à la régie à la fin du montage... et ils avaient purement et simplement été perdus ou détruits, même nos images rares du rassemblement de centaines d'éléphants sur les bords de la rivière Chobe !

C'est dans ce studio que je rencontre quelques candidats à l'annonce que j'ai passée : élever nos deux, bientôt trois, enfants, est une chose si... prenante que j'ai décidé d'embarquer sur *Banana Split*, pour la croisière de trois mois aux Petites Antilles qui est à notre programme, un équipier aimant les enfants, une sorte de marin-nounou, capable aussi bien de m'aider dans les manœuvres que d'assister Titou, dans ses tâches multiples. C'est un garçon placide nommé Jean-Michel qui est élu.

La veille du départ, je rencontre dans un bar parisien le réalisateur, Frédéric Hadengue, qui se révèle extrêmement chaleureux, dynamique : il se fait fort, avec l'aide de sa femme, très pugnace, d'obtenir un rendez-vous avec la direction des documentaires de Canal +, avec qui il a déjà collaboré, et de mettre sur pied le tournage de ce film sur les Seychelles dont l'idée est née au Salon nautique : dans un premier temps, je ne me sens pas d'embarquer, sur *Banana Split* et en famille, une équipe pour un tournage aux Caraïbes, je préfère envisager une sorte de test sur ce bateau anonyme, dans un archipel différent.

Je regagne le bord de *Banana Split* ; les Antilles étaient toujours, en ce début de 1992, un merveilleux terrain de jeu pour des amoureux de croisière décontractée : courtes traversées généralement confortables, profusion de mouillages pittoresques, et, surtout, immense variété de cultures et de coutumes : aller de Saint-Martin, très touristique, moderne, un peu folle, jusqu'à l'île paisible de Statia, par exemple, ne prenait que quelques heures, mais on avait soudain l'impression d'avoir fait un voyage en arrière dans le temps, tant le rythme de vie de ses habitants était plus calme.

Nous avons tout de même accueilli sur *Banana Split* une équipe de tournage : car à l'instant de quitter Paris, j'avais reçu un appel de

Thalassa, qui voulait soudain me consacrer un portrait de vingt-six minutes ; ils ont débarqué un matin dans la marina d'Oyster Pond, et je me suis plié volontiers huit jours à leurs souhaits ; le reportage final, diffusé le mois suivant, était intéressant, mais j'en retirai l'impression que le réalisateur et le cadreur étaient passés à côté de l'essentiel, n'étaient parvenus à capturer qu'une infime partie de la magie des îles caraïbes et de celle de notre vie sur la mer ; il faut dire qu'ils n'étaient pas étreints par la même passion que moi, se comportaient un peu en fonctionnaires du « service public de la télévision française », faisaient surface à neuf heures du matin pour le petit déjeuner, prenaient de longues et fréquentes pauses, et cessaient tôt de filmer : dans mes propres tournages, il en serait tout différemment, la boulimie d'images qui me tenait, l'envie de « mettre en boîte » encore et encore des images, particulièrement aux heures matinales et vespérales où la lumière est si belle, me conduiraient à, disons, plus d'application.

L'équipe de *Thalassa* repartie, nous avons longé l'archipel des Petites Antilles jusqu'à l'île de Grenade, puis nous sommes remontés à nouveau jusqu'à Saint-Martin, faisant découvrir à nos enfants (Manea a maintenant six ans) les Grenadines et la Martinique, nous accordant une nouvelle, courte visite à mes îles préférées, Antigua et Barbuda. À Saint-Barth, nous avons été invités à passer une journée chez mon ami Jean-Marie Rivière : après avoir animé avec succès, des années durant, la revue de l'Alcazar de Paris, puis celle d'un autre grand cabaret parisien, le Paradis latin, il avait décidé de prendre du recul, de quitter Paris pour cette île ; il y avait créé un petit hôtel, plutôt une pension de famille, et proposait aux Saint-Barths et aux touristes un spectacle sexy et déjanté, concentré de celui de l'Alcazar, joué par une poignée de ses anciens collaborateurs qu'il avait fait venir dans l'île, danseuses peu vêtues, travestis en string, un show qu'il complétait de sa propre, irrésistible prestation, chantant en play-back, sur la voix de Sinatra, la chanson *New York, New York*, en tenant ostensiblement, en guise de micro, une passoire ! Jean-Marie m'avait invité à filmer, avec ma petite caméra, les préparatifs du spectacle, et j'avais été si heureusement impressionné par la joie, la bonne volonté de toute cette équipe, si touché d'être admis dans cette bulle de bonheur, et de pouvoir pérenniser en les filmant ces moments, que s'est soudain formé dans mon esprit le refrain d'une chanson, la seule que j'aie écrite en un grand nombre d'années :

Voleur d'images, j'suis un voleur d'images
Si les gens sont heureux, moi j'en profite un peu

Je voulais dire par là que si des gens, ou même des animaux, des lieux, acceptaient un instant de me faire le confident de leur bonheur, j'en profiterais pour en tirer, pour mes livres ou mes films, quelques belles images de ce bonheur...

S'ils sont malheureux, j'attends avec eux, que tout aille un peu mieux...

Je voulais dire aussi qu'il me serait à jamais impossible de tirer la moindre image d'un instant de peine : je me sens incapable de gagner un franc en profitant du malheur de mon sujet : cela devait devenir ma philosophie : dans tous mes tournages futurs, je dirigerais toujours mes objectifs vers ce qui est beau et heureux : on me le reprochera parfois, me demandant pourquoi je ne dénonce jamais les erreurs, les malheurs, la pollution, les agressions à l'environnement : l'idée même de chercher à filmer l'oiseau le plus mazouté, l'enfant le plus décharné ou le site le plus agressé – je frissonne rien que d'y penser – pour jouer sur l'avidité de sensations macabres d'une partie du public et des diffuseurs voulant faire de l'audience, cette idée me resterait à jamais étrangère. Avec mes objectifs, je serais un *Voleur d'images*, comme mon ami Philip Plisson deviendrait bientôt un *Pêcheur d'images*, mais je ne « volerais » que des images de bonheur ! Ma chanson, enregistrée quelques semaines plus tard à Paris, deviendrait la musique du générique de la plus grande partie de mes films... Quand j'y pense, vu le tirage que devaient connaître ces films, cette chanson, reprise deux fois dans chacun d'eux, est, de toutes celles que j'ai enregistrées, de loin celle qui a été diffusée en plus grand nombre d'exemplaires, plus même que les *Élucubrations*, ou que la *Tramontana* !

Le bateau ayant retrouvé son amarrage chez Captain Oliver, j'ai regagné Paris, où, comme il l'avait annoncé, Frédéric Hadengue avait obtenu de Canal + un préachat du film que je souhaitais réaliser sur les îles de l'océan Indien. Oh, pour une somme bien modeste, qui nous permettrait tout juste de financer le tournage ; mais en se débrouillant avec des bouts de ficelle, on y arriverait : Fred possédait sa propre caméra, était habitué à faire le montage à son domicile, et sa femme, la toute petite mais dynamique Véronique – il ne l'appelait que « ma Véro » – tiendrait le rôle de régisseur et d'ingénieur du son.

Le catamaran de Bruno Voisard, ralenti par des vents contraires en mer Rouge, a tardé à atteindre les Seychelles, nous laissant le temps de filmer à loisir Mahé, Praslin, l'extraordinaire île de La Digue, avec ses imposants empilements rocheux. Un jour que Fred filmait ces rochers doucement caressés par les vagues, en tenant, pour obtenir un effet, la caméra à dix centimètres au-dessus de l'eau, une vague plus haute que les autres a douché le précieux appareil, qui est tombé en panne le lendemain. Il a fallu soudain, fantaisie coûteuse, commander à un loueur professionnel de Paris une autre caméra. Mais le jeu en valait la chandelle, nous emmagasinions tant de belles images, et Fred, lui, se montrait aussi passionné que moi. Nous sommes allés filmer un mariage dans une minuscule île privée appartenant à un riche industriel français qui avait décidé de tout plaquer pour s'installer dans un îlot perdu de l'océan Indien ; notre catamaran enfin arrivé, nous avons effleuré des îles reculées où l'on faisait sécher le poisson au soleil, où les Seychellois récoltaient le coprah ou des œufs de sterne sur des îlots peuplés de centaines de milliers d'oiseaux de mer. Quelques journées de navigation nous ont conduits aux îles qui bordent la côte nord-ouest de Madagascar, les parages du cap d'Ambre, qui m'avaient tellement séduit quand je m'y étais attardé, treize ans plus tôt, à bord d'*Om*. Nous avons fêté mon anniversaire avec les parachutistes, les gendarmes et les météorologues exilés sur un minuscule bout de France perdu en mer, l'île Glorieuse, qui fait partie des îles Éparses de l'océan Indien. Enfin nous avons atteint les Comores, terres empreintes de la présence, toute proche, de l'Afrique.

Avec quelques péripéties, et des frayeurs parfois lorsque le temps restait couvert trop longtemps, nous empêchant de récolter nos belles images, le tournage, somme toute, s'était bien passé, nous n'en garderions que de bons souvenirs. Nous avions bénéficié de l'aide d'insulaires de bonne volonté, heureux de nous montrer les beautés, les spécificités de chaque île ; nous avions même pu nous embarquer une heure, à Mahé, sur le seul hélicoptère disponible aux Seychelles, alors soumises au régime quasi dictatorial du président Albert René, un lourd hélicoptère militaire qui nous avait permis de prendre de belles images aériennes des îles hautes de l'archipel.

J'en vois quelques-uns, parmi vous, qui s'étonnent : depuis que je me suis embarqué dans ces reportages, les rencontres féminines semblent tenir une moindre place dans mon récit qu'au début de mes navigations... C'est vrai, ma passion croissante pour l'image me laisse peu de temps – ou d'énergie – pour d'autres aventures... Pourtant cette partie de moi reste présente à l'appel, car à l'instant où s'achève ce tournage, qui m'a apporté bien des satisfactions, mais aussi parfois fatigues et inquiétudes, dans une petite île du large de Madagascar, un garçon qui a créé un village de vacances me présente son ex-épouse, restée sa collaboratrice... Je ne sais quels phéromones jaillirent dans ce bureau inconfortable, dans un petit bungalow sommaire... à la seconde où mon regard croise le regard de cette femme, pourtant ni très jeune ni très séduisante, un déclic, une explosion semble retentir... l'ex-mari aura juste le temps de retourner à ses occupations, et nous tomberons dans les bras l'un de l'autre : notre union de quelques minutes sera proprement torride...

Rentrés à Paris, nous attaquons aussitôt le montage : Canal + prévoyait de diffuser le film dans deux mois à peine. Fred a tenu, au générique, à me créditer de la réalisation de ce film, et presque chaque plan du tournage avait bien été à mon initiative, mais il était clair que je ne suis encore que son élève, anxieux d'apprendre sur le tas l'essentiel du métier de réalisateur.

Le film monté, comme prévu, dans le salon de Fred, sur deux machines en location, j'ai écrit le texte du commentaire, et Fred m'a enregistré dans un studio improvisé en tapissant de lourds rideaux de velours, pour amortir les réverbérations du son... un grand placard de sa cuisine ! Un jour fatidique, la responsable des documentaires est venue assister, dans le salon, à la première projection ; elle avait la réputation d'être très difficile, et plus d'un réalisateur s'était vu contraint de recommencer presque entièrement son montage après avoir reçu le verdict de cette dame... Quand Fred a rallumé la lumière, tandis que s'estompait la musique du générique, ma chanson *Voleur d'images*, nous avons guetté ses réactions : à notre grande joie, elle ne nous a pas fait changer un seul plan, elle m'a juste demandé de dire le commentaire de façon plus douce : j'avais, emporté par le dynamisme de la musique seychelloise, adopté par moments un ton un peu trop « disc-jockey » : sa suggestion m'a été très bénéfique, m'aidant à trouver le ton que j'adopterais désormais pour tous les films à venir. Et nous nous sommes séparés ravis, le film serait programmé quelques semaines plus tard.

L'aventure entière m'avait plu, et je ressentais plus encore l'envie, le besoin de réaliser ces films auxquels je pensais depuis si longtemps ; le projet d'en réaliser trois se précisa : celui déjà mis en boîte sur l'océan Indien, un deuxième sur les Caraïbes, à tourner à bord de *Banana Split*, et un troisième sur la Polynésie, que je prévoyais d'atteindre à nouveau sur mon catamaran l'année suivante. J'avais parlé de ces projets de films à Pierre Marchand, qui avait créé, chez Gallimard Jeunesse, une structure de production de cassettes vidéo pour enfants ; peut-être voudrait-il entrer dans la production de films qui reprenaient d'assez près le thème des livres que nous avions publiés ensemble ; il me répondit immédiatement : « Non, ça ne m'intéresse pas, on ne peut pas gagner d'argent avec la vidéo. » J'avais retrouvé, à la même époque, un ami de longue date, Yves Bigot, jeune producteur à Europe 1 l'année où j'étais parti en bateau ; après avoir longtemps dirigé la programmation musicale de France Inter, il avait été nommé à la tête d'une structure que la Fnac avait créée pour produire des disques et des vidéos : il était intéressé par la production de mes trois films, et attendait le feu vert de sa direction... Mais, quinze jours plus tard, il m'annonçait que le directeur, dépressif... venait de se suicider, et que la Fnac mettait fin à cette branche de ses activités. Polygram, après le succès de mon premier film, était partant pour le projet, mais nous attendions de voir ce que donnerait la diffusion d'*Îles... était une fois l'océan Indien* sur Canal +.

J'étais allé passer trois semaines à Tahiti, pour saluer la naissance de notre troisième enfant, la jolie Vaimiti, puis j'avais rejoint *Banana Split* à Saint-Martin pour le préparer à affronter la saison des cyclones des Antilles, quand un message me parvint de Fred et de « sa Véro » : notre film avait été diffusé sur Canal +, la réaction avait été excellente, et la direction des documentaires de Canal souhaitait me rencontrer pour parler de projets d'avenir.

À Paris, j'ai été reçu dans les bureaux des trois femmes très dynamiques qui animaient ce département de Canal + ; dire que je fus bien reçu serait un *understatement* : on me proposait soudain un budget conséquent pour produire les deux nouveaux films, on me présentait les directeurs des départements « édition vidéo » et « livres » de Canal +, tous aiguillonnés par les chiffres de vente de mon premier film et des livres parus chez Gallimard... Se voir offrir un tapis rouge pareil, ça n'arrivait pas souvent... Je passai ainsi plus de trois heures dans les bureaux de Canal... et j'en sortis dans une drôle d'humeur, flatté que l'on manifestât tant d'intérêt pour les films, les livres que je projetais de créer... mais en même temps étrangement écœuré de l'intérêt soudain, excessif, que je présentais pour les gens de cette profession, habituellement si impossibles à joindre : ils s'étaient si longtemps montrés sourds aux propositions que j'essayais de faire avancer. Surtout, j'avais décelé chez ces très puissantes dames une volonté, non encore pleinement avouée, de me faire changer l'essentiel de mes films, l'heureuse simplicité que je mettais à rassembler des images de ce bonheur qui était le mien, depuis dix-huit ans que je naviguais autour du monde : je sentais bien qu'elles chercheraient à en modifier l'esprit, m'inciteraient à fouiller à la recherche d'images négatives, plus intellectuellement satisfaisantes à leur goût que les images de beauté, de bonheur sans prétention qui avaient ma préférence.

La semaine suivante, par hasard, je descendis passer quelques jours chez mon ami Lucien, qui au bout de cinq mois de détention, enfin blanchi de toute accusation concernant l'affaire Médecin, avait regagné son moulin près de Grasse, où il se remettait de ses émotions. Je lui parlai de mon dilemme : comment refuser la prestigieuse offre de Canal +, qui avait de quoi faire rêver plus d'un réalisateur de documentaires ? Comment demeurer maître de mes propres films, rester fidèle à mes convictions profondes ? Lucien me proposa d'en parler à son ami Claude Carrère. Carrère, l'ancien producteur de Sheila, l'homme à la réussite extraordinaire, mais dont les méthodes pouvaient paraître un peu inquiétantes ? On disait que durant les quinze années où il avait été le Pygmalion de Sheila, il ne lui avait jamais une fois rendu des comptes ! Mais Lucien se faisait fort d'entretenir avec lui une relation privilégiée, et, il en était sûr, cela valait la peine que je le rencontre. Il l'appela aussitôt, et Claude Carrère me donna rendez-vous dans ses bureaux de la plaine Saint-Denis dès le lendemain ; il me reçut chaleureusement, regarda une minute trente de mon film sur les Seychelles... et me proposa aussitôt de m'acheter, aux mêmes conditions que Canal +, mes films. « Mais j'ai mieux à t'offrir, ajouta-t-il. Je te propose de payer, moi, tous les frais du tournage, et que nous soyons associés à parts égales sur la série : ainsi tu restes maître de l'avenir de tes films, alors que, sur Canal, tu en perds complètement le contrôle. »

La formule me plut, et j'appréciai plus encore le fait que Carrère ne se mêlerait aucunement du contenu des films, me laisserait les réaliser exactement à ma guise ; le contrat qu'il me proposait tenait en une page, quand une entreprise comme Canal + m'aurait asséné un énorme contrat type plein de clauses draconiennes, nécessitant l'intervention d'avocats... J'hésitai quelques jours encore, à la grande surprise de mes amis réalisateurs de documentaires qui auraient rêvé que Canal leur fasse une offre aussi tentante... et je finis par choisir de m'associer à Claude Carrère... Je ne le regrettai pas une seconde dans les six années suivantes : malgré sa réputation un peu inquiétante, Claude Carrère se conduisit toujours avec moi de façon très « régulière », les films connurent avec lui un développement extraordinaire, et même lorsque, six ans plus tard, je choisis de voler de mes propres ailes et de produire seul mes films, ma séparation d'avec Claude se fit dans des conditions fort civiles, honnêtes et amicales.

Je contactai Alain de Greffe, le directeur des programmes de Canal +, lui annonçai que je préférais produire moi-même ces films avec Carrère ; il me répondit qu'ils seraient tout de même heureux de les diffuser sur leur antenne ; j'envoyai des bouquets de fleurs aux responsables du département des documentaires pour les prier de m'excuser de ne pas accepter leur offre, et je me mis en devoir de passer à l'essentiel : les réaliser, ces fameux films !

8

Un tour du monde pour douze films (1.)
(1992-1995)

Dans nos conversations, la directrice de Canal + m'avait suggéré de contacter une petite structure de production et de postproduction vidéo, Sylicone, qui pourrait m'organiser le tournage – Fred Hadengue était reparti vers d'autres tournages, pour son propre compte, dans divers pays lointains : il m'avait mis le pied à l'étrier, donné quelques clés de plus, je pourrais désormais tourner mes films seuls, merci Fred ! Le patron de Sylicone, Hervé White, devait vite devenir un ami, et c'est dans ses locaux que se préparèrent les tournages, et que furent au retour montés les films que je réalisai durant ces six années. Enthousiaste, chaleureux, grand amateur de navigation, il recruta pour moi un cadreur et un preneur de son, sélectionna le matériel, et je fus bientôt prêt, sur *Banana Split* que j'avais enfin rejoint à Oyster Pond, à embarquer l'équipe pour filmer les Antilles. Les techniciens, qui croyaient peut-être au début que le tournage ressemblerait à des vacances aux Caraïbes, furent un peu surpris de mon rythme de travail, mais ils s'adaptèrent vite, et, durant plus de trois semaines, nous avons déboulé au long des îles, plus belles les unes que les autres, de l'arc des Petites Antilles, emmagasinant des dizaines d'heures d'images superbes, nous hâtant pour saisir la meilleure lumière, me mettant en scène de temps en temps : au résultat final, je semblerais, tout naturellement, me balader sans efforts dans ces paysages de rêve, mais la réalisation avait demandé des prouesses ! Tenez, par exemple, une scène où l'on me voit faire escale dans la petite île Fourchue, déserte, escalader une colline où l'on me découvre, du ciel, debout les bras écartés, criant quelque chose comme « Je suis le roi du monde » ; il avait fallu tourner toute la scène depuis le rivage, puis hisser la caméra et le lourd trépied jusqu'au sommet d'une colline pour filmer un grandiose panorama. Enfin, un tout autre jour, où nous avions loué pour un heure un hélicoptère afin de réaliser des vues aériennes de Saint-Martin et de Saint-Barth, on avait dû me déposer (en veillant à ce que je sois habillé de la même façon que le premier jour !) au sommet de cette même colline pour me filmer du haut du ciel, le pilote de l'hélicoptère effectuant un joli mouvement tournant, un des plus réussis de toute la série des films.

Nous avons filmé la Guadeloupe, la Dominique, la Martinique, puis nous avons mis le cap sur les Grenadines ; un peu inquiet d'avoir à transporter, loger et nourrir sur *Banana Split* ces deux gars, j'avais engagé pour la durée du tournage une gentille équipière anglaise qui leur faisait la cuisine, et l'ambiance fut excellente, les deux lurons rivalisant, faisant les jolis cœurs avec la petite. Arrivés à Union Island, au centre des Grenadines, nous avons dû guetter quelque jours une bonne météo pour aller filmer, depuis un petit avion basé sur place, les vues aériennes de cet archipel magique : le soleil sur les récifs de Tobago Cays, en particulier, nous fournit quelques séquences à couper le souffle. Le tournage se termina par un débarquement acrobatique du cadreur, du trépied et de la caméra sur un rivage rocheux, d'où il filmerait *Banana Split* s'éloignant vers l'horizon devant un soleil couchant particulièrement spectaculaire, rendu gigantesque par l'usage du téléobjectif.

Les techniciens repartis – j'ai failli écrire « les musiciens... » tant j'avais eu l'impression, vivant avec ces trois personnes vingt-quatre heures sur vingt-quatre, d'être revenu au temps des tournées avec un groupe –, je me suis enfin retrouvé seul, avec un but précis, conduire *Banana Split* jusqu'en Polynésie, au long d'un chemin que je connaissais déjà bien : Venezuela, Curaçao, Panamá, Galápagos.

Le Venezuela est victime, hélas, d'une mauvaise réputation : il est en quelques sorte l'interface entre la sphère nord-américaine prospère (qui distribue assez de ses richesses aux Bahamas et à la plupart des îles des Antilles pour que la situation y soit plutôt stable) et l'Amérique du Sud, le tiers-monde, et souffre depuis longtemps de crises, de régimes politiques instables et, de grandes catastrophes, d'immenses glissements de terrain dans la région de Caracas, qui ont exacerbé la pauvreté : les rivages du Venezuela sont à ce jour une des deux ou trois régions du monde où l'on signale le plus grand nombre d'attaques contre des bateaux de passage : il s'agit davantage de petit banditisme, comme il en existe aussi dans les villes des pays riches, que de vraie piraterie ; il n'en reste pas moins qu'il vaut mieux être prudent dans les mouillages des baies et des îlots proches du continent. Aucun problème en revanche dans les archipels du large que je visitai, les Testigos, inchangées depuis ma première visite dix-sept ans plus tôt, toujours habitées d'une poignée de pêcheurs accueillants, des îlots arides plantés de milliers de cactus, que survolaient pélicans et frégates, et couronnés d'une imposante dune de sable étincelant. Je renonçai par contre à jeter l'ancre devant le port de l'île Margarita, que le tourisme avait atteint : on aurait dit une ville touristique de la Costa Brava, en Espagne ! Je suis allé m'amarrer quelque temps dans la marina très sûre de Puerto la Cruz, pour y faire quelques travaux d'entretien et de révision nécessaires avant d'affronter l'ouest de la mer des Caraïbes et, bientôt, les eaux du Pacifique.

Pendant les travaux, j'ai passé quelque temps à Paris, pour le montage du film que nous venions de tourner. Suivant les conseils de plusieurs amis professionnels, et de l'équipe de Sylicone, j'avais prévu d'utiliser la technique, alors assez récente, du montage virtuel, consistant à numériser tous les bons plans du tournage, et à utiliser un ordinateur et un logiciel (à l'époque, le monopole était détenu par la maison Avid) pour faire le montage, procédé beaucoup plus souple que le montage classique, dans lequel on copie l'un après l'autre sur une bande chacun des plans que l'on veut voir figurer dans le résultat final : après tout, j'étais depuis de longues années déjà grand amateur d'informatique. Mais l'affaire se déroula fort mal, le monteur que l'on m'avait indiqué ne maîtrisait pas le logiciel, je voyais filer les jours, je m'inquiétais de plus en plus, je n'avais pas l'intention de consacrer des mois à essuyer les plâtres, mon bateau m'attendait au Venezuela ; me voyant mal à l'aise, Hervé White me prit à part : « Je crois que tu devrais revoir ton mode montage : il y a chez nous un gars qui monte de façon traditionnelle, sans logiciel mais je suis sûr que tu t'entendras parfaitement bien avec lui, tu devrais essayer ». Et c'est ainsi que je travaillai pour la première fois avec le garçon qui accompagnerait mes montages images, et, plus tard, quand il décida de se consacrer au son, la sonorisation d'un grand nombre de mes films, Georges Lafitte, grand et mince, d'un calme olympien, arborant une magnifique chevelure qu'il nouait en catogan, et avec qui effectivement je m'entendis parfaitement bien ; ce n'est que bien des années plus tard que je devais, comme presque tous les réalisateurs, passer au montage virtuel.

Le film monté, et bien que je ne sois pas en « période de promotion », puisque je ne prévois de publier en vidéo les films que l'année prochaine, je ne peux pourtant refuser deux invitations à participer à de grandes émissions de télévision : Thierry Ardisson m'a invité, en compagnie de Carlos et de Jocelyne Beroard, de Kassav, à son *Double Jeu*. Le jour du tournage, Thierry nous annonce avec émotion que cette émission est la dernière de la série, que la chaîne a décidé de la supprimer... Nous transformerons la soirée en amusante cérémonie d'adieux, tous les amis de Thierry, tel Antoine de Caunes, venant choisir et emporter un élément du décor, meuble, projecteur... jusqu'à ce que nous nous retrouvions, à la fin de l'émission, dans un studio entièrement vidé, assis par terre autour d'une bougie, et chantant nostalgiquement, Jocelyne, Carlos et moi, le chant d'adieu polynésien.

La deuxième grande émission à laquelle je suis invité mérite un petit retour en arrière ; j'ai raconté plus haut comment j'étais resté longtemps

« tricard » de toutes les grandes émissions produites par Gérard Louvin parce que lui et ses associés estimaient que je ne faisais pas correctement le métier de chanteur, que je me baguenaudais sous les cocotiers et qu'ils n'avaient pas, disaient-ils, à me « servir la soupe ». Gérard Louvin et moi avions pourtant un ami commun, Patrick Goavec, un garçon qui était apparu dans ma vie pour la première fois vers 1970 : fan de mes chansons, qu'il connaissait toutes par cœur, il traversait la France en auto-stop pour venir assister à mes spectacles ; il était resté au fil des années un fan absolument fidèle, et j'avais suivi avec attention son parcours très original : il avait quitté sa petite ville de province pour « monter à Paris », avait tâté de toutes sortes de métiers, de la comptabilité à la librairie ; ayant travaillé quelque temps dans les services juridiques d'une chaîne d'hypermarchés, il s'était ensuite fait engager, avec des fonctions administratives, mais d'année en année plus d'intérêt pour l'artistique, par la chaîne de radio Nostalgie, et commençait à créer ce qui deviendrait bientôt une des plus brillantes agences artistiques de Paris, accompagnant la carrière de nombreux artistes et comédiens. Patrick ne comprenait vraiment pas l'attitude de Gérard Louvin, et entreprit un jour de le convaincre que si mon parcours à moi était bien différent de celui de la plupart des chanteurs programmés dans ses émissions, je m'appliquais au moins autant qu'eux à vivre de mes passions, le voyage, les images, la musique, et à les faire partager au public, et que j'avais bien ma place dans les grandes émissions de la chaîne : Patrick m'organisa un jour un rendez-vous avec Gérard, nous parvînmes enfin à le convaincre de décoller cette étiquette « non » qu'il avait depuis si longtemps apposée à côté de mon nom : et en cette fin d'année 1992, pour la première fois, je reçus une invitation à participer, en compagnie de Françoise Hardy et de Sylvie Vartan, à une grande émission rétrospective où je chantai un pot-pourri d'une demi-douzaine de mes chansons, des *Élucubrations* à *La Motogodille*. Dans le futur, je participerais souvent aux grandes émissions de TF1, y retrouvant enfin mon ami de longue date, Jean-Pierre Foucault.

Patrick avait aussi été l'artisan d'une heureuse collaboration avec Radio Nostalgie, qui avait participé à la promotion de mon premier film, et qui me proposa d'enregistrer, avant de quitter Paris, une série de courtes anecdotes sur mes voyages, qui seraient diffusées chaque jour, durant plusieurs mois, sur l'antenne. Enfin, pour compléter une année exceptionnellement active (je ne me doutais pas de celles qui m'attendraient bientôt !), voilà qu'un organisateur de spectacles me proposa, pour l'été suivant, une tournée dans le Sud-Ouest comparable à celle que j'avais faite cinq ans plus tôt : mon calendrier pour l'année 1993 commençant un peu trop à se remplir, il était essentiel que je parte naviguer quelques mois !

De retour sur *Banana Split* au Venezuela, je fis la connaissance d'un couple de navigateurs français à qui il était arrivé une drôle d'aventure dans l'un des mouillages du littoral : ils n'avaient pas été attaqués par des bandits, mais... par des vampires ! À leur réveil, un matin, ils avaient trouvé de larges taches de sang sur les draps, autour de leurs pieds : dans la nuit, des chauves-souris étaient entrées par un capot resté ouvert au-dessus d'eux, et les avaient mordus, comme elles le faisaient habituellement avec les animaux, en leur injectant une substance anticoagulante, d'où les taches de sang ! Il est recommandé, dans ces coins-là, de garder toute la nuit un feu de pont allumé pour écarter ces rongeurs ailés, d'autant qu'ils peuvent être porteurs de la rage !

Aucun problème pour moi dans les îles du large. Je visitai à loisir, l'archipel des Roques, un dédale d'îlots coralliens, bas sur l'eau, dominés par une unique île montagneuse, la Gran Roque ; seuls y habitaient quelques pêcheurs, et des centaines de pélicans. Plus merveilleux encore, les deux atolls des Aves, quelques dizaines de milles plus à l'ouest, m'ont retenu un moment dans leurs nombreux mouillages, dont une spectaculaire mangrove – bosquet de palétuviers, certainement les plus hauts du monde – sillonnée de canaux et de baies où nichaient des milliers de fous – peu farouches, on pouvait en dinghy les approcher à les toucher –, de frégates, de pélicans et d'aigrettes. J'ai jeté l'ancre sous le vent d'immenses récifs de corail qui étaient devenus le tombeau de grands navires, échoués sur le corail : quelques années plus tard, l'archipel deviendrait la destination préférée d'un ancien de l'équipe Cousteau, qui entreprendrait de répertorier les nombreuses épaves de navires perdus depuis des siècles sur ces récifs à fleur d'eau, presque invisibles du large.

Dans un mouillage, sous le vent d'un îlot planté d'un seul cocotier, je retrouvai un copain de longue date, Gérard ; jadis skipper de charter en Guadeloupe, il avait ensuite ouvert un bar joliment appelé le Palm Palm sur la belle plage de Road Bay, dans l'île d'Anguilla, avant de prendre la direction de la marina de mon cousin le Captain Oliver. Incapable de tenir en place, voilà qu'il avait embarqué sa jeune femme sur son voilier, et qu'il avait mis le cap sur la Polynésie. Il naviguait en compagnie d'un autre voilier français, un catamaran nommé *Clair la Lune*, mené par un vétérinaire et sa femme, dermatologue, qui avaient décidé de prendre une longue période sabbatique en compagnie de leur fils Malo. Ensemble, nous avons mis le cap sur l'île de Curaçao, escale idéale pour se ravitailler et acheter un peu de matériel, comme un convertisseur de courant électrique, des batteries ou des cordages, à prix défiant toute concurrence. Le carnaval battait son plein sur l'île, et je pus faire, particulièrement le jour du carnaval des enfants, une série de clichés extrêmement colorés qui devaient figurer dans plusieurs de mes livres.

La côte de la Colombie souffrant d'une réputation plus mauvaise encore que celle du Venezuela, nous avons décidé – c'est la seule fois à ce jour que je l'ai fait – de parcourir notre prochaine étape « en flottille », c'est-à-dire en naviguant de façon à conserver nos trois voiliers en vue les uns des autres, pour décourager d'éventuels malfaisants. Réduisant au minimum les communications VHF, nous avons ainsi largement contourné ce rivage mal famé (d'autres bateaux, cependant, font couramment une excellente escale dans la – très belle, m'a-t-on dit – ville de Carthagène, en prenant la précaution de ne pas faire halte ailleurs sur cette côte).

La zone à risque une fois derrière nous, c'est avec soulagement que j'ai renvoyé de la toile et, à mon propre rythme, atteint l'archipel des San Blas, sur les rivages du Panamá. J'avais depuis longtemps entendu chanter les louanges de cet archipel, également connu sous le nom d'*archipelago de las mulatas,* archipel des femmes. Mais j'avais manqué cette escale à deux reprises, à bord d'*Om* puis à bord de *Voyage*. Cette fois-ci, j'y suis resté une quinzaine de jours à peine, mais ils ont suffi pour que j'y éprouve le coup de foudre qui me conduirait quelques années plus tard à y séjourner plus longuement ; il faut dire que l'archipel a quelques atouts : près de trois cent soixante îlots coralliens, bas sur l'eau, ressemblant assez parfaitement à l'image que nous nous faisons du paradis terrestre, sable blanc, cocotiers, lagons bleus offrant des mouillages sûrs et confortables. Et l'archipel est le royaume des Kuna, sans doute l'ethnie indienne la plus préservée, la plus authentique, la plus heureuse de ce continent : ayant su résister aux tentatives de l'état panaméen de les assimiler, les Kuna ont gardé intactes une incroyable richesse de traditions, dont l'art du *mola,* de magnifiques ouvrages artisanaux à base d'appliqué et de broderie que pratiquent une bonne partie de la journée toutes les Indiennes Kuna : nous avions découvert cet art lors de notre précédent passage à Cristóbal, et l'intérieur de la cabine de *Voyage* avait longtemps été décoré d'un grand mola multicolore. Chaque jour, dans ces mouillages de rêve, des pirogues nous amenaient des Indiennes Kuna venues nous faire apprécier leur talent ; nous partions parfois visiter les villages traditionnels qu'habitaient les Indiens, ou remonter le cours des fleuves qui arrosaient la partie toute proche de l'isthme panaméen, où les Kuna cultivaient leurs jardins, retournant le soir dormir dans leurs petits îlots de rêve, dans leurs cases couvertes de palmes de cocotier tressées. Dans cet archipel aussi, je fis un bon nombre de photos particulièrement réussies.

J'ai mis ensuite le cap sur l'entrée du canal de Panamá : c'était la troisième fois que je le franchissais, et je savais déjà que les règlements de la compagnie exigeaient la présence à bord de chaque voilier de quatre équipiers en plus du capitaine : j'avais renoué le contact avec un vieux copain du Brésil, Philippe, grand chasseur sous-marin, qui était venu s'installer à Panamá City, et avait eu l'idée, pour écouler les nombreux poissons qu'il pêchait... d'ouvrir un restaurant dans les remparts de la vieille ville ; l'affaire avait été un tel succès qu'il avait fait fortune, et possédait maintenant un vaste domaine sur la côte pacifique du Panamá. Je lui avais raconté que, lors de mon premier passage du canal, une jolie fille en très succinct bikini, embarquée comme équipière, avait eu un effet bénéfique : tous les superviseurs du transit avaient les yeux rivés sur notre bateau, et auraient été prêts immédiatement à intervenir si un incident quelconque s'était produit dans la manœuvre délicate des amarres et des écluses ; Philippe me proposa de m'envoyer à titre d'équipage pour mon transit quatre jolies filles qui fréquentaient son restaurant : et voilà comment j'ai franchi cette fois-là le canal entouré de quatre Panaméennes bien roulées et court vêtues s'affairant aux cordages et aux winches comme de belles diablesses !

Philippe m'a emmené découvrir l'archipel où il faisait ses pêches miraculeuses, les Perlas, puis je me suis offert une dernière escale américaine dans l'île de San José, domaine d'un pittoresque Robinson Crusoé allemand ravi de faire visiter ses plantations d'arbres fruitiers aux rares voiliers qui jetaient l'ancre devant son île. Je dois admettre que les pamplemousses que je cueillis avec soin, délicatement, un par un, sur un arbre objet de tous ses soins, pour me fournir de la vitamine C au long de la longue traversée du Pacifique qui m'attendait, se révélèrent les plus médiocres que j'aie jamais embarqués, et qu'au bout d'une dizaine de jours à peine ils ne contenaient plus que de l'air et des milliards de pépins.

Ma traversée jusqu'aux Galápagos a été sans problème... parce que j'ai fait un abondant usage du moteur ; quelques années plus tôt, mon copain Patrice, qui m'avait aidé à aménager *Voyage* puis *Banana Split*, avait tenté de rejoindre sans utiliser son moteur cet archipel... Après quarante-deux jours de vains efforts contre des vents faibles et des courants imprévisibles, il avait renoncé, tourné le dos à ses rêves de navigation sur le Pacifique, remis le cap sur Panamá et la mer des Caraïbes, vendu son bateau et regagné les monts du Lyonnais. Pour moi, j'atteignis sans effort en une semaine l'île de Santa Cruz, où je ne fis cette année-là qu'une halte « station-service », le temps d'un plein de gazole et d'eau, d'acheter quelques vivres au marché de Puerto Ayora, qui connaissait un développement très sensible avec les progrès du tourisme naturaliste aux Galápagos : des hordes de visiteurs s'y embarquaient sur des bateaux locaux pour découvrir les sites classés du parc national. Je pris quand même le temps de rendre visite à Jacqueline de Roye, qui vivait seule maintenant dans une belle maison noyée dans la végétation, non loin de l'endroit où, près de cinquante ans auparavant, elle avait débarqué avec son mari et commencé leur vie de Robinsons. Je suis allé aussi photographier phoques et iguanes de mer sur une plage de la côte sud de l'île, puis j'ai attaqué ma troisième traversée du Pacifique Sud, la seule partie des océans où aucune escale n'est possible sur un parcours de 3 000 milles.

Des dauphins m'ont accompagné la première nuit, jouant autour du bateau dans l'obscurité, laissant des sillages phosphorescents ; ils n'ont pas aimé quand j'ai essayé d'en éclairer un avec une lampe de poche. Comme je l'avais prévu, j'ai avancé pratiquement au moteur seul pendant quatre jours avant de découvrir l'alizé, signalé par une ligne de grains qui m'ont offert en cadeau de bienvenue, dans la nuit noire, un bel arc-en-ciel de lune.

Naviguant ainsi sous génois seul lorsque le vent forcissait, et sous spi lorsqu'il était modéré, j'ai lentement progressé sur ma route, m'occupant à maintenir en état de marche ce qui s'usait, se desserrait ; le navigateur vit une clef de treize à la main, et cette traversée n'a pas fait exception : un des alternateurs qui me fournissait l'électricité refusant de fonctionner, je me suis retrouvé à suer des heures comme un âne dans le compartiment moteur, la tête en bas, ma vue régulièrement obscurcie par la transpiration et la graisse qui coulaient sur mes lunettes, vêtu d'un short et d'un T-shirt qui seraient bons à jeter, pestant : « Pourquoi faut-il toujours que ça m'arrive à moi, ces trucs-là ? » Je me réconfortais en me rappelant la devise d'un copain américain, très zen, rencontré dans les années 1970 en Nouvelle-Guinée : *« We love it ! »* : si nous faisons ça, c'est parce que nous adorons le faire !

L'homme ayant encore une fois triomphé de la mécanique, je continue ma route paisible, travaillant à mon prochain livre, le troisième album-photo à paraître chez Gallimard : je le dédie, celui-ci, à ceux qui rêvent de partir faire un tour du monde à la voile, confortable et sûr. Parfois j'écoute RFI ; aujourd'hui une interview de Rufus, le comédien, dont j'avais tant aimé le premier spectacle : quelques mois plus tôt, il m'avait téléphoné : il avait vu sur Canal + mon film sur l'océan Indien et, ayant flashé sur une baie de l'île de Mayotte, aux Comores, il voulait savoir où elle se trouvait, pour l'utiliser comme décor de son prochain film.

Soudain, alors que le cadran du GPS indiquait que 1 691 milles me séparaient encore des Marquises, la première escale possible, mon pilote automatique électrique a émis un grand bruit effrayant, et cessé de fonctionner. Ces 1 691 milles, une quinzaine de jours agréables sous pilote, risquaient de se commuer en plus d'un mois de bagne, rivé à la barre dix-huit heures par jour... Heureusement, je disposais d'un petit pilote de secours, que j'installai aussitôt. Inquiet de cette avarie, j'ai mal posé l'objet, et dans les trois heures qui ont suivi la panne, deux des trois courroies dont je disposais pour ce frêle appareil, trop tendues, ont cédé... J'ai mis en place la dernière, revu le réglage de la tension... et brûlé mentalement un million de cierges pour que cette mince courroie veuille bien me conduire jusqu'aux Marquises.

C'est sans doute là que j'ai émis ce que j'ai appelé le « Principe d'Antoine », que j'ai déjà exposé ailleurs, mais qu'il n'est pas inutile de citer à nouveau :

1. Toute mécanique, tout appareil, quelle que soit sa complexité, toute mécanique tend vers son état naturel, normal, stable, inévitable, qui est « la panne ».

2. Par un soin constant, une vigilance sans relâche, on arrive parfois à maintenir durant un temps toujours limité cette mécanique dans un état anormal, artificiel, totalement instable, qui est l'état de marche.

Le vent s'est stabilisé, et sous spi seul j'ai repris mon avance, écoutant avec amusement le chant de ce petit pilote électrique, un Autohelm 3 000, évidemment pas conçu pour barrer un bateau de cette taille : en temps normal, il fredonne doucement des courts messages guillerets dans un morse incompréhensible « ta-lalalal–tat tat », des « tut tut » ou des « rata-tatatat ». Que passe une petite vague, et il lance « Wow » ou « Youppie on y vaaaaaaaa ! », comme un joyeux drille sautant d'un pont accroché à un élastique ; enfin, lorsqu'il a plus de travail qu'il n'en espère, il pousse de grands rugissements, « grrrh », « rrahh », « Regardez-moi ça », « Tu vas revenir, non ? », « Reviens, bordel ! » ; lorsqu'il s'est laissé déborder et que le bateau a quitté son cap, il lance son petit SOS « Bip bip bip bip bip bip », « Fais gaff', gaff', gaff », mais heureusement, quelques secondes plus tard, tout est rentré dans l'ordre et il a repris sa joyeuse chansonnette. Tiens bon, mon Autohelm 3 000, je te promets de t'acheter des courroies neuves et de te faire voir du pays.

Et comme c'est le petit-t-Autohelm, je le baptise Toto, ça va bien avec sa nature volontaire et espiègle.

Pendant ce temps-là, la Croix du Sud a repris dans le ciel sa place normale : assez haut !

Seule rencontre de cette traversée, un chalutier coréen apparu un matin à l'horizon : nous avons échangé quelques mots par VHF. Ces belles journées tranquilles me laissent le temps de lire Flaubert : j'y apprends, ce qui peut toujours servir, qu'un *rogomiste* est un marchand de boissons, et qu'en Champagne *le ventre anoblit*, c'est-à-dire que les enfants héritent du nom noble de leur mère. Si c'est le ventre qui anoblit dans ce cas-là, qu'est-ce que c'est qui anoblit le reste du temps ?

Un jour, dans une fausse manœuvre, le génois que je suis en train de rehisser se prend dans un taquet et se déchire sur cinquante centimètres ; je m'installe confortablement sur le pont avant, muni de fil à voiles et de l'excellent jeu d'aiguilles *Happy Home Handy Needle Assortment* (made in Japan), et je fais la cousette à l'ombre du grand spi multicolore qui nous déhale gentiment ; toute cette couleur me fait revenir à l'esprit une anecdote : quelques mois plus tôt, en voiture dans une rue de Paris, je vois, à quelques centaines de mètres devant moi, une foule de gens rassemblés pour un enterrement ; tous vêtus de deuil, ils attendent devant le portail d'un cimetière ; la circulation est lente dans la rue, à mesure que je me rapproche d'eux je constate qu'ils sont tous très jeunes, quinze à vingt ans peut-être... J'imagine aussitôt qu'ils doivent être en train d'enterrer un copain à eux... Bientôt je passe devant le portail... et ce n'est pas un cimetière, c'est un lycée, ils ne sont pas en deuil, ils sont simplement habillés comme ça parce que c'est la mode, que tous les autres sont habillés en noir ou gris très sombre, et que si l'un d'eux se hasardait à se pointer au lycée vêtu d'une couleur vive, il serait la risée des autres... Mon Dieu, qu'ont-ils fait des couleurs, des merveilleuses couleurs de la planète, des fleurs, des animaux, de nos rêves du temps des hippies !

Un autre beau rêve évanoui : la radio m'annonce que la navette spatiale vient de « revenir » sur terre... comme si elle était allée sur une autre planète, sur la lune ou même loin dans l'espace ! je l'ai déjà écrit ailleurs, la « conquête de l'espace » par les Américains aura été la plus grande de mes déceptions : lorsqu'en 1969 des hommes ont marché sur la Lune, il nous semblait évident que le progrès dans ce domaine continuerait, que nous-mêmes, vingt ans plus tard, pourrions au moins aller passer quelques jours dans un village de vacances en orbite... au lieu de quoi, sitôt qu'ils ont eu démontré qu'ils étaient « plus forts que les Russes » (qui avaient envoyé quelque temps avant eux des hommes en orbite) et constaté qu'il n'y avait là-haut aucune richesse immédiatement exploitable, les Américains ont coupé presque tous les crédits, limitant la « conquête de l'espace » à des opérations de camionnage à moins de cinq cents kilomètres de la surface de la terre... qui ont apporté quand même, par le biais des satellites artificiels, d'extraordinaires progrès dans les communications, et le GPS, qui a révolutionné notre façon de naviguer... Mais qu'on est loin de nos rêves de science fiction, et de navigations intergalactiques ! À vrai dire, moi, à l'instant présent, sur mon bateau au milieu de l'océan Pacifique, à 1 000 milles de l'île la plus proche, je suis plus loin de la Terre que les astronautes à bord de la navette !

À une semaine de l'arrivée, c'est le tangon, grand tube d'aluminium qui me sert à déborder le génois, qui se brise dans une survente ; je le ramène sur le pont, et comme je l'ai vu faire par des grands navigateurs lors de courses transocéaniques, je le répare avec un manchon et des rivets ; au bout d'une demi-journée de travail, content de moi, je le renvoie... et dans le premier grain soutenu, il se brise définitivement, exactement là où je l'ai affaibli en croyant le réparer. C'est donc sous spi que je termine la traversée, et Fatu Hiva m'apparaît, parfaitement dessinée, à 25 milles devant les étraves de *Banana Split*, à l'instant où, pour l'ambiance, à la radio, Serge Lama chante *Une île, entre le ciel et l'eau*.

Vingt-deux jours de mer en solitaire, somme toute, une traversée sans histoire, qui me conduit à l'un des plus beaux mouillages du monde, la baie de Hanavave, plus connue sous le nom de baie des Vierges, à cause des pics somptueux qui entourent le mouillage ; deux voiliers y sont à l'ancre, une gentille marquisienne, Angélique, qui rêve de quitter son île, sympathise avec les équipages et les emmène découvrir les beautés de l'île, ses vallées fertiles et ses cascades vertigineuses ; elle leur prépare la *popoi*, aliment traditionnel à base de fruit de l'arbre à pain, et leur indique les orangers les plus chargés de fruits... Au bout d'une semaine dans ce mouillage de rêve, arrivent de Tahiti le cadreur et l'ingénieur du son qui vont m'aider à tourner mon troisième film, consacré à la Polynésie française ; l'un tahitien, l'autre marquisien, ils connaissent parfaitement les îles et leurs habitants, c'est pour cela que j'ai choisi de faire équipe avec leur employeur, l'ICA, une société de production créée par les autorités polynésiennes et qui rassemble depuis des années des images de tous les événements et de toutes les traditions de Polynésie : l'ICA apportera une richesse extraordinaire à mon film.

Nous filmons durant une semaine les Marquises, Fatu Hiva, Hiva Oa, qui vibre encore des séjours de Brel et de Gauguin ; Nuku Hiva, et la baie de Tai Pi Vai, où fut prisonnier Herman Melville, ce qui lui inspira son roman *Typee* ; et cette première phase du tournage se termine en beauté par un survol en hélicoptère de la baie de Taiohae, et surtout de la fabuleuse côte nord de Nuku Hiva, la baie d'Anaho, les pics fantasmagoriques d'Hakapaa ; survolant d'immenses plantations de pins, nous débouchons soudain au sommet d'une des plus hautes cascades du monde, celle de la vallée de Hakaui.

L'équipe repartie en avion pour Papeete, je prends seul la route des Tuamotu, et j'atteins rapidement une des deux passes d'entrée de l'immense atoll de Rangiroa, où je me fais une belle frayeur en franchissant l'une d'elles contre un courant sortant très violent : depuis quelques jours, une forte houle venue du sud, éclatant sur la barrière de corail, a fait monter le niveau de l'eau à l'intérieur de l'anneau corallien, et le courant sort en permanence ; je me faufile entre le gros du flot et les platiers de corail qui bordent le chenal, naviguant de conserve avec une troupe de dauphins étincelants qui bondissent dans des vagues de deux mètres de haut à quelques mètres de moi, s'amusant comme des fous tandis que je serre les fesses...

Enfin, la passe est franchie, voici l'eau calme du lagon ; ici me rejoignent les techniciens de l'ICA, mais aussi Titou et nos trois enfants, venus m'accompagner pour quelques jours, et l'ami Lucien, qui a pris en main l'organisation de partenariats avec les différents intervenants du tourisme polynésien, comme la compagnie aérienne locale, qui nous facilitent le tournage. Rangiroa n'est que l'un des nombreux atolls qui forment les Tuamotu, mais il renferme assez de merveilles pour nous occuper trois jours à filmer son village et l'hôtel légendaire, un des premiers créés en Polynésie, par mon ami Serge Arnoux, un ancien des *Quatre du Moana*, un récit de voyage en voilier qui m'avait fait rêver dans les années cinquante, quand j'avais dix ans ; et surtout le « secteur », les coins déserts de l'atoll, les étonnantes sculptures naturelles de corail qui hérissent la barrière récifale, et le magnifique Lagon bleu, un « lagon dans la bordure du lagon », paré de teintes inouïes : c'est ici que je photographie un cocotier penché exactement à l'angle idéal pour ma photo, et qui deviendra bientôt l'emblème de ma collection de films, la photo de couverture des coffrets de cassettes qui seront bientôt publiés.

J'embarque ensuite sur *Banana Split* toute la famille, et nous mettons le cap sur Tahiti, longeant au matin l'île déserte de Makatea, un atoll surélevé, une formation rocheuse particulière d'où furent longtemps extraits des phosphates. Arrivés à Tahiti, je reprends le tournage avec mon équipe, filmant le quai, le marché et les rues de Papeete, puis les grands classiques du « tour de l'île » : le musée Gauguin, le jardin botanique, les cascades de Faarumai et le Trou du Souffleur, la pointe Vénus et son phare. Quelques jours plus tard, nous repartons filmer Moorea, où vivent heureux des amis artistes, peintres, écrivains, et où un ancien chorégraphe du Casino de Paris a créé un superbe village traditionnel culturel, le Tiki Théâtre Village. Notre tournage se poursuit ensuite aux îles Sous-le-Vent, à Huahine, où je retrouve la jolie baie d'Avea, où j'ai passé tant de mois à l'ancre et où j'ai écrit *Touchez pas à la mer* ; à Raiatea, où la navigation de plaisance prend un rapide essor : deux marinas, un chantier de carénage s'y sont créés, et c'est l'endroit idéal où louer un voilier pour une brève croisière aux îles Sous-le-Vent. À Tahaa, où tant d'amis navigateurs ont mis pied à terre, séduits par la tranquillité de l'île, nous filmons les plantations de vanille. Ma petite équipe technique polynésienne est pleine de qualités, de bonne volonté, toujours enthousiaste, et a l'avantage de bien connaître les lieux. Leur seul défaut, bien tahitien, c'est qu'il suffit qu'il passe une jolie fille dans un rayon de cinq cents mètres pour qu'ils arrêtent les prises de vues une demi-heure, aillent la draguer, lui raconter leur vie... et je dois attendre leur bon vouloir pour reprendre le tournage. À Tahaa, ils ont retrouvé des copines, et, le dernier soir, comme des adolescents fugueurs, ils disparaissent faire la « bringue » je ne sais où. Je dois passer une partie de la nuit à les chercher, zigzaguant dans le noir avec *Banana Split* entre des champs de flotteurs de fermes perlières pour les récupérer : on nous attend ce matin à Bora Bora, où nous avons rendez-vous avec Paul-Émile Victor. Pour être à l'heure au rendez-vous, je commettrai une des plus grosses bêtises de toutes mes années de navigation, qui me fera presque faire naufrage avec *Banana Split*.

Avant l'aube, nous quittons la baie Hurepiti et franchissons la passe Papai, cap sur le récif qui prolonge loin au sud l'île de Bora Bora ; mes techniciens, lessivés par leur nuit de bringue, se sont écroulés dans leurs cabines ; j'ai branché le pilote automatique, le GPS et le radar, mais je n'ai pas activé l'alarme de celui-ci, car nous sommes encore trop près de l'île que nous venons de quitter ; fatigué moi aussi d'avoir si peu dormi, je m'adosse un instant à la banquette du carré, pensant sommeiller quelques minutes... J'ai dû dormir profondément plusieurs heures, car, lorsque je me suis réveillé, le bateau gîtait à quarante degrés – chose rarissime en catamaran –, et des vagues déferlaient dans le cockpit : une grosse houle venue du sud avait, vague après vague, fait dériver mon bateau hors de sa route, et j'étais tout simplement en train de gravir la dernière vague, celle qui brisait sur le récif sud de Bora Bora ; j'ai bondi hors du carré, m'accrochant à la barre à roue ; une nouvelle vague a emporté mon paréo mal noué, et mes équipiers ont eu une drôle de surprise quand, tirés en sursaut de leur sommeil hébété par la gîte soudaine, et par des centaines de litres d'eau de mer se déversant par les capots de leurs cabines, qu'ils avaient laissés grands ouverts, ils m'ont découvert, nu à la barre, tirant de toutes mes forces pour que le bateau accentue le mouvement qu'il avait, par chance, esquissé de lui-même : au lieu de s'écrouler sur le tombant du brisant et de s'écraser à tribord sur le récif, il avait obliqué vers bâbord, surfant sur la vague et s'éloignant seul du danger. Nous n'avons repris notre souffle que quand nous avons été complètement dégagés des brisants : j'aurais eu l'air fin de m'échouer, en plein jour, par beau temps, sur ce récif immense, à faible distance des grands hôtels de Bora Bora... *Banana Split* avait failli devenir une attraction touristique !

Nous avons gagné le port de Vaitape, juste à temps pour y rencontrer Paul-Émile Victor, qui avait accepté que je l'interviewe, me confirmant que l'îlot où il avait choisi de vivre depuis des années, le motu Tane, était le plus beau des îlots du lagon de la plus belle île du monde. Et nous sommes repartis pour Raiatea, où j'avais également rendez-vous avec Bernard Moitessier : après avoir sans succès tenté de « conquérir l'Amérique », après avoir perdu *Joshua* dans une tempête, jeté sur une plage de la péninsule de Basse-Californie, il était revenu s'installer aux îles Sous-le-Vent, où il passait la moitié de l'année, vivant le reste du temps... à Issy-les-Moulineaux : lui, l'amoureux des îles et des grandes traversées en solitaire, il avait découvert qu'il ne pouvait écrire qu'entouré du vacarme et de l'agitation de la grande ville. Je le rencontrais souvent, en Polynésie comme à Issy, où il allait chaque jour nager longuement à la piscine municipale, avant de s'installer à une table du Café des Sports, à quelques mètres de la circulation animée, et de se remettre à écrire. Lors d'un de nos passages à Paris, la piscine municipale étant fermée pour travaux, je l'avais emmené dans un endroit assez spectaculaire, image tout à fait artificielle des tropiques, palmiers et faux lagons bleus, vagues artificielles, l'Aquaboulevard ! Ça nous faisait tout de même drôle, après avoir partagé des journées inoubliables dans l'atoll perdu de Souvarov, de nager ensemble sous les palmiers artificiels de ce haut lieu de la consommation ; ce jour-là, alors que nous nous changions dans les vestiaires de l'établissement, il me révéla qu'il se savait depuis peu atteint d'un cancer, qui lui laisserait à peine le temps d'achever son livre.

À Raiatea, donc, j'ai retrouvé Bernard sur son bateau, *Tamata*, et il m'a expliqué que lui, le véritable « homme-nature », il avait eu le coup de foudre pour l'ordinateur et le traitement de texte qui lui permettaient de peaufiner avec une précision impressionnante chaque mot de son livre : plus tard, alors qu'avec Titou nous lui rendions visite dans le petit faré qu'il avait loué sur le rivage, nous étions arrivés à un moment magique entre tous : il venait de demander à sa compagne, au terme de dix ans de difficile écriture, d'apposer au bas de son long manuscrit le mot « Fin ».

De retour à Tahiti, nous avons encore filmé des scènes de la vie polynésienne, puis j'ai consacré plusieurs journées à sélectionner, dans les précieuses archives de l'ICA, les plans additionnels, vues aériennes, images des fêtes de juillet ou d'autres cérémonies. En vertu de l'accord passé avec cette société de production, j'aurais pu à moindres frais faire le montage sur place... mais le rythme de travail pratiqué à Tahiti me semblait véritablement incompatible avec la concentration, l'implication extraordinaire qu'exige le montage d'un film, même d'un simple documentaire. Je préférai rentrer à Paris pour m'y consacrer avec le sérieux voulu : attaquer le montage d'un film, c'est un boulot à plein temps ;

on ne pense plus qu'à ça ; on passe en régie dix, douze heures par jour à rabouter ces petits éléments d'action, de paysages, ces secondes de bonheur, puis on rentre chez soi, et à table, en se couchant, dans ses rêves, on ne pense encore qu'à ça.

Avec l'aide de Georges, chez Sylicone, j'ai donc aussitôt attaqué le montage de ce troisième film, tandis que Canal + diffusait le film sur les Caraïbes : moins esclave de l'audimat que les autres chaînes, Canal appréciait le degré de satisfaction de ses abonnés par une note curieusement basée, non sur dix ou vingt, mais sur six et demi ; la plupart des documentaires diffusés sur leur antenne obtenait une note satisfaisante de 4 ; mes premiers films obtinrent, eux, la note rarement atteinte de 6 : il semblait bien y avoir un désir du public pour ce que j'avais envie de raconter, cette visite légère de lieux privilégiés, à la recherche d'images de bonheur et de moments de beauté... Un des compliments que l'on ferait dans le futur à mes films, c'est qu'ils « font rêver », qu'ils donnent, le temps qu'on consacre à les regarder, l'impression qu'on se trouve sur le site visité, ou, en tout cas, que la chose est POSSIBLE : « Si ce grand couillon d'Antoine se trouve dans ce décor, sur cette plage de rêve, devant cet animal attachant ou devant cette fleur si belle, je pourrais m'y retrouver aussi ! », voilà ce que j'aime que le spectateur ressente. Notre vie est trop pleine de choses que l'on nous assène et qui nous font crever d'envie. « On nous Claudiaschiffère, on nous Paul-lousulitzère », chante si justement Alain Souchon : si votre chance ou la mienne de passer une nuit d'amour avec Claudia Schiffer ou d'avoir la fortune de Paul-Loup Sulitzer sont extrêmement réduites, se retrouver un instant devant une des merveilles, sites, plantes, animaux, personnes, que le monde nous offre, est réalisable par tout le monde, et je rencontre dans les plus jolis coins de la planète – dont certains lieux pas très éloignés, en France, en Méditerranée, auxquels je me promettais de consacrer aussi des films – des gens aux ressources pas forcément très élevées.

Lorsque je ressortis d'un mois passé dans les studios souterrains de Sylicone en compagnie de Georges, je pris, sur le conseil de Claude Carrère, qui avait des relations privilégiées avec l'immense « major » américaine Warner, rendez-vous avec le directeur pour la France de Warner Home Vidéo. J'eus d'abord du mal à le joindre, personne ne me répondant au téléphone ; parfois quand tu as essayé de joindre quelqu'un dix fois et qu'il ne t'a pas rappelé, tu t'imagines que ce que tu as à lui proposer ne l'intéresse pas, et tu es tenté, par pudeur, de laisser tomber. Mais souvent, ce n'est que parce que les personnes chargées de hautes responsabilités dans ces métiers sont très prises... et il faut au contraire montrer de l'insistance... Quand j'ai enfin joint Jean-Paul Jaouen au téléphone, j'ai découvert, au contraire, un homme complètement acquis à mes films, décidé à motiver, comme Pierre Marchand pour Gallimard, sa « force de vente », à faire tomber les réticences qu'auraient pu avoir les représentants, plus habitués à vendre des versions françaises de grands films américains et des dessins animés de Bugs Bunny que des documentaires produits en France... Cette année 1993 vit la naissance entre Warner et moi d'une extraordinaire, longue et fructueuse collaboration, qui durait encore quinze ans plus tard.

Il fut convenu que mes trois premiers films seraient publiés à la fin de l'année – la meilleure période, celle des cadeaux – sous la forme d'un coffret de trois cassettes, et, là aussi, l'éditeur me laissa le champ libre pour en concevoir la présentation. J'avais prévu, pour la réalisation du troisième livre destiné à Gallimard, quatre ans après le succès *d'Îles... était une fois*, de collaborer avec un nouveau graphiste, Denis Delbecque, qui avait longtemps travaillé pour Gallimard, mais qui avait choisi de privilégier la qualité de vie et était parti habiter avec sa famille une jolie petite maison proche de Montpellier, où il s'était installé en graphiste indépendant : j'élus résidence pour un mois dans cette ville, apportant avec moi les milliers de photos parmi lesquelles nous choisirions celles du livre et les textes que j'avais écrits au cours des quatre mois de traversée des Antilles en Polynésie. Le progrès, les ordinateurs révolutionnaient progressivement mais sûrement cette partie de la création, on travaillait de moins en moins avec des ciseaux et de la colle, de plus en plus avec des logiciels, dont l'universel Xpress et le magique Photoshop, qui ouvraient tout un monde nouveau à la création.

J'appréciais énormément ces possibilités de l'informatique, mais j'aimais aussi me rendre compte sur papier du résultat de notre travail. À mesure que nous mettions en forme un chapitre du livre, j'allais tirer les pages sur une de ces photocopieuses couleur qui commençaient à se répandre jusque dans les villes de province. Un jour je fis imprimer, de la diapositive du cocotier penché prise quelques semaines plus tôt au Lagon bleu à Rangiroa, Tuamotu, une brassée de grands tirages éclatants, et je m'attaquai en compagnie de Denis, avec carton, colle et ciseaux, à la création du coffret que Warner attendait ; je ne sais quel ange dédié à la création artistique et au succès se pencha sur moi ce matin-là, mais, lorsque l'objet, encore grossièrement réalisé, se trouva sous nos yeux, en trois dimensions, nous n'avons pas hésité une seconde, il nous faisait déjà rêver nous-mêmes !

Le lendemain, je débarquais dans le bureau de Jean-Paul Jaouen avec un sac à la main ; lorsque j'en ai tiré la maquette, le silence s'est fait, et tout le monde a été aussitôt conquis : de cet instant j'ai su que tous se défonceraient pour faire connaître à leurs revendeurs, au public, les trois fois cinquante-deux minutes de bonheur que je m'étais appliqué de toutes mes forces à concentrer dans cet objet simple et magique à la fois...

Je consacrai aussi une partie de l'été à une autre tournée, encore dans le Sud-Ouest, chantant de nouveau en compagnie d'une petite troupe de musiciens et de danseuses tahitiens ; je retournai à Tahiti pour procéder sur *Banana Split* aux travaux d'entretien nécessaires après des mois de navigation, et en préparation de nouvelles traversées, peut-être de futurs tournages si mes premiers films étaient bien reçus.

Et bientôt ce fut le moment de se battre pour annoncer au public la parution de ces trois films. Cette année-là, tout se passa à merveille ; j'avais demandé à un ami de longue date, Bernard Nove-Josserand, que j'avais connu attaché de presse chez Barclay, puis chargé de la programmation d'émissions de Canal +, dont *Nulle Part Ailleurs*, de prendre en main la promotion du livre, du coffret de trois cassettes et de l'album des musiques du film que Carrère avait également choisi de publier : on me reprocherait parfois de publier trop d'ouvrages, mais ma nouvelle passion pour la vidéo ne pouvait me faire oublier mes passions précédentes pour la photographie et pour la musique : ce n'est pas parce qu'on a un nouvel enfant qu'on oublie et abandonne les précédents !

Très vite, mon calendrier promotionnel se remplit, autour d'une date exceptionnelle : l'ami Renaud était l'invité d'honneur d'une soirée chez Michel Drucker, à l'occasion du succès du film *Germinal*, dans lequel il était acteur ; j'avais gardé un bon contact avec lui au fil de ces douze années où il avait renoncé au projet de partir naviguer, mais où le succès l'avait emporté dans un tourbillon extraordinaire, faisant de lui un des plus grands de la chanson française. Je lui parlai de mes films, et il suggéra à Michel Drucker de m'inviter dans son émission pour que nous y chantions ensemble un pot-pourri de ses chansons et des miennes ; la soirée fut inoubliable, je chantais *Dès que le vent soufflera* ou *la Ballade nord-irlandaise*, lui *Touchez pas à la mer* ou *Pourquoi ces canons* ; puis Michel, qui avait été le premier à s'intéresser à mes images de voyage, puisqu'il avait diffusé quatre ans plus tôt ma première « carte postale », diffusa de courts extraits de mes trois films... D'autres émissions intelligentes, comme l'excellent *Combien ça coûte ?* et de nombreux articles dans la presse vinrent compléter l'impact de mon passage chez Michel Drucker...

J'écoutais il y a quelques mois le docteur Jean-Louis Étienne, que j'avais connu tout jeune équipier de Tabarly sur *Pen Duick* à Bora Bora en 1977, s'adresser à Bourges aux spectateurs d'un festival du Film d'environnement qui m'avait fait l'honneur de me choisir comme président de son jury ; il y présentait le film consacré à son récent séjour dans la petite île perdue de Clipperton, possession française déserte de l'est du Pacifique. Sans la moindre amertume, mais avec une grande lucidité, il parlait du succès : « Quand on regarde la vie, le destin d'un homme, disait-il, c'est un peu comme lorsqu'on regarde de loin une chaîne de montagnes : on ne voit que les sommets, on n'imagine même pas les vallées, parfois très profondes, parfois très larges, qui séparent les cimes. La vie d'un homme, ses succès, c'est un peu la même chose : quand on regarde de loin, on voit surtout les pics, les réussites, une expédition, un livre, un reportage, une participation à tel ou tel ouvrage... Mais il ne faut pas oublier que le destin d'un homme, ce sont aussi ces longues vallées où il est pour un temps dans l'ombre, des moments où tout est moins rose, moins étincelant que sur les crêtes, mais qui font tout autant partie de son parcours. »

Et moi, en cette fin d'année 1993, j'approchais du sommet d'une fameuse crête, car les trois films que Warner venait de publier, ce joli coffret bleu dont je m'étais attaché à concrétiser le mieux possible, à mon idée, chaque détail, du premier tour de manivelle à l'aspect physique de l'ouvrage édité, connut un succès qui restera certainement l'un des deux ou trois les plus brillants de mon existence, et sans doute, eu égard à la passion que j'avais mise depuis des années dans ce projet auquel je croyais tant, un des plus satisfaisants.

Lorsque Warner avait décidé de publier ces cassettes, ils avaient fixé ce que les commerciaux, dans leur jargon, appellent une « cible » ou un « objectif » égal à celui qu'avait atteint mon premier film, celui consacré à mon tour du monde en quatre-vingts jours : espérer vendre vingt-cinq mille cassettes nous avait semblé à tous suffisamment optimiste. « D'ailleurs, avait ajouté Jean-Paul Jaouen, enthousiaste, notre duplicateur est prêt, dans un délai de deux jours, à livrer d'autres cassettes si la demande s'en fait sentir. » Puis il s'était employé à convaincre tous ses représentants du potentiel de succès de ces films. Je me rappelle qu'il m'avait demandé d'apparaître lors d'une soirée, donnée dans une sorte de château de l'est de Paris et consacrée à la présentation des nouveaux « produits[1] » de la maison. Je revois le directeur commercial brandir devant les représentants, dans le rayon d'un projecteur, mon coffret, et s'écriant, pour galvaniser ses troupes : « Regardez-moi ça, c'est de l'Obao ! »... Vous rappelez-vous ce produit pour le bain célèbre dans les années soixante-dix, et qui avait la couleur des mers du Sud ?

Et l'objectif visé avait été atteint en moins de quinze jours. Un responsable du rayon vidéo de la Fnac, quelques mois plus tard, devait me montrer les tableaux de vente par article et par semaine de son rayon ; le décollage avait été spectaculaire : d'un ou deux coffrets par semaine, le

1. Je n'ai jamais aimé le terme « produit », j'ai toujours préféré « ouvrage », mais ne nous leurrons pas, les représentants, distributeurs et revendeurs qui accordent parfois un peu de place sur leur précieuses étagères ou tables à nos ouvrages ne les voient que comme des « produits » susceptibles ou non de faire croître leur chiffre d'affaires.

chiffre passait soudain à dix, vingt, soixante... La fin de novembre est le moment où l'immense majorité du public achète ses cadeaux de Noël, et ce coffret soudain apparaissait comme un joli cadeau, apportant près de trois heures de bonheur ensoleillé en plein hiver. Mais tout à coup les chiffres de vente... tombèrent à zéro ! Les acheteurs, qui avaient découvert les images de ces films dans telle ou telle émission de télévision, ne trouvaient plus un coffret dans leur magasin : Jean-Paul Jaouen n'avait pas prévu une chose : dupliquer de nouvelles cassettes, avec leur boîtier traditionnel, était effectivement très rapide, mais le coffret de carton n'avait été imprimé que dans un nombre d'exemplaires correspondant à la cible initiale, et le réimprimer demanderait une quinzaine de jours... On constate généralement, m'avait dit un jour Pierre Marchand, que lorsqu'un acheteur découvre dans les médias un article, ouvrage culturel ou objet de tout autre genre qui le tente, il faut qu'il le trouve dans les trois jours, sinon, il est sollicité par tant d'autres articles qu'il n'y pensera plus. Pourtant, l'envie qu'avait suscitée la découverte de ces films devait être bien forte, car malgré cette décourageante rupture de stocks, le public eut la patience d'attendre de retrouver mes cassettes dans leur magasin, ce qui prit près de deux semaines... Mais là, Warner et ses distributeurs avaient mis le paquet, car on trouva dans les Fnac, les grandes surfaces, aux meilleurs endroits, des grandes piles de ce coffret...

Lorsque arriva le Salon nautique, où je consacrai plusieurs journées à dédicacer, sur le stand de Gallimard, mon nouveau livre et ces coffrets arrivés de chez le fabricant, les ventes de Warner avaient dépassé le triple de la cible initiale ; dans les semaines qui suivraient, c'est dix fois, quinze fois cet objectif qui serait atteint.

Pour en revenir à l'image de Jean-Louis Étienne, lorsqu'on grimpe comme cela jusqu'à des sommets et qu'on s'achemine entre-temps, plus difficilement, dans des vallées moins chaleureuses, on rêverait d'un parcours plus régulier, plus modeste, de cheminer sur un plateau, d'obtenir avec une certaine sécurité juste la dose de succès modéré qui vous permettrait de vivre votre vie, de réaliser vos ouvrages à votre rythme, à votre goût. Mais ce n'est pas comme ça que ça marche ! La société, les nécessités commerciales, l'engouement ou le désintérêt des gens, je l'avais réalisé depuis longtemps, font que rien, jamais, ne doit être considéré comme acquis : le succès, les quelques honneurs qui vont avec, il faut être prêt à les prendre, à les savourer avec autant de modestie que possible quand ils se présentent, sans oublier qu'avant, après chaque crête montagneuse, il y a des vallées moins brillantes où les honneurs sont moins nombreux que les blessures ! Le succès de mes films ouvrait pour moi une ère de succès, pendant près de dix ans, la collection « Îles...

était une fois » provoquerait un extraordinaire engouement : à moi d'en savourer les plaisirs et de tirer parti de ce succès pour vivre plus que jamais à ma manière... voyager, découvrir, et raconter, des activités qui, décidément, étaient mes plus grandes passions.

Au début de 1994, j'étais invité à une émission de Gérard Louvin, où Jean-Pierre Foucault me remettait trois « cassettes de platine » correspondant à des ventes exceptionnelles des trois films : c'est la seule fois de ma vie – les « disques d'or » n'existaient pas en France au temps des *Élucubrations* ni en Italie au temps de la *Tramontana* – que j'ai reçu une de ces distinctions, destinées, comme tous ces objets, à finir sur une étagère et à s'y couvrir de poussière[1].

Devant le succès rencontré par la collection, nous étions convenus avec Lucien et Claude Carrère que je réaliserais, au cours des six années à venir, neuf nouveaux films : la série complète serait dédiée aux douze plus belles régions du monde, composées essentiellement, mais pas uniquement, d'îles. La réalisation de ces films, appelés à paraître, par coffrets de trois, une année sur deux à l'automne, donna pour six ans à ma vie un rythme biennal : je consacrerais environ douze mois sur vingt-quatre à la navigation, grandes traversées et escales prolongées, au cours desquelles je réaliserais l'un des trois films, et douze autres mois où je laisserais *Banana Split* pour aller tourner, dans des lieux trop éloignés pour que je puisse les atteindre raisonnablement en voilier, les deux autres films du coffret.

J'avais tout de suite souhaité inclure dans ces lieux une région bien éloignée des tropiques, mais qui m'avait séduit : le Québec, et les nombreuses îles qui, de Saint-Pierre-et-Miquelon à Montréal, s'égrènent au long du Saint-Laurent ; avant même la sortie du premier coffret, j'avais pris de l'avance et j'étais allé filmer, au début d'octobre 1993, les couleurs magnifiques que revêt l'automne là-bas, et ces belles journées connues sous le nom d'été des Indiens. Au mois de février suivant, choisissant la date de notre visite en fonction de celle du carnaval de Québec, si pittoresque et si joyeux, nous sommes retournés parcourir en tous sens le pays, recouvert d'une épaisse couche de neige, des avenues souterraines où les habitants de Montréal s'enfouissent pour fuir l'hiver jusqu'aux cours du Saint-Laurent et du Saguenay pris par une épaisse couche de glace sur laquelle les pêcheurs érigent de petites maisons : c'est confortablement installés dans le canapé de leur salon

1. Ah non, pardon, j'oubliais ; il y a dans ma ferme d'Auvergne un magnifique trophée, ressemblant en plus gros au bouchon de radiateur – figure de proue d'une voiture américaine des années cinquante, et qui porte en italien l'inscription : « À Antoine, l'Oscar Moulinex de la musique légère ». À quelle occasion cet objet m'a été remis, je n'en sais plus rien. Mais il est, effectivement, couvert de poussière !

qu'ils pêchent à la ligne à travers un trou creusés dans leur plancher de glace ! Enfin, au début de l'été 1994, quand les rigueurs de l'hiver ne furent qu'un lointain souvenir, nous sommes revenus naviguer sur les eaux du grand fleuve à bord d'un voilier, découvrant l'île d'Orléans, chère à Félix Leclerc, les îles de la Madeleine, et puis, comme un avant-poste de la francophonie à l'est du golfe du Saint-Laurent, l'archipel où j'ai passé une partie de mon enfance, Saint-Pierre et Miquelon.

Nous avions eu la chance d'être accompagnés par un personnage extraordinaire, Thierry Reverchon, exubérant créateur d'une randonnée à motoneige au travers du pays, aimé et apprécié de tous les Québécois ; devant lui et sa silhouette de joyeux Père Noël toutes les portes s'ouvraient, et nous étions admis à filmer les lieux les plus préservés et les Québécois les plus chaleureux.

À La Tuque, une bourgade perdue dans la forêt québécoise, nous faisons halte un soir, et pour nous détendre de nos longues heures de tournage allons boire un verre dans un bar, au milieu de nulle part... l'endroit se révèle être un « Bar à danseuses nues », pourtant il ne propose pas, comme à Montréal, des « danses à cinq dollars », mais des « danses à dix dollars ». D'où vient cette différence de prix ? L'inflation ? Par curiosité, je propose à l'une des gentilles québécoises de venir danser pour nous. Au lieu d'apporter son tabouret pour le poser entre nos jambes, elle me prend par la main et m'entraîne derrière un rideau, me fait asseoir, et commence son petit numéro, que je regarde, comme à Montréal, avec plaisir et attendrissement... Conformément au règlement que je connais bien, je garde sagement mes mains sur mes genoux... quand la danseuse, soudain, les empoigne, et les pose fermement sur sa magnifique poitrine... Quand je ressortirai, j'expliquerai à mes deux collaborateurs, les invitant à me succéder derrière le rideau, que pour cinq dollars de plus, on a le droit de toucher...

Chacun de nos tournages canadiens fut une aventure exceptionnelle... et l'occasion de quelques apprentissages : au terme de notre tournage de l'automne 1993, le cadreur avait dû rentrer d'urgence à Paris et m'avait chargé de la mission de tourner moi-même, avec une grosse caméra professionnelle que je ne maîtrisais pas encore bien, les images aériennes des arbres colorés de feu par l'automne, indispensables dans un film sur le Québec. Ce jour-là, je filmai assidûment, par les portières ouvertes d'un petit monomoteur Cessna que j'avais loué pour cinq heures, et qui nous mena presque jusqu'aux Grands Lacs, puis d'un hélicoptère, loué pour une heure afin de survoler les érablières de l'Ouest québécois. Même si le prix de la location de ces engins était nettement plus raisonnable qu'aux Antilles ou en Polynésie, cela constituait une grosse dépense. Rentrant à l'hôtel après cette journée bien chargée, je visionnai les images... et m'aperçus qu'une commande jusque-là inconnue de moi et appelée tirage optique avait été mal réglée... et que le fruit de mes efforts de la journée était totalement flou, presque entièrement à jeter ! Il me fallut, dès le lendemain – car ces belles journées, ces belles couleurs sont éphémères, le premier coup de vent précurseur de l'hiver a vite fait de les effacer – louer à nouveau l'hélicoptère ; ce jour-là la chance fut avec moi, car la lumière fut parfaite, et si les arbres avaient déjà perdu dans la nuit une partie de leurs brillants ornements, ils me donnèrent cependant des images à couper le souffle qui constituèrent l'apothéose finale du film.

La façon dont j'arpentais depuis vingt ans la planète, alternant séjours au soleil des tropiques et retours à la vie métropolitaine prendrait durant ces huit ans une autre dimension, il m'arriverait parfois de ne plus savoir sur quel océan, sur quel continent je me trouvais : après les neiges étincelantes du Charlevoix, me voilà parti pour Singapour, la Malaisie, la Thaïlande et le Vietnam, où nous avons commencé par filmer la magnifique baie d'Ha Long, guettant un rayon de soleil pour immortaliser notre jonque sous voiles devant ces pics fantasmagoriques.

Ce soir-là, éreinté par le long parcours de Hanoï à Hon Gai et par notre journée de tournage, je passe devant le salon de massages officiel de la municipalité, et l'on me vante le professionnalisme de ses employées ; mes muscles fourbus s'accommoderaient bien d'un profond massage traditionnel comme on doit certainement le pratiquer dans ce lieu officiel : on ne s'y contente sans doute pas de gambades érotiques du genre *Emmanuelle*. Je n'ai jamais éprouvé d'intérêt pour les ébats savonneux baptisés *body body* vantés par ce livre, mais j'ai toujours trouvé stupide que les mains des masseurs et masseuses « classiques » évitent soigneusement d'approcher des parties du corps qui ne méritent aucunement l'opprobre dont nos religions les ont frappées. J'apprécie donc le fait que dans certains pays d'Asie, ces frontières tracées sur notre épiderme soient moins infranchissables ; pourtant, ce jour-là, c'est bien un massage « médical » qu'il me faut. Je m'installe sur une table très sobre, où une petite masseuse boulotte m'entreprend... Elle commence par me tapoter les cuisses du plat de la main, plo-plo-plo-plo, comme le font la plupart des masseurs du monde vers la fin de leur prestation ; puis me martèle en alternance, ta-ta-ta-ta, du tranchant des mains. Tiens, le massage vietnamien commence curieusement ; il doit s'agir là d'une vieille coutume, laissons venir, le vrai massage que mes muscles attendent ne devrait pas tarder... cinq bonnes minutes plus tard, les même plo-plo-plo-plo/ta-ta-ta-ta continuent sans laisser prévoir autre chose, quand soudain la masseuse s'interrompt, se penche vers moi et me demande très sérieusement : « *You-me fucky-fucky ?* »... Pour le massage médical, c'était raté !

Nous devions ensuite filmer le sud du pays, et tout un programme avait été organisé pour nous par la suite en Thaïlande... quand un matin, sur le fleuve Han, en sautant dans un pittoresque « bateau-panier » de joncs tressés, que nous avions croisé par hasard sur le cours du fleuve dans le cadre du tournage, j'entendis un étrange craquement, et sentis une sorte de brûlure insupportable envahir ma jambe ; je me raccrochai avec l'énergie du désespoir au bastingage du bateau sur lequel se trouvait l'équipe de tournage, et me hissai comme je le pus, avant d'être terrassé par la douleur : aussi incompréhensible que cela puisse paraître, je venais de me casser la jambe. Notre bateau regagna le port, mes amis me portèrent sur leurs épaules pour traverser le marais, de l'eau jusqu'à la taille, et une ambulance vint me chercher pour me conduire à l'hôpital de Da Nang – qui s'était tristement illustré durant la guerre du Vietnam ; je fus conduit sur la table d'opération, sous le regard de dizaines de curieux pointant le nez à toutes les fenêtres de la salle ; soudain, sans raison apparente, l'action n'avançait plus ; on finit par m'expliquer que l'hôpital ne disposait pas des cinq dollars nécessaires pour acheter le plâtre voulu au magasin du coin ; allongé sur la table d'opération, je fouillai la poche de mon pantalon déchiré dans ma chute, et en tirai un billet : quelques minutes plus tard, j'étais équipé d'un plâtre montant jusqu'à l'aine, et mis le lendemain dans un avion pour Saigon, où je fus installé dans une chambre du Centre du Cœur, un hôpital récemment créé à l'aide de capitaux français. Le hasard voulait que la chambre qui me fut donnée ait été occupée le mois précédent... par Bernard Moitessier ! À la suite du succès extraordinaire de son livre *Tamata et l'Alliance*, dans lequel il racontait longuement son enfance et sa jeunesse en Indochine, un magazine de voile l'avait invité à faire un pèlerinage dans son pays natal ; le voyage avait été émouvant et réussi, mais l'organisme affaibli par le cancer de Bernard n'avait pas résisté à l'hygiène souvent sommaire des villages du Sud Vietnam, et c'est une forme de choléra qui l'avait conduit dans cette chambre ; rentrant en France plus affaibli encore, il ne devait survivre que quelques mois à ce voyage.

De Bernard, j'avais gardé tant d'images, que je revoyais, alors que je gisais, à moitié assommé, dans cette chambre : nos rencontres à Tahiti, et surtout nos journées passées dans l'atoll désert de Souvarov ; et nos retrouvailles, souvent, à Issy-les-Moulineaux où j'habitais, lors de mes retours en France, non loin du lieu où il écrivait son ouvrage. Une de mes dernières rencontres avec Bernard remontait à un jour de décembre : il avait été invité à dédicacer au Salon nautique, sur le stand de la revue *Bateaux*, son livre, déjà devenu un best-seller : pour protéger Bernard, le libraire l'avait isolé dans un petit salon du stand, où lui étaient amenés un à un les acheteurs anxieux de recueillir sa signature ; au bout d'une demi-heure de ce défilé, Bernard, épuisé, avait dû rentrer chez lui. Quelques jours plus tard, une seconde dédicace était prévue, et Bernard, en arrivant, demanda au libraire : « Pas de petit salon caché, mettez-moi en plein stand, devant la foule » ; et là, ce fut comme un miracle, face aux centaines de personnes respectueuses mais enthousiastes qui patientaient pour recevoir sa signature – qu'il prenait toujours le temps d'accompagner du petit dessin d'un voilier sur l'océan – Bernard sembla soudain insufflé d'une énergie inépuisable, il signa durant des heures, porté par l'énergie vitale, l'encouragement mental de tous ces gens qui lui témoignaient leur amour et leur admiration pour lui, sa vie et son ouvrage... et lorsque, à dix-neuf heures, les haut-parleurs annoncèrent la fermeture du salon, Bernard dédicaçait encore avec fougue et bonne humeur !

Tandis que, dans ma chambre de l'hôpital de Saigon, je songeais à Bernard, mon équipe de tournage – c'était la seule fois que je m'étais laissé convaincre de tourner avec deux cadreurs au lieu d'un, ce que je trouvai bien trop compliqué – alla sans moi filmer la région de Nha Thrang, puis Angkor Vat, au Cambodge, car les autorisations de s'y rendre avaient été difficiles à obtenir. Le reste du tournage, la partie consacrée à la Malaisie et à la Thaïlande, fut repoussé à l'année suivante. Moi, je fus hissé à l'aide d'un élévateur à plateaux repas jusqu'à la porte tribord d'un Boeing d'Air France et rapatrié à Paris, où il ne fallut que deux jours pour constater que le plâtrage avait été mal fait, et que, vu ma fracture « en spirale », j'avais à choisir entre attendre des mois avant de pouvoir remarcher normalement et une opération consistant à poser une plaque d'inox sur mon pauvre tibia. Je choisis cette deuxième option, et je dois dire que je fus un peu déprimé quand je me réveillai au terme de l'opération avec à côté de mon lit la radio de ma cheville, montrant à l'échelle un la plaque métallique, et surtout les dix vis inox de 4 mm de diamètre et 40 mm de long, à tête fraisée, la plus grosse taille de vis figurant dans les boîtes de visserie et de pièces détachés de mon bateau... J'avais l'impression d'avoir fait une bêtise en me laissant mettre cette quincaillerie dans le corps pour me dispenser d'attendre quelques mois ; je craignais, alors que le sort souriait à mes films de voyage, d'être incapable dorénavant de les réaliser... mais l'option se révéla bien choisie, et je m'habituai vite à balader avec moi ces morceaux d'acier qui ne déclenchent même pas les détecteurs de métaux des aéroports ! J'avais l'air fin, par contre, dans mon studio au troisième étage d'un petit immeuble qu'on n'atteignait qu'en descendant trois étages de plus par un escalier en plein air ! Un copain me conseilla sérieusement d'avoir recours aux pompiers chaque fois que j'aurais à sortir de chez moi ! Mais j'eus la chance de pouvoir passer quelques jours dans la jolie maisonnette, blottie au fond d'une cour de Boulogne, où Francette s'était installée...

Francette, la femme de mon ami Jean-Daniel, orchestrateur de nombreux de mes enregistrements et compositeur de nombreuses musiques pour mes films, avait été une joyeuse protagoniste de notre vie libre des années soixante-dix, et j'avais toujours gardé avec elle une grande complicité ; depuis plus de vingt ans, nous nous retrouvions parfois à Paris, parfois elle venait, avec ou sans son mari, me retrouver sur le bateau aux Antilles, à La Rochelle ou à Madagascar. Son parcours familial avait été une histoire classique : charmée à l'âge de dix-huit ans par un jeune musicien, elle l'avait accueilli dans son studio, et bien vite s'était trouvée enceinte, à une époque où la contraception était encore peu répandue, et où l'avortement était pratiqué dans des cuisines par des « faiseuses d'anges » : elle avait donc choisi de renoncer à ses études de médecine, d'élever, ce qu'elle fit à la perfection, sa fille, puis la petite sœur qui lui naquit quelques années plus tard ; durant un quart de siècle, elle se dédia assidûment à gérer sa famille, malgré les difficultés à maîtriser les revenus aléatoires et les us et coutumes du monde des musiciens. Ce fut sans doute un parcours superbe, avec des moments de bonheur et des années de déprime ; et puis, vingt-cinq ans plus tard, ses deux filles diplômées de grandes écoles de commerce et embarquées dans leurs propres carrières, la maison vidée, Francette s'était aperçue qu'elle n'avait plus de points communs avec son mari, qu'il était temps pour elle de reprendre une vie qui aurait pu être la sienne si le ciel en avait décidé autrement ; elle s'était séparée amicalement de lui, et était allée vivre dans une petite maison ; il lui fallait trouver un moyen de gagner sa vie, et moi, à la même époque, j'avais dû, pour tourner mes films, créer une petite société que je ne me sentais pas capable de gérer seul. Je lui ai demandé de le faire, ce dont elle s'est acquittée au mieux ; et comme nous étions depuis vingt ans amis-amants, et que nous partagions beaucoup de passions, des voyages aux nombreuses possibilités créatives de l'informatique, sans oublier la musique et la tendresse ... eh bien la vie nous rapprocha progressivement et Francette occupa dans mon existence une place grandissante ; une tendresse de plus en plus profonde nous lia... qui n'a fait que croître au cours des douze dernières années : si nous ne vivons pas à proprement parler ensemble douze mois par an, en particulier en région parisienne où nous habitons chacun notre appartement, nous partageons, outre les joies et les peines des activités de production, de tournage, de photographie, auxquelles elle est totalement liée, le bonheur de séjourner longtemps, en tête à tête, sur *Banana Split*, dans des endroits solitaires, les plus beaux du monde !

Je profitai de ce séjour dans la maison de Francette pour faire avancer le dérushage des parties de films déjà tournées, puis je songeai au tournage du troisième film de ce second groupe : j'avais prévu de le réaliser en naviguant sur le Pacifique, de la Polynésie aux îles Cook, Samoa, Tonga, Wallis, Fidji et Vanuatu, jusqu'à la Nouvelle-Calédonie ; ma jambe réparée mais encore fragile, je m'inquiétais un peu de reprendre la mer seul ; par chance, j'avais fait la connaissance à Paris l'hiver précédent d'un ancien photographe de *Match*, Philippe Bataillard, qui, ayant décidé de changer de rythme, était parti s'établir aux Marquises, où il s'était créé une autre vie, l'avait à son tour trouvée trop prenante, et pensait partir s'installer au Cambodge ; je lui avais confié que le succès de mes films, les efforts que demandaient les tournages et les montages, me privaient du temps nécessaire pour entretenir le bateau : libre comme l'air, Philippe m'avait proposé de s'installer à bord de *Banana Split*, en Polynésie, pour le préparer à mes prochaines traversées ; quand je me cassai la jambe, je lui demandai de m'accompagner, par sécurité, au long de mon périple à travers l'ouest du Pacifique ; photographe, il devint aussi cadreur. Philippe devait par la suite alterner, des années durant, ses séjours à bord de *Banana Split* et au Cambodge, me laissant le bateau en parfait état, prêt à naviguer.

Fin juin 1994, mon pied réparé, je me suis offert le plaisir de me débarrasser de ma dernière béquille... en entrant sur scène lors d'un gala donné à Perpignan. Puis j'ai rejoint le bord en avion, avec une escale aux îles Samoa. Il faut croire que c'était pour moi l'année des accidents, car j'y vécus le moment le plus effrayant et détestable de mes années de tournage : le matin de mon départ, je partis pour l'aéroport à bord du taxi qui m'avait amené les trois jours précédents filmer les plus beaux coins de l'île d'Upolu. Le chauffeur, un vieux Samoan, m'avait bien paru un peu imprudent, passant souvent trop vite, trop près des piétons ; ce matin-là, quand il constata que l'heure de l'embarquement approchait, il accéléra son allure. Alors que, dans une longue ligne droite, nous approchions d'un petit village où, à l'heure de l'entrée à l'école, de nombreux enfants se tenaient sur le bas-côté, je distinguai de loin la silhouette d'une fillette qui se dirigeait vers la route. « Il l'a vue, il va ralentir », pensai-je... quelques secondes plus tard, la fillette était cachée par un groupe d'enfants, et le gars ne ralentit pas... Quand je réalisai qu'il ne l'avait pas vue et lui criai de freiner, il était trop tard, la fillette avait poursuivi son chemin, traversé sans regarder ; les freins bloqués, la voiture dérapa sur ses pneus lisses et, sur la fin de sa trajectoire, heurta la petite, l'éjectant dans le fossé, où je l'entendis immédiatement pleurer de douleur. Blanc comme un linge, je m'apprêtais à sortir de la voiture pour amener tout de suite la fillette à l'hôpital, tant pis si je ratais mon avion... quand le chauffeur soudain se tourna vers moi, aussi livide que moi, et s'écria : « *These people are going to kill us* », « Ces gens vont nous tuer »... Des silhouettes inquiétantes se dirigeaient vers la voiture ; et voilà mon chauffeur qui redémarre, s'éloigne à la hâte du village. « Tu ne peux pas prendre la fuite comme ça ! », lui dis-je, et j'ai exigé qu'il aille directement au commissariat de police du village suivant, où le policier m'expliqua que le chauffeur avait agi sagement, que dans cette île pourtant pacifique les rivalités entre groupes et tribus auraient pu entraîner des conséquences fâcheuses, même pour moi qui n'étais responsable en rien de l'accident. Le policier nous accompagna à l'aéroport, veilla à ce que je prenne l'avion, et quelques minutes plus tard j'étais en plein ciel, sans savoir si la fillette avait été amenée à l'hôpital à temps, ni comment elle se portait. Le soulagement fut immense quand, aux îles Tonga où j'avais rejoint *Banana Split*, on me fit savoir que la fillette était sortie de l'hôpital et que le choc avait été sans gravité !

Débarrassé d'un grand poids, j'ai pu reprendre le voyage, et le tournage, filmant les centaines d'îlots paradisiaques des Tonga et les habitants, agriculteurs, danseurs, notables, et même le roi de ce petit pays des mers du Sud, réunis à l'occasion d'une fête agricole. Nous nous sommes glissés entre deux volcans, dont l'un encore en activité, en quittant les Tonga à destination des Fidji ; nous avons claqué dans nos mains en criant *mbula* au moment de boire le kava lors des traditionnelles cérémonies d'accueil des Fidjiens ; nous avons filmé les temples multicolores des Indiens qui constituent la moitié de la population de l'archipel, les récifs de corail des île Mamanuthas, et les danses des habitants de l'archipel Yasawa. Puis nous avons repris la mer, destination la Nouvelle-Calédonie, que j'atteignais pour la première fois en voilier, et où j'avais choisi de baser celui-ci pour un an ou deux, sous la garde de Philippe, dans la belle marina moderne de Port-Moselle.

La publication du second groupe de trois de mes films n'étant prévue que pour l'année 1995, je passai cependant quelques semaines en France pour mettre à exécution un projet qui me tenait à cœur depuis longtemps : si la photographie, la réalisation de films et l'écriture de livre étaient bel et bien devenus mes activités professionnelles essentielles, je gardais toujours une petite place pour la chanson... Mais pratiquement aucune des quelque trois cents chansons que j'avais enregistrées au fil des ans n'était plus disponible dans les magasins de disques, dont les bacs étaient généralement réservés aux disques assurés d'une grosse vente, ce qui n'était plus depuis longtemps le cas des miens. Je rêvais quand même, sinon d'une « intégrale », au moins d'une compilation d'une vingtaine de titres choisis tant parmi ceux de mes débuts chez

Vogue (*Les Élucubrations, Canelle, Bonjour Salut, Ratata...*) que parmi ceux enregistrés depuis que je naviguais (*Marinheiro, La Motogodille, Touchez pas à la mer*), et quelques autres chansons enregistrées pour Barclay et propriété aujourd'hui d'une autre major, Polygram.

Arriver à concerter ces deux grandes multinationales me paraissant du domaine de l'impossible, j'avais dû avoir recours à une troisième société, Une Musique, émanation de TF1, pour pouvoir réaliser cette compilation, qui fut publiée cet hiver-là. Elle n'eut malheureusement qu'un succès modéré : quinze mille disques vendus me semblaient un chiffre honorable, mais ne constituaient pas un score suffisant pour que la compilation garde longtemps une place « dans les bacs », et elle disparut du marché quelques mois à peine après avoir été créée ; peut-être que, bientôt, le développement d'Internet et du commerce en ligne, s'afranchissant de ces considérations de rendement à tout prix, permettra aux créateurs de faire connaître et survivre leurs compositions sans passer par les grands circuits commerciaux, et d'en vivre raisonnablement sans avoir à courtiser les hit-parades ni à se soumettre aux pratiques commerciales des multinationales. Celles-ci, alors qu'elles pourraient pour des coûts dérisoires « mettre en ligne », proposer à la vente à des prix très faibles, puisque dispensés des frais de pressage, de transport, et des marges des distributeurs, les millions de chansons de leurs catalogues, se contentent pour l'instant de proposer celles qui se vendent beaucoup, négligeant de donner à des milliers d'œuvres une possibilité d'exister, les gardant véritablement en otage : pas étonnant que le public se tourne vers les téléchargement « illégaux », genre P2P !

L'énergie que je consacrai, toujours avec l'aide de Bernard Nové-Josserand, à la promotion de ce disque eut cependant une conséquence extrêmement positive : un jour où j'étais invité par Michel Drucker – qui, revenu dans le « service public », produisait et animait une quotidienne de début de soirée (en bon franglais *access prime time*) intitulée *Studio Gabriel* —, je croisai juste avant l'émission Michel dans le couloir qui dessert les loges du studio, ces loges toutes simples mais qui accueillent depuis tant d'années les plus grands noms du spectacle du monde entier, et lui proposai de lui fournir une fois par semaine pour sa nouvelle émission une « carte postale » de trois minutes, consacrée à une de mes escales ; moins d'un quart d'heure plus tard, la productrice de l'émission, la complice de longue date de Michel, Françoise Coquet, me demandait plus de détails sur ma proposition : pendant près de trois ans, Michel diffusa ainsi les cartes postales que j'extrayais de mes films, me fournissant une présence récurrente et sympathique dans son émission, tout en me permettant de continuer librement mes voyages et tournages lointains !

En ce début de 1995, je regagnai le bord de *Banana Split* pour naviguer en Nouvelle-Calédonie et la filmer, en compagnie de Jeff Huglo, un dynamique touche-à-tout épris de cette grande île depuis des années. Nous avons d'abord exploré les moindres recoins de la merveilleuse île des Pins, puis la Grande Terre, des rivières et cascades du Sud aux étonnantes roches de Hienghène ou aux plages de Poum et de Bourail ; nous avons chevauché dans la chaîne de montagnes qui en occupe le centre, puis nous avons gagné les îles Loyauté, où nous avons été accueillis par les autorités kanak, avons partagé le plat national, le *bougna*, filmé les efforts des planteurs pour cultiver fruits ou bois de santal ; nous avons admiré les plages immenses de l'atoll d'Ouvéa, puis nous sommes retournés sur le « caillou » pour filmer Nouméa. Pour compléter ce film sur l'ouest du Pacifique, nous avons eu la chance de pouvoir nous embarquer sur un voilier bien différent du mien, le *Club Med Two*, immense bateau à cinq mâts qui nous a conduits à Port Vila, Santo, à Mallicolo et à Ureparapara, nous donnant l'occasion de filmer quelques-unes des danses traditionnelles les plus authentiques et spectaculaires de la planète. Dans l'île de Tanna, nous avons escaladé les flancs du volcan Yasur en pleine activité : l'après-midi même de notre visite, deux touristes japonais furent tués par une « bombe » volcanique éjectée du cratère. Le *Club Med Two* étant accompagné dans cette croisière d'un hélicoptère, nous avons pu compléter nos images du volcan par de superbes vues aériennes.

Quand la saison fut de nouveau favorable au tournage qui avait été interrompu par mon accident, l'année précédente, je repartis pour l'Asie du Sud-Est. Cette fois-ci, tout se passe à merveille, et les autorités touristiques à qui j'avais posé un lapin l'an dernier m'accueillent fort bien ; après quelques jours à Saigon pour compléter le tournage au Vietnam, nous visitons Singapour et filmons son extraordinaire zoo et l'île de Sentosa, puis nous montons dans un train de légende, l'Orient-Express, à destination des jolies îles de la Côte malaise, Penang et Langkawi. Puis c'est la Thaïlande, ses îles de rêve, Phuket et surtout Ko Phi, Phi, Ko Samui ; nous quittons un instant le bord de mer pour nous aventurer parmi les temples d'Ayuttaya et même dans le Triangle d'or, à la rencontre des minorités qui vivent dans les montagnes du Nord ; notre tournage se déroule à la perfection, seules nous manqueront des images aériennes, car le régime thaïlandais, à l'époque, ne facilitait pas l'utilisation d'hélicoptères au-dessus de son territoire. Je parviendrai juste à obtenir de l'office du tourisme quelques vues aériennes d'assez bonne qualité prises à bord d'un avion au-dessus de Phuket et de la baie de Phang Nga, avec ses pics remarquables jaillissant de l'eau.

Au Vietnam non plus, il n'était pas facile de prendre des vues aériennes : lors de notre visite du nord du pays, nous avions demandé des mois à l'avance l'autorisation de survoler la baie d'Ha Long ; l'autorisation tarda à arriver... elle nous parvint la veille du jour prévu pour le tournage... et nous étions autorisés à faire le vol... mais pas à filmer ! Le Vietnam, encore sous le coup des longues années de guerre qu'il avait connu, devait être un des pays qui donnerait le plus de difficultés au photographe Yann Arthus-Bertrand quand il réaliserait son fabuleux livre *La Terre vue du ciel*.

Le tournage terminé, je suis retourné passer quelque temps à bord de *Banana Split* à l'île des Pins, qui deviendrait vite une de mes escales préférées, puis je suis rentré en France achever le montage des trois films et réaliser, en m'installant de nouveau quelques semaines à Montpellier, le quatrième album de photos que je publierais chez Gallimard : j'ai loué un petit studio blotti sous les toits ; une verrière s'ouvrait juste au-dessus de mon lit, et, loin de la mer, j'avais l'impression d'être à bord de mon voilier quand je regardais tournoyer dans le ciel immense les milliers de martinets qui survolaient la grande ville.

Mon livre serait consacré cette fois-ci à la cuisine des îles et des pays du soleil : sans être un grand cuisinier moi-même, je suis un fervent amateur de l'infinie diversité des mets nés de l'imagination des peuples des pays lointains, et communiquer ces recettes était pour moi une nouvelle façon de partager les plaisirs du voyage avec le lecteur ; pour compléter les nombreuses photos sur ce thème que j'avais extraites des classeurs, de plus en plus volumineux, de vrais meubles désormais, où je rangeais mes dizaines de milliers de diapositives, j'avais demandé à un ami photographe, Christophe Valentin, lui aussi épris de cuisine et d'exotisme, de mettre en scène chaque plat ; et Josseline, avec qui je conservais une relation amicale et fidèle, précisa, testa et rédigea les recettes : elle se consacrait de plus en plus à la littérature et aux émissions de télévision culinaires, et collaborait depuis longtemps aux prestations des plus grands chefs des chaînes de télévision privée.

Bientôt arriva l'automne 1995 ; le livre et le nouveau coffret de trois films prêts à paraître, c'était à nouveau la saison de la promotion ; j'aurais pu penser que sur la lancée du succès considérable de mes trois premiers films, deux ans plus tôt, tout se passerait en douceur... Une fois encore, je devais constater que l'on ne sait jamais, dans les métiers qui font appel ainsi aux relations publiques, de quelle direction va venir le prochain coup qui vous blessera. Quand Jean-Pierre Foucault m'avait remis les trois « cassettes de platine », le producteur de l'émission, Gérard Louvin, s'était montré intéressé par le projet d'émission que je caressais depuis des années, mêlant images de voyage, interviews, et chansons en duo avec des invités que j'aimais bien ; mais alors que revenait cette période où j'avais besoin d'un passage dans une belle émission de vingt heures trente, la production m'annonça que celle dont nous avions parlé ne pourrait pas se faire. Je serais en revanche le bienvenu dans la grande émission hebdomadaire animée par Julien Courbet pour un duo avec une autre vedette : à moi de trouver laquelle ; je leur proposai mon amie Lio, Pierre Vassiliu, qui s'était décidé à sortir de sa retraite en Provence pour publier une compilation de ses succès. Le programmateur de l'émission balaya dédaigneusement toutes mes suggestions. Un jour, lisant le petit bulletin d'information que la Sacem adresse chaque trimestre à ses sociétaires, je découvris une interview d'un très grand chanteur français, devenu depuis longtemps une immense vedette, et qui racontait qu'il avait débuté sa carrière en chantant les chansons de moi qu'il adorait, *Pourquoi ces canons, Petite fille ne crois pas*, des ballades que j'aimais, même si elles avaient été occultées par le succès frénétique des *Élucubrations*. Et si je lui proposais d'être mon invité dans cette émission ? Il y avait peu de chances qu'il accepte, car son succès était si affirmé, si régulier, qu'il n'avait, lui, aucun besoin d'apparaître dans ces émissions de variétés, et refusait la plupart des propositions qu'on lui faisait parvenir dans le petit village où il vivait toute l'année. Mais la gentillesse de ses propos sur mes chansons, la sympathie qui avait caractérisé nos quelques rencontres me donnèrent le courage de lui envoyer un fax au seul numéro que je lui connaissais ; vingt minutes plus tard, lui que peu de personnes de ce métier parvenaient jamais à joindre, il me rappelait, et acceptait aussitôt, enthousiaste, ma proposition ; il viendrait avec ses musiciens, nous chanterions en nous accompagnant à la guitare un pot-pourri de mes chansons et des siennes, la rencontre serait aussi brillante que celle que j'avais vécue avec Renaud chez Michel Drucker...

J'annonçai l'accord de mon invité aux producteurs de l'émission, qui en furent ravis : ils avaient tant de fois essayé, en vain, de le recevoir ! Les détails pratiques concernant sa participation se mirent en place, la production reçut le détail de la formation orchestrale qui l'accompagnerait ; je m'étais battu, une fois de plus, en compagnie de mon attaché de presse, Bernard Nové-Josserand, pour mettre sur pied un programme de promotion qui donne satisfaction à mes éditeurs : participation à un *Taratata* de Nagui dédié à Enrico Macias, à une émission de Pascal Brunner où, en compagnie de nombreux amis, dont Laurent Gerra et Pierre Delanoé, nous faisions les chœurs d'une chanson dont j'avais écrit la musique, sur un beau texte sur l'amitié écrit pour Patrick Goavec par Pierre Delanoé ; je donnerais aussi une série de conférences à la salle Gaveau, mêlant récits de voyages et chansons ; cette grande émission sur TF1 constituerait le couronnement d'un programme bien fourni par ailleurs. Cet après-midi-là, je rentrai chez moi, soulagé. « Ton programme de fin d'année est au point, détends-toi un peu, maintenant », me suis-je dit, et je me suis installé dans un fauteuil pour répéter l'accompagnement à la guitare des chansons de mon invité que je chanterais avec lui ; je travaillais ainsi depuis deux ou trois heures, quand j'aperçus à l'autre bout de la pièce une feuille enroulée tombée au pied du vieux fax à papier thermique posé au bord de mon bureau : un message qui était arrivé dans la journée. Je posai la guitare, me levai, allai voir de quoi il s'agissait...

« Ni toi ni tes chansons n'y sont pour rien, disait le message de mon prestigieux invité, mais je n'aime pas la philosophie ni les manières de cette chaîne de télévision, qui ne fait rien pour faire découvrir de nouveaux talents ; je ne viendrai pas à l'émission la semaine prochaine. »

Je le rappelai aussitôt, lui disant que s'il souhaitait ne pas venir, je ne lui en voudrais aucunement, mais que son acceptation puis sa défection me mettaient dans le plus grand des embarras vis-à-vis de la production ; m'autorisait-il au moins à leur dire pourquoi il ne viendrait pas ? Il me l'accorda. Quand, perdant totalement la gueule auprès de la production, j'annonçai la nouvelle à Gérard Louvin, celui-ci piqua une colère : depuis une semaine, ses équipes travaillaient à bien accueillir mon invité, il allait en parler à son attaché de presse !

Je ne sais quelles manœuvres souterraines se tramèrent dans les heures qui suivirent : l'agent de relations publiques, un garçon très coté dans le métier, me rappela le lendemain : « Antoine, j'ai tout arrangé avec TF1 et notre ami, finalement, viendra, mais vous ne chanterez que les *Élucubrations* en duo ! ».

J'aurais eu mauvaise grâce, ayant initié toute l'affaire, de me plaindre, même si chanter les *Élucubrations* (que j'avais dans les quelques années précédentes chantées dix fois au moins en duo avec les plus grandes vedettes, d'Enrico Macias à Muriel Robin, Frédéric Mitterand et Renaud) n'avait aucun rapport avec le petit moment magique que j'avais escompté, où nous aurions ressuscité un instant quelques-unes de mes jolies chansons oubliées.

La soirée se passa bien, mon invité était stupéfait de se retrouver à l'antenne de cette chaîne qu'il n'aimait pas, et dont un grand dirigeant avait été mis en examen par la justice la semaine précédente ; le présentateur, Julien Courbet, se montra d'une gentillesse remarquable, et tout le monde sourit... mais nous étions passés, je crois, à côté d'une jolie aventure, qui n'aurait guère de chance de se représenter un jour !

Cette petite blessure d'amour-propre est peu de chose à côté de la galère qui attend les Français dans les semaines qui suivent : en cette fin de novembre et ce début de décembre 1995, la France entière, et plus particulièrement ses grandes villes, est progressivement paralysée par une des plus longues grèves des transports publics de l'histoire. Par une malheureuse coïncidence, je suis très présent, au même moment, sur les ondes de plusieurs de ces radios : l'année précédente, Jacques Chirac a annoncé la reprise des essais nucléaires souterrains à Mururoa, soulevant un immense tollé international, qui a mis à mal le tourisme en Polynésie, première source de revenus locale ; à titre de compensation, les autorités polynésiennes ont obtenu du gouvernement français qu'il finance une grande campagne promotionnelle pour le tourisme à Tahiti sur les radios métropolitaines. Le directeur du tourisme tahitien a mis en concurrence deux grandes agences de publicité parisienne, et reçu quelques semaines plus tard leurs responsables et leurs « créatifs » ; le chef de projet de la première, Havas ou Publicis, prend la parole : « Je propose que nous confiions l'enregistrement des messages de la campagne à Antoine, vrai porte-parole de la Polynésie en France... » Le directeur du tourisme trouve l'idée heureuse, mais attend de connaître la proposition de la deuxième agence... qui lui soumet exactement la même ! La campagne a été programmée pour cette période, les « espaces » réservés, et voilà pourquoi pendant quelques semaines, sur certaines stations de radio, les annonces du type « Trois cent soixante-douze kilomètres de bouchon ce matin » alternent de façon malheureuse avec des messages du genre « Nous retrouvons Antoine dans son lagon bleu au soleil de Tahiti ! ».

La grève est si suivie que les exposants du Salon nautique, qui ouvre bientôt ses portes, s'inquiètent : comment les amateurs de bateau vont-ils parvenir jusqu'aux pavillons de la Porte-de-Versailles ?... Et pourtant, les événements confirment une fois de plus que c'est en période de crise que l'envie d'évasion est la plus forte : même s'il leur faut des heures pour y parvenir, les allées du salon se peuplent, peut-être plus encore qu'à l'habitude, de visiteurs venus rêver à la vue de tous ces bateaux, et mes dédicaces sur le stand de Gallimard sont un nouveau succès, couronnant le succès, comparable à celui du premier, du deuxième groupe de trois films.

Avant de m'attaquer au tournage des suivants, je décidai d'aller passer près de trois mois sur *Banana Split*, et regagnai l'île des Pins, où j'aimais rester seul des journées entières dans un mouillage que j'avais découvert, dans la baie d'Oro, sous le vent d'un petit îlot, posé à marée basse sur un banc de sable ; j'y ai repris des forces après mes mésaventures, emmagasinant des heures de soleil, écrivant, travaillant aux versions étrangères de mes films, photographiant la beauté de la nature qui m'entourait, les grands pins colonnaires – c'est à leur vue que le capitaine

Cook avait donné son nom à l'île –, les bancs de sable de Nokanwhi, les coraux foisonnants de poissons multicolores ; une ou deux fois seulement, en cette saison d'été austral sujette aux cyclones, deux alertes me forcèrent à aller me réfugier dans la baie de Kuto, mieux abritée par vents d'est, mais je pus vite regagner mes mouillages tranquilles, et y reprendre ma vie solitaire. Je nageais des heures, faisais de grandes balades, rencontrais les Kunié, les habitants de cette île, dont on dit à juste titre qu'elle est « la plus proche du Paradis ». Bien installé dans le petit appartement flottant que constituait mon catamaran, j'utilisais aussi beaucoup mon ordinateur portable pour écrire, choisir des photos, travailler musique et images... mais aussi, pour me détendre, en jouant à quelques jeux d'aventure et de réflexion ; l'un d'eux reposait sur des énigmes si ardues que j'avais parfois besoin d'aide : j'allumais l'émetteur-récepteur VHF et, *via* la station de radio côtière de Nouméa, je demandais à Francette, restée à Paris, de me trouver ce qu'on appelle des « soluces »... c'est ainsi qu'un soir tous les bateaux présents dans un rayon de quelques milles purent m'entendre demander : « Dis donc, qu'est-ce que je fais du cadavre du cosmonaute ? Il faut que je le sorte du cratère ou que je fouille ses poches ? »

Une seule fois je quittai la paix de l'île des Pins pour m'amarrer quinze jours dans la marina de Nouméa : cette fois-ci, ce sont les responsables du tourisme calédonien qui avaient été séduits par notre film sur leur île, et ils m'avaient demandé d'en réaliser une version plus courte, un peu plus axée sur le tourisme, qu'ils diffuseraient dans les salons du tourisme du monde entier ; avec Jeff Huglo, nous avons réalisé ce montage, qui serait présenté pour la première fois quelques mois plus tard au Salon Top Resa de Deauville : émus après avoir découvert nos images, les Néo-Calédoniens qui avaient été invités à cette première me firent un des plus beaux compliments qui aient jamais été accordés à ces films : « On vit en Nouvelle-Calédonie depuis toujours... et on ne savait pas que c'était aussi beau ! »

9

UN TOUR DU MONDE POUR DOUZE FILMS (2.) (1996-2000)

Alors que *Banana Split* m'attend en Nouvelle-Calédonie, j'entame la réalisation du troisième coffret de trois films par un tournage consacré... aux îles de France ; nous filmons en avril celles au large de la Provence, à bord de la reproduction exacte de mon catamaran, un cat flotteur aussi jaune que le mien, baptisé *Diabolo Citron*, que son propriétaire a bien voulu mettre à ma disposition pour le tournage. Puis nous partons pour la Corse... et y sommes accueillis par un temps détestable, qui nous oblige à ajourner le tournage ; enfin la météo s'améliore et nous filmons les moindres recoins de la côte ouest de l'île d'une bonne partie de mon enfance, du cap Corse aux îles Lavezzi, avant d'aller filmer les montagnes du centre, le village de mes ancêtres, les torrents de la Restonica, la citadelle de Corte ou les somptueuses aiguilles de Bavella. Alors que nous ramenons le bateau qui nous avait servi pour le tournage (un catamaran prêté par l'ami Jean-François Fountaine et par un loueur de Calvi), nous bénéficions d'une journée si parfaitement ensoleillée que nous en profitons pour visiter à nouveau au pas de course, pour les filmer cette fois-ci dans une lumière idéale, toutes les escales faites à l'aller. Je prévois de ne tourner qu'à la fin de l'été l'autre partie de ce film, consacrée aux îles de La Manche, de Bretagne et de l'Atlantique... Je rejoins *Banana Split* à Nouméa. Si je vous rappelle que pour compléter les zigzags que je trace, ces années-là, sur la planète, je fais souvent des séjours en Polynésie pour y passer du temps avec mes enfants, vous comprendrez une fois encore que je ne me rappelle parfois plus sur quel océan je me trouve !

Cette fois-ci, la saison est favorable pour contourner l'Australie, et je largue les amarres de *Banana Split* pour un voyage en solitaire de 5 000 milles au cours duquel je filmerai la côte australienne, mais également des petites îles de l'océan Indien appartenant à ce pays, et qui m'avaient beaucoup plu lors de mon premier passage à bord d'*Om*, en 1978.

En quelques années, la petite ville de Cairns, dans la Grande Barrière de corail, est devenue une importante destination touristique, mais le nord-est de l'Australie, jusqu'au cap York, reste une sorte de « frontière », le bout du monde ; j'y retrouve, installés en pleine nature, au bord d'un fleuve, des gens que j'ai connus dix-huit ans plus tôt, dont Jim, un Américain qui, en 1978, construisait un voilier à Cairns ; je l'avais aidé à obtenir un prix réduit sur un capot de pont qu'il avait commandé chez Goiot, en France, et, trop fauché, il s'était trouvé cette année-là dans l'impossibilité de me rembourser le montant de la commande que j'avais avancé. Un an plus tard, arrivé à Madagascar, je reçois de lui une lettre adressée à la poste restante de Diego-Suarez, et dans laquelle, pour se faire pardonner, il avait glissé... un joint ! Heureusement que personne à la poste ni aux douanes malgaches n'avait été intrigué par l'épaisseur de l'enveloppe : cette petite plaisanterie, bien anodine dans un pays moderne et libéral comme l'Australie des années 1970, aurait pu avoir pour moi de fâcheuses conséquences dans un pays du tiers-monde ! Et voilà qu'en cette année 1996, où je retrouve par hasard Jim sur le bord du fleuve, son bateau depuis longtemps terminé ancré à faible distance de sa jolie petite maison, il sort d'un tiroir et me tend, sans me laisser le loisir de refuser... avec dix-huit ans de retard, le montant du prix d'achat du fameux panneau de pont !

Je longe la grande barrière de corail, jetant l'ancre le soir sous le vent d'îlots plantés d'aloès : on raconte que jadis on y plantait des cocotiers pour venir en aide à d'éventuels naufragés, nombreux dans cette région truffée de récifs ; on y plantait aussi des aloès afin que les naufragés puissent en utiliser la longue tige, la hampe portant les fleurs, pour faire tomber les noix de coco... Au fil des années les aloès ont étouffé les cocotiers.

Je contourne le cap York, traverse le golfe de Carpentaria, et j'atteins le port de Gove, où de nombreux bateaux font escale, avant d'aller affronter un passage étroit entre deux îles, le « Trou dans le mur », agité de très violents courants ; au mur du yacht-club de Gove, on a épinglé une carte détaillée du passage et toutes les indications nécessaires : l'auteur conseille de franchir le passage à l'étale de courant, et ajoute : « Si vous passez avec le flot, vous y arriverez sans doute, mais vous devrez certainement prévoir un changement de sous-vêtements à la sortie ! » Élégant, non ?

La région est la propriété des aborigènes, les premiers habitants de l'Australie : il a y a huit mille *abos* dans les environs. Le spectacle le plus impressionnant est ici sans conteste le très long tapis roulant, vingt, trente kilomètres, qui ronfle au travers des eucalyptus, apportant la bauxite vers les immenses installations du port des minéraliers.

Plus à l'ouest, je contourne les îles Bathurst et Melville, où avait fait naufrage un couple venu d'Indonésie sur un voilier en bois ; le récit de leurs ennuis, loin d'être terminés lorsqu'ils furent à terre, puisqu'ils se sont retrouvés dans une partie déserte de l'île, et qu'ils ont dû finir par se sauver sur un radeau de fortune pour enfin être récupérés en mer, était le sujet d'un livre de la défunte collection « Mer » aux éditions Arthaud, *Croisière cruelle.*

Où trouve-t-on des îles et des caps nommés Bougainville, Borda, Lamarck, Lacepède, d'Arcole, de l'Institut, et un golfe Joseph-Bonaparte ? En Australie du Nord-Ouest, bien sûr ! C'est une région que j'ai parfois songé à visiter, au vu d'une photo aérienne d'une île de l'archipel qui m'avait semblé aguichante... mais voilà, dans cet archipel, on ne se baigne pas, à aucun moment de l'année, nulle part, parce que c'est plein de crocodiles, et en été plein, en plus, de *box jelly fish*, méduses mortelles, qui font qu'on ne peut se mettre à l'eau qu'à l'intérieur de filets ! Quel plaisir !

Après une escale à Darwin, je traverse la mer d'Arafura, effleurant quelques îlots arides, passant d'immenses pirogues à balancier venues d'Indonésie et occupées par des dizaines de pêcheurs : de quoi donner des frayeurs aux Australiens qui redoutent l'immigration clandestine ! Puis je fais escale à Christmas, une île en train de renaître : longtemps consacrée à l'exploitation industrielle des phosphates, dont elle regorge, l'île a récemment été classée parc naturel, et ses paysages sont magnifiques ; après l'arrêt de l'exploitation minière, on y a construit un hôtel de très grand luxe, flanqué d'un casino, afin d'attirer la riche clientèle indonésienne venue de Djakarta, où les casinos sont interdits.

Je reprends ma route vers l'ouest, et l'alizé se précise de plus en plus ; en naviguant, je me pose des questions passionnantes, du genre : « Est-ce que les poissons volants ferment les yeux quand, au terme de leur vol plané, ils se crashent dans une vague ? » (Les poissons ont-ils des paupières, d'ailleurs ?), ou bien : « Quel est l'équivalent en mégatonnes de la puissance de ce vent qui souffle si régulièrement sur de si vastes étendues ? Sans parler de la puissance incommensurable des tonnes d'eau qu'il agite ! »... J'ai parfois la sensation d'être en train de chevaucher le bord extrême d'une explosion nucléaire et de compter sur elle pour m'emporter où je veux aller.

Au bout de quelques journées un peu agitées, je retrouve le merveilleux atoll des Cocos : les Australiens ne plaisantent pas avec les règlements, ici non plus, pas question même de se mettre à l'eau pour nager avant d'avoir terminé ses formalités d'entrée ; mais quelle belle escale, dans le mouillage parfait de Direction Island ! Au bord de la plage magnifique de cette île déserte sous le vent de laquelle s'abritent cinq ou six voiliers voyageurs en escale, on a érigé... une cabine téléphonique alimentée par un panneau solaire ; j'y passerai des heures, pour commander des pièces de rechange pour mon système de barre qui a rendu l'âme à l'entrée de l'atoll, et pour organiser mes prochains tournages, en Bretagne, à la Réunion et à l'île Maurice, mes prochains montages, et même pour converser avec Michel Drucker et Françoise Coquet, qui m'ont laissé un message et souhaitent me voir dès mon retour à Paris !

J'irai rendre visite aux îles habitées de l'atoll, et au « roi des Cocos », descendant d'un riche planteur qui avait reçu l'atoll en cadeau de la reine Victoria, et qui avait installé ici des centaines de travailleurs venus de Malaisie, sur lesquels il régnait de façon débonnaire. L'Australie, ne pouvant supporter plus longtemps cette sorte de monarchie sur son territoire, a fini par racheter pour six millions et quart de dollars l'atoll entier au roi des Cocos. Tout cet argent (quatre millions d'euros) a été perdu dans des investissements maritimes fâcheux.... maintenant Johnny n'a plus aucune envie de retourner à Oceania House, la riche maison familiale, qui tombe en ruines, il vit dans une baraque de West Island, où sa femme tient une minuscule boutique de T-shirts...

Une série de petits problèmes techniques m'ont retardé : on m'attend début septembre en France pour la suite d'un tournage ; je me vois contraint de renoncer à la suite de la traversée de l'océan Indien, c'est mon ami Philippe qui, délaissant un instant son refuge cambodgien, arrive un matin aux îles Cocos, minuscules, et pourtant régulièrement reliées à Perth et à Singapour par avion : il conduira *Banana Split* jusqu'aux Maldives et l'ancrera, comme *Om* près de vingt ans plus tôt, dans le lagon de Farukolufushi, où l'emploi du temps de l'année à venir ne me laissera pas le loisir de lui faire plus de deux ou trois courtes visites.

De retour en France, je m'embarque sur un autre catamaran pour aller filmer les îles des rivages de l'Atlantique, de l'île de Ré et l'île d'Oléron jusqu'à l'île d'Yeu, Belle-Île-en-Mer et les îles de Bretagne : nous bénéficions cet automne d'un temps particulièrement clément, et les images tournées sont spectaculaires, aux Glénan, et sur les îles de Sein, d'Ouessant et de Molène ; notre tournage *Îles de France*, commencé en Provence par une courte navigation sur le *Belem*, le voilier ancien du père Jaouen, s'achève par une petite croisière sur une bisquine traditionnelle, la *Granvillaise*, au large du Mont-Saint-Michel.

Suite à l'accueil favorable réservé par les spectateurs de son émission aux « cartes postales » que je lui envoie, Michel Drucker m'a demandé de lui rendre visite au studio Gabriel ; là, il m'a proposé d'animer avec lui une série de trois grandes émissions de vingt heures trente intitulées *Faites la fête au bout du monde*. Cela représentera bien sûr plus de travail et exigera une présence plus grande de ma part que la simple diffusion des extraits de films, mais comment refuser une offre si prestigieuse ? Dans les douze mois qui suivront, nous nous retrouverons à plusieurs reprises, pour une fête extraordinaire, réalisée avec les moyens que donne une telle production : pour la première émission, Michel a fait construire un superbe décor exotique, avec faux cocotiers, plages et lagons bleus peuplés de jolies filles en bikini, fait venir de Tahiti une troupe de danseuses et de musiciens, et même réalisé une reproduction en trois dimensions, presque grandeur nature, de mon bateau, qui trône au milieu du plateau.

L'émission reçoit un grand nombre d'invités, dont mon amie de toujours, Lio, qui vient de publier un nouvel album dont une des chansons, *Idylle à Vera Cruz*, me plaît beaucoup ; je propose à Michel de réaliser une petite carte postale sur cette chanson, mettant en scène Lio dans un pays exotique ; par pure coïncidence, Lio, peu avant le tournage de l'émission, passe ses vacances près de Bahia, Salvador, au Brésil : elle accepte de me consacrer une journée de tournage, et je la rejoins en compagnie de Jean-Michel, le cadreur qui participe cette année à tous mes tournages. Lio est en pleine forme, elle passe une semaine sur une magnifique plage déserte du nord de Bahia avec ses enfants et le père de l'un d'entre eux ; je l'emmène visiter la vieille ville de Salvador, le *mercado modelo*, où elle se déguisera en jolie Bahiane, tout en dentelle blanche, et nous sillonnons les rues du Pelourinho, le beau quartier ancien qui compte des centaines d'églises. Nous filmons, en nous amusant, nous engageons dans de plus petites ruelles ; soudain un jeune gars qui faisait l'andouille dans la rue, mimant les mouvements de la capoeira avec un bâton, le plante dans les côtes de Lio ; celle-ci ne se démonte pas, empoigne le bâton, et en donne en riant un petit coup symbolique sur la tête du gars ; tout le monde s'esclaffe, quand un type à l'air louche, qui pense sans doute pouvoir retirer un bénéfice de l'affaire, se met à crier au meurtre, appelle un policier avec lequel il est sans doute de mèche, lui jure que nous les avons attaqués sauvagement. Le policier embarque Lio et le cadreur dans sa voiture pour les emmener s'expliquer au commissariat ; la fréquentation des commissariats de police du tiers-monde, même quand on n'a absolument rien à se reprocher, est une chose qu'il vaut mieux éviter, mais, comme je parle couramment brésilien, je propose d'accompagner Lio et je prends la place du cadreur dans la voiture de police ; et nous voici partis au travers de la ville immense jusqu'à une brigade criminelle perdue dans un quartier lointain ; je commence à m'inquiéter sérieusement, d'autant que le bonhomme, embarqué dans la voiture de police avec nous, continue à prendre le ciel à témoin de notre vilenie ; enfin nous atteignons, de plus en plus inquiets, les locaux de la police... où nous avons la chance de tomber sur un commissaire principal qui flaire tout de suite l'embrouille quand le gars lui saute dessus, nous accusant de tous les vices, exigeant qu'on nous jette tout de suite en prison ! « Vous, calmez-vous, lui dit-il, ou c'est vous que je vais mettre en prison ! » ; puis il se fait expliquer calmement la mésaventure, avant de nous laisser repartir ; mais il a tout de même fallu passer deux heures à faire une déposition avant de pouvoir reprendre notre tournage, qui devait nous conduire dans la jolie île d'Itaparica, non loin de la cascade du Tororò où j'avais fait de longues escales, quatorze ans plus tôt, sur *Voyage*.

Cette « carte postale » au tournage riche en péripéties fut diffusée quelques jours plus tard dans l'émission *Faites la fête*, avec une quinzaine de minutes d'extraits de mes films, en compagnie des invités de Michel, dont beaucoup d'amuseurs publics comme Bigard ou le regretté Élie Kakou, et bien sûr Laurent Gerra. L'émission, où Lio et moi chantions ensemble – avec une fougue qui m'éblouit moi-même quand je regarde l'enregistrement – un pot-pourri de *Banana Split* et des *Élucubrations*, avant de nous marier à la mode tahitienne, portés sur une sorte de trône sur les épaules d'athlétiques danseurs tahitiens – fut le premier grand succès d'une série qui devait récolter au cours de l'année suivante de très bonnes notes d'audience.

Quelques jours avant le tournage, une soirée extraordinaire : j'avais reçu un coup de téléphone personnel de Laurent Voulzy, que j'avais croisé de temps en temps depuis notre première rencontre chez RCA quand il débutait, et dont j'admirais bien sûr la carrière très libre et la chance qu'il avait de pouvoir se contenter d'enregistrer un album tous les cinq ou dix ans ! « Salut Antoine, me dit-il. Je te demande le plus grand secret sur la raison de mon appel[1] : tu connais bien sûr Monique Lemarcis, productrice depuis vingt ans de grandes émissions de radio sur RTL et d'émissions de télévision, et qui s'est toujours dédiée à la défense de la chanson française, à une époque où tant de médias la négligent et lui préfèrent l'information, les jeux, les débats. » Je connaissais et appréciais évidemment cette femme modeste, pas du tout show business, qui avait fidèlement appuyé mes chansons, les diffusant même longtemps après mon départ sur la mer. « Elle quitte RTL ce mois-ci pour prendre sa retraite, et je voudrais lui organiser une belle soirée, une surprise, avec beaucoup de chanteurs et de chanteuses. Pourrais-tu être des nôtres ? » J'acceptai, bien sûr, même si une séance de photographies promotionnelles prévue ce soir-là avec Michel Drucker et de jolies danseuses tahitiennes devait me faire arriver en retard au lieu de rendez-vous, chez Ledoyen, un très grand restaurant des Champs-Élysées, tout proche du studio Gabriel.

1. Dix ans plus tard, je pense qu'il y a prescription !

Le soir prévu, un ami, célèbre producteur, Georges Marie, avait invité Monique Lemarcis à dîner dans un restaurant proche ; il alla la chercher chez elle, et, passant « par hasard » devant chez Ledoyen, il se gara, lui expliquant qu'il devait, avant leur dîner, dire un mot à un ami qui se trouvait là ; il l'invita à l'accompagner. L'affaire avait été bien mise au point : il fit entrer Monique par l'arrière du restaurant, la conduisit devant une porte, l'ouvrit ; ils entrèrent dans une salle plongée dans l'obscurité ; soudain une flamme s'allume, celle d'un briquet, éclairant un visage, et elle reconnaît Francis Cabrel ; un autre briquet aussitôt illumine le visage de Renaud, d'autres flammes révèlent ceux de Sylvie Vartan, de Guy Béart, de Sacha Distel, de Véronique Sanson, Hugues Aufray, Carlos, Johnny Hallyday, Serge Lama, Jacques Higelin, France Gall, Adamo, Sheila, Michel Sardou... ils sont près de cent à avoir répondu à l'invitation de Laurent Voulzy, qui a téléphoné personnellement à chacun d'eux ! Les lumières se rallument, et Monique, complètement effondrée d'émotion, en larmes, découvre encore Eddy Mitchell, Julien Clerc, Jean-Jacques Goldman, Catherine Lara, Zazie, Maxime Le Forestier, Vanessa Paradis, Régine, Michel Fugain, Yves Simon, Michel Jonasz... Aucun journal n'a publié, à ma connaissance, la photo qui fut faite ce soir-là de ce « plateau » prestigieux, qu'aucune chaîne de télévision, aucun producteur de spectacle n'aurait jamais rêvé de rassembler : la photo, comme la soirée, était réservée à Monique Lemarcis. La particularité la plus extraordinaire de cette soirée, c'est que dans les coulisses d'un music-hall, dans une manifestation promotionnelle, soirée de gala, festival ou autre, chaque vedette de la chanson est toujours accompagnée d'au moins un secrétaire, agent artistique, manager, imprésario, producteur ou attaché de presse, ou de sa compagne, son épouse, son mari... Laurent avait demandé et obtenu de chacun des chanteurs invités qu'il vienne absolument seul, et dans ce salon doré du grand restaurant il n'y avait *que* des chanteurs et des chanteuses, pas non plus le moindre journaliste, le moindre animateur télé : à la table où j'étais assis, il y avait Jean-Jacques Goldman, France Gall, Dick Rivers, Didier Barbelivien, Robert Charlebois (venu du Québec exprès), Jacques Higelin, Vanessa Paradis, et personne d'autre...

Après le dîner, quelques-uns des chanteurs invités avaient décidé de faire un petit « bœuf » en l'honneur de Monique Lemarcis. Les musiciens de Johnny s'installent sur le podium autour duquel tout le monde se rassemble, et commencent à jouer en boucle l'intro de *Toute la musique que j'aime*. Soudain j'ai une idée, et je la glisse à l'oreille de Johnny, qui l'apprécie, ou qui l'avait eue aussi, car il bondit sur scène, empoigne le micro et démarre aussitôt, résumant la pensée de tous les chanteurs présents : « Toute la Monique que j'aime »...

Les nouvelles du succès d'audience de notre *Faites la fête au bout du monde* nous sont parvenues à l'île de la Réunion, quelques jours plus tard, alors que nous étions en train de compléter le tournage de mon deuxième film sur l'océan Indien : dans cette île, comme à l'île Maurice, j'avais décidé de me rendre sans mon catamaran, car ni l'une ni l'autre ne constituent de bons terrains de croisière : les mouillages y sont peu nombreux. Mais ces deux grandes îles spectaculaires, si proches et pourtant si différentes, méritaient une place dans ma collection des plus belles îles du monde. Royalement accueillis par la direction du tourisme mauricien, qui s'y entend à faire connaître et apprécier son île, devenue une des plus importantes destinations touristiques du monde grâce en particulier à l'accueil chaleureux des Mauriciens, nous avons pu filmer aussi bien les merveilles naturelles, comme les nénuphars géants *Victoria Regia* du jardin de pamplemousses, les terres colorées de Chamarel et les lagons bleus du Nord, que les traditions colorées de cette terre où cohabitent en paix chrétiens, musulmans, hindouistes et bouddhistes ; nous avons aussi rendu hommage aux structures touristiques particulièrement riches : dans mes films, j'ai toujours aimé citer quelques hôtels, pensions de famille ou palaces, des lieux qui ont chacun une histoire, petit hôtel de huit chambres construit dans une île des Seychelles par un industriel français qui avait décidé de quitter le succès de sa vie parisienne pour s'installer au bout du monde, palace légendaire de Singapour ou de Québec : il ne s'agit aucunement, comme on me l'a parfois gentiment reproché, de publireportages ou de publicité clandestine : si je cite des lieux réels, où le spectateur peut s'imaginer se rendre un jour, c'est pour faire de la vision d'un de ces films une expérience plus concrète, en tout cas plus réalisable, qu'un reportage sur un lieu inaccessible.

Nous avons achevé notre tournage sur l'île Maurice – et sur sa petite voisine, l'île Rodrigues, que j'avais découverte cinq ans plus tôt lors de mon tour du monde en quatre-vingts jours, et que je tenais à voir figurer dans ce film-ci – par un survol de Maurice en hélicoptère ; puis nous avons gagné l'île de la Réunion, où un autre hélico nous a emmenés au travers des ravins abrupts et des vallées étroites qui découpent le cœur de cette île « intense », découvrant des cascades vertigineuses, des forêts inviolées, et, au sud, dominant les côtes battues par la houle du « Sud sauvage », le cratère de la Fournaise, un impressionnant volcan en activité.

Sans quitter l'océan Indien, j'ai regagné le bord de *Banana Split*, aux Maldives, emportant avec moi une grosse caméra numérique louée : j'avais dû obtenir une autorisation spéciale du gouvernement maldivien, qui surveille de près le moindre tournage réalisé dans cet archipel, pour pouvoir filmer ces îles que je connaissais depuis près de vingt ans ; il a même fallu que j'embarque sur *Banana Split*, pour la durée du tournage, un jeune militaire maldivien chargé de contrôler tout ce que je filmerais : si le tourisme a pris une importance grandissante dans les îlots de trois des atolls maldiviens les plus proches de la capitale, Malé, ceux de Malé Nord, Malé Sud et d'Ari, le gouvernement maldivien préfère interdire aux visiteurs les autres atolls de l'archipel, dont la population vit encore selon les préceptes d'un strict islamisme. J'avais retrouvé un autre copain, également prénommé Philippe, qui lui aussi avait un jour tout quitté de sa frénétique vie parisienne : il s'était installé dans une île lointaine de cet archipel, et, pour pouvoir se marier avec une jeune Maldivienne, il avait dû se convertir à l'islam, choisissant de se faire appeler dorénavant Mohammed Ali ! Je l'invite à embarquer quelques jours sur le bateau, où il s'improvisera cadreur pour quelques plans. Après des années passées dans un petit village qui respecte des principes très stricts, ça ne lui déplaît pas de boire de temps en temps – avec modération ! – un pastis ou un petit rhum, ce qui est exclu aux Maldives, sauf dans les établissements touristiques. Notre cerbère, le gentil militaire maldivien, nous regarde d'un air pensif, et continue à surveiller tout ce que je filme ; je lui demande un jour : « Mais enfin, qu'est-ce que je ne dois pas filmer ? »... il n'en a pas la moindre idée ! Un autre jour, avec lui, nous nous hasardons à parler religion, il est stupéfait quand je lui dis que je ne crois pas en Dieu, en tout cas ni en celui des Occidentaux, ni en celui des Maldiviens ; il s'écrie : « Mais Dieu existe forcément, il faut bien qu'il existe, pour avoir créé toutes ces choses qui nous entourent, comme... », il regarde autour de nous, avise la belle et coûteuse caméra numérique : « ...comme cette caméra », ajoute-t-il... À quoi je réponds en rigolant qu'à mon avis, cette caméra, Dieu n'y est pas pour grand-chose, que c'est Sony qui l'a faite ! Il est surpris aussi, dans un des clubs de vacances où nous allons filmer, de voir de jolies touristes qui ont « enlevé le haut », et même, dans des coins isolés, le bas, ce qui est devenu en quelques années interdit aux Maldives... Ah, il est loin, le temps où, en 1979, au Club Nature, nous vivions nus si nous le souhaitions sans que personne n'y trouve à redire !

Ces îles sont si belles que nous n'avons aucun mal à emmagasiner en quelques jours de belles images, plages, cocotiers, mais aussi villages, sourires des enfants, retour des pêcheurs au port de Malé, leurs *donhis* chargés de thons. Pourtant nous ne parvenons pas à tourner d'images aériennes : les seuls jours où un des gros hélicoptères russes qui servent à emmener les touristes jusqu'à leurs hôtels est disponible, le temps ne se prête pas à la photographie aérienne. Le jour de mon départ, je suis résolu à me passer, à regret, de vues aériennes. À l'aéroport, alors que je me dirige vers le comptoir d'enregistrement, je remarque un gars poussant sur son Caddie se qui semble bien être un trépied de caméra et une Betacam... Chance inouïe, c'est une équipe de réalisation allemande qui vient de tourner un documentaire sur les Maldives et qui, ayant eu plus de veine que moi, a pu filmer les atolls si caractéristiques des Maldives du haut du ciel... Dès mon retour, je contacte la maison de production, qui accepte de nous vendre les « images additionnelles » qui nous manquent, magnifiques.

Lorsque j'ai attaqué le tournage du troisième groupe de trois films de ma collection, j'ai réfléchi à ma relation avec Claude Carrère, à qui je ne reproche rien de particulier : il s'est toujours conduit parfaitement honnêtement avec moi, et son poids dans la profession a apporté un véritable gage de sérieux à mes productions ; mais je ne suis pas homme à rester associé longtemps à quelqu'un d'aussi différent de moi, et je préfère reprendre mon indépendance : Claude, par exemple, ne croit pas du tout à la possibilité de faire connaître ces films hors de France, alors que j'en suis fermement convaincu ; Lucien a organisé un déjeuner, et Claude a accepté sans problème de mettre fin à notre collaboration, et de me revendre la part qu'il possède dans nos trois premiers films. Redevenu seul maître de mes productions, j'ai choisi cette année-là de les présenter à un salon mondial de la télévision, qui se tient à Cannes, le Mip TV. Nous y recevons des représentants de chaînes de télévision du monde entier, et certains sont intéressés par nos films, qui seront diffusés dans des pays très variés, traduits en espagnol, en allemand, en italien, même en hébreu ! Un jour où j'étais parti, au travers de l'immense Palais des festivals, à la recherche parmi la foule du stand d'un producteur allemand dont les films me plaisaient, je m'étais arrêté un instant au croisement de deux allées, pour demander mon chemin. Soudain, du stand devant lequel je me trouvais, monte un grand cri : « Antoine », avec un fort accent américain, « *I've been looking for you for two years !* » C'était un jeune Américain exubérant, Harry : « Il y a deux ans que je vous cherche, parce que j'ai vu vos films ! J'ai appelé Carrère, mais personne ne m'a répondu ; je voudrais distribuer vos films aux États-Unis. » Amoureux des îles Hawaï, il avait retrouvé dans mes films des paysages semblables à ceux qu'il aimait, et cela lui avait suffi ! Sous l'égide d'Harry, neuf des films de la série devaient dans les années qui suivraient être diffusés sur le Travel Channel, la chaîne des voyages du prestigieux Discovery Channel.

Notre participation au Mip nous avait aussi amenés à nous pencher sur une nouveauté qui m'intriguait et me tentait depuis quelque temps déjà : l'Internet ; je venais de souscrire à ma première connexion, je découvrais ce monde extraordinaire, encore à ses balbutiements en 1997, toutes ces pages d'information en ligne, le monde entier à portée de main : c'est à cette époque qu'avec Francette, déjà totalement passionnée par ce nouveau mode de communication, nous avons fondé les bases de notre site web [1], qui fêtait en 2007 ses dix ans, chose encore peu courante dans le domaine de l'Internet ! Rapidement, ce site s'enrichirait de centaines, puis de milliers de pages, de photographies, d'un forum mettant en relation les amoureux des voyages. Je devais même, bientôt, traduire moi-même la plus grande partie des pages en anglais et en italien.

Le Mip terminé, pour le tournage du dernier des trois films je réalise un vieux rêve : je vous ai raconté qu'avant de partir en bateau j'ai eu une passion pour l'aviation individuelle, et que j'ai passé ma licence de pilote d'avions monomoteurs ; au fil des années, la passion pour le voilier a pris le dessus, et je n'ai presque plus piloté ; pourtant, chaque fois que je montais dans un petit avion, au Botswana ou à Madagascar, je repensais à un vieux projet : partir faire un grand voyage, un tour du monde peut-être, en monomoteur, me posant sur des terrains de campagne, comme au temps des pionniers de l'aviation. Cette année, pour filmer l'archipel des Grandes Antilles, c'est-à-dire le chapelet d'îles (bien plus vastes que les Petites Antilles) qui s'égrène au nord de la mer des Caraïbes, Porto Rico, Saint-Domingue, Haïti, Cuba, je choisis de me déplacer, non en bateau, mais à bord d'un petit Cessna, que nous avons loué à l'aéroport de Fort Lauderdale, en Floride ; pour nous accompagner dans ce tournage et pour filmer notre avion lorsqu'il survole ces paysages grandioses, j'ai la chance de pouvoir enrôler un personnage légendaire, un grand aviateur, Krov Menuhin, fils du célèbre musicien Yehudi Menuhin, qui vit aux Bahamas et possède son propre Cessna ; pendant trois semaines, nous braquerons notre caméra sur les plus beaux paysages de cette région des Caraïbes, les lagons et les vastes passages des îles Vierges, les villes et les riches bâtiments qui témoignent, à San Juan ou à Santo Domingo, de l'antique prépondérance hispanique sur l'archipel ; l'étonnante Haïti, semblable à une autre planète, les couleurs parfaitement irréelles des eaux qui entourent les Bahamas. Nous n'avons pas pu nous rendre à Cuba avec nos avions : immatriculés aux États-Unis, ils auraient eu de grosses difficultés au retour en Floride. Mais nous avons tout de même réussi à embarquer le cadreur sur un vieil Antonov ou un antique hélicoptère russe pour prendre aussi des images aériennes de l'île de Fidel.

Dès que je rentre à Paris, tout se bouscule ; outre les mois que je dois consacrer au montage des trois nouveaux films, outre la préparation, les

1. www.antoine.tv

répétitions et le tournage de trois grandes émissions avec Michel Drucker, de nouvelles portes s'entrouvrent, dans l'enchaînement des succès, et il m'est parfois difficile de refuser des offres auxquelles je n'aurais jamais songé, mais qui paraissent soudain séduisantes ; plusieurs grands éditeurs de fascicules m'ont contacté pour me proposer de publier une longue série de ces périodiques, vendus en kiosque, et consacrés aux îles du monde ; j'en ai parlé à Pierre Marchand, qui m'a suggéré de publier plutôt chez Gallimard cet ouvrage, sous la forme d'une dizaine de petits livres consacrés chacun aux îles d'une région du monde, et dont la publication s'étalera sur cinq ans. Dans un genre différent, une grande marque de chaussures et de vêtements de bateau, TBS, qui appuie sa communication sur les noms de sportifs tels que Pierre Follenfant pour la voile ou Jacques Lanzmann pour la marche, me propose de créer une collection portant la marque « Îles... était une fois » : pendant quelque temps, je me retrouverai plongé dans un monde que j'avais effleuré au temps de mes années show-biz, celui de la confection : choix des modèles, des tissus, des dessins, essayages, etc. Plus amusant encore, une société qui commercialise des parfums me propose de créer un parfum inspiré des îles tropicales que je décris dans mes films ; ils ont déjà à leur catalogue un parfum parrainé par Johnny Hallyday – nommé, je crois, *Retiens la nuit* –, et un autre par Hélène, la star d'un feuilleton de télévision pour la jeunesse très populaire à l'époque ; avec eux je me plonge un instant dans un univers ignoré, celui des fragrances, des essences aromatiques : nous reniflons des dizaines d'échantillons, testons divers mélanges, et bientôt le parfum qui sera créé, une eau de toilette pour femme, se caractérisera par la « pyramide olfactive » suivante : à la base, santal, musc et vanille ; au-dessus, rose, muguet et cannelle (eh, celle-là, je ne pouvais décemment pas la manquer !) et, au sommet, mandarine, ostmanthus (ne me demandez pas ce que c'est !) et mangue. Ce parfum ne connaîtra qu'un succès modeste, car nous constaterons bien vite que le monde des cosmétiques est la chasse gardée de sociétés qui sont prêtes à dépenser des sommes colossales pour la publicité de produits portant des noms très connus : la femme la plus riche du monde est française, et doit sa fortune à la plus importante marque de cosmétiques du monde.

Ma participation à cette petite aventure dans le monde des parfums est d'autant plus amusante que, pour ma part, je n'utilise pas un gramme du moindre cosmétique : je ne me sers pratiquement que de savon de Marseille, d'un shampoing aussi basique et d'un peu de crème solaire en cas d'exposition extrême, et je frémis lorsqu'il m'arrive de lire la terrifiante composition chimique de la plupart des produits que les fabricants de cosmétiques voudraient nous convaincre de nous mettre sur le visage ! Mais cette aventure autour d'une eau de toilette sympathique agréablement parfumée reste un pittoresque souvenir ; le distributeur m'a même demandé de l'accompagner à une rencontre importante avec l'acheteur d'un chaîne d'hypermarchés, ce qui m'a donné l'occasion de découvrir de l'intérieur les méthodes de la féroce grande distribution, qui prétend ne prélever sur les produits vendus qu'une marge de 2 à 3 %... mais qui exige en plus des producteurs (le système est valable dans tous les domaines, des produits alimentaires aux ouvrages culturels) de nombreux paiements, grosses remises de fin d'année, location des espaces – le « linéaire » –, insertion dans les catalogues, qui assurent aux hypermarchés, au dépens souvent des petits producteurs et des consommateurs, des marges bénéficiaires cinq à dix fois plus élevées !

Cette incursion dans le monde des parfums a eu pour moi, de façon inattendue (encore un *click !*) une autre conséquence : invité par le fabricant à l'accompagner au très luxueux Salon du *duty free*, qui se tient à Cannes au Palais des festivals, je suis stupéfait de voir les sommes d'argent colossales brassées par le monde des « franchises », où tout nom connu, marque de voiture, de couturier ou de cigarettes, est appliqué moyennant rétribution à des vêtements, des parfums, ou de planches de surf, vendus à des prix astronomiques dans les magasins hors taxes des aéroports ; cette litanie de noms a petit à petit ensorcelé tous les consommateurs, y compris les jeunes, qui ne jurent plus que par des marques. Les exposants des grands salons de Cannes ont pris l'habitude de louer pour la durée de l'exposition des grands yachts amarrés à quai le long du Palais, et d'y recevoir leurs clients potentiels ; invité à déjeuner à bord d'une de ces luxueuses unités par le producteur de notre eau de toilette, je lie conversation avec un chaleureux Italien, dont les modèles de sacs et de bagages connaissent un grand succès, et nous en venons à parler de l'Italie, à nous remémorer l'époque de la *Tramontana* et des *Pietre* : les Italiens, plus encore que les Français, ont la mémoire courte, et, dès l'instant où je suis parti naviguer, ils semblent avoir à peu près tout oublié d'Antoine ; contrairement à la France, où le public a vite su à quel point ma vie avait changé, et connu l'existence de mes voyages, les Italiens, en ces années 1990, n'avaient aucune idée de *che fino ha fatto Antoine*, de ce que j'étais devenu. Et nous découvrons soudain que nous avons un ami commun, Lucio Salvini, qui avait été mon producteur en Italie à plusieurs reprises ; l'Italien prend son portable, son *telefonino* – les Italiens devancent largement les Français dans ce domaine, et se baladent couramment avec deux portables qui sonnent en permanence –, et le contact est renoué après tant d'années avec Lucio, qui découvre mes films et propose de me rencontrer ; je le chargerai de faire connaître la version italienne d'*Îles... était une fois*, et son travail sera vite couronné de succès : pendant cinq années, je reprendrai souvent la route de l'Italie, où mes films seront diffusés dans une des plus grandes émissions quotidiennes de la RAI, consacrée au voyage et aux activités culturelles, et animée depuis plus de vingt ans par un homologue italien de Michel Drucker, Osvaldo Bevilacqua.

Les mois filent vite, au milieu de toutes ces activités, et ce n'est qu'au début septembre 1997 que je peux rejoindre *Banana Split* aux Seychelles ; disposant de peu de temps, j'ai proposé à Philippe de m'accompagner sur ma route vers l'Afrique du Sud, car je vais devoir quitter le bateau à Madagascar et laisser mon ami continuer seul. Nous sommes en avance sur la bonne saison pour prendre cette route, et l'alizé contraire est encore bien trop fort quand nous quittons le port de Victoria, dans l'île de Mahé ; malgré les préparatifs de départ sérieux faits par Philippe, qui a caréné le bateau sur un quai de Mahé, le pilote automatique, puis le génois de *Banana Split* ne résistent pas aux conditions de mer et de vent scabreuses que nous rencontrons dès le lendemain de notre départ vers le sud-ouest ; nous décidons, pour tenter de réparer, de nous réfugier sous le vent de l'atoll de Desroches, dans l'archipel des Amirantes, et je réalise vite que, pour une fois, j'ai commis l'erreur qui gâche bien des croisières et des traversées : à cause de mes obligations professionnelles, j'ai choisi une mauvaise date : je renonce à cette visite à Madagascar, qui serait de toute façon trop brève, et remplace cette traversée par un nouveau séjour aux Seychelles, où j'apprécie, entre toutes les îles, Praslin et sa superbe anse Lazio, La Digue, malheureusement pauvre en mouillages, et quelques baies tranquilles de la côte nord-est de Mahé, en particulier la petite anse Major, si caractéristique avec ses gigantesques empilements de blocs de granit. Au terme de ce séjour, je rentre en France tandis que Philippe reprendra la route sans moi : au total, cette année, mes activités professionnelles débordantes m'ont fait manquer les trois quarts de la traversée de l'océan Indien : je me rattraperai l'année suivante sur l'Atlantique !

Avec ma participation à une troisième grande émission de Michel Drucker, et la publication du troisième coffret, mon automne à Paris est particulièrement affairé, et le succès est à nouveau au rendez-vous. Mais je vois percer dans les yeux ou les propos de quelques-uns des hommes de télévision une sorte de jalousie, un peu d'agacement : certains me reprochent de trop publier, de vouloir « faire fortune », le présentateur qui m'interviewe au journal de France 2 imagine que je suis à la tête d'une holding, voire d'une multinationale, alors que ma petite entreprise ne compte que deux personnes, Francette et moi ! J'aime la chanson, la photographie, écrire, filmer, et j'ai parfois du mal à refuser une nouvelle aventure qu'on me propose dans l'un ou l'autre de ces domaines, même si la raison dicte d'attendre un peu : mais ces ouvrages, ce n'est pas dans dix ans ou vingt qu'on me proposera de les faire !

La période de deux ans que je consacrerai à la réalisation du quatrième et dernier coffret de trois films commence, cette fois-ci, par le meilleur : je quitte Paris dès les premiers jours de janvier 1998 pour une vraie et belle année de navigation : gagnant en avion la ville du Cap, je découvre une région que j'ignorais encore, superbe et accueillante ; après des années de détestable et vain apartheid, la sagesse a enfin parlé dans ce pays magnifique, et Noirs et Blancs s'efforcent de panser leurs blessures. De l'aéroport, j'emprunte vers l'ouest la Garden Route, traversant des campagnes paisibles, jusqu'au petit port de Mossel Bay, où jeta l'ancre le premier navigateur portugais qui réussit à contourner le continent africain. Philippe a laissé *Banana Split* amarré à une tonne du port, j'en reprends possession, fais quelques courses dans la jolie ville tranquille, et, avec une bonne météo, j'entreprends de passer le cap des Aiguilles, extrémité sud de l'Afrique, et le cap de Bonne-Espérance, également connu sous le nom de cap des Tempêtes ; j'ai la chance que le temps se montre clément, alors que d'autres navigateurs partis le lendemain devront rester longtemps à la cape au milieu de forts vents contraires avant de pouvoir passer le cap ; puis je vais m'amarrer aux quais légendaires du yacht-club de Cape Town : *Banana Split* a retrouvé les eaux de l'Atlantique. Ici, je fais un grand ravitaillement, car le prochain supermarché se trouve à des milliers de milles, je remplace divers accessoires nautiques, faciles à trouver dans ce pays qui pratique activement le nautisme ; et je passe quelques jours à visiter la région, en compagnie de Jacqui, l'ex-femme de Gérard Janichon, du *Damien* : Sud-africaine, elle est revenue vivre dans cette ville si plaisante, au pied de la montagne de la Table, et par ces belles journées de janvier, ici le cœur de l'été, nous allons déguster quelques-uns des vins de la belle région vinicole de Franschhoek ou de Stellenbosch, découvrir la presqu'île du Cap, et voir les pingouins qui vivent en paix, par centaines, sur la jolie plage des *Boulders*.

À l'instant où je quitte Le Cap, je n'imagine pas que j'y reviendrai dans moins d'un an... pour une étonnante aventure ! La mer est belle, phoques et pingouins nagent autour de mon bateau tandis que je passe Robben Island, où fut incarcéré Nelson Mandela ; très vite, le vent se lève, de plus en plus fort, mais même lorsqu'il atteindra 35 nœuds la mer restera plate sous le vent de cette côte si peu hospitalière qu'on la nomme « Côte des squelettes », peut-être à cause des épaves des nombreux navires qui y ont fait naufrage. Je ne ferai en Namibie qu'une très courte escale, dans le port de Lüderitz, balayé par le vent qui souffle à

35 nœuds deux cent cinquante jours par an. J'ai juste le temps d'y entrevoir de curieuses maisons construites par des colons allemands, et qui ne dépareraient pas en Forêt-Noire, et de me lier avec quelques expatriés qui ont choisi de vivre dans ce port balayé par les vents : l'un d'eux possède l'un des bateaux qui se livrent actuellement au large de cette côte à une étonnante activité : depuis deux siècles, on récolte des diamants au cœur de l'Afrique, sur le bord de l'Orange River ; au cours de l'extraction, des milliers de déchets de diamants ont été emportés par le fleuve et reposent maintenant au fond de la mer, sur le plateau continental au large d'Alexander Bay : avec de puissantes pompes, des bateaux aspirent le fond de la mer pour récupérer ces fortunes hier négligées[1].

Moi qui suis en général très prudent et qui ne quitte un port que si la météo prévoit du beau temps, ce sera sans doute la seule fois de ma vie que j'en quitterai un alors que le bulletin prévoit des vents de force 9 (45 nœuds) dans les parages du cap Diaz : inutile d'attendre, ça souffle toujours comme ça par ici ! D'ailleurs, au bout de vingt-quatre heures, ces vents excessifs ne sont plus qu'un souvenir, et j'ai retrouvé la douceur de l'alizé, un peu faible, même, cette année.

La grande nouveauté, dans ma vie nautique, c'est que *Banana Split* est équipé depuis peu d'un téléphone par satellite, une sorte de petite mallette dont on doit orienter le couvercle dans la direction approximative d'un satellite géostationnaire qui plane quelque part au-dessus de l'océan Indien ; et, du milieu des océans, à jamais inaccessible aux GSM, on peut téléphoner au bout du monde aussi confortablement que si on était chez soi ! Bien sûr, il n'y a pas que des avantages à être ainsi en contact permanent avec la terre, d'où ne vous parviennent généralement que des ennuis ou des mauvaises nouvelles ; mais je suis content d'avoir connu des années entières de navigation, des traversées de plusieurs mois sans communication, et de pouvoir naviguer aujourd'hui à ma guise sans avoir à me dépêcher, à modifier ma croisière parce que j'aurais besoin de trouver une cabine téléphonique ou une poste archaïque d'où passer, à grand-peine, un appel. Et cette fois-ci, ce lien qui, dans la solitude infinie de l'océan, me relie au mondes des terriens, m'apporte une bonne nouvelle : Patrick Goavec, mon fan devenu agent artistique, m'annonce qu'une coopérative d'opticiens, l'Association des techniciens en optique et lunetterie, aimerait que je devienne le porte-parole de leur label en jouant dans un spot publicitaire.

J'avais, à diverses reprises, refusé de tourner des spots publicitaires : le beurre des Charentes-Poitou voulait me déguiser en berger doté d'une chèvre qui ferait « Oh Bééé » sur l'air de *Oh Yeah*. Une chaîne de salons

1. On a découvert en 2007, au large de l'estuaire, un gisement sous-marin de diamants estimé à 63 000 carats !

de coiffure voulait me faire remplacer une phrase du premier couplet des *Élucubrations* ; un opérateur GSM qui souhaitait fonder une coûteuse carte prépayée sur le souvenir des libres années soixante-dix voulait me déguiser en baba-cool. Mais la proposition de cette coopérative d'opticiens qui, voyant en moi l'homme des atolls, avaient pensé que je pourrais par mon image faire connaître leur marque, ATOL, me parut tout de suite sympathique, et je donnai le feu vert à Patrick pour rencontrer l'agence concernée.

Les conditions de navigation sont parfaites et – c'est une de mes petites superstitions personnelles – je me dis toujours dans ces cas-là, comme Laetitia, la mère de Napoléon Bonaparte : « Pourvou ché ça douré », ce qui est parfaitement de circonstance aujourd'hui puisque mon but est la très napoléonienne Sainte-Hélène, vers laquelle je me dirige pour la deuxième fois dans ma vie. À 300 milles de l'île, mon pilote automatique a encore déclaré forfait, mais je suis arrivé à le réparer en piquant des pièces de rechange sur un ancien appareil que je trimballais – pas inutilement pour une fois – depuis des années. Et l'île m'apparaît un matin, toujours aussi spectaculaire, aride, abrupte, désolée ; certains pics de sa côte Sud-Est, que je contourne, ont même des faux airs de *Monument Valley*, aux États-Unis.

J'avais, vingt-deux ans plus tôt, quitté en larmes Sainte-Hélène, tant elle m'avait donné l'impression que je pourrais y passer une vie entière, loin des soucis et des nocifs, et mon impression se confirma : le temps était passé en douceur sur l'île, peu de choses avaient changé, en partie sans doute en raison de l'absence d'aéroport : l'endroit est si escarpé qu'il est improbable qu'on en construise jamais un. C'est l'aspect abrupt et rebutant de l'île qu'a retenu la légende napoléonienne, mais quelle douceur, au contraire, m'attendait à nouveau au cœur de Sainte-Hélène !

Seul changement au petit port de Jamestown : une navette à moteur assurait désormais les débarquements des équipages des bateaux de pêche locaux et des voiliers de passage, réglant le problème du ressac, parfois violent, qui interdisait de laisser une embarcation amarrée au quai. Prenant la rue principal du bourg, j'ai de nouveau été attiré par la bonne odeur de pain chaud qui montait de la boulangerie ; à la boulangère, madame Benjamin, qui allait maintenant sur ses quatre-vingt-dix ans – on vit vieux à Sainte-Hélène ! – j'ai dit : « Comment allez-vous après toutes ces années ? » De son siège derrière la caisse, elle ne me voyait qu'à contre-jour, ma silhouette découpée sur la clarté brillante de la porte d'entrée, mais ça ne l'a pas empêchée de s'exclamer : « Antoine ! »... Près d'un quart de siècle plus tard, elle m'avait reconnu immédiatement, et pourtant je vous assure que la célébrité d'Antoine, chanteur et navigateur, est de peu de poids à Sainte-Hélène ! Vite, j'ai retrouvé sa fille Pam : ses petites filles, grandies, étaient parties pour l'Angleterre, mais revenaient souvent par le *R.M.S Saint Helena*, qui dessert l'île au départ de l'Angleterre ou de Cape Town. Et je suis parti redécouvrir l'île, ses paysages de Normandie ou d'Irlande, ses vertes prairies, pourtant plantées de bananiers ; le palais du gouverneur, où vit toujours Jonathan, une tortue terrestre géante centenaire ; les deux maisons où résida successivement l'empereur, les Briars et Longwood, où il passa les dernières années de sa vie, occupant son exil en traçant autour du joli petit cottage – pourtant si différent des ors et des fastes de la cour impériale – un superbe jardin à la française. La conservation du souvenir de Napoléon était le fruit des efforts d'un consul de France, Gilbert Martineau, durant trente ans, puis de ceux de son fils Michel, depuis douze ans ; et voilà qu'un nouveau règlement du ministère français des Affaires étrangères interdit à un consul de rester plus de trois ans à un poste, et l'incertitude règne sur le devenir du petit musée créé à Longwood, à titre personnel, par les Martineau qui ont tant payé de leur personne, obtenu de collectionneurs du monde entier le prêt d'objets et de souvenirs, et entretenu ce joli jardin, le rêve de Napoléon. Je retournerai cinq fois de suite sur le plateau de Longwood, pour bien saisir le mystère de cette si candide résidence impériale, et pour la filmer sous le soleil, car des brumes dignes de l'Irlande s'accrochent souvent aux hauteurs de Sainte-Hélène. Je rendrai aussi visite, en compagnie de Stuart, un autre navigateur solitaire sud-africain, très jeune, à la tombe de Napoléon, et un rayon de soleil balaiera la vaste dalle de pierre nue, au pied des grands araucarias, à l'instant où je la photographierai. Puis nous parcourrons le reste de l'île, « Un vrai continent en miniature », déclare Stuart ; en effet cette petite île présente une variété de paysages inattendue, des déserts pareils à ceux du Nevada sur le rivage, des forêts un peu plus haut, de vastes prairies, des sommets balayés par l'alizé, sans oublier d'immenses plantations de *flax*, cet agave qui, utilisé pour la fabrication des cordages, assurait jadis sa richesse. Aujourd'hui, l'île vit essentiellement de son appartenance à l'empire britannique, les salaires y sont faibles, de l'ordre de 250 euros par mois pour un travail non spécialisé, mais tout le monde semble y vivre heureux, pas de pauvreté, pas de crime, la folie du monde ne parvient pas jusqu'à Sainte-Hélène, perdue au milieu de cet Atlantique Sud, désert.

Ma prochaine escale, sur cet océan, sera l'île de l'Ascension, que je ne connaissais pas encore ; elle est spectaculaire, elle aussi, dans un autre genre : elle est constituée de plus de vingt cratères de volcans éteints, et sur ses plages de sable d'or viennent – c'est juste la saison quand j'arrive – pondre les grandes tortues de mer qui peuplent l'Atlantique : on dit qu'elles partent du Brésil et, sans rien manger durant des mois, parviennent inexplicablement à retrouver ce minuscule îlot perdu au cœur de l'immensité ; elles se hissent une nuit péniblement sur l'une de ces plages, creusent à grand-peine un trou dans le sable, y pondent une centaine d'œufs pareils à de petites balles de ping-pong, rebouchent le trou des mouvements frénétiques de leurs pattes arrière, et, épuisées, gagnent à plus grand-peine encore les vagues ; de la centaine de petites « tortelettes » qui naîtront, et qui attirent les oiseaux de mer voraces, seules quelques-unes atteindront la mer, et très peu survivront. La nature a parfois des façons fort laborieuses et cruelles de s'exprimer !

Je sillonne en tous sens cette île étonnante, grimpant jusqu'à son sommet, où a été construit un bassin entouré de la seule végétation luxuriante de l'île. Cette partie est si différente du reste d'Ascension qu'on a l'impression fugitive de se retrouver dans une sorte de station spatiale en orbite loin au-dessus d'une planète désertique. Des avions de la Royal Air Force atterrissent dans cette île sur la route des Falkland, et je me fais expédier des pièces de remplacement pour mon pilote automatique ; j'en profite pour faire réparer mon frigo qui a eu une faiblesse – j'ai dû, au milieu de la traversée, consommer d'urgence tout ce qui me restait de frais et, pendant une semaine, boire tiède ! Je trouve même une bonne connexion Internet, que j'utilise pour envoyer les deux nouveaux numéros d'une publication que je réserve à une clientèle exclusive et privilégiée : un petit magazine en couleurs, avec de nombreuses photographies, le *Journal de Papa*, que je mets en page à bord uniquement pour maintenir le contact avec mes enfants, restés à Tahiti ! Et puis, bye-bye Ascension, je reprends la mer.

Ces traversées sont une partie essentielle du voyage, elles seules rendent vraies, étincelantes et pures des escales comme Sainte-Hélène ou Ascension. Bien sûr, je pourrais aller filmer ces îles en empruntant des moyens de transport réguliers : ce mois-ci, une équipe de télévision composée de cinq personnes, dont la fille de PPDA, passera dix-sept jours à Sainte-Hélène, pourtant la plus inaccessible. Ce sera sans doute une aventure intéressante, mais je ne l'envie pas du tout quand je la compare à l'escale que j'y ai faite : courte, mais tellement riche, dense, et, je ne sais pas trop comment l'expliquer, pure, de cette espèce de virginité que donnent les longues traversées. Dans deux ou trois jours, si tout va bien, je serai à Fernando de Noronha, dont je ne connais pratiquement rien... On verra ce que j'en retirerai, pour mon plaisir personnel, et aussi pour cet étonnant accord que j'ai passé avec ceux qui restent chez eux (ou qui voyagent, mais moins que moi) : les faire rêver en échange des moyens pour moi de continuer à voyager.

Fernando de Noronha, que j'ai manqué plusieurs fois lors de mes passages précédents au Brésil, est aujourd'hui presque entièrement consacré à un parc naturel. On vient du bout du monde pour y observer, au pied d'un pic spectaculaire, le Pico, dans une baie qui est chaque année leur lieu de rendez-vous, les *spinner dolphin*, les « dauphins rotatifs », qui prennent plaisir à bondir entièrement hors de l'eau en tourbillonnant. Assez éloignée du continent, où de nombreux fleuves troublent l'eau du littoral, l'île est pratiquement le seul point du Brésil où l'eau soit claire : Fernando de Noronha, entouré de plages d'une beauté à couper le souffle, est devenu une grande destination pour la plongée.

À une centaine de milles plus à l'ouest, je longe sans y faire halte un des rares atolls de l'Atlantique : je vous cite les instructions nautiques anglaises pour l'Atoll das Rocas : « Les îles sont infestées de souris, de scarabées, de cafards et de poux, ces derniers ayant été importés par des oiseaux de mer, le reste par des épaves ; il y a des scorpions dans les bâtiments abandonnés de l'île du phare. » C'est gai !

Je ne ferai cette année qu'une autre escale au Brésil, dans la grande ville de Fortaleza, où j'avais déjà fait halte sur *Om* ; le tourisme entretemps a – modestement – atteint cette ville, et les bateaux s'y amarrent désormais devant le Marina Hotel à des pontons sommaires, au pied d'un grand hôtel moderne dont la direction autorise les navigateurs à profiter des installations, dont une piscine d'eau douce, bienvenue après ces mois de traversée océanique où l'eau est forcément rationnée. Les *Jangadas*, ces magnifiques radeaux à voiles qui emmènent les pêcheurs du Nordeste loin au large, partent toujours de la plage voisine, mais elles constituent un si beau sujet de photographie qu'elles sont désormais sponsorisées par des entreprises brésiliennes, qui leur offrent des voiles neuves ornées de leur logo. Fortaleza, dont je me rappelais surtout l'immense marché artisanal, est devenue une ville moderne, on y trouve même un hypermarché qui reste ouvert vingt-quatre heures sur vingt-quatre. Lorsque je repars, mon frigo est plein de melons, papayes, avocats, raisins, brugnons, mangues, pastèque, plus un Jaca, des oranges et des citrons verts. Et bien sûr, Brésil oblige, au cours de mon escale, j'ai bu – avec modération – quelques *caipirochkas* !

Pour la troisième fois de ma vie, je m'embarque sur le tapis roulant que constitue le courant qui longe la côte nord du Brésil, et je défile à près de 10 nœuds devant les bouches de l'Amazone. Un oiseau s'est installé sur mon balcon arrière, je lui ai donné un peu de pain, il revient chaque jour pendant une semaine ! Qu'est-ce qu'il croit, que c'est un McDo, et qu'il y a un cadeau différent chaque semaine dans le *happy meal* ? La radio m'annonce qu'un tir est bientôt prévu au départ de Kourou, en Guyane : à ces occasions, on fait évacuer le pourtour des îles du Salut, que j'atteindrai bientôt ; mais le tir sera reporté juste alors que je m'approche. Il faudrait pouvoir dire le miracle que sont les îles, minuscules cailloux dépassant à peine des profondeurs océaniques, et qui, à tour de rôle, au milieu de cette immensité agitée de houles perverses, désordonnées et continues, balayées de vents forts ou modérés, m'offrent chacune quelques jours d'eau plate, de douceur infinie ; ici, sous le vent de l'île Royale, quelle paix, quand je pense à la houle qui, prise par le travers, a claqué depuis une semaine contre le franc-bord du bateau, me secouant au rythme d'une fois toutes les six secondes, la même houle qui m'attend lorsque je reprendrai la mer... Je n'hésite pas longtemps quand on me propose de laisser le bateau ici, bien abrité, à ce qui semble un bon corps-mort, avec plein de gens pour veiller sur lui pour les trois semaines que je dois aller passer en France pour remplir une obligation que je n'ai pu refuser. *Banana Split* m'attendra au mouillage de l'île Royale tandis que je regagne Paris, et fais un bref séjour à Bruxelles, où j'en profite pour visiter l'extraordinaire exposition Magritte. Je passe aussi quelques jours sous la neige dans ma maison d'Auvergne, au coin du feu de bois[1] !

L'avion d'AOM m'a ramené à Cayenne, et je suis allé visiter le centre spatial, qui a adopté maintenant un bon régime de croisière, envoyant régulièrement, pour plusieurs nations, ses fusées Ariane dans l'espace. Toute une équipe de dirigeants de Motorola sont venus passer une semaine à Kourou et à l'île Royale, pour négocier la mise en service d'un futur système de téléphone par satellite, l'Iridium, plus performant et plus pratique que l'Inmarsat que j'utilise depuis un an. Je filme l'archipel, les bâtiments du bagne peu à peu transformés en hôtel et restaurant pour une centaine de visiteurs par jour, la végétation tropicale où vivent des macaques, des paons, des agoutis ; l'île du Diable a été classée réserve naturelle intégrale. On me fait découvrir un magnifique pétroglyphe datant des Indiens Caraïbes ou Arawaks qui ont tour à tour occupé les îles ; et je reprends la mer, direction la Martinique, avec une petite escale dans une autre île que je ne connais pas encore (si, si, il y en a encore des centaines !), La Barbade ; c'est la seule des Caraïbes à avoir le privilège d'avoir toujours été anglaise : sa situation loin au vent de l'arc des Petites Antilles l'a tenue à l'abri des attaques des Espagnols, des Français, des Hollandais qui se sont disputés durant des siècles toutes les autres îles de l'archipel. La vie y est très paisible, somnolente, seule marque d'activité, une prospère distillerie de canne à sucre produit le très célèbre Mount Gay Rum, apprécié dans toute la Caraïbe.

1. Si j'ai un regret à exprimer, c'est sans doute d'avoir, toutes ces années, consacré bien trop peu de temps à cet autre coin de paradis que j'avais découvert dès mes débuts dans la chanson, les merveilleuses landes d'Auvergne auxquelles j'ai trop peu rendu hommage dans ce livre, et où je me serais assez bien vu séjourner plus souvent... Qui sait si, dans quelques dizaines d'années, ce n'est pas là que je choisirai de m'endormir doucement ?

La radio de Fort-de-France annonce les obsèques de Mme Antoinise Zébu et de Mlle Anne Grosmât à l'instant où j'approche du rocher du Diamant, au sud de la Martinique : c'est ici que, recoupant son sillage d'il y a cinq ans, *Banana Split* boucle son tour du monde. Dans la marina du Marin, un port qui s'est extraordinairement développé depuis mon premier passage en Martinique vingt ans plus tôt, je fais tirer mon catamaran hors de l'eau, pour le repeindre et pour divers travaux d'entretien. J'espérais profiter de ce passage pour photographier et filmer la Martinique, mais je n'ai jamais de chance avec cette île pourtant magnifique : le temps, une fois encore, est maussade ; il faudra qu'un jour j'y reste assez longtemps pour la filmer en profondeur. Et bientôt je prends la route du Nord, effleurant la Dominique, jetant l'ancre dans l'archipel des Saintes ; à l'aube, j'y suis réveillé par... un boulanger flottant, un navigateur qui a aménagé sur un petit trimaran un étal de croissants et pains au chocolat qu'il propulse au travers du mouillage, de bateau en bateau. Quelle bonne idée !

Un matin, je me fais prêter un scooter et une remorque, et je vais au petit aéroport de Terre de Haut chercher Francette, qui vient naviguer quinze jours avec moi dans les îles du nord des Petites Antilles ; nous longeons la côte ouest de Guadeloupe, faisons une courte plongée à l'îlet Pigeon, puis, les formalités d'entrée à Antigua accomplies dans la nouvelle marina de Jolly Harbor, nous nous hâtons de gagner les coins tranquilles de l'île, mes régions préférées, le vaste lagon du Nord-Est, et surtout la merveilleuse Barbuda : le mouillage de Spanish Point n'a pas changé, seuls quelques hôtels se sont construits plus au nord, sur Cocoa Beach. Plongées dans le petit chenal balayé par les courants, au sud de l'île, balades sur la plage et au travers de la pointe, jusqu'à la côte au vent battue par la houle... Journées heureuses ! Nous mettons ensuite le cap sur Saint-Barth, pour une rapide visite à quelques copains qui y vivent toujours, et, après une dernière escale solitaire dans un de mes îlots déserts préférés, l'île Fourchue, nous amarrons *Banana Split* dans la marina de mon cousin Olivier, à Oyster Pond, Saint-Martin, que j'ai quittée il y a près de six ans pour un tour du monde.

Francette est repartie pour Paris ; j'ai mangé mon dernier thon coco et admiré les formes sculpturales de la danseuse noire qui vient faire une démonstration de *limbo* sur la terrasse du restaurant de Captain Oliver, se dandinant lascivement en se glissant sous une barre horizontale enflammée fixée de plus en plus près du sol, et Olivier m'a largué les amarres un matin : j'avais décidé de consacrer cet été 1998 à un périple qui me conduirait à sortir des tropiques, à naviguer dans des régions pour moi inhabituelles : cap sur les Bermudes, les Açores, puis retour aux Antilles en contournant l'Atlantique, en profitant pour filmer

Madère, les Canaries et les îles du Cap-Vert, pour l'un des trois films qui constitueront le dernier coffret de ma série de douze films.

Vous me connaissez, depuis ce jour de 1976 où, dans l'Atlantique Sud, du côté des îles Tristan da Cunha, j'ai décidé que j'étais un marin d'alizé, et pas des quarantièmes rugissants, je ne m'éloigne jamais sans inquiétude des tropiques ; cet été-là, monter presque jusqu'au quarantième parallèle ne me posera pourtant pas de problème, et m'apportera la satisfaction de découvrir des îles qui me tentaient depuis longtemps ; les Bermudes, d'abord, révélées au sortir d'une longue journée de pluie, verdoyantes, entourées d'une vaste barrière de récifs (les récifs de corail les plus éloignés de l'équateur sur la planète y vivent grâce aux eaux chaudes apportées par le Gulf Stream). Une population accueillante, extrêmement prospère, car de très nombreuses sociétés, américaines en particulier, conservent leur argent dans les coffres-forts et les comptes en banque de cet archipel, qui a aussi inventé le plus célèbres des vêtement d'été : le *bermuda*, que les hommes d'affaires les plus chic portent même au conseil d'administration de leur entreprise ! La plus belle image de l'accueil bermudien restera pour moi Johnny Barnes, cet homme simple qui, depuis des dizaines d'années, se tient chaque matin deux heures et demie durant à l'entrée de la jolie ville d'Hamilton, et crie aux occupants de chacun des véhicules qui passe, se rendant à leur travail, qu'il les aime ! Les citoyens des Bermudes prévoient d'élever à cet endroit une statue à Johnny Barnes quand il ne pourra plus se livrer à ce rituel quotidien !

Après quelques jours dans cet archipel heureux, un véritable jardin anglais au milieu de l'océan, j'ai fait mes formalités de sortie, dans une ambiance de flegme britannique, et j'ai pris la route des Açores : pour la première fois, j'effleurais les quarante degrés Nord ; il avait même fallu que je me renseigne sur la position qu'occupait alors la zone où l'on risquait de rencontrer des icebergs ! Heureusement que je disposais pour cette traversée d'un allié, un récepteur de fax météo qui me tranquillisait si aucune dépression n'était prévue dans les trois jours, et me laisserait le temps de me préparer si l'une d'elles se pointait dans mes parages[1]. Je mettais régulièrement en batterie mon téléphone satellite pour donner de mes nouvelles à Francette ; un jour, ayant trouvé un moyen d'installer l'antenne plate (s'ouvrant comme l'écran d'un petit ordinateur portable) à demeure derrière un hublot, et d'alimenter l'appareil avec les batteries du bateau, j'annonce à Francette : « Maintenant,

1. Quelques années plus tard se sont généralisés les « fichiers *grib* », extraordinaire source d'information, qui, avec un très fort taux d'exactitude, vous indiquent plusieurs jours à l'avance, dans n'importe quel coin de la planète, à quelle heure et dans quel sens le vent va tourner !

tu vas pouvoir me téléphoner à n'importe quelle heu... » La communication a été coupée soudainement, l'antenne, surchauffée par le soleil derrière le plexi, ayant rendu l'âme... Pour les dix jours qui suivirent, aucune communication possible : là se révéla un des inconvénients de ces moyens de communication modernes : jadis, je restais des mois sans donner signe de vie, mes amis, ma famille s'y attendaient, ne s'inquiétaient aucunement ; aujourd'hui, l'interruption soudaine des communications régulières risquait d'inquiéter Francette : par chance, je croisai le lendemain un cargo, lui parlai par VHF et lui demandai d'envoyer un fax pour la rassurer, ce qui fut fait. Et le reste de la traversée m'apporta une paix rare : après tout, se retrouver de nouveau seul sur l'océan, sans le moindre contact possible, comme autrefois, avait du bon !

L'archipel des Açores s'est montré fidèle à sa réputation ; vaste, spectaculaire : des îles escarpées, entourées de falaises, des montagnes aux flancs couverts de vastes prairies, séparées par d'immense haies d'hortensias bleus. Après avoir jeté l'ancre pour quelques jours dans le port de l'île la plus occidentale, Flores, effectivement fleurie et magnifique, particulièrement en son cœur, semé de nombreux lacs, j'ai gagné l'île de Faial, et, dans le port de Horta, j'ai amarré *Banana Split* aux quais sur lesquels, depuis toujours, les équipages des bateaux en escale laissent une belle trace de leur passage sous la forme d'un ex-voto, une peinture souvent très réussie et originale. J'ai aussi savouré l'accueil du célèbre Café Sport de Peter Azevedo, qui accueillait depuis le siècle dernier tous les navigateurs transatlantiques, et je suis allé observer les signes de l'intense activité volcanique de l'île, la Caldeira, et la pointe ouest, où le volcan Capelinhos avait en 1957 fait éruption, ensevelissant un phare. Durant l'escale de *Banana Split*, Faial fut d'ailleurs un matin secouée d'un violent séisme qui laissa près de deux mille sans-abris ! J'étais loin ce jour-là : Lucio, mon représentant italien, ayant convaincu la RAI de diffuser mes films, j'avais été invité à rejoindre l'animateur vedette en Italie pour tourner des scènes de présentation ; le tournage eut lieu dans un immense et somptueux village-hôtel de Sardaigne ; le soir où nous achevions les prises de vues, la France, en ce mois de juillet 1998, remportait la Coupe du monde de football, et tous les Français présents à l'hôtel reçurent du directeur de l'hôtel une bouteille de champagne... comme si nous y étions pour quelque chose !

Arnaud de Bélinay, qui était devenu le compagnon inséparable de la plupart de mes tournages, m'a ensuite rejoint aux Açores ; nous avons loué un petit Cessna à l'aéroclub, et, lui aux commandes, moi à la caméra, filmant par la fenêtre de l'avion laissée ouverte, nous avons survolé toute la partie occidentale de l'archipel, saisissant des images exceptionnelles de ces volcans, de ces falaises : l'île de Sao Jorge, en particulier, avec ses prairies parfaitement planes au sommet de falaises abruptes, ressemblait à un gigantesque porte-avions. Puis nous sommes partis naviguer au travers de ces îles heureuses, vers Pico, Terceira, et jusqu'à l'île de Sao Miguel, dotée elle aussi de merveilleux lacs de montagne aux couleurs variées, et siège de phénomènes volcaniques si actifs que le plat traditionnel de l'île, le *cozido*, une sorte de potée de légumes et de charcuteries, se fait cuire dans un trou creusé dans le sol, à l'aide de la seule chaleur volcanique : le four tahitien sans qu'il soit besoin de faire du feu ! Au pied d'une montagne de l'extrémité de l'île, nous avons rencontré un vieil homme qui nous a raconté que, jeune policier, il avait été un des premiers à atteindre l'épave de l'avion qui s'écrasa une nuit dans le brouillard sur cette île des Açores, accident dans lequel périt le célèbre boxeur français Marcel Cerdan.

La plupart des voiliers qui suivent la route classique Amérique du Nord-Bermudes-Açores se dirigent ensuite vers l'Europe, vers le Portugal ou Gibraltar : j'avais choisi une autre route, moins classique, qui me ramènerait plus rapidement sous les tropiques : avec Arnaud, nous avons mis le cap sur l'archipel de Madère, que nous avons atteint en quelques jours de belle traversée. Nous avons filmé Porto Santo, dont j'avais gardé un souvenir heureux de mon premier passage avec *Banana Split*, et nous y avons retrouvé le souvenir de Christophe Colomb. À Madère, nous avons retrouvé toutes les beautés qui m'avaient frappé quelques années plus tôt, le port de Funchal, les pics, volcans escarpés, les chemins de randonnée qui suivent les *levadas*, minces canaux d'irrigation courant au flanc des montagnes ; et bien sûr les vastes plantations de bananiers, et surtout les vignobles produisant le célèbre vin de Madère. Puis j'ai mis le cap sur les Canaries, avec une brève escale aux îles Selvagens.

À la Grande-Canarie, je me suis déniché un agréable refuge dans la petite marina de Puerto de Mogan ; nous allons filmer, dans cet archipel proche de l'Europe – et qui en fait partie, puisque les Canaries sont territoire espagnol – le meilleur et le pire : cette proximité des grands centres urbains surpeuplés des pays du Nord a fait de l'archipel la destination annuelle de millions de touristes ; la vision des concentrations touristiques du sud de la Grande-Canarie, de Tenerife et même de Lanzarote, encore presque vierge il y a vingt ans, laisse songeur... Heureusement que les gens qui fréquentent ces lieux laissent aux quelques aventureux, épris de solitude et de découverte, d'immenses étendues presque vierges : les Canaries, somme toute, n'en manquent pas, et si les plages de Lanzarote, par exemple, fort belles d'ailleurs, ont connu un développement touristique colossal – toute l'année, ce sont des dizaines d'avions bondés qui arrivent chaque jour d'Angleterre ou d'Allemagne –

très peu de ces touristes prennent la peine de découvrir les vraies beautés de l'île, comme la vallée de la Geria et ses millions de petits cratères abritant chacun un cep de vigne.

Le tournage de mes films a l'avantage de me pousser à débusquer la beauté dans les moindres recoins ; et, finalement, dans cet archipel que je ne considérais un peu jusque-là que comme une station de ravitaillement sur la route de la traversée de l'Atlantique, les prises de vues m'ont amené à visiter plusieurs îles que je ne connaissais pas encore, comme Palma et ses vastes forêts naturelles : elles donnent l'idée du paysage verdoyant qui recouvrait tout le pourtour de la Méditerranée avant que les hommes, les feux de forêt et les changements climatiques ne le dépouillent de presque toute sa végétation ; la nature des Canaries a un atout remarquable : le pin des Canaries résiste au feu, et même s'il a brûlé, il se couvre à nouveau d'aiguilles quelques années plus tard : on devrait songer à en planter nos régions sujettes aux feux de forêt !

Avant de reprendre le large, j'ai dû abandonner encore une fois mon bateau pour une autre aventure : Harry, l'exubérant agent américain, m'avait annoncé que le Travel Channel souhaitait que je réenregistre le commentaire en anglais de mes films sous la direction d'un des responsables de la chaîne ; et l'enregistrement, pour eux, ne pouvait bien sûr se faire qu'en Amérique. Un jour je me suis pointé à Miami, où les séances d'enregistrement ont commencé ; moi qui avais toujours essayé de prendre dans mes films un ton simple et naturel, un peu détaché, plutôt gentil et calme, il faut ici que je sois exubérant et sonore ! « *You'll never overdo it* », « Tu n'en feras jamais trop », martèle le directeur artistique ! Soudain, au troisième jour d'enregistrement, la météo annonce l'arrivée, droit sur Miami, d'un cyclone qui exige l'évacuation de la ville ! Nous avons dû poursuivre notre semaine d'enregistrement en Virginie ; lorsque les séances ont été terminées, j'ai emmené l'équipe du Travel Channel faire une sortie en mer, au large de l'embouchure de la baie Chesapeake, sur un bateau à moteur, et des dauphins nous ont accompagnés longtemps, surfant sur la vague du sillage du *cabin cruiser*. Ensuite, Francette et moi en avons profité pour aller savourer un bonheur que j'aimerais retrouver plus souvent : celui de passer au Québec les premiers jours d'octobre, l'instant précis où les forêts prennent des couleurs dont aucune description, aucune photographie ne saurait rendre la folle intensité des jaunes, des rouges, des oranges à vous faire tourner la tête lorsque vous traversez lentement une forêt des Cantons de l'Est ou des bords du Saguenay.

Avant de regagner le bateau, il me reste à vivre une autre expérience, qui se soldera par un demi-échec, bien des joies… et quelques déceptions aussi : mon ami Yves Bigot, qui dirige alors les programmes de France 2, sait que, depuis des dizaines d'années, j'aimerais que l'on me donne l'occasion de créer, écrire, animer et présenter une émission exceptionnelle, programmée une fois tous les deux ans, qui constituerait l'essentiel de ma présence sur les écrans, et où je mêlerais images de voyages, chansons et conversations avec des personnages passionnants. Depuis la victoire de la France au Mondial, tout d'un coup, être français est devenu un titre de gloire dans le monde entier ! Yves me propose de réaliser une émission unique basée sur la présence des Français partout dans le monde – j'en ai croisé, des destins passionnants de Parisiens ou de provinciaux partis refaire leur vie à l'autre bout de la planète ! – et, en échange, de recevoir en studio à Paris des artistes venus de contrées lointaines. J'accepte avec enthousiasme, et Yves suggère de confier la partie technique de l'émission à la maison de production de Nagui, que j'estime beaucoup et qui se révélera un très brillant professionnel, n'hésitant pas à payer de sa personne tout au long du tournage, une fameuse aventure. Des artistes de premier plan, comme Johnny Clegg, Diane Tell, Hugues Aufray, Angun, mais aussi des artistes moins connus, venus des îles du Cap-Vert, d'Indonésie, répondent présent, et je choisis avec soin les éléments de mes tournages correspondant au thème de l'émission, qui s'annonce comme une belle réussite... Mais il advient que, dix jours avant l'enregistrement, une responsable de la chaîne découvre – ce que nous savions déjà ! – que le soir de la diffusion de l'émission TF1 a programmé l'élection de Miss France, qui réalise toujours des scores faramineux. Moi, cette concurrence ne me dérange pas, je ne cherche pas à tout prix à « faire de l'audience », et la compétition entre la beauté de la Terre sur une chaîne et celle de la Femme sur une autre me semble plutôt sympathique ; mais cette dame refuse soudain de consacrer le budget nécessaire au tournage prévu par Nagui ; par respect pour tous les artistes qui ont été dérangés, celui-ci m'offre alors de remplacer la grande émission de vingt heures trente par deux émissions de fin de soirée pour lesquelles il a un contrat : elles seront fort belles, mais, comme tous les programmes tardifs, elles ne seront suivies que par un bien plus petit nombre de téléspectateurs : encore une fois, je suis passé à côté de ce vieux rêve d'une belle émission, unique et brillante !

Le lendemain du tournage, je suis déjà dans l'avion, pour la Gomera, où *Banana Split* m'a attendu dans la baie même d'où partirent en 1492 les caravelles de Christophe Colomb : je prends la mer pour la traversée de l'Atlantique, avec, bien sûr, une escale que je ne manquerais sous aucun prétexte, les îles du Cap-Vert, un léger détour. Arnaud m'y rejoint, avec la caméra numérique, dans le port de l'ilha do Sal, et, comme à l'habitude, en tournage, je découvre bien plus de l'archipel que lors d'une escale normale : l'extraordinaire cratère de Pedra Lume, accessible seulement par un tunnel creusé au travers de la montagne, occupé par des marais salants, et dominé par les géants squelettes d'anciens bâtiments d'exploitation du sel ; dans le port de Tarrafal, sur l'île de Santiago, j'ai bien failli, par suite d'une simple bêtise, voir se réaliser un de mes pires cauchemars, et mon bateau partir tout seul à la dérive sur l'océan : le vent était très calme lorsque j'ai jeté l'ancre dans la baie, encombrée de barques de pêche, et j'ai laissé filer peu de chaîne pour que *Banana Split* n'aille pas, en évitant au bout de sa chaîne, heurter l'une d'entre elles ; puis nous sommes descendus à terre où, par chance, les formalités et paperasseries coutumières ont duré près d'une heure : si elles avaient été plus rapidement expédiées, nous aurions loué aussitôt un taxi pour aller filmer l'intérieur de l'île, et nous n'aurions plus été sur le quai quand le vent s'est levé soudain, en rafales très fortes : l'ancre a aussitôt commencé à déraper et le bateau à dériver à toute vitesse droit vers la sortie du port, grande ouverte sur le large ; j'ai couru jusqu'au bout de la jetée, sauté dans l'annexe, dont le moteur a bien voulu démarrer, et j'ai foncé jusqu'au bateau avant qu'il n'ait gagné le large, où il se serait très vite éloigné, dans les rafales, hors de portée de mon annexe ou des barques locales. L'ancre mieux crochée, nous avons pu reprendre notre tournage, puis nous avons gagné le port de Mindelo, sur mon île préférée dans l'archipel São Vicente. Dans le port, un voilier éventré ; on voit l'intérieur par un trou béant d'un mètre carré dans la coque. Venant des Canaries, naviguant sous pilote automatique, il s'est fait télescoper par un grand voilier allemand naviguant lui aussi sans veille : l'ancre reposant à l'étrave de celui-ci a creusé ce trou dans la coque, et le voilier a eu beaucoup de mal à flotter jusqu'ici ! Le radar est bien utile pour éviter ce genre de rencontre, et le mien est équipé d'une alarme tonitruante m'avertissant en cas d'approche de tout danger ; mais dans des régions un peu trop fréquentées comme ici, sur la « route des alizés », il vaut mieux veiller le plus possible, et je me fais réveiller toutes les vingt minutes par une minuterie pour un soigneux tour d'horizon.

C'est à Mindelo que nous avons tourné les dernières images du film qui relaterait le périple sur l'Atlantique effectué en près d'une année, depuis mon départ du Cap en janvier dernier.

Et puis, alors qu'à Paris les visiteurs se pressent au Salon nautique, que je « sèche » cette année, je clôture par une nouvelle traversée de l'Atlantique d'est en ouest en solitaire cette année 1998 riche en navigations : seize jours de manœuvres paisibles, sans forcer, naviguant souvent sous-toilé : dans ces conditions, je vais moins vite que je ne le pourrais en me défonçant, en hissant plus de toile et en réglant continuellement la voilure en fonction du vent, mais qu'importe, je ne suis pas pressé, et si j'ai le choix entre seize jours de vacances et douze jours de boulot... je n'hésite pas longtemps ! Ce ne sont d'ailleurs pas vraiment des vacances parce qu'âgé maintenant de huit ans, et au terme de ce vaste périple autour de l'Atlantique, mon bateau commence à souffrir de quelques problèmes mécaniques que j'ai un peu négligés ; je songe sérieusement à changer mes moteurs l'année prochaine ; quant au système de barre, la mécanique à crémaillère que j'ai choisie m'a trahi bien des fois, et pourtant je ne me déciderai à l'échanger contre un système hydraulique que dans plusieurs années. Si j'ajoute les tracas de batteries, le frigo qui a rendu l'âme au milieu de l'océan et le pilote automatique qui m'inquiète toujours un peu – mais maintenant je sais le démonter et j'ai des quantités de pièces de rechange ! –, vous voyez que je n'ai pas lieu de m'ennuyer. Pour compliquer l'affaire, au milieu de la traversée, le GPS donne des résultats erratiques : je songe à ressortir le sextant, quand, parlant en VHF avec un autre voilier rencontré au large – ce qui m'arrive très rarement – j'apprends qu'eux aussi et plusieurs autres navigateurs ont éprouvé les mêmes difficultés... Tout s'expliquera deux jours plus tard, quand les Américains reprendront leurs bombardements sur l'Irak : le GPS est la propriété de l'armée américaine, qui se réserve le droit de le modifier, de l'interrompre ou de dégrader ses données à l'occasion d'opérations militaires en cours ou prévues !

Enfin, mes petits tracas mécaniques ne m'empêchent pas de voir un matin monter à l'horizon les premiers sommets des Antilles et de retrouver bientôt l'abri et l'accueil chaleureux du Captain Oliver, à Oyster Pond, où *Banana Split* passera plusieurs mois : contrairement à 1998, l'année suivante ne me verra pas souvent à bord, car je prévois de tourner les deux derniers documentaires de la série de douze, de monter les trois films... et puis de nouvelles occupations se sont précisées à l'horizon de mon calendrier, qui se chargera vite. Si vous vous sentez déjà un peu essoufflé par tous mes voyages, accrochez-vous pour l'année à venir !

Dès le début de janvier 1999, après avoir passé quelques jours avec mes enfants venus en France, je reprends l'avion... pour Le Cap, où se tourneront les deux premiers spots publicitaires de ma collaboration naissante avec ATOL ; je découvre aussitôt les étonnants moyens mis en œuvre dans le monde de la publicité, pour tourner de petits films apparemment tout simples : une douzaine de personnes, employés de l'agence, de l'annonceur, ont fait le voyage ; sur place, une équipe d'une quarantaine de personnes de plus a été engagée – la République sud-africaine dispose d'excellentes équipes de tournage –, la production a loué à la ville du Cap l'usage exclusif pour deux jours de tournage d'une place de la ville, en bord de mer, et y a fait amener un énorme semi-remorque chargé d'un voilier, tous deux loués. Au dernier moment, le réalisateur, tout-puissant, estime que ce camion ne lui plaît pas, on lui apporte un catalogue d'un loueur de poids lourds, il en choisit un autre... et lorsque j'apparaîtrai dans les spots, sur le pont du voilier ou grimpant à son mât, ce sera une fois sur fond de ciel et une fois sur fond de papier bleu utilisé pour les truquages... Moi qui suis habitué à tourner mes films avec mes propres fonds, en calculant serré, je suis surpris du budget consacré à ces tournages ; mais on peut penser que c'est dans le terreau de ces moyens pléthoriques que germent un jour les étincelles de génie (si l'on peut utiliser un tel mot dans le domaine de la pub !) qui font d'un spot, d'une campagne une réussite ; je ne suis pas sûr que les spectateurs aient perçu que les quelques secondes où l'on aperçoit, à la fin du spot, une sorte de ville fantomatique, sont nées de l'idée du réalisateur, qui avait choisi pour cela de tourner au Cap, et exigé le réveil de l'équipe à trois heures du matin pour filmer le lever du jour sur le centre-ville dans une lumière qu'il jugeait irremplaçable. Mais c'est sans doute le même réalisateur, avec la directrice de création, qui a eu, alors que je réenregistrais les voix en studio à Paris, l'idée inattendue de me demander de gueuler le slogan de l'annonceur, comme aurait crié une vigie du haut du mât : et c'est cette idée, ce cri, je crois, qui a assuré le succès du spot et des nombreux autres qui suivraient[1].

Dès le tournage pour ATOL au Cap terminé, j'avais entrepris l'un des deux gros morceaux de cette année 1999, apothéose du tournage de la série : un film un peu fou où je visiterais une grande variété de pays du pourtour du Pacifique, Hawaï, l'île de Pâques, la Nouvelle-Zélande, les Philippines, reliés par un fil conducteur simple : c'est de l'archipel malais que partirent sans doute sur des pirogues à balancier ou doubles les navigateurs qui donnèrent naissance aux Polynésiens, qui rayonnèrent ensuite jusqu'aux sommets du « triangle polynésien ».

Notre tournage commence aux Philippines, lors de la fête colorée et spectaculaire d'*Ati Ati Han* ; à la caméra, l'ami Christian Crye, un de ceux qui, de l'eau jusqu'à la poitrine, m'avaient transporté sur leurs dos sur la rive du fleuve Han, lorsque je m'étais cassé la jambe au Vietnam. Nous filmons les plus beaux sites de l'archipel, les fabuleuses rizières en terrasses de Banaue, les plages de Boracay, les *jeepneys* étincelants et les lagons du parc naturel d'El Nido. Puis nous gagnons Bali. À l'aéroport, un douanier repère l'étui caractéristique de notre trépied de caméra, et nous invite à passer dans son bureau : il est pratiquement impossible

1. ... et l'énervement de ceux qui disent qu'ATOL fabrique des lunettes pour les sourds (Quelle est la mauvaise langue qui a ajouté « Et Optic 2000 des lunettes pour les intellectuels » ?)

d'obtenir une autorisation officielle pour filmer en Indonésie, et il le sait ; son supérieur hiérarchique vient nous rejoindre et nous tend discrètement, avec un chaleureux sourire, un bout de papier sur lequel il a griffonné : *500 $*... une poignée de main et un sourire seront notre seul reçu. Nous tournerons ainsi trois jours à Bali sans difficulté, retrouvant des lieux que j'avais aimés lors de mon passage sur *Om*, les « temples d'eau », les cérémonies et les rituels quotidiens, les danses et les artisanats aux couleurs exubérantes, et, bien cachés dans les vallées qui entourent la petite ville d'Ubud, des pensions ou des hôtels pour tous les types de budget, à l'écart de la folie des plages et des villages touristiques tels que Kuta Beach. Le dernier soir, nous assistons à une petite fête, et je promets à Christian de ne pas montrer à sa femme ni à ses associés la photo que j'ai prise de lui en sarong dansant avec une jolie danseuse traditionnelle balinaise !

Christian rentré en France, j'entreprends aussitôt la deuxième partie du tournage, avec des forces neuves : Arnaud de Bélinay, que je retrouve à l'aéroport d'Auckland, pour filmer l'île du « Long nuage blanc » : c'est le nom que les navigateurs polynésiens donnèrent à la Nouvelle-Zélande quand elle apparut devant l'étrave de leurs pirogues. Du nord de l'île du Nord, où nous survolons la baie des Îles, jusqu'au sud de l'île du Sud, où nous naviguerons sur les eaux du spectaculaire Milford Sound, la Nouvelle-Zélande offre une quantité extraordinaire de sujets : les geysers et les lacs volcaniques multicolores de la région de Rotorua ; les volcans du Tongariro qui servent à cette époque de décor au tournage de scènes de la trilogie du *Seigneur des anneaux* ; le parc naturel Albert Tasman, que nous sillonnons en kayak ; les jolies villes de Queenstown, où nous embarquons sur un authentique vapeur construit la même année que le *Titanic*, ou de Christchurch, que nous traversons sur un *punt*, barque propulsée par un marinier muni d'une perche et d'un canotier, comme sur une rivière d'Oxford ou de Cambridge ; à Akaroa, nous retrouvons un des descendants des Français qui tentèrent de faire de la Nouvelle-Zélande une colonie française au XIXe siècle, puis nous allons survoler les imposants glaciers des Alpes du Sud, nous posant sur la neige sous un ciel d'azur à quelques kilomètres à peine à vol d'oiseau des rives du Pacifique. La Nouvelle-Zélande restera dans mes souvenirs de tournage un sujet privilégié, et c'est avec plaisir que sept ans plus tard, y ayant amené *Banana Split* pour des travaux d'entretien, nous nous offrirons, Francette et moi, le bonheur de visiter l'ensemble des deux îles, pour les photographier et les filmer à nouveau – cette fois-ci en haute définition.

Mais en ce mois de février 1999, Arnaud et moi quittons déjà le pays des kiwis pour un autre des sommets du triangle polynésien, Rapa Nui, l'île de Pâques : c'est la première fois que je m'y rends, j'aurais pu à plusieurs escales y faire halte lors de mes traversées du Pacifique Est, mais les mouillages y sont médiocres et un navigateur solitaire qui y jetterait l'ancre aurait du mal à débarquer et à laisser son bateau sans surveillance. Par chance, le vol Papeete-Santiago de la compagnie aérienne chilienne y fait une commode escale : c'est la meilleure façon de découvrir cette île de légende, et les centaines de *moai*, les fameuses statues de pierre à la présence incompréhensible, au sujet desquelles on a émis les explications les plus farfelues. Peu de visiteurs se rendent sur cette île, et se retrouver seul face à face, au soleil levant, avec ces géants de pierre, est une expérience qui vous marque à jamais.

La fin du tournage de ce film sur le Grand Pacifique, dans l'archipel d'Hawaï, aura lieu dans quelques semaines, et je profite de ce répit pour rentrer en Europe tourner le dernier des films de ce quatrième groupe, que j'ai choisi de consacrer à la Méditerranée ; nous nous embarquons sur un autre bateau, un catamaran... sans voiles celui-là : notre but est de filmer un bon nombre d'îles que j'avais découvertes lors d'une de mes toutes premières croisières, celle à bord du voilier ancien *Aicetan 2*... au cours de laquelle j'avais renoncé à jamais à la navigation !

Nous filmons d'abord les Baléares ; comme les Canaries, elles ont été agressées par une invasion touristique colossale et incontrôlable, et les instances chargées en Espagne de la préservation de l'environnement ont dû prendre des mesures drastiques pour protéger sites et monuments contre ces hordes : bien sûr il est louable de conserver pour les générations futures ces merveilles de la nature ou construites par l'homme, et j'encourage toute mesure prise pour protéger la planète... mais là où la pression touristique est si forte les règlements deviennent souvent si limitatifs que je ne peux m'empêcher parfois de penser qu'à force de mettre derrière des barreaux, dans des parcs ou des réserves inaccessibles, les beautés de la nature... on finira par s'apercevoir que c'est l'homme qu'on a mis en cage !

Le catamaran à moteur a bien des avantages pour une navigation en Méditerranée où, c'est bien connu, il n'y a jamais de vent ... ou beaucoup trop ! – nous visitons une à une toutes les îles de la côte italienne, Elbe, Montecristo, Ponza, Ventotene, la merveilleuse, mais peu connue, Procida, avec son étonnant port de la Coricella, Capri. Les Éoliennes, la Sicile ; la diffusion de mes films sur la RAI a changé du tout au tout l'accueil que je reçois en Italie, qui m'ouvre tout grand ses portes : il faut dire qu'Osvaldo Bevilacqua, qui présente chaque semaine mes images dans son émission *Sereno Variabile* (« beau temps variable »), est une légende vivante dans son pays : imaginez quelqu'un ayant la popularité de Michel Drucker et qui animerait chaque jour, depuis plus de vingt ans, une émission consacrée à la culture, au tourisme, aux traditions de tous les villages et bourgs d'Italie : la puissance de la télévision est telle que tout le pays est à ses ordres ; qu'il propose de consacrer quelques minutes d'antenne à un village, tous ses notables se mettront en quatre pour lui. Je me souviens d'un tournage que nous avons fait dans l'un des *Castelli Romani*, à Castel Gandolfo, je crois, résidence du pape. La municipalité avait fait dégager toute la place principale, devant le château, et depuis des heures le maire, un sénateur, des députés attendaient, en grande tenue, la venue d'Osvaldo et de la RAI ; quand nous sommes arrivés, Osvaldo, hyperactif, très concentré sur son tournage, leur a à peine consacré quelques minutes, qui ont suffi à leur bonheur, et nous avons aussitôt tourné sur une calèche qui décrivait des cercles sur la place mise à notre disposition ; puis Osvaldo, sans accorder la moindre attention à l'invitation à un banquet donné en notre honneur par le maire, nous a aussitôt emmenés à l'autre bout de la province. Deux heures plus tard, nous naviguions sur un lac du Latium, à destination d'une fabuleuse villa romaine dressée sur une île de rêve ; nous avons tourné dans les plus beaux bâtiments de Rome, comme le Castel Sant'Angelo ; dans les catacombes ; nous sommes partis sur les traces de Napoléon à l'île d'Elbe, nous sommes descendus dans des cavernes aux magnifiques stalagmites, nous avons escaladé des montagnes jusqu'à de vrais nids d'aigles, des villages jadis abandonnés par leurs habitants, aujourd'hui rénovés et fourmillant d'une vie artistique colorée ; nous avons tourné dans les ruines romaines d'Ostia Antica, où nous nous sommes même assis côte à côte, Osvaldo et moi, sur deux trônes voisins... de ces cabinets collectifs qui étaient courants dans l'Antiquité ; nous avons visité un fabuleux musée des Transports, trotté à cheval dans la neige dans les Alpes italiennes : si vous voulez connaître les plus beaux, les plus pittoresques sites d'Italie, devenez l'invité d'Osvaldo dans le cadre de son émission ! C'était, somme toute, une forme d'échange : je lui apportais mes images des plus belles îles de la planète, lui, pour les présenter, m'emmenait dans les plus beaux coins d'Italie ; un jour, peu avant Noël, il m'a conduit dans un village des Alpes, enneigé, m'annonçant que nous y verrions un *presepio* vivant. La similitude des mots italiens et français permet souvent de deviner le sens d'un mot, celui-ci ne s'y prêtait pas volontiers ! Toute la route, je me suis demandé ce que c'était qu'un *presepio* : en fait, il ne s'agissait pas d'un animal mystérieux, ni d'un vieil ascète des montagnes... mais juste d'une crèche vivante réalisée comme chaque année par les habitants du village, avec qui nous nous sommes regroupés, fuyant le froid de l'hiver, autour des tables d'une taverne, pour écouter chanter le chœur des chasseurs alpins !

Osvaldo, qui ressemble un peu physiquement à Claude François, est un homme tout-puissant dans son pays, et un peu magicien : juste avant un tournage, il lui arrive de se tourner vers le ciel, de lui « envoyer des fusées » mentalement, pour lui demander le temps qui lui convient, beau mais un peu couvert, pour que la lumière ne soit pas trop dure... et même par le ciel le plus bleu, il arrive un petit nuage juste suffisant pour cela ! Un jour que nous tournions sur un voilier au large de Rome, le long voyage que j'avais effectué pour venir en Italie m'avait fatigué, et je souffrais du dos, suite à ma vertèbre en mauvais état ; je n'avais rien dit, je souffrais en silence, assis sur le roof du voilier, quand j'ai vu Osvaldo, qui m'observait de l'étrave du bateau, soudain, sans un mot, se diriger d'un pas décidé vers moi, tendre deux doigts, les planter très vigoureusement dans mon dos, à proximité de mon trapèze gauche, trouvant exactement l'endroit où la pression très forte, une sorte de point d'acupuncture, maintenu deux ou trois minutes, m'apporta un soulagement profond et de longue durée !

Ces aventures, ces tournages colorés allaient durer près de cinq ans, et Osvaldo diffuserait ainsi à la meilleure heure, par éléments de huit à quinze minutes, treize de mes films : j'ai reçu durant quelques années des milliers de lettres ou d'e-mails d'Italiens qui m'avaient soudain redécouvert, trente ans après la *Tramontana* ! Par la suite, des désordres à la RAI, l'arrivée de Berlusconi au pouvoir ont amené des changements à l'émission *Sereno Variabile*, qui ne diffuse plus mes films, mais chaque année il en est à nouveau question, et je ne serais pas surpris ni mécontent de reprendre un jour quelques tournages avec Osvaldo, tant j'ai vécu avec lui de bons moments, tout au long de la péninsule italienne et de ses îles, que j'égrenais une à une, en ce printemps 1999, pour mon propre tournage.

Nous nous sommes glissés, sur notre catamaran à moteur, entre Charybde et Scylla, dans le détroit de Messine, puis nous avons rejoint les îles ioniennes, Corfou et ses églises orthodoxes, la Céphalonie et les jolis ports d'Assos et de Fiskardo ; Ithaque et Zanthe ; puis nous avons embouqué le canal de Corinthe à destination des îles proches du golfe d'Athènes, Hydra, puis Spetsai, imaginant à la vue du balcon de chacune des jolies maisons de l'île que c'était celui de Michel Déon. Nous avons ensuite quitté le catamaran, que Jean-François Fountaine allait reconduire en Corse, et Arnaud a ramené de Calvi un petit Cessna loué pour la fin du périple, survolant pour les filmer, avant de nous y poser, Mykonos, Delos, Milo, le nord de la Crète ; et notre voyage aux îles grecques s'est terminé en beauté sur les flancs du cratère où se dressent les villages étincelants et les légendaires coupoles bleues de Santorin, une de mes îles préférées, avec Procida, en Méditerranée.

Enfin le petit Cessna, sur la route du retour vers la Corse, béni par une période de temps superbe, nous a permis de rassembler une extraordinaire richesse de vues aériennes des îles grecques et italiennes que nous avions touchées quelques semaines plus tôt par mer, des Cyclades à la Sicile et même à Venise.

Ce tournage achevé, nous repartons pour une nouvelle croisière aérienne, pour filmer l'archipel Hawaï ; dernier tournage de la série, il en sera véritablement le couronnement : nous avons loué un autre Cessna à l'aéroclub d'Honolulu, et Arnaud a pris les commandes. Arnaud est un formidable pilote : il a un temps piloté dans la brumes et les tempêtes de l'Alaska pour signaler aux bateaux de pêche la présence des bancs de poissons, et fait une longue randonnée sur un petit hydravion de l'Alaska jusqu'à Panamá. Nous avons filmé Oahu, et les plages immenses comme celle où brise le fameux *pipeline* apprécié des surfeurs ; puis Molokai et la presqu'île où furent jadis exilés, dans des conditions atroces, les lépreux de l'archipel : les derniers d'entre eux, aujourd'hui guéris, mais qui ont choisi de finir leurs jours dans cet endroit d'une beauté sublime, nous ont accueillis chaleureusement quand nous avons posé notre monomoteur sur le petit terrain de la presqu'île. À Lanai, autrefois entièrement consacrée à la culture des ananas, aujourd'hui désertique, nous avons eu la surprise de découvrir deux des plus luxueux hôtels du monde ; à Maui, nous avons gravi les pentes du cratère du Haleakala, et à Big Island celles de deux volcans encore actifs, le Mauna Loa et le Kilauea. Obtenir des autorisations de filmer n'est pas toujours facile dans les parcs nationaux américains, qui exigent pour tout tournage que vous preniez une assurance pour un montant d'un million de dollars... au cas où vous casseriez le volcan ? Ici, il avait fallu remplir tant de dossiers, il aurait fallu attendre si longtemps l'autorisation, que les responsables du parc eux-mêmes ont fini par nous dire : « Laissez tomber ! Vous venez juste à deux avec une seule caméra ? Bon alors, allez vite filmer, nous, on ne vous a pas vus ! » Notre visite du parc des Volcans s'est achevée par un impressionnant survol du point du rivage de l'île où la coulée de lave atteint la mer, envoyant dans le ciel une colonne de vapeur étincelante.

La dernière île que nous avons visitée dans l'archipel était sans aucun doute la plus belle : Kauai, avec son canyon comparable à celui du Colorado et les gigantesques sculptures naturelles de la côte de Na Pali : des dizaines d'hélicoptères emmènent chaque jour les visiteurs survoler cette merveille de la nature, parfait point final, cette année-là, au tournage de mes douze films, qui m'avaient offert le privilège inouï de découvrir, et de pouvoir partager avec des centaines de milliers de fidèles, les beautés des plus belles îles du monde !

Rentré à Paris, le montage m'occupera jusqu'à l'hiver ; je parviens à peine à me sauver une semaine pour rejoindre *Banana Split* à Saint-Martin, le temps de l'emmener jusqu'au chantier où il passera, au sec, en sécurité, toute la saison des cyclones. Bien que l'abri d'Oyster Pond se soit toujours montré excellent, j'ai bien fait cette année d'être doublement prudent, car deux des pires cyclones que cette partie des Caraïbes ait jamais connu, Lenny et George, se déchaîneront sur Saint-Martin, et feront un véritable carnage, coulant des dizaines de bateaux ancrés dans le lagon, parvenant même à renverser des voiliers entreposés au sec : mais *Banana Split* est un catamaran, il repose parfaitement sur le sol, ancré par des cordages.

Parallèlement au montage des trois derniers films, je m'embarque dans plusieurs autres aventures : le règne de la cassette vidéo est encore bien assuré, mais voilà que se pointe à l'horizon une nouveauté, une galette qui permet d'apporter aux films une nouvelle qualité d'image et une riche interactivité ; nous réalisons pour Warner un des premiers DVD qui sortiront en France, celui des trois premiers films ; les autres suivront au fil des années : peu à peu les lecteurs de cassettes disparaîtront des salons pour être relégués dans les chambres des enfants avec les piles de cassettes de Walt Disney, et le DVD triomphera. La chanson me fait aussi, cette année-là, un petit clin d'œil – sans lendemain : l'ami Didier Barbelivien, depuis longtemps, m'offre d'enregistrer en duo une jolie chanson qu'il a écrite, *Pourquoi*, un peu inspirée de *Pourquoi ces canons*. Nous l'avons enregistrée, mais soudain Didier change d'idée, me propose de publier plutôt une version en duo d'une chanson « phare » des années soixante, la légendaire *Suzanne* de Léonard Cohen ; j'adore cette chanson, et nous l'enregistrons dans le studio de Boulogne où Didier crée tous ses grands succès, pour lui-même ou pour les plus grandes vedettes, de Johnny à Julio Iglesias : mais le métier de la chanson est devenu une jungle beaucoup plus impitoyable que jadis : le disque sera pressé, soumis à l'examen de passage des programmateurs des radios musicales. Et comme l'accueil n'est pas celui espéré... la maison d'édition ne le publiera même pas !

Qu'importe, j'ai d'autres projets au feu, cette année-là, où j'ai la sensation d'avoir accompli ma mission, celle de réaliser ces douze films consacrés aux plus belles îles ; la presse salue l'achèvement et le succès de mon projet : des périodiques aussi variés que *VSD*, *Bateaux*, *France Soir*, *Télé 7 Jours*, *Nous Deux* me consacrent des pages entières, presque plus qu'au temps des *Élucubrations* ; même *Voici* m'accueille dans ses colonnes ! Pas pour les potins habituels, mais pour m'ouvrir ses seules pages alors séparées par une sorte de cloison étanche des ragots et des

« peopleries » dont le magazine est coutumier : des beaux sujets de tourisme. J'en consacre un à la Nouvelle-Zélande. On fête aussi *Îles... était une fois* dans une belle émission unique sur la chaîne Voyage, inaugurant pour moi une longue période de collaboration avec cette jeune chaîne. Patrick Sébastien m'invite dans son *Plus Grand Cabaret du monde*, où un magicien, inopinément, me fait monter sur scène et semble m'enfoncer un sabre en travers de la gorge !

À la fin de l'année, mes enfants sont venus passer quelque temps en France, et je quitte un matin en compagnie de l'aîné ma ferme d'Auvergne, où j'ai essayé de me sauver, cet automne, chaque fois que mon emploi du temps me le permettait : je m'y sens, d'une façon différente, aussi bien que sur mon voilier ! Le temps sur la route est mauvais, sans plus, mais en approchant de Paris nous découvrons un paysage de cataclysme : la première des deux tempêtes de décembre 1999 a arraché du sol des arbres centenaires, qui gisent sur les bords de l'autoroute, et on ne compte plus les toitures enlevées... Et voilà que le lendemain, alors que nous sommes à Paris, on m'annonce qu'une tempête plus forte encore vient à son tour de ravager le centre de la France, arrachant des centaines de milliers d'arbres : des années plus tard, les troncs de centaines de pins majestueux gisent encore dans les forêts dévastées qui surplombent le village.

Je suis de moins en moins un grand amateur de fêtes, mais quand mon ami Bertrand m'a proposé de me joindre à la poignée d'amis, dont nos copains Jean-Pierre Foucault et Alexandre Debanne, qui vont célébrer avec lui son cinquantième anniversaire et la naissance du nouveau millénaire dans un petit village de Côte-d'Ivoire, j'accepte tout de même de les y rejoindre le lendemain du réveillon. Le matin du jour de l'an, Francette et moi nous pointons dans l'aéroport de Roissy presque désert, nous faisons émettre nos billets, enregistrons nos bagages, quand l'hôtesse d'enregistrement nous demande : « Vous avez bien vos visas ? » Sapristi ! Moi, le grand voyageur qui ai dû faire près de trois tours du monde dans l'année, et vingt en dix ans, je n'avais même pas songé qu'il fallait un visa pour se rendre en Côte-d'Ivoire ! La compagnie refuse de nous embarquer ; nos amis continueront leurs festivités sans nous, et, des années plus tard, ils me moquent encore gentiment sur ce sujet !

Et dire que cette invitation manquée m'avait privé de l'instant que je m'étais promis depuis des années : atteindre le XXIe siècle à la voile ! Allons, il est temps de quitter à nouveau cette vie trop active, et de retourner me ressourcer sur *Banana Split* : le sable, emporté par les rafales des cyclones, a décapé la peinture du côté de sa coque au vent ! Je le repeins, le remets à l'eau, et ayant retrouvé l'abri d'Oyster Pond et les roboratives assiettées de thon coco d'Olivier, je consacre un mois à remettre mon bateau en état : un mois les mains dans le cambouis, rien de tel pour ramener les compteurs à zéro, faire paraître de bien peu d'importance les (toujours) fragiles honneurs et les (souvent) cuisantes blessures de la gloire !

Lorsque j'avais tiré mon bateau au sec, quelques mois plus tôt, je m'étais posé une question importante : *Banana Split* cette année fêtait ses dix ans, jamais je n'avais gardé le même bateau si longtemps. N'était-il pas temps d'en changer, de tirer parti des enseignements reçus sur ce troisième bateau pour me lancer dans la construction d'un quatrième, mieux adapté encore à mes besoins ? J'avais réfléchi quelque temps au genre de bateau que je voudrais faire construire... et réalisé que je referais presque exactement le même, un catamaran de douze mètres en aluminium épais, gréé et équipé pratiquement de la même façon ! Cela exigerait beaucoup d'efforts, une pleine année de dur travail, pour peu de changements ! Alors j'avais décidé de voter à nouveau ma confiance à *Banana Split*, de lui offrir une révision générale de ses voiles, et une paire de nouveaux moteurs, un peu plus puissants et mieux équilibrés... En ce mois de janvier 2000, c'est un *Banana Split* rajeuni qui allait m'emmener dans mes premières navigations du IIIe millénaire.

10

Les plus belles journées de ma vie

Visant le Pacifique, j'avais cette fois choisi, pour rejoindre Panamá, de faire par le nord le tour de l'immense mer des Antilles : j'ai longé à nouveau l'arc des Grandes Antilles, m'attardant enfin dans le minuscule archipel qui me tentait depuis longtemps, Culebra et Vieques, dont l'accès avait longtemps été restreint parce que l'armée américaine l'utilisait comme champ de tir pour canons et missiles ; enfin une grande partie de ces îles était rouverte aux navigateurs, et j'ai pu jeter l'ancre devant des plages magnifiques, à deux pas de baies aux eaux phosphorescentes. Puis j'ai fait quelques escales sur la rive sud de la République dominicaine, un peu gâchées hélas par la lourdeur des formalités exigées par les fonctionnaires de chaque port. J'ai été séduit par une parcelle détachée de la grande île d'Haïti, l'île à Vache, où un couple de Français aventureux venait de créer une petite marina et un hôtel dans la baie où Morgan, au temps de la flibuste, avait perdu son navire. L'île était une escale heureuse, à l'écart des troubles qui agitaient la pauvre Haïti toute proche : la nuit où j'atteignis l'île à Vache, à moins de cent kilomètres de là, un couple de navigateurs français, après une traversée agitée, avaient jeté l'ancre pour se reposer dans une baie proche du cap des Irois : pris pour des trafiquants de drogue, ou choisis pour cible par des bandits locaux, ils avaient été attaqués en pleine nuit, leur bateau jeté à terre, détruit et pillé, ils avaient même eu de la chance de s'en tirer avec la vie sauve.

J'ai ensuite traversé le « passage du Vent » jusqu'à l'extrémité sud de Cuba ; là, il fallait se méfier d'un autre danger : toute une partie du littoral était sous forte surveillance depuis que deux petits avions civils avaient été abattus par l'armée de Fidel Castro qui les soupçonnait d'une nouvelle tentative d'invasion, comme celle de la baie des Cochons. Plus à l'ouest, au contraire, le vaste golfe qui s'ouvre au sud de Cuba offrait aux navigateurs un magnifique domaine tranquille, où la présence des visiteurs était courante et acceptée : les immenses jardins de la Reine et l'archipel des Canarreos, autour de Cayo Largo, devenue depuis ma première visite, sur *Voyage*, une belle destination touristique. Francette m'a rejoint et nous avons navigué dans cet archipel resté vierge, jetant l'ancre chaque soir devant une nouvelle île déserte, rencontrant parfois des pêcheurs qui nous vendaient à prix très raisonnable de délicieuses langoustes. Une nuit, nous avons vu monter d'un rivage des bruits étranges et les lueurs diaboliques d'un grand feu... Au matin, nous sommes allés voir de quoi il retournait : une équipe de pêcheurs d'holothuries, ces espèces de boudins de mer qu'ils ramassaient en grand nombre sur les hauts-fonds à l'aide d'un « narguilé », sorte de respirateur, et d'un compresseur, entretenaient jour et nuit un feu sur lequel ils faisaient bouillir dans de grands chaudrons des millions de ces répugnantes créatures, pour les faire ensuite sécher au soleil ; réduites en poudre, elles étaient achetées à prix d'or par des bateaux asiatiques stationnés au large, pour les consommateurs chinois ou japonais qui leur prêtent des vertus aphrodisiaques... à croire qu'ils n'ont jamais vu de près ces créatures, à l'allure phallique, peut-être, mais désespérément molles !

J'ai mis le cap au sud, faisant une brève escale pour me ravitailler – les rayons de rares magasins de Cuba s'étaient révélés toujours aussi vides – dans l'archipel des Caymans, au large des rivages du Belize et des îles du Roatan, puis j'ai découvert une petite île dont j'avais entendu dire le plus grand bien, et qui le méritait, Providencia, parcelle anglophone, paisible, de la tourmentée Colombie hispanophone. Quelques vagabonds européens avaient élu domicile sur les collines luxuriantes de cette île oubliée au cœur de la mer des Antilles, et j'ai partagé un instant la douceur de leur retraite.

C'est en quittant ce havre de paix que j'ai fait une des plus grosses sottises de toutes mes années de navigation, une erreur qui aurait pu avoir de graves conséquences pour mon bateau : il m'avait fallu quitter de nuit le mouillage de Catalina Harbour pour atteindre à l'heure où le soleil serait encore haut ma prochaine escale, l'île de San Andrès. À deux heures du matin, après avoir peu dormi, mal réveillé, je hissai l'ancre, et mis le cap vers le large, naviguant au moteur le temps de me dégager des récifs, notant la présence à un demi-mille devant d'une balise lumineuse marquant un haut-fond. J'étais descendu quelques secondes allumer le radar et consulter la carte, quand, tout à coup, le bateau s'arrêta comme s'il avait été happé par un grand filet de pêche ou les tentacules d'une pieuvre géante... J'ai bondi sur le pont... rien en vue, ni devant moi, ni derrière ; aucun obstacle... En gagnant l'avant du bateau, je m'aperçus que j'avais heurté la bouée que j'avais crue encore loin ; cette énorme tonne de fer de deux mètres de diamètre était passée sous la poutre qui rejoint les deux étraves de mon catamaran, et s'était bloquée, bien coincée, sous un de mes trampolines : je ne pouvais soudain plus ni avancer ni reculer, j'étais pris au piège en pleine mer, incapable seul de me dépêtrer de cet encombrant objet flottant... Par chance, l'alizé ne s'était pas encore levé, mais il allait falloir trouver une solution rapide ! Par chance également, l'escale dans ce port colombien se fait obligatoirement sous l'égide d'un agent, chargé d'assister les navigateurs à accomplir toutes les formalités, et qui les aide en cas de besoin à se ravitailler ou à se dépanner ; l'homme qui jouait ce rôle à Providencia était particulièrement efficace, car réveillé en pleine nuit par mes appels en VHF, il m'envoya aussitôt deux gardes-côtes munis de robustes barres à mine, qui s'escrimèrent une heure à l'étrave de *Banana Split* tandis que j'essayais, dans la nuit d'encre, de faire machine arrière, guettant la montée progressive du vent et des vagues qui rendraient l'aventure vraiment dangereuse pour mon bateau ; soudain, enfin, *Banana Split* se dégagea de l'emprise de la tonne qui, libérée, se redressa, m'envoyant comme un signal offusqué de son feu resté allumé : « Et alors tu ne m'avais pas vue, non ? »

Le lendemain, je bénis une fois de plus le choix que j'avais fait d'une coque en aluminium épais, qui n'avait aucunement souffert de ces heures de chocs répétés ; je payai une poignée de dollars la réparation par un artisan local du support du panneau solaire de la bouée, un peu tordu dans l'aventure, et cette affaire qui aurait pu être grave ne resta pour moi qu'un amusant souvenir.

Après une courte escale à San Andrès, superbe elle aussi mais moins préservée que Providencia, qui – malgré ma mésaventure – garde une place à part dans mes souvenirs, je prévoyais, avant de franchir le canal de Panamá, de passer à nouveau deux ou trois semaines dans les eaux de l'archipel des San Blas, au royaume des heureux Indiens Kuna... Je n'imaginais pas que cette escale prendrait des proportions bien différentes... Je retrouvai le vieux père Robinson dans son île de Cayo Olandes, la sympathique et dynamique Liza, une des plus entreprenantes commerçante en molas... qui était en fait un garçon élevé comme une fille depuis son enfance, et vivant exactement comme une femme, une pratique assez couramment admise par les Indiens Kuna – un peu comparable à la tradition des *mahou* de Polynésie. J'ai apprécié le nombre infini des mouillages déserts qu'offre l'archipel : les *boaters* américains l'avaient récemment découvert, mais ils se cantonnaient, comme toujours, aux deux ou trois mouillages répertoriés, laissant aux plus solitaires un grand nombre d'îles et de baies désertes. J'y fis la connaissance d'une équipe de deux Français, Jean-Charles et Bernard, arrivés ici sur leurs propres voiliers, et qui avaient su établir avec les *sahila*, les sages des villages kuna, des relations si amicales et respectueuses, que les Kuna, pour la première fois, toléraient que quelques visiteurs privilégiés visitent leur archipel à bord des bateaux des deux Français ou de ceux qu'ils géraient avec leur petite entreprise, San Blas Sailing : jusque-là, aucun hôtelier, aucun tour operator n'avait jamais pu s'installer dans cet archipel. Dix ans après leur arrivée, toujours dans le plus grand respect des traditions et des lois kuna, Bernard et Jean-Charles continuent à faire découvrir cet archipel sur lequel le temps semble n'être pas passé, et ce peuple, les Kuna, sans doute l'ethnie indienne la plus authentique au monde.

Trois semaines plus tard, je quittais avec regret les San Blas, me demandant si j'y reviendrais un jour... Je passai une fois de plus sans encombre le canal de Panamá, et mis le cap à nouveau sur les Galápagos, après un bref pèlerinage vers la petite île Gamez, à la frontière du Costa Rica. J'ai ensuite gagné les Galápagos, et pour la première fois découvert cette année-là la bonne façon de pratiquer cet archipel, tout en respectant les règlements draconiens : à mes deux précédents passages, j'avais fait escale sur l'île principale, Santa Cruz, pour y retrouver mes amis les Robinsons belges ou allemands, les de Roye, Gus Angermeyer ; mais Santa Cruz avait deux inconvénients : très touchée par le tourisme – car c'est d'elle que s'embarquaient les hordes qui visitaient sous bonne garde les sites classés du parc naturel –, elle avait perdu une bonne partie de son naturel, et les autochtones y étaient surtout intéressés par votre argent ; le capitaine du port acceptait, moyennant une lourde surtaxe, de fournir aux bateaux de passage carburant et eau potable, mais leur signifiait qu'il était interdit de rendre visite aux autres îles ; un navigateur habitué de la région m'avait conseillé de me rendre plutôt, cette fois-ci, dans l'île de San Cristóbal, dont les habitants étaient restés plus accueillants, plus naturels, et où on vous donnait l'autorisation de visiter deux autres des plus belles îles de l'archipel interdit : passer des mois dans un mouillage désert des Galápagos, comme l'avait fait Bernard Moitessier, était désormais impossible, mais on pouvait, en trois semaines – et plus en le demandant gentiment – découvrir une bonne partie des Galápagos en séjournant quelque temps à Puerto Baquerizo, puis en gagnant les îles de Floreana et surtout de Santa Isabel, merveille de la nature : j'ai pu cette année-là prendre le temps, avec des pêcheurs des Galápagos, de nager avec les jeunes phoques de l'isla Lobos, d'approcher les fous à pattes bleues qui se livraient à leur si comique danse de séduction, et d'étudier les mœurs des iguanes de mer qui plongent brouter au fond de l'eau les algues dont ils sont friands, puis qui remontent s'étendre sur les rochers pour que le soleil, leur chauffant le ventre, facilite leur digestion. Je m'étais installé pour quinze jours dans le confortable mouillage de l'île et je profitai de la création récente... d'un cybercafé pour recevoir – au compte-gouttes, vu le débit disponible dans cette île du bout du monde ! – et pour corriger les pages des menus des DVD des trois coffrets qui allaient sortir à l'automne, et que Francette réalisait à Paris et m'envoyait pour relecture ! Que d'heures j'ai passé dans l'échoppe de Cyber Juan Carlos à guetter l'arrivée de ces documents ! Puis j'ai repris la mer, déposé du courrier dans la boîte aux lettres de Post Office Bay : cette escale-là n'était pas très réglementaire, mais, après tout, c'était une vieille tradition : dès le XVIIIe siècle, les marins qui pêchaient la baleine sur la mer du Sud avaient pris l'habitude d'y déposer leur courrier, qui serait emporté gratuitement par le prochain bateau rentrant en Europe : la tradition s'est préservée, et du courrier envoyé par ce procédé est arrivé en France plus vite que par la poste équatorienne officielle !

Enfin j'ai passé quelques jours dans le port de Villamil, dans la grande île de Santa Isabel ; ici, le capitaine du port était beaucoup plus cool, les habitants accueillants, on pouvait aller visiter le cratère du volcan ou découvrir les tortues terrestres géantes, ces fameuses « galapagos » si nombreuses dans l'archipel ; quelques années plus tôt, un immense incendie avait ravagé une grande partie de l'île, mettant en danger ces tortues : les autorités du parc Darwin avaient envoyé des hélicoptères pour les sauver une à une, en les hissant à l'aide d'un treuil ; elles avaient été ensuite rassemblées dans de vastes enclos où elles trouvaient une alimentation bien plus abondante que dans le désert... Aussitôt, elles se mirent à se reproduire à un rythme effréné, et des centaines de toutes petites tortues rigolotes se baguenaudaient partout dans le parc. Il y avait aussi des flamants roses, des iguanes de terre et des iguanes de mer et, dans un bassin naturel proche du mouillage de Villamil, un groupe de beaux requins à pointes blanches avait élu domicile.

Il allait tout de même falloir que je quitte ces escales heureuses, et que je parte pour une nouvelle traversée des 3 000 milles qui me séparaient de ma prochaine escale, la Polynésie ; mais voilà, j'avais pris du retard, ma forme n'était pas parfaite, j'allais arriver trop tard en saison en Polynésie pour passer à nouveau par un de mes archipels préférés, les Gambier, le bateau me donnait quelques tracas techniques : bref, pour mille raisons, cette traversée, que j'avais pourtant déjà faite trois fois, je ne la sentais pas ! Je traînais, j'ajournais mon départ, et quand j'ai fini par partir, quelque chose clochait, je ne savais pas quoi ; l'alizé a cette année-là tout de suite été très costaud, très sud, et il m'a emmené à toute vitesse, vent de travers vers le sud-ouest... Et je me demandais si je n'avais pas fait une grosse bêtise. La chose fut-elle psychosomatique ? Le troisième jour, je me suis réveillé le corps couvert de plaques rouges qui me démangeaient, me brûlaient insupportablement ! Quelle affection exotique avais-je attrapée à Panamá ou aux Galápagos ? Les démangeaisons ne passant pas, et ma traversée risquant de se commuer en enfer, j'ai tenté, sans trop y croire, de faire demi-tour :

cette manœuvre est généralement impossible dans une traversée poussée par l'alizé, mais j'ai constaté que la direction du vent me permettait d'y arriver sans trop de mal... À l'instant précis où les étraves de mon catamaran ont été tournées vers le nord-est, la vérité m'a frappé comme une évidence : devant moi, il y avait de nouveau Panamá, les San Blas où j'avais passé si peu de temps, quand j'aurais pu y vivre une vie ! Ma décision fut aussitôt prise : je retournerais aux Galápagos faire soigner ce mal étrange qui m'atteignait ; puis je remettrais le cap sur Panamá, franchirais à nouveau le canal, et consacrerais tout le temps qu'il me plairait à approfondir ma connaissance des îles des San Blas et des Indiens Kuna. Durant trois jours, je luttai contre le vent, toute ma peau me brûlait, j'étais fiévreux, chaque minute me semblait durer des heures...

De retour à Villamil, il se révéla que ce dont je souffrais, c'était tout simplement... la gale, celle que les enfants attrapent couramment dans les écoles des pays exotiques ou non ; attraper la gale aux Galápagos, il fallait le faire ! Je me badigeonnai des pieds à la racine des cheveux avec le produit adéquat, disponible au dispensaire du village ; deux jours plus tard disparaissait ce mal qui m'aurait rendu bien désagréable une traversée en solitaire de trois ou quatre semaines. Je me suis reposé quelques jours de plus dans le joli petit port, puis j'ai repris la route de Panamá, utilisant sur l'océan calme mes derniers litres de gazole : lorsque je me suis présenté à l'entrée du canal, mes deux moteurs s'étaient désamorcés, et j'ai dû demander par radio à l'administration du canal l'autorisation de tirer des bords, contre vent et courants, traversant et retraversant l'étroit chenal d'accès en veillant à ne pas me trouver sur la route des cargos qui poursuivaient, imperturbables, leur chemin vers les premières écluses.

Ma décision s'avéra excellente, car j'eus un coup de foudre inattendu pour le Panamá, ce pays que, jusqu'à ce jour, je n'avais considéré, comme la plupart des navigateurs qui empruntent le canal, que comme une sorte de sas, une étroite barrière à franchir pour accéder aux immensités vierges du Pacifique. Et pourtant, quel pays extraordinaire, riche de culture, d'histoire : Panamá était déjà une grande ville prospère, enrichie du trafic de l'or provenant d'Amérique du Sud, en 1525, un siècle avant que le moindre établissement colonial ne fût fondé en Amérique du Nord. Souvent mise à sac, en particulier par le flibustier Morgan, elle était devenue une grande et belle métropole, un peu comparable à mes yeux à Rio de Janeiro à l'époque où j'y avais fait escale, un quart de siècle plus tôt. J'ai déniché pour *Banana Split,* que je basai pour près de deux années à Panamá, des refuges sûrs et confortables : au début du canal, passé la première écluse, les employés, jadis nord-américains, de l'administration du canal avaient crée le Pedro Miguel

Boat Club, une petite marina et un chantier naval serrés autour d'un bâtiment de bois pittoresque, du style colonial caractéristique de toutes les constructions du canal ; quelques vagabonds s'y étaient rassemblés, remettant leur voilier en état avant de repartir sillonner le Pacifique ou la mer des Antilles ; l'ambiance était toujours chaleureuse et les guitares jouaient des chansons du monde entier.

Puis j'entendis parler d'un autre abri, Jose Pobre, une étroite coupure dans le récif côtier, non loin de la ville de Portobello, très ancienne aussi : c'est là qu'on embarquait jadis sur des galions espagnols l'or qui avait traversé à dos de mulet la chaîne de montagnes séparant le Pacifique de la mer des Antilles. Quelques voiliers y étaient ancrés en sécurité, dans ce pays à l'écart des régions cycloniques – dans un petit bassin entouré d'une végétation luxuriante ; une poignée de navigateurs de diverses nations européennes s'étaient installés dans la région de Jose Pobre, tirant parti d'un ancienne loi panaméenne encore en vigueur : toute personne venue d'Europe pour y cultiver la terre avait le droit de s'installer au Panamá ; les uns cultivaient des bananiers ou d'autres fruits, d'autres élevaient des volailles, et la vie était paisible dans cette campagne des bords de la mer des Caraïbes, à moins de deux heures de route pourtant de la grande capitale riche et moderne.

C'est à Jose Pobre que je basai pour plus d'un an *Banana Split*, et c'est de là que je gagnai souvent les San Blas, où je consacrai en tout près de huit mois à mieux connaître l'archipel. Difficile d'imaginer plus conforme à mes souhaits pour une zone de navigation : un nombre presque illimité de mouillages sur des eaux limpides, des poissons faciles à pêcher – on pouvait aussi les acheter, avec crabes royaux et langoustes, aux pêcheurs kuna qui passaient sur leurs étonnantes pirogues à voiles. L'eau douce, il suffisait d'aller la recueillir en remontant le cours d'une des rivières du continent, au long desquelles les Indiens Kuna cultivaient leurs jardins. Si l'on avait besoin de provisions plus sophistiquées, ou de matériel pour le bateau, plusieurs des îles habitées étaient reliées chaque jour par des petits avions à la grande ville de Panamá, qui se trouvait à moins d'une demi-heure de vol de mon bout du monde ! Quelques bons copains navigateurs retrouvés de temps en temps au hasard de leurs propres balades ; et surtout mes rencontres avec les Kuna, au mouillage ou dans leurs villages : à Rio Sidra, à Maquina, à Tigre ou Rio Diablo, ils avaient fini par me connaître, et j'étais devenu un peu leur photographe officiel : l'imprimante que j'avais à bord me permettait de leur donner aussitôt des tirages des photos que je faisais des magnifiques costumes traditionnels que les femmes portent encore de nos jours dans leur vie quotidienne, de leurs coutumes, comme celle de la « coupe de cheveux », où chaque Indienne atteignant l'âge de la puberté devient une femme ; une des fêtes les plus régulières aux San Blas est celle de la *chicha*, où un village tout entier s'enivre de façon rituelle, sous le contrôle des Sahila, les sages Kuna, avec le jus fermenté de la canne à sucre. Je voulais filmer, non la beuverie, mais la préparation de la chicha, en particulier la traditionnelle *trapiche*, étonnante presse constituée de deux troncs d'arbres souples mus par une femme Kuna, en grande tenue de cérémonie, debout à l'extrémité d'un des troncs, horizontal, et qui, se propulsant de haut en bas à l'aide d'une grande perche, utilise l'élasticité du tronc pour fournir la force nécessaire à presser la canne. Je rendais souvent visite aux femmes qui cousaient les magnifiques molas, et Liza me fit découvrir le petit musée consacré à cet art qu'elle avait créé, et rencontrer la « petite princesse des San Blas », sa nièce, qui un jour lui succéderait, et qu'elle avait élevée depuis sa naissance dans le respect de la coutume, toujours vêtue de la tenue traditionnelle des Indiennes Kuna, corsage orné de deux plaques de poitrine et de dos composées de pièces de tissus multicolores appliquées et brodées, bijoux d'or en forme de larges et minces disques, court paréo, et centaine de bracelets de fines perles multicolores aux bras et aux jambes ; parées d'un anneau dans le nez et d'un fin trait rouge tracé au centre du front, les femmes kuna vaquaient ainsi aux activités quotidiennes de leurs villages, où leur poids était grand dans les décisions collectives : en fait la société des Kuna est en grande partie fondée sur le matriarcat.

Au mois de septembre 2000, j'étais de retour en France car le Grand Pavois de La Rochelle m'avait demandé d'être le parrain de sa nouvelle édition... Comment aurais-je pu refuser cet honneur quand je songeais à l'influence décisive qu'avait eu sur ma vie le premier Grand Pavois, vingt-trois ans plus tôt ! Que de milles parcourus en voilier depuis ! Mais aussi, que de voyages en avion : au cours de ces deux années passées à Panamá et aux San Blas, diverses activités professionnelles, plus l'envie de passer du temps avec mes enfants, en Polynésie ou en France lorsqu'ils y vont en vacances, me fait traverser l'Atlantique un grand nombre de fois, transitant parfois par Saint-Martin – j'en profite pour rendre une brève visite à mon cousin Olivier, à qui je dis tant de bien des San Blas qu'il finira par aller y naviguer sur son propre voilier – ou par La Havane.

C'est pour de toutes autres raisons que je me rends en février 2 001 à Cuba : suite au succès de la campagne publicitaire pour ATOL, lors d'un de mes passages à Paris, une réunion avait été convoquée au siège de l'agence de pub, dans le Marais, et le directeur du marketing de la coopérative d'opticiens avait pris la parole : « Antoine, grâce à cette campagne notre marque a beaucoup progressé en termes de notoriété ; nous pensons bientôt doubler le nombre de nos adhérents ; quant à vous, ajouta-t-il, avec ces spots, vous avez accédé au statut d'icône de la publicité, comme... » Là je pensais qu'il allait dire « ...comme Claudia Schiffer et comme Harrisson Ford »... mais il a continué : « ...comme Don Patillo et la Mère Denis ! » L'agence m'avait donc demandé d'être la vedette de nouveaux messages publicitaires, et choisi de tourner à Cuba, où on trouve des équipes de production très professionnelles, à des tarifs avantageux : me voici logé quelque temps dans un des grands hôtels tristes qui datent d'avant Castro. La production tourne sur une plage publique voisine de La Havane : elle l'a louée au gouvernement cubain, qui a découvert qu'il peut tirer des revenus de la location, pour différentes manifestations, du patrimoine naturel ou historique cubain : malgré le très strict blocus qui interdit toujours à tout Américain de faire le moindre commerce avec Cuba, une grande société de cosmétiques a loué cette semaine-là ... la place de la cathédrale, le cœur de la vieille ville, et y donne un dîner de gala pour des centaines d'invités venus du monde entier : la place, soudain, semble avoir retrouvé son animation d'avant Castro ; toute la vieille ville, d'ailleurs, est en cours de rénovation, et l'on y voit petit à petit renaître des bars, des hôtels, des tavernes où retentit chaque soir la joyeuse musique popularisée par le succès international du film *Buena Vista Social Club* ; moi-même, je connais peu de moments plus joyeux et plus nostalgiques à la fois qu'une soirée passée sur les traces d'Hemingway, à déguster les *mojitos* des petits bars à musique de La Habana Vieja.

J'étais arrivé à La Havane avec, dans ma valise, le téléphone par satellite Iridium du bateau... Cuba était un des rares pays au monde où la détention d'un tel appareil était interdite ! Il avait fallu le laisser à la douane, et j'ai eu quelque difficulté, dans cette grande aérogare d'un autre âge, à le retrouver, dans un local blindé regorgeant du bazar hétéroclite des objets saisis temporairement ou définitivement par la sécurité du régime de Fidel !

De La Havane, j'ai rejoint Panamá, pour naviguer encore aux San Blas, auxquelles j'allais consacrer une bonne part de mon prochain film : les douze documentaires de la série *Îles... était une fois* terminés, j'avais décidé, bien sûr, de continuer à en réaliser : ils m'apportaient tant de plaisir, et leur succès me permettait de financer mes voyages ; mais j'avais souhaité le faire à un rythme un peu plus lent, qui me tiendrait moins longtemps éloigné de mon bateau : un film tous les deux ans me conviendrait bien ; et en ce printemps 2001, je m'attaquai au tournage d'un documentaire sur ce que j'appellerais mes *Caraïbes secrètes*, choisissant un certain nombre d'escales peu connues tout autour de la mer des Antilles, d'Antigua aux jardins de la Reine, au Belize et au Roatan, des îles vénézuéliennes à Bonaire et Providencia. Je rejoignis d'abord en

Guadeloupe Arnaud, le cadreur, pour filmer sur un autre catamaran des îles peu connues de l'arc des Petites Antilles, la Désirade, Marie-Galante, Antigua, Barbuda et le fantomatique rocher de Redonda ; Montserrat reprenait doucement vie après l'effroyable éruption volcanique qui avait en 1997 rasé la capitale, Plymouth, et une bonne partie de l'île. Nous avons ensuite visité les îles de Statia et de Saba, avant de nous envoler pour le Belize, afin de découvrir sur un autre voilier l'archipel corallien, une des plus grandes barrières de corail du monde, qui borde ce petit pays d'Amérique centrale très apprécié, en particulier pour la plongée : le *Blue Hole*, le « trou bleu » rendu célèbre par la visite du commandant Cousteau, est le site à ne pas manquer.

Le site Internet que nous avions créé depuis près de cinq ans, et qui grandissait d'année en année – il comportait déjà quelques milliers de pages d'information – me permet de garder le contact, au bout du monde, avec les lecteurs ou téléspectateurs qui m'envoient de nombreux messages : j'essaye de répondre au plus grand nombre d'entre eux, surtout lorsqu'on me pose une question claire et précise : je ne sais par contre pas quoi répondre à ceux qui, typiquement, me demandent de leur indiquer une île tropicale où ils puissent aller passer le reste de leur vie sans rien faire, où les fruits des arbres et les oiseaux du ciel leur tomberont tout cuits dans la bouche, où des habitants souriants et des vahinés pulpeuses leur apporteront gratuitement, dans leur hamac, des boissons glacées ! Non, rien n'est aussi simple que ça : les îles se méritent, même les plus belles réussites d'adaptation à la vie insulaire passent par un travail assidu : tenez, un jour, dans ma « boîte de réception », un message a attiré mon attention : deux jeunes Napolitains, copains depuis leur enfance, avaient décidé de quitter la grande métropole italienne où ils se déplaisaient, et étaient partis s'installer sur une île du Honduras, Roatan ; ils avaient choisi d'y créer un petit hôtel, une dizaine de jolis bungalows perdus dans la végétation, à deux pas de la magnifique plage de West Beach. Ayant vu mes émissions à la télévision italienne, ils souhaitaient me faire connaître leur coin de paradis terrestre : ce sont là les conditions idéales pour moi pour découvrir un pays que je ne connais pas : être piloté par des gens qui en sont tombés amoureux : en ce printemps 2001, j'ai eu grâce à eux la révélation d'une île privilégiée, où j'ai pu voir des plages de rêve, des forêts luxuriantes et des oiseaux multicolores, et plonger en mer avec des dauphins. Je ne pourrai jamais trop remercier les dizaines de personnes qui, comme ces deux-là, m'ont accueilli, au quatre coins du monde et m'ont dévoilé les merveilles du pays, Madagascar, Nouvelle-Zélande, Bermudes ou Vanuatu, qui les avait tellement fascinés qu'ils avaient choisi d'y refaire leur vie : je perçois chacun d'eux comme une autre des cent autres personnes que j'aurais pu être, des cent autres destins qui auraient pu être le mien, et je tente chaque fois de vivre leur île au travers de leur regard.

Nous passons ensuite quelque temps, Arnaud et moi, au Panamá, à filmer les différentes régions du pays, et ses merveilles naturelles ou artificielles, comme les îles nées de la création du lac de Gatun, lors du creusement du canal : le niveau de l'eau montant, tous les animaux de la région se sont réfugiés sur les hauteurs, devenues des îles ; l'une d'entre elles, sous le contrôle du célèbre Smithsonian Institute, est devenue un vrai sanctuaire pour la faune ; ailleurs, nous voyageons à travers la canopée des forêts pendus à des câbles tendus entre les cimes des arbres, nous découvrons de curieux arbres carrés et des fruits étranges dont le noyau pousse à l'extérieur du fruit, les cajous ; un jour, nous filmons du haut du ciel le superbe archipel San Blas, à bord d'un petit Cessna dont le pilote a une façon de voler particulièrement... rock'n'roll. Enfin notre marathon autour de la mer des Antilles s'achève sur un catamaran de plus, celui d'un Allemand, Jochen, qui organise des croisières en charter à partir du Venezuela, et qui nous emmène filmer les îles du large que je connais déjà bien, les Roques, les Aves, et la partie sud des Antilles néerlandaises, Bonaire, royaume de la plongée, et Curaçao, avec les étonnantes façades multicolores de quais de Punda, devant lesquelles se terminent les prises de vues de ce film sur les Caraïbes secrètes.

Rentré à Paris, je me replonge un instant dans l'ambiance des plateaux de télévision à l'occasion de la réédition, dix-sept ans après sa première parution, de mon livre pratique *Mettre les voiles*, que Francette et moi compléterons bientôt par un CD-ROM, entièrement réalisé à bord, et qui reprend l'essentiel des conseils pratiques, enrichis des vastes possibilités des médias modernes : visite aérienne d'une centaine de mouillages de rêve, vidéos pratiques tournées en grande partie en traversée ou dans les mouillages des San Blas, etc. La promotion de *Mettre les voiles* m'amène même à être invité sur le plateau de *Nulle Part Ailleurs*... Comment ne pas y songer au regretté Bernard Moitessier, qui y avait été invité quelques mois avant sa mort, à la sortie de *Tamata et l'Alliance* : la rencontre de deux mondes, celui de Bernard Moitessier et celui d'Antoine de Caunes avait donné lieu à un moment vraiment divertissant ! Je me rappelle la tête de Bernard, le plus authentique, le plus naturel des hommes des îles et des océans, quand Antoine de Caunes avait annoncé que les femmes qui lisaient le livre de Bernard en restaient « moites et sciées » !

Quelques semaines plus tard, l'équipe d'ATOL, après Cuba, décide de tourner aux Seychelles, en compagnie cette fois-ci de la belle Nathalie Simon, grande championne de surf et animatrice de télé. Le *story-board* de la petite séquence vidéo met en scène une averse d'orage soudaine sur la belle plage de l'anse Takamaka : le monde fou de la publicité n'a aucun mal à réaliser sur commande un si modeste miracle : la production a engagé les pompiers des Seychelles, qui sont venus de Victoria avec leur antique camion-citerne, presque aussi pittoresque que la vieille horloge, réplique de Big Ben, qui se dresse au cœur de la capitale, et au signal du réalisateur, hop, ils ouvrent leur canon à eau et le braquent vers le ciel... et Nathalie Simon et moi nous retrouvons trempés.

À Paris, je complète le montage du film *Caraïbes secrètes*. Début septembre, le travail touche à sa fin, et j'enregistre chez Sylicone, en compagnie du fidèle Georges, les voix italienne et anglaise du film : j'écris moi-même les traductions, car toutes mes tentatives d'utiliser des traducteurs professionnels aboutissaient à de trop nombreux contresens. Un jour, nous sommes depuis plusieurs heures enfermés dans la cabine de son – aussi étanche et feutrée qu'un sous-marin en plongée – quand, pour nous détendre, nous sortons un instant. Dans le couloir, sous l'escalier, une dizaine de personnes travaillant dans les autres régies sont occupées à regarder un film à la télé ; ça m'intrigue un peu, d'habitude tout le monde ne fait pas de pause en même temps... je m'approche, curieux de voir ce qu'ils regardent de si fascinant : on dirait un film catastrophe, où de grands immeubles brûlent... Ce n'était pas un film catastrophe, nous étions le 11 septembre 2001...

Comme chaque fois que je publie un nouveau livre ou un nouveau film, la fin de l'année ne me voit pas beaucoup naviguer ; tandis que nous attendons les résultats du pressage du DVD, je me passionne pour un autre projet : on m'a demandé de réaliser un court documentaire sur le Futuroscope de Poitiers, un lieu que j'aime bien, un vrai temple de l'image où j'emmène souvent mes enfants ; les premières caméras haute définition viennent d'arriver en France et, puisque le Futuroscope rend hommage à toutes les technologies de l'image, je choisis de tourner avec une de ces caméras d'avant-garde : le résultat est si extraordinaire, tellement plus piqué, détaillé qu'avec une caméra normale, qu'il me deviendra vite difficile de tourner autrement qu'en HD !

Pourtant, cet automne, la technologie, dont j'aime expérimenter les plus récentes merveilles, me joue un sale tour : pour de stupides raisons techniques, le DVD sur les *Caraïbes secrètes* nous revient, plusieurs fois de suite, du laboratoire avec un problème inexplicable : un certain nombre de lecteurs de DVD refusent de le lire... Il faudra finalement refaire tout le travail d'*authoring* et d'encodage, et ce délai retardera la parution du DVD jusqu'à huit jours avant Noël, alors que le Salon nautique est déjà terminé : j'y ai pour la première fois conclu un accord avec la revue *Bateaux*, qui m'accueillera régulièrement sur son stand pour le rituel des dédicaces.

Au terme de ces six mois de travail extrêmement dense – ne me parlez pas de semaines de trente-cinq heures, quand on tourne et monte un film, c'est plutôt quinze heures par jour –, je rejoins *Banana Split* pour une nouvelle période de huit mois de navigation : un dernier tour de mes îles San Blas, pour saluer mes amis Kuna ; mon troisième franchissement du canal de Panamá en deux ans, un rapide carénage à la nouvelle marina de Flamenco, tout au bout de la longue digue qui protège, au large de Balboa, l'entrée pacifique du canal.

À l'instant de quitter ce pays qui, au cours de deux années, m'a tant apporté de joies, j'ai, c'est souvent le cas, la sensation de tourner une page, et, sans doute, de faire une grosse bêtise : comment laisser sans regrets ce pays incroyable, cette grande ville de Panamá où, dans une température parfaite, des filles de rêve te répondent « mon trésor » quand tu leur dis « mi amor » ; où pour quelques dollars, appelés ici bolivars, on fait dans un joli restaurant un délicieux dîner de poulpe, de poulet ou de saumon grillé, avec un agréable vin rouge chilien ; où des gens adorables comme Bernard, Véronique et leurs trois filles, comme Jean-Charles, dit Juan Carlos, sont venus se créer une vie, sur leurs voiliers en charter aux San Blas ou aux Perlas, ou dans une belle maison sur pilotis, architecture de l'époque du canal, noyée dans la forêt tropicale ; un pays où on trouve ce que l'on veut dans des magasins en nombre illimité, du disque dur externe à la papaye au fondant inoubliable... Un pays de gens gentils, sans oublier les Kuna, Fidel, Venancio, Liza, les Indiennes dont j'ai oublié les noms incroyables (sauf celui de ma « fiancée », Briseilda, une jolie Kuna venue me voir un jour dans sa belle tenue traditionnelle, corsage de mousseline et mola bariolé, anneau dans le nez et les chevilles parées de mille bracelets, pour m'expliquer qu'il n'était pas bon pour un homme d'être solitaire et qu'elle se proposait d'embarquer avec moi pour m'accompagner au bout du monde !) ; comment tourner le dos à ces décors extraordinaires, le plus inouï étant, bien sûr, celui des San Blas, où, à 1 mille à peine du petit aérodrome de Corazon de Jesus, où se pose chaque matin un avion d'Aeroperlas venu de Panamá, on trouve des îlots déserts parfaitement paradisiaques, des abris excellents pour un voilier, sous le vent d'une plage dorée ; un pays où n'existe aucun des grands dangers des tropiques : ni cyclones, ni ciguatera, ni poisson-pierre, où les formalités toutes simples se limitent à payer soixante-quinze dollars tous les trois mois, et où personne ne vient jamais vous emmerder, vous contrôler dans les mouillages innombrables de l'archipel !

Et je suis parti quand même !

Cette fois-ci pas de problème, j'étais en pleine forme, la saison était la bonne, le bateau parfaitement révisé, récemment équipé de ce nouveau moyen de communication de science-fiction, le téléphone Iridium, à l'aide duquel je parvenais à envoyer du courrier, à une très faible vitesse, par l'Internet : en voyant s'éloigner les côtes du Panamá, j'ai eu soudain envie de raconter simplement, sur mon site Internet, pour le plaisir, gratuit bien sûr, de quelques centaines ou quelques milliers de fidèles, les meilleurs moments de ces journées de navigation. Des nuées d'oiseaux de mer, de dauphins et de phoques m'ont accueilli à l'approche de l'île Coco : celle-ci, hélas, devenue parc naturel de l'Équateur, exigeait dorénavant des visiteurs le paiement d'une somme décourageant toute longue escale : y séjourner deux jours valait tout de même la peine, le temps de retrouver la végétation luxuriante, les cascades qui fournissaient un si bon massage à la nuque du marin en escale ; un peu plus au sud, aux Galápagos, j'ai choisi cette année de ne faire qu'une courte escale à Santa Cruz, où le vieux Robinson allemand, Gus Angermeyer, finissait ses jours sous un arbre, mais ne reconnaissait plus personne. Les pleins d'eau et de fuel faits, je me suis élancé pour la traversée du Pacifique, puisant des forces, je l'avoue, dans la compagnie de ceux qui retrouvaient chaque jour ma brève chronique sur Internet, illustrée souvent de petites photos prises le jour même – la révolution numérique, dans ce domaine aussi, était en marche, quel progrès considérable que de pouvoir, sans avoir à attendre de rencontrer un laboratoire de développement, voir et expédier au bout du monde, à l'aide du téléphone satellite, les photos qu'on vient de prendre : étonnante croisière en solitaire, mais en compagnie de tous ceux qui s'étaient virtuellement embarqués avec moi !

Une nuit, en plein milieu de nulle part, sous la lune brillante, j'ai revu soudain un instant, une soirée passée, comme sur une autre planète, comme dans une autre vie, à Paris quelques mois plus tôt : mon copain Philippe Gloaguen, des *Guides du routard*, m'avait invité à assister au spectacle que donnait dans un sympathique café-théâtre parisien, le Petit Journal, un garçon qui avait connu un vif succès au cours des années soixante : Frankie Jordan. Sur un de ses 45 tours était apparue pour la première fois une jeune chanteuse alors encore inconnue, Sylvie Vartan ; Frankie jouait des classiques du rock, invitait ses amis à venir faire un bœuf avec lui : j'avais chanté les *Élucubrations*, et l'ambiance avait été atomique : le patron de la boîte m'avait dit à la fin de la soirée : « Et si vous veniez un jour faire un spectacle ou deux au Petit Journal ? »... J'avais à peu près oublié cette proposition, et voilà qu'elle me revenait par cette nuit tranquille loin de tout, en plein centre du Pacifique... J'ai pris le téléphone satellite, et mis en route le processus qui allait me conduire, pour la première fois depuis une dizaine d'années, à monter sur scène à plusieurs reprises dans les années suivantes, dans ce lieu privilégié, où je retrouverais un peu de la sympathie éprouvée, bien des années auparavant, dans le petit club où je chantais parfois, la Tête de l'Art. Ces spectacles, qui amèneraient naturellement à la publication d'un album et d'un DVD de l'enregistrement en public, me pousseraient aussi à renouer un temps avec quelques amis chanteurs, comme Graeme Allwright, Lio, Frank Alamo, Didier Barbelivien, et aussi Hervé Cristiani, qui viendrait chanter avec moi son légendaire *Il est libre Max* : je me suis toujours senti proche du « Max » de cette jolie chanson qui dessinait si bien toute notre philosophie des années 1970, cette foi que je me suis appliqué à conserver vivante... Et ces retrouvailles avec Max me conduiraient bientôt à une étonnante et décisive évolution personnelle...

Ma traversée du Pacifique se poursuivait ; je photographiais, écrivais, revivais quelques souvenirs, confiais à mes lecteurs, presque en direct, mes humeurs du jour, la musique que j'écoutais, le fruit qui m'avait apporté un instant les senteurs et les parfums de la terre lointaine. Leurs messages d'encouragement m'ont accompagné au fil des longitudes, jusqu'aux parages de l'archipel des Gambier : seule vraie péripétie de ces trois semaines de navigation solitaire, ma grand-voile déchirée par un grain trop fort quelques heures à peine avant mon entrée, pour la troisième fois de ma vie, dans cet archipel où j'allais séjourner longtemps, et qui me plairait à nouveau extraordinairement. Vous souriez peut-être de me voir si triste de quitter une escale, les San Blas, pour me réjouir si fort d'en retrouver une autre, les Gambier : mais c'est ça le miracle de la navigation à la voile, et plus encore en solitaire : remettre en quelques semaines tous les compteurs à zéro, faire de vous un homme neuf, vierge, lorsque vous atteignez un archipel nouveau ou retrouvez une destination favorite.

Dans les deux années qui ont suivi, ma vie a été polynésienne : *Banana Split* a séjourné longtemps dans les eaux des Gambier, à Mangareva, et j'ai coulé des semaines heureuses dans les mouillages les plus secrets de l'archipel : Taravai, Akamaru, Pohue, Tokani, des noms chantants. J'ai cueilli les fruits variés qui poussent dans les jardins, aujourd'hui abandonnés, de quelques-unes de ces îles, j'ai pêché les petites bonites qui, à la bonne saison, hantent le lagon : beaucoup d'autres espèces de poissons étaient victimes de la *ciguatera*. Quelles escales inoubliables j'ai faites dans ces petites îles où il suffisait, en se frayant un chemin dans la végétation dense, de gagner un des sommets pour découvrir des paysages d'une beauté à couper le souffle, des lagons turquoise parsemés des taches brunes parfaitement dessinées des têtes de corail. J'ai bien sûr filmé chacune de ces îles, comme j'ai filmé les églises désertes mais fort bien entretenues, et une amusante journée de célébration dans celle de Taravai, où deux cents personnes étaient venues de Rikitea faire revivre une journée, chants, danses et festins, cette île désormais presque abandonnée.

J'ai eu du mal, c'est sûr, quelques mois plus tard, à quitter les Gambier... C'est que j'avais oublié à quel point les Tuamotu étaient merveilleuses ! Pas de balades en montagne, ici, où le centre du lagon de chaque atoll est, contrairement à ceux des Gambier ou des îles de la Société, comme Bora Bora, dépourvu de toute élévation : juste une ceinture de récifs à fleur d'eau parsemée de jolies îles basses plantées de cocotiers, de pandanus qui s'ornent soudain, à la saison, de très grandes fleurs blanches particulièrement odorantes, les *hinano*. J'y ai rencontré des habitants chaleureux mais indépendants, les Paumotu, et une poignée de voyageurs venus s'installer dans cet univers assez âpre, sans fioritures ; mais que j'aime l'immense solitude de ces anneaux de corail, certains totalement déserts, qui offrent au navigateur un parfait ovale d'eau plate, abritée de la houle du large, quelques kilomètres carrés de douceur dans le monde de brute des houles océaniques.

J'en ai exploré plusieurs, de ces anneaux de corail ; la plupart, hélas, sont inaccessibles aux bateaux car ils sont dépourvus de la moindre passe, et leurs habitants ne sont ravitaillés que par des baleinières, sortes de grosses barques à rames ou à moteur qu'un équipage, guettant le moment où brise une vague plus haute que les autres, fait bondir pardessus le récif ; d'autres sont devenus « hors limites » parce qu'on y a créé de grandes exploitations perlières ; quant à l'atoll de Mururoa, bien que les essais nucléaires y aient totalement cessé, il faudra sans doute quelque temps avant que l'armée autorise de nouveau son accès aux voiliers : c'est pourtant, à mi-chemin entre les Gambier et les Tuamotu du centre, le seul atoll doté d'une passe, et, à ce titre, il serait souhaitable, pour la sécurité des navigateurs, qu'il soit rouvert. D'autres atolls, enfin, sont habités par une poignée de Paumotu, rassemblés dans de petits villages simples, généralement situés à proximité des passes ; le reste des lagons, immenses, constitue un espace de liberté magnifique pour les navigateurs qui sont prêts, comme le disait Bernard Moitessier, à en payer le prix : les passes, agitées de forts courants, nécessitent un peu de doigté ; on ne peut naviguer qu'à certaines heures, quand le soleil vous révèle les dangereux récifs à fleur d'eau ; et la plupart des mouillages, s'ils sont parfaits pour certaines directions de vent, exigent d'être quittés dès que le vent tourne. J'ai été séduit par les coins les plus reculés, les plus déserts de ces atolls, Amanu, Makemo, Toau... et puis un jour, presque par hasard, j'ai aventuré les étraves de *Banana Split* dans l'abri au premier abord inaccessible qu'offrait un îlot qui ne porte même pas de nom sur la carte... et j'y ai découvert un petit lac d'eau bleue parfaitement calme par vent d'est, entouré d'une jolie plage, à l'abri d'un bouquet de cocotiers auxquels j'ai amarré mon bateau...

Et c'est de cet endroit béni que je vous écris ces lignes ; ne m'en veuillez pas si je ne vous indique pas sa latitude et sa longitude : s'il vous prend l'envie d'en trouver un aussi joli, aussi conforme à vos souhaits, ce sera à vous de le faire ! Y recevoir, parfois, la visite d'un autre voilier passant par hasard par là, pourquoi pas ? Mais la richesse unique d'un endroit comme celui-ci, c'est la solitude, une solitude que je partage avec Francette, qui y passe avec moi des périodes aussi longues que possible, des semaines ou des mois où nous vivons de peu de chose : du ravitaillement rapporté d'un village situé à une journée ou deux de navigation ; des cocos, verts ou secs, du rivage ; de quelques poissons pêchés dans le lagon. Bernard Moitessier, sur un motu comparable à celui-ci, n'avait eu de cesse, comme le Robinson de Michel Tournier, de transformer son île, d'y planter arbres, fruits et légumes ; il avait même tenté, avec une fougue un peu candide, de modifier le comportement des habitants, de les inciter à planter, à remettre en état les anciennes cocoteraies, pour acquérir une certaine indépendance. Moi, tout en admirant sa démarche, je ne ressens la nécessité ni de me battre pour faire pousser quoi que ce soit sur ces sols peu propices à la culture, ni de convaincre les habitants des îles environnantes de changer de mode de vie... Comme cela aura été le cas depuis ma jeunesse, je n'ai jamais voulu être un meneur, un enseignant, ni commander ni administrer : j'ai choisi de vivre ma vie, dans le respect des autres bien sûr ; et si quelqu'un a envie de suivre un peu mes traces, dans l'un ou l'autre des domaines, si variés, où je me suis aventuré, eh bien l'ensemble n'aura pas été inutile. Je n'ai pas la prétention non plus, d'ailleurs, de vivre ici en autarcie, ce qui faisait tant rêver les lecteurs de Bernard Moitessier : les ouvrages, films, livres (quelques chansons un de ces jours peut-être ?) que je réalise me donnent les moyens de vivre modestement... et m'offrent le bonheur de les réaliser... Que pourrais-je demander de plus ?

Postface

Bien sûr, dans les années qui suivraient, j'aurais plus d'une fois l'occasion de quitter à nouveau quelque temps cet univers étincelant : je laisserais le *maraamu* pousser *Banana Split* jusqu'à Tahiti et aux îles Sous-le-Vent, pour y tourner un nouveau documentaire sur la Polynésie, histoire de voir ce qui avait changé en dix ans : ce documentaire, une prestigieuse organisation, Connaissance du Monde, créée jadis par Charcot et Paul-Émile Victor, m'a demandé, à l'occasion de son cinquantième anniversaire, de venir le présenter au public de ses tournées de conférence : c'est ainsi que, fidèle au souvenir de la conférence qui, l'été de mes dix ans, m'avait fait rêver pour la première fois à la Polynésie, je prendrai parfois la route pour commenter en direct, aux quatre coins de la France et des pays francophones, ce film, ou un autre de ceux que je continue à tourner au rythme d'un tous les deux ans, comme celui que j'ai consacré, enfin, tout entier, aux splendeurs illimitées de mon île natale, Madagascar. Quelle sensation, lorsque les lumières s'éteignent, que je me retrouve seul aux commandes du petit pupitre de réglage du son et du micro dans lequel je dis en direct mon commentaire, alors que cinq cents personnes derrière moi, pendues à mes lèvres dans la pénombre, attendent que je les emporte pour une heure trente au bout du monde ! J'ai chaque fois l'impression d'être un pilote de Boeing emmenant ses passagers vers le Pacifique ou l'océan Indien.

Je quitterais aussi ma retraite pour de brefs tournages, pour les séquences accompagnant le passage de mes films à la télévision italienne ; ou leur diffusion sur la chaîne Voyage, présentations, tournées aux Seychelles ou à l'île Maurice, en compagnie d'une jolie animatrice ; pour répondre à une invitation à présider un grand festival du film d'environnement, ou à parrainer une exposition dédiée aux coraux en danger, à l'Océanopolis de Brest, ou pour la réalisation de nouveaux clips pour mon sponsor, les opticiens : au fil des années, la série des petits films amusants réalisés pour eux est devenue une vraie saga, qui a conduit la coopérative d'opticiens à multiplier par cinq le nombre de ses adhérents ! Pour ma part, mes revenus d'« icône de la pub » me permettent d'offrir les meilleures études possibles à mes enfants. Bien sûr, je me prends parfois à regretter qu'au lieu de me demander de tourner ces fantaisies amusantes et répétitives, l'agence ne choisisse plutôt pour ses messages publicitaires des images de la beauté de la planète, telles que j'en tourne depuis plus de quinze ans : j'ai failli les convaincre un jour de le faire, sous la forme de très courts métrages programmés sur TF1, et peu élégamment dénommés « programming » : sur un sujet récurrent (par exemple : « de belles maisons autour du monde »), un sponsor présente ces images, se contentant de « signer » brièvement de sa publicité le début et la fin du reportage... Une grande réunion dans les bureaux de la chaîne a été organisée, avec des représentants du sponsor, de l'agence de pub, des créatifs, des directeurs de production et des spécialistes juridiques. Il s'est avéré malheureusement qu'étant pour les publicitaires de la chaîne trop lié à mon sponsor, ni ma personne ni ma voix ne pouvaient apparaître dans le corps même de chacun de ces courts reportages, au risque d'encourir les foudres du fameux CSA (et surtout des sociétés concurrentes, qui crieraient à la publicité clandestine !). À un moment de la conversation, la directrice de création, suédoise parlant parfaitement français, mais avec des joliesses parfois inattendues, a demandé aux sérieux représentants juridiques : « Mais Antoine ne peut-il apparaître dans ces messages, simplement, en tant qu'être humain ? » Ils se sont regardés avec une drôle de tête, tous les directeurs, et ils ont d'eux-mêmes convenu d'une seule voix : « Un être humain ? Mais, chère madame, il y a bien longtemps qu'on n'en a pas vu un sur TF1 ! » Pourtant je suis arrivé indirectement à mes fins, puisqu'une autre série de programmes courts de cette chaîne a souvent utilisé les images que j'ai tournées pour illustrer les propos de célébrités amoureuses de tel ou tel endroit de la planète...

Une autre fois, c'est un drôle de démon qui est venu me tirer par les pieds : dans mon mouillage lointain, j'ai reçu un message me proposant... rien moins que de succéder à Jean-Pierre Marielle dans la suite du film culte *Les Galettes de Pont-Aven*... Que Joël Seria, le réalisateur, me fasse l'honneur de m'estimer capable de prendre une aussi belle succession ne pouvait que me flatter. Ma carrière cinématographique, je l'ai dit plus haut, est toujours restée extrêmement restreinte... Sans trop y croire, j'envisageais avec plaisir une petite percée dans ce domaine demeuré presque vierge pour moi ; alors que nous échangions avec le réalisateur correspondances et ébauches de scénario, Francette et moi, dans notre mouillage paradisiaque, nous amusions à caricaturer les rêveries d'un candidat à la gloire cinématographique... Notre plus gros problème : quelle petite robe choisirait-elle de porter lorsque, après un grand succès dans le cinéma français, puis international, nous serions invités à Hollywood pour y recevoir mon oscar... Malheureusement, l'estime du réalisateur ne suffisait pas : il aurait aussi fallu que des producteurs soient convaincus. Aucun ne le fut, semble-t-il, car le projet n'alla pas plus loin... Ma carrière cinématographique resterait pratiquement limitée aux spots sans prétention tournés pour mon sponsor, et nous ne nous tourmenterions plus pour la soirée des oscars !

Je quitterais aussi mon tranquille mouillage pour une nouvelle aventure assez folle : un nouveau tour du monde en près de quatre-vingts jours, utilisant ces billets « tour du monde » au prix étonnamment raisonnable que proposent les grandes alliances de compagnies aériennes, et passant par une vingtaine de lieux magiques, Patagonie, île de Pâques, Nouvelle-Zélande, Cambodge, Madagascar, Afrique australe, pour essayer en vraie grandeur une nouvelle caméra haute définition, peu encombrante, qui permet de ramener des images si belles, tellement à l'avant-garde... qu'à l'instant où j'écris ces lignes, je n'ai pas encore trouvé, en dehors de la publication de disques Blu-Ray, de cadre où les diffuser... mais le progrès extraordinaire que constitue la HD va forcément finir par s'imposer, aussi, entre-temps, je monte à loisir – puisque la technique me permet aujourd'hui de le faire en très grande partie sur le bateau, au bout du monde – une série de futurs films, sur un rythme plus doux, plus détendu.

Je suis aidé dans ce travail par Francette, avec qui je vis en harmonie de plus en plus complète. À l'occasion de mes tours de chant au Petit Journal, Hervé Cristiani, qui mène en région parisienne une vie fort paisible, assez fidèle à l'image que donne sa chanson légendaire, *Il est libre Max*, m'a un jour fait l'honneur de me donner à lire le manuscrit d'un récit – tournant autour de sa chanson – autobiographique et philosophique... j'ai dit à quel point une phrase, qui vous guette au détour d'un livre, peut vous changer la vie. Cette phrase-là était toute simple, parlait seulement de l'insatisfaction latente en chacun de nous pour mille raisons, ou... par simple manque de bisous. En quelques jours ces mots naïfs ont ouvert en moi des portes : les gestes de tendresse, les baisers, les câlins, qui m'avaient toujours fait un peu peur, j'ai compris à quel point ils étaient essentiels, à quel point, quel que soit le destin qui nous guette plus tard, ils sont ce qu'il y a de meilleur, de plus délicieux, de plus émouvant à prendre sur cette terre... Et nous avons décidé d'apprécier plus que jamais ce que nous ressentons l'un pour l'autre, cette tendresse, ce plaisir, ces frissons à la moindre caresse, au moindre bisou, ou lorsque nous nous serrons l'un contre l'autre, ces sensations omniprésentes dans la littérature et dans les chansons, et envers lesquelles Francette comme moi avons toujours éprouvé la plus grande méfiance, ne nous résolvant jamais à leur donner un nom.

Un matin, aux Tuamotu, dans notre plus joli mouillage, sous le vent de l'îlot dont nous ignorons même le nom, nous fêtons mes soixante ans : oh, pas de réception, nous n'avons d'ailleurs rencontré personne depuis des semaines, pas un seul autre voilier n'est à l'ancre dans l'atoll. Pas beaucoup de cadeaux, la boutique la plus proche est à des centaines de milles d'ici. Mais la journée entière est un merveilleux présent : un ciel bleu parsemé de petits cumulus heureux, une douce brise pour nous rafraîchir, et le tourbillon des sternes paradis, les fameuses goélettes blanches de Bernard Moitessier, au-dessus du lagon cristallin. Francette nous a préparé un dîner tout simple et délicieux, nous avons ouvert l'unique bouteille de champagne du bord, achetée il y a quelques mois à cet effet, et, sous la Voie lactée, nous nous sommes doucement endormis, heureux d'avoir fêté si joliment cette date importante. Tôt le lendemain matin, je me réveille, allume mon ordinateur, et mes yeux tombent sur le calendrier... surprise, c'est seulement aujourd'hui le 4 juin, et mon anniversaire... À force de ne voir personne, nous avons perdu la notion du temps et du calendrier !

La journée est restée parfaite, et jusqu'au soir nous avons fêté une seconde fois mes soixante ans... Eh, deux fois soixante ans, cent vingt ans, ce n'est pas tous les jours que ça arrive ! Et dans ces soixante années à venir, j'espère bien avoir l'occasion d'ajouter quelques tomes aux deux premiers de ce récit...

Donc, à suivre...

À Francette

Ouvrages cités

France et Christian Guillain, *Le Bonheur sur la mer,* Robert Laffont, 1974.

Henry Miller, *Jours tranquilles à Clichy,* Christian Bourgois, 1991.

Jacques Boone et Jean-Louis Cotte, *Viva Binga, les aventures d'un navigateur naïf,* France-Empire, 1974.

Ocean Passages for the World, Admiralty Charts and Publications.

Patrick van God, *Trismus,* Arthaud, 1974.

Hervé Bazin, *Les Bienheureux de la désolation,* Le Seuil, 1970.

SHOM, *Instructions nautiques,* Librairie maritime outremer.

Vahé Katcha, *Galia,* Edmond Nalis, 1968.

Bernard Moitessier, *Tamata ou l'Alliance,* Arthaud, nouvelle édition 2004 ; *Vagabond des mers du Sud,* Arthaud, nouvelle édition 2004, *La Longue Route,* Arthaud, nouvelle édition 2005.

Tom Neale, *Robinson des mers du Sud,* Arthaud, 1999.

Chorus, les cahiers de la chanson, éditions du Verbe, www.chorus-chanson.fr

Gérard Borg, *Nauticus, encyclopédie pratique du bateau,* Éditions maritime et outremer, 1977.

Michel Déon, *Le Balcon de Spetsai,* Rombaldi, 1977.

Le *Memorial polynésien,* ouvrage collectif, Hibiscus éditions, 1977, 1978.

Charles Nordhoff et James Norman Hall, *Les Révoltés de la Bounty,* Phébus, 2002.

Herman Melville, *Typee.*

Gorsky Bernard, Pasquier Pierre, Lesage Roger, Arnoux Serge, *Expédition Moana,* éditions de la Pensée moderne.

H. Bourdens, *Croisière cruelle, en survie sur une île déserte,* Arthaud, 1967.

Jean Sarrus, *100 % Charlots, autobiographie,* Ramsay, 2004.

COPYRIGHTS DES ŒUVRES CITÉES

Toutes les paroles des chansons citées sont d'Antoine hormis celle-ci, de Renaud :

Y'a eu Antoine avant moi
Y'a eu Dylan avant lui....
On les a récupérés
Oui mais moi on m'aura pas...
« Société tu m'auras pas ».

DISCOGRAPHIE À PARTIR DE 1974

ALBUM RCA FPL 1 0145 : « CORCOVADO » : Marinheiro, Je Veux T'Attendre, Oh Baba, Clochard, La Mer S'Est Calmée, La Fille De Juanita Banana, Moça, Dona Flor, Dis-moi Coco, Chante Ma Fille Chante, Le Gaz, Mon Ami Charlie Brown. 1976. Enregistré en 1975 et 1976 à Rio de Janeiro.

ALBUM RCA PL 37068 : « CONDORCET REGGAE » : Globe Flotteur, Y A-t-il Dans La Salle Une Fille, J'Ai Envie D'Etre Amoureux, Giscard A La Barre Antoine Au Plumard, Bételgeuse, Enregistrement Difficile, Requin, Laissez Nous Danser, Oh Oui (Oo Wee), A.E. Africa, Madame Veuve Léontine Gracianet. 1977.

ALBUM BARCLAY 91 012 : « CORAIL NOIR » : Bord à Bord à Bora Bora, Corail Noir, Sloop John B., Grand Couillon, L'Orchestre Du Titanic, Elucubrations Revisited, Elevez Bien Vos Parents, Away, Je T'Aime Et Je N'Sais Pas Pourquoi, Gratte-moi Le Dos. 1978.

ALBUM BARCLAY 96 109 : « QUEL BEAU VOYAGE ! » : Du Ciel Bleu, Pendant Qu'elle M'Attend, Le Blues Des Coopérants, Le Cow-boy De L'Océan Indien, Nocciolino, La Motogodille (Oh He Ana), Marin Garou, Une Jolie Chanson, Le Nouveau Langage, Quel Beau Voyage. 1980.

ALBUM BARCLAY 200 218 : « SOLITAIRE » : Solitaire (Cantautore), Iceberg Annie, Attention Capitaine, Je Vendrai (Vendero), La Tour De Babel (La Torre di Babele), Tu Vas Trop Vite Pour Moi, Vahiné Vahiné (Hiro-E), Je L'Appelle Canelle, Y'A Pas D'Cerises En Alaska, La Marine Nationale (A Tamau a). 1981.

ALBUM BARCLAY 817 770- 1 : « VIVARIO » : Vivario, Margarita, Ouyouyouye, L'Espoir Fait Vivre, Les 4 Femmes De Jim Bowie, Coquine. 1984.

ALBUM BARCLAY 827 614- 1 : « AURORE MONTREAL » : Un Air D'Eté, Pourquoi Ces Canons, Deux Bateaux Se Croisent Dans La Nuit, Ton Sourire Dans Mon Paysage, Aurore Montréal, Magic, Hologramme, Si Je Te Parle Avec Les Mains, Ma Cabane Au Canada. 1985.

ALBUM BARCLAY 833 524- 1 : Touchez Pas A La Mer, Un Peu Chaque Jour, Il Pleut (Hei Ura), Les Vrais Epoux Turenge, Un P'Tit Air Gauguin, Je Reviens Du Bout Du Monde, Attends-moi (Tahi Tia Mai), Le Requin Drôle, Au Revoir (Manureva). 1987.

SUPER 45T BARCLAY 887 416- 1 : « ANTOINE RETROUVE LES PROBLEMES » : Qu'est-ce Qui Ne Tourne Pas Rond ?, Un Eléphant Me Regarde, Elucubrations 88, La Guerre. 1988.

ALBUM ILES... ETAIT UNE FOIS (MUSIQUE DU TOUR DU MONDE) CARRERE, 4509-94264-2). Alizé ; Je l'appelle Canelle ; Pourquoi ces canons ; La maman des poissons ; Lolita, Lolita ; Le cœur grenadine ; Élucub-rap-tions ; Salade de fruits ; Voleur d'images. (Plus d'autres titres par divers interprètes) 1993

ISISMUSIC/Les Editions de l'Enchanteur -WARNER- 3984 25936 2 : « LE PETIT ARTHUR » (conte musical d'Alan SIMON avec, notamment, la participation d'ANTOINE : 10 « Va, Danse, Vis, Chante »). 1998.

ALBUM « SOL EN CIRQUE » Antoine et Marine Delterm chantent « Mer du Nord », 2002

ANTOINE ELUCUBRE AU PETIT JOURNAL (2003, ULM, 9810424) Je reprends la route demain ; Juste quelques flocons qui tombent ; Une autre autoroute ; Mr. Tambourine man ; L'eau a monté ; Il est libre Max (Avec Hervé Cristiani) ; L'île flottante ; Touchez pas à la mer ; Passer ma route ; Je l'appelle Canelle ; You talk too much / Panne d'essence / Tutti frutti / What I'd say / I feel good (Avec Frankie Jordan) ; Malaise sur la falaise (Avec Lio) ; Un éléphant me regarde ; Pourquoi (Avec Didier Barbelivien)1 ; Emmène-moi (Avec Graeme Allwright) ; Da doo ron ron (Avec Frank Alamo) ; Allo maman bobo ; Le requin drôle ; Les élucubrations d'Antoine.

UNIVERSAL BARCLAY CD STORY Bord A Bord A Bora Bora, Corail Noir, Elucubrations revisited, Le Blues des Coopérants, Le Cow-Boy de l'Océan Indien, Nocciolino, La Motogodille (Hoe Ana), Une Jolie Chanson,Quel Beau Voyage, Solitaire (Cantautore), Iceberg Annie, Je l'appelle Canelle, Archipels (Reluz), Un air d'été, Aurore Montreal, Touchez pas à la mer, Un p'tit air Gauguin, Le requin drôle, Je reviens du Bout du Monde. 2003

(*Pourquoi*, en duo avec Didier Barbelivien existe aussi en version studio sur l'album « Chanteur français » de ce dernier.)

Quelques titres parus seulement sur des singles ou des compilations :

RCA 42020 : Sous Le Soleil Du Bon Dieu, Laissez-Nous Danser. 1975.

BARCLAY 62 719 : Partir C'est Mourir Un Peu Mais Rester C'est Ne Pas Vivre Du Tout, Je L'Appelle Canelle. 1981.

BARCLAY 813 088-7 : J'Aimerais Te Voir Te Balancer, Archipels. 1983

LAZER Production LZ 101 : Vie Sauvage (Disque offert par LAROUSSE)

LAZER Production VG 108 -134001- : L'Ile Bleue, Fou D'Iles. 1989.

LAZER Production BA 102 865 214-7 : Le Monde Est Merveilleux, Ikebana. 1991.

CARRERE MUSIC – Etienne Records – 95291 : « Patrick GOAVEC & ses Amis : ANTOINE et Pierre DELANOË » : L'Amitié C'est Quoi ? CDS, 1993.

Quelques compilations :

VOGUE 660509 : « IL ETAIT UNE FOIS...ANTOINE » (des « Elucubrations » à « l'Ile Bleue »...) 2 CD, compilation 1990.

POLYGRAM 837 220- 2 : « MASTER SERIE » compilation 1991.

BARCLAY 511946-2 : « LES ANNEES BARCLAY » 2 CD, compilation 1992

VOGUE 74321155772 : « JUSTE QUELQUES CHANSONS » 2 CD, compilation 1993.

POLYGRAM 191 429 2 : « L'ESSENTIEL ANTOINE » Au Bout De La Route Les Iles... – compil. 1994.

VOGUE BMG 74321264822 : « SELECTION 2 CD » 2 CD, compilation 1995.

VOGUE BMG – Cocktail Collection- 74321399582 : « ANTOINE » compilation 1996

FLARENASCH/ARCADE – RTE – 3038752 : « LES CONCERTS INEDITS DE MUSICORAMA » (enregistré à l'OLYMPIA les 14 & 20 Mars 1966, 8 Mai 1966, 14 Mai 1967, 16 Juin 1968, 27 Mars 1969, à SAN REMO le 18 Février 1968, à ANTIBES (ROSE D'OR) le 16 Juillet 1972 et au Studio EUROPE 1 les 5 Janvier et 17 Août 1974). 2 CD, compilation 1998.

VOGUE BMG 74321590492 : « ANTOINE » compilation 1998.

ANTOINE (BARCLAY, 74321743992, COMPILATION). Bord à bord à Bora-Bora ; Corail noir ; Élucubrations revisited ; Le blues des coopérants ; Le cow boy de l'océan indien ; Nicciolino ; La motogodille ; Une jolie chanson ; Quel beau voyage ; Solitaire ; Iceberg Annie ; Je l'appelle Canelle ; Archipels ; Un air d'été ; Aurore Montréal ; Touchez pas à la mer ; Un p'tit air Gauguin ; Le requin drôle ; Je reviens du bout du monde ; Le monde est merveilleux. 2003

LES ESSENTIELS (BMG, 82876503712, COMPILATION). 2003

UNIVERSAL BARCLAY CD STORY Bord A Bord A Bora Bora, Corail Noir, Elucubrations revisited, Le Blues des Coopérants, Le Cow-Boy de l'Océan Indien, Nocciolino, La Moitogodille (Hoe Ana), Une Jolie Chanson,Quel Beau Voyage, Solitaire (Cantautore), Iceberg Annie, Je l'appelle Canelle, Archipels (Reluz), Un air d'été, Aurore Montreal, Touchez pas à la mer, Un p'tit air Gauguin, Le requin drôle, Je reviens du Bout du Monde. 2003

SONY BMG BONJOUR SALUT, 3CD, compilation de 75 titres dont des versions étrangères et de nombreux inédits en CD. 2007

Filmographie

Chez Polygram :
Amoureux de la Terre 1991

Chez Warner Home Video :

Îles... était une fois :

L'océan Indien 1993
Les Caraïbes 1993
La Polynésie 1993
L'Océanie 1995
Le Saint-Laurent 1995
L'Indochine 1995
L'océan Indien 2 1997
Les Îles de France 1997
Les Grandes Antilles 1997
L'Atlantique 1999
La Méditerranée 1999
Le Grand Pacifique 1999
Caraïbes Secrètes 2000
La Plus Belle Île du monde 2003
Madagascar 2004
Tahiti, retour au paradis 2005
Antoine fête la cuisine (coffret 3 DVD) 2005
La Patagonie (DVD et Blu-Ray HD) 2007
La Nouvelle-Zélande (DVD et Blu-Ray HD) 2007

À paraître en 2008 :
Afrique australe
Nouvelle-Calédonie

TABLE

Du même auteur

Chez le même éditeur :
Bord à bord, 1989, rééd. 1997.
Solitaire et compagnie, 1991, rééd. 1997.
Cocotiers, 1981, épuisé.
Voyage aux Amériques, 1986, rééd. 2004.
1965, 1987, épuisé.
Oh Yeah !, 2007.

Ouvrage pratique :
Mettre les voiles avec Antoine, Arthaud, 1983, rééd. 2001.

Albums photos

Aux éditions Gallimard :
Îles... était une fois, 1989, rééd. 2003.
Amoureux de la Terre, 1991.
Sur trois océans, 1993.
Fêtes... la cuisine de la mer et des îles, 1995, rééd. 2003.
Collection « Merveilleuses îles d'Antoine » (8 volumes).

Aux éditions de La Martinière :
La Plus Belle Île du monde, 2003.

Aux éditions Hermé :
D'île en île, 2005.

Publications pour enfants aux éditions Hatier :
Album *Le Président sur la lune*, ill. Philippe Lorin, 1969, épuisé.
Album-disque *Le Président autour de la Terre*, ill. Philippe Lorin, 1970, épuisé.

Antoine est également l'auteur-réalisateur de 16 films documentaires, la série Îles... était une fois, parue en VHS puis en DVD chez Warner Home Video.
... et d'un CD-ROM *1 000 astuces et conseils pour mettre les voiles*, réédité en DVD-ROM en 2006.

Pour en savoir plus sur ces divers ouvrages et sur les voyages et l'actualité d'Antoine, rendez-vous sur le site :
www.antoine.tv

Composition et mise en page

NORD COMPO
multimédia

N° d'édition : L01EBNN000140N002
Dépôt légal : novembre 2008